PHILIPPI

STADT UND CHRISTENGEMEINDE ZUR ZEIT DES PAULUS

VON

LUKAS BORMANN

E.J. BRILL

LEIDEN · NEW YORK · KÖLN

1995

The paper in this book meets the guidelines for permanence and durability of the Committee on Production Guidelines for Book Longevity of the Council on Library Resources.

Die Deutsche Bibliothek - CIP-Einheitsaufnahme

Bormann, Lukas:
Philippi : Stadt und Christengemeinde zur Zeit des Paulus /
von Lukas Bormann. – Leiden ; New York ; Köln : Brill, 1995
  (Supplements to Novum Testamentum; Vol. 78)
  Zugl.: Frankfurt (Main), Univ., Diss., 1993
  ISBN 90–04–10232–9
NE: Novum testamentum / Supplements

ISSN   0167-9732
ISBN   90 04 10232 9

PRINTED IN THE NETHERLANDS

PHILIPPI

STADT UND CHRISTENGEMEINDE
ZUR ZEIT DES PAULUS

SUPPLEMENTS TO
NOVUM TESTAMENTUM

VOLUME LXXVIII

Dr. Else Köppe
PATRONAE CARISSIMAE

INHALTSVERZEICHNIS

Vorwort XI
Abkürzungen XIII

Kapitel 1: Einleitung 1
   1. Die Aufgabe 1
   2. Die Quellen 2
      a) Die archäologischen Zeugnisse 2
      b) Die literarischen Quellen 4

TEIL I

COLONIA AUGUSTA JULIA PHILIPPENSIS

Kapitel 2: Philippi in historischer Perspektive 11
   1. Die Koloniegründung im Horizont der weltgeschichtlichen
      Ereignisse 11
      a) Die Bedeutung von Koloniegründungen 11
      b) Der sozialpolitische Hintergrund der Gründung Philippis . . 12
      c) Die erste Gründung Philippis als römische Kolonie durch
         Antonius 42 v.Chr. 14
      d) Die Neugründung Philippis durch Augustus nach 31 v.Chr. 15
      e) Zusammenfassung 18
   2. Die Koloniegründung in lokalgeschichtlicher Perspektive 19
   3. Die Entwicklung Philippis bis in das 2. Jahrhundert 24

Kapitel 3: Philippi in religionsgeschichtlicher Perspektive 30
   1. Die religiöse Dimension der Koloniegründung 30
      a) Allgemeiner Hintergrund 30
      b) Die erste Gründung durch Antonius 31
      c) Die Neugründung durch Augustus 32
   2. Der römische Herrscherkult 37
   3. Die Caesarenreligion und der Kaiserkult in Philippi 41
      a) Die Tempel 41
      b) Der Kult und seine Träger 42
         α) Die *flamines* 42
         β) Die *seviri Augustales* 45
      c) Die Formen des Kultes 46
      d) Der römische Kaisereid 48
      e) Der Rahmen des Kultes 50

f) Die Verknüpfung mit nichtrömischer Religiosität und fremden
Kulten 54
α) Kybele/Mater Magna/Mater Deorum 55
β) Isis 56
4. Die religiöse Situation Philippis und deren Entwicklung 60

Kapitel 4: Philippi in der antiken Geschichtsschreibung 68
Einführung 68
1. Augustus 69
2. Velleius Paterculus 70
3. Lukan 72
4. Tacitus 75
5. Sueton 77
6. Josephus 78
7. Plutarch 79
8. Appian 80
9. Dio Cassius 81
Auswertung 83

TEIL II

PAULUS UND DIE GEMEINDE IN PHILIPPI

Kapitel 5: Einleitungswissenschaftliche Fragen 87
1. Einleitungswissenschaftliche Vorüberlegungen 87
a) Rhetorik 96
b) Textlinguistik 98
c) Epistolographie 102
Exkurs: Die Bedeutung der Gattung des paulinischen Briefes
für die Textauslegung 106
2. Die der Arbeit zugrundegelegte Teilungshypothese 108
3. Die Chronologie der Ereignisse 118

Kapitel 6: Die Beziehungen zwischen Paulus und der Philippergemeinde nach dem Philipperbrief 127
1. Einführung 127
2. Die Redaktion 128
3. Der Dankesbrief Phil 4,10-20 als Schlüssel zum Verständnis der
Beziehung zwischen Paulus und der Philippergemeinde 136
a) Die Unabhängigkeit des Apostels 138
α) Die Peristasenkataloge 140
β) Der religionsgeschichtliche Hintergrund 144
b) Entwicklung und Situation der Austauschbeziehung 151
c) Die Bedeutung der Gabe der Philipper 153

Kapitel 7: Die Beziehungen zwischen Paulus und der Philippergemeinde im Spiegel hellenistisch-römischer sozialer Konventionen 161
  1. Beobachtungen 161
  2. Die φιλία-Konzeption 164
  3. Das Beneficialwesen nach Senecas *De beneficiis* 171
     a) Die Gabe und ihre Gewährung 175
     b) Die Annahme 177
     c) Die Reziprozität 178
  4. Die konsensuale *societas* 181
  5. Das Patronats- bzw. Klientelverhältnis 187

Kapitel 8: Die Bedeutung des Patronats- bzw. Klientelverhältnisses
  für die Gemeinde in Philippi 206
  1. Die Gemeinde in Philippi als emanzipierte Klientel 206
  2. Der Konflikt mit der römischen Umwelt 217

Literatur- und Quellenverzeichnis 225
  1. Literatur 225
  2. Quellen 235

Register 238
  1. Stellenregister 238
     a) Altes Testament und Neues Testament 238
     b) Apostolische Väter 240
     c) Antike Autoren 241
  2. Inschriften 245
  3. Moderne Autoren 246

VORWORT

Die vorliegende Arbeit wurde vom Fachbereich Ev. Theologie der Johann-Wolfgang-Goethe-Universität Frankfurt am Main im Sommersemester 1993 als Dissertation zur Erlangung des Grades eines Doktors der Theologie angenommen. Die Gutachten erstellten die Professoren Dieter Georgi, Josef Hainz und Willy Schottroff. Für den Druck wurde sie überarbeitet und um neuere Literatur ergänzt.

Mein Dank gilt den Menschen, die mich in den Jahren des wissenschaftlichen Arbeitens unterstützt haben: Sybille Schönmeyer-Bormann, Dr. Else Köppe, Ulrike Hinkel, Gisela Stölting, der Vikarskurs II/1987 des Theologischen Seminars Friedberg, die Hessische Lutherstiftung, die Fachschaft des Fachbereichs Ev. Theologie der Universität Frankfurt und Prof. Dr. Dieter Georgi, dessen Assistent ich vier Jahre sein durfte.

Zu danken habe ich dem Verlag E.J.Brill und dem Herausgeberkreis der *Supplements to Novum Testamentum* für die Offenheit, mit der sie meinem Anliegen auf Prüfung des Manuskriptes begegneten, und für die vorbehaltlose Aufnahme der Arbeit in ihre wissenschaftliche Reihe.

Dr. Peter Pilhofer, Münster, hat zur gleichen Zeit wie ich über Philippi gearbeitet. Wir haben die Manuskripte ausgetauscht und sind beide der Meinung, daß die Arbeiten sich gut ergänzen. Ich verdanke ihm viele wertvolle Hinweise. Für diese nicht selbstverständliche Großzügigkeit danke ich ihm ganz besonders und verweise nachdrücklich auf sein Buch *Philippi: Die erste christliche Gemeinde Europas*, das in Kürze erscheinen wird.

Frankfurt am Main, im September 1994   Lukas Bormann

ABKÜRZUNGEN

Die Abkürzungen der biblischen Bücher, der Zeitschriften, Serien und Lexika orientieren sich am Abkürzungsverzeichnis der *Theologischen Realenzyklopädie*, zusammengestellt von Siegfried Schwertner, Berlin u. New York [2]1994. Für die antiken Autoren wurden die Abkürzungen entnommen aus dem *Lexikon der Alten Welt*, hg.v. Carl Andresen, Hartmut Erbse, Olof Gigon u.a., Zürich und Stuttgart 1965, Sp. 3439-64.

In den Fußnoten ist die herangezogene Literatur mit abgekürzten Titeln vermerkt. Diese Angaben sind mit Hilfe des Literatur- und Quellenverzeichnisses leicht zu vervollständigen.

KAPITEL 1

EINLEITUNG

1. Die Aufgabe

Die vorliegende Arbeit stellt sich die Aufgabe, interpretative Verbindungs-
linien zwischen der politischen und religiösen Situation der römischen
Kolonie Philippi und der dort lebenden ersten Christengemeinde zu ziehen.
Eine solche Fragestellung hat sich mit einer Reihe von Schwierigkeiten
auseinanderzusetzen. Sie kann nur interdisziplinär bearbeitet werden. Die
unterschiedlichen Perspektiven, in der die Wissenschaftszweige, die miteinbezogen werden müssen, ihren Gegenstand sehen, erschweren die Verbindung der jeweiligen Ergebnisse. Archäologie, Epigraphik, Numismatik, Alte
Geschichte, Religionswissenschaft und neutestamentliche Wissenschaft be-
arbeiten die Quellen unter den ihnen je eigenen Gesichtspunkten, so daß die
Inbeziehungsetzung der Forschungsleistungen oft nur bei eigenständiger
Neubearbeitung der Quellen möglich ist.

Es ist zudem nicht selbstverständlich, einen sachlichen Zusammenhang
zwischen der kulturellen und politischen Entwicklung des römischen Reiches
und der ersten Zeit des Christentums, speziell der paulinischen Mission,
anzunehmen. Damit ist ein Zusammenhang gemeint, der über die Tatsache,
daß sich die Geschichte des frühesten Christentums in einem konkreten
historischen Kontext bewegt, hinaus mit einem Einfluß der allgemeinen
politischen Geschichte auf Form und Inhalt der ersten Verkündigung rechnet.

Im folgenden wird der Versuch unternommen, an einem lokal einge-
grenzten Beispiel, der römischen Kolonie Philippi und ihrer ersten Christengemeinde, Möglichkeiten solcher Wechselwirkungen zu erforschen und zu
belegen.[1] Philippi bietet sich für eine solche Fragestellung an. Die *Colonia
Augusta Julia Philippensis*[2] ist eine Stadt von ausgeprägt römischem Charakter. Sie ist der Ort, an dem die paulinische Mission, so weit uns bekannt, zum ersten Mal in direkten Kontakt mit einem Gemeinwesen tritt,
das in seiner Existenz und seinem Selbstverständnis eng mit dem die Mittelmeerwelt beherrschenden Prinzipat und seiner ideologischen Legitimation

---

[1] Zu den methodischen Problemen einer lokalgeschichtlich orientierten Untersuchung s.
Koester, „Archäologie und Paulus in Thessalonike," S. 396-98.
[2] Oder auch *Colonia Julia Augusta Philippensis*; vgl. Collart, *Philippes*, S. 238; ders.,
„Art. Philippes," Sp. 718; Papazoglou, *Les villes de Macédoine*, S. 407.

verbunden ist. Diese Stadt ist wegen ihres klaren kulturgeschichtlichen
Profils ein für diese Fragestellung angemessener Gegenstand.

Die Arbeit verfolgt die gestellte Aufgabe in drei Schritten. a) Sie beginnt
mit der Darstellung der politischen und religiösen Situation Philippis in
neutestamentlicher Zeit mit dem Schwerpunkt auf der Herausarbeitung des
städtischen Selbstverständnisses (Kap. 2 und 3). Das so gewonnene Bild von
Philippi wird mit einem Durchgang durch die Darstellungen Philippis in der
antiken historischen Literatur nuanciert, so daß ein Eindruck von den
Vorstellungen und Assoziationen entsteht, die mit der Stadt und ihrer Geschichte in römischer Zeit verbunden waren (Kap. 4). b) Die Erörterung
einleitungswissenschaftlicher Probleme, etwa der Einheitlichkeit des paulinischen Philipperbriefes und der Chronologie der paulinischen Mission, ist
ebenso unumgänglich wie die Auseinandersetzung mit der Frage nach der
Gattung des paulinischen Briefes, da alle diese Fragen für die Beurteilung
der Beziehung des Paulus zur Philippergemeinde von Bedeutung sind
(Kap. 5). Mit Hilfe des Philipperbriefes wird das Verhältnis zwischen
Paulus und der Philippergemeinde unter dem religionsgeschichtlichen
Aspekt reflektiert (Kap. 6).

c) In einem dritten Arbeitsgang wird die Beziehung zwischen der Philippergemeinde und Paulus im Rahmen antiker sozialer Beziehungen und
Konventionen erörtert (Kap. 7). Zu dieser Sachfrage liegen Erklärungs-
modelle vor, deren Diskussion entsprechenden Raum einnehmen muß.
Angeregt durch die Erarbeitung der lokalgeschichtlichen Situation Philippis
wird ein eigener Vorschlag zur Interpretation des Verhältnisses zwischen
Paulus und der Philippergemeinde vorgetragen und begründet (Kap. 8). Ab-
schließend werden die Folgen für die Sicht der Gemeinde und ihres Verhältnisses zur lokalen Umwelt bestimmt, so daß die Schlußüberlegungen sich
auf das Dreiecksverhältnis Paulus - philippische Christengemeinde - Kolonie
Philippi ausweiten.

2. DIE QUELLEN

Die griechischen und lateinischen Quellen werden in der Regel in ihrer Original-
sprache zitiert. Die Übersetzungen ins Deutsche stammen, soweit nicht anders
vermerkt, vom Verfasser.

a) Die archäologischen Zeugnisse

Der archäologischen Erschließung Philippis widmen sich seit der zweiten
Hälfte des 19. Jahrhunderts Wissenschaftler der École Française d'Athènes,

Paris.[3] Sie veröffentlichen seit 1894 die Ergebnisse ihrer Begehungen und Grabungen in der Zeitschrift *Bulletin de correspondance hellénique* (BCH). Einen vorläufigen Abschluß der Forschungen zur vorkonstantinischen Epoche markiert die Arbeit von Paul Collart, *Philippes, ville de Macédoine, depuis ses origines jusqu'à la fin de l'époque romaine*, Paris 1937. Sie fußt auf den umfangreichen Grabungen der zwanziger und dreißiger Jahre.[4] Collart wertet auch die bis zu diesem Zeitpunkt erschienene wissenschaftliche Literatur und die antiken literarischen Quellen zu Philippi aus, präsentiert das gesamte bis dahin bekannte inschriftliche, numismatische und archäologische Material und ordnet es in die Geschichte der Stadt und des römischen Reiches ein. Mit den Monumenten und der Geschichte der christlichen Zeit befaßt sich Paul Lemerles Studie, *Philippes et la Macédoine orientale a l'époque chrétienne et byzantine*, Paris 1945.[5] Die Felsenreliefs von Philippi sind in der Arbeit von Collart/Ducrey, *Les reliefs Rupestres*, dokumentiert und interpretiert. Auf diesen Publikationen bauen bis in die achtziger Jahre alle weiteren Veröffentlichungen auf.[6] In den fünfziger und sechziger Jahren brachten Grabungen unter griechischer Leitung eindrucksvolle Funde zur byzantinischen Zeit und makedonischen Epoche hervor.[7] Erst gegen Ende der siebziger Jahre nahm die École Française d'Athènes unter der Leitung von Michel Sève die Arbeiten zur römischen Epoche wieder auf. Sève untersuchte speziell die Vorgeschichte des antoninischen Forums. Seine Arbeiten ermöglichen die Einschätzung des baulichen Zustands Philippis in paulinischer Zeit.[8]

---

[3] Die wissenschaftliche Erforschung begann 1861 mit einer Begehung der Stätte im Auftrag von Napoleon III durch L. Heuzey. S. Collart, „Art. Philippes," Sp. 739.

[4] Vgl. den Überblick bei Collart, „Art. Philippes," Sp. 738f.

[5] In einem Eingangskapitel (S. 7-68) diskutiert Lemerle auch die frühchristlichen Schriften, die mit Philippi in Verbindung stehen: Act, Phil und Polyk.

[6] So die Arbeiten von Lazarides: Οἱ Φίλιπποι, 1956; Φίλιπποι, 1973; „Art. Philippi"; Abrahamsen, *Rock Reliefs*, S. 1-5; Portefaix, *Sisters Rejoice*, S. 59f; und noch 1988 Papazoglou, *Les villes de Macédoine*, S. 405-8.

[7] Vgl. Pelekanidis, „Excavations in Philippi," und die bei Lazarides, "Art. Philippi," Sp. 705, angegebenen Grabungsberichte.

[8] Erst seit dem Jahre 1978 wird in den Berichten über den Stand der Arbeiten und Grabungen im *Bulletin de correspondance hellénique* wieder die römische Epoche erwähnt (in Klammern füge ich ein Stichwort zu den Gegenständen der Berichte bei): *BCH* 89 (1965) S. 832-35 (hellenistische Gebäude); *BCH* 90 (1966) S. 885f (ein makedonisches Grab aus dem 3.Jh. v. Chr.); *BCH* 91 (1967) S. 721f. (frühchristliches Gebäude, sog. Oktogon); *BCH* 92 (1968) S. 916 (Mosaik); *BCH* 94 (1970) S. 809-11 (Felsenrelief) S. 1071 (Oktogon); *BCH* 95 (1971) S. 982-5 (Bischofspalast am Oktogon); *BCH* 97 (1972) S. 52 u 56 (Oktogon und eine Rekonstruktion dieses Gebäudes); *BCH* 98 (1974) S. 675 (Oktogon); *BCH* 99 (1975) S. 662 (Oktogon); *BCH* 100 (1976) S. 685 (Oktogon); *BCH* 102 (1978) S. 803 (Bericht über die Wiederaufnahme der Arbeiten am Forum und Dokumentation der bis dahin am Forum geleisteten Arbeiten, ältere Literatur); *BCH* 103 (1979) S. 619-31 (Gebäude mit Bad, Forum [S. 627-31]); *BCH* 104 (1980) S. 699-716 (Gebäude mit Bad, Forum [S. 712-6]); *BCH* 105 (1981) S. 918-23 (Forum und dortige Tempel); *BCH* 106 (1982) S. 651-53 (Plan des Forums mit Legende,

Die numismatischen Quellen zu Philippi sind an verschiedenen Orten publiziert. Sie sind im wesentlichen bei Collart, *Philippes*, erfaßt und diskutiert. Die wichtigsten Münztypen Philippis aus der Zeit des frühen Prinzipats sind zugänglich in dem ersten Band der *Roman Provincial Coinage*.[9]

Die Inschriften Philippis enthält der Band III des *Corpus Inscriptionum Latinarum* (CIL). Für die Zeit nach dem Erscheinen des zweiten Supplementbandes im Jahre 1902 bis zum Jahre 1936 sind Collart, *Philippes*, und die entsprechenden Jahrgänge des *BCH*[10] heranzuziehen. Die von Collart, *Philippes*, fast vollständig erfaßten Inschriften sind durch einige wenige neuere Funde aus den folgenden Bände des *BCH*[11] und der *Année Épigraphique* zu ergänzen.[12]

b) Die literarischen Quellen

In der frühchristlichen Literatur findet Philippi, neben einzelnen Notizen in den Paulusbriefen, in der paulinischen Philipperkorrespondenz, der lukanischen Apostelgeschichte, dem Polykarpbrief und den apokryphen Andreasakten Erwähnung.

Die hier vorgelegte Darstellung der paulinischen Zeit stützt sich ganz auf den Philipperbrief und zieht den Bericht in Act 16 nur am Rande als Quelle heran. Die Gründe für diese Entscheidung liegen auf unterschiedlichen Ebenen. Dem paulinischen Philipperbrief gebührt als Primärquelle Vorrang vor der Darstellung der Apostelgeschichte.[13] Das Verfahren, Informationen aus Act dort unkritisch ergänzend heranzuziehen, wo die paulinischen Briefe

---

ersetzt die älteren Pläne von Collart und Lazarides); *BCH* 107 (1983) S. 861f (Forum und dortige Tempel); *BCH* 108 (1984) S. 868f (Forum und dortige Tempel); *BCH* 109 (1985) S. 864-73 (Forum und dessen Vorgeschichte, Rekonstruktion des vorantoninischen Forums); *BCH* 110 (1986) S. 789f. und S. 531-81 (Nordseite des Forums); *BCH* 111 (1987) S. 616 (Forum); *BCH* 112 (1988) S. 725-27. (Forum) u. S. 467-79 (Ehreninschrift der Liviapriesterinnen am Forum); *BCH* 113 (1989) S. 732-34 (Forum); *BCH* 114 (1990); *BCH* 115 (1991) S. 711f (korinthische Säule); *BCH* 116 (1992) S. 713 (Kurzbericht über Philippi); BCH 117 (1993) S. 315-26 (griechische Inschrift, 2. Jh. v.Chr.). Eine zusammenfassende Darstellung der Ergebnisse etwa bis zum Jahre 1980/1 gibt Abrahamsen, *Rock Reliefs*, S. 5-12 und S. 132-150. Die wichtigen neuen Arbeiten zum Forum sind bei Abrahamsen noch nicht berücksichtigt. Eine Studie, die auch die neueren Quellen berücksichtigt, mit dem Titel: *Philippi: Die erste christliche Gemeinde Europas. Mit einem Katalog der Inschriften von Philippi*, hat Peter Pilhofer der Ev.-Theologischen Fakultät Münster als Habilitationsschrift vorgelegt.

[9] *Roman Provincial Coinage I*, S. 307-10 (Nr. 1646-60).

[10] Besonders *BCH* 56 (1932) S. 192-231; *BCH* 57 (1933) S. 313-79; *BCH* 58 (1934) S. 448-83; *BCH* 59 (1935) S. 126-64; *BCH* 60 (1936) S. 37-58; *BCH* 61 (1937) S. 410-20; *BCH* 62 (1938) S. 409-32.

[11] S.o. Anm. 8.

[12] *AE* Jahrgänge 1936 bis 1939, 1948, 1968, 1974, 1983. Einen leichteren Zugang zu dem inschriftlichen Material wird die Arbeit Pilhofers, *Philippi: Die erste christliche Gemeinde Europas*, bringen, die einen Katalog aller publizierten Inschriften mit Übersetzung bietet.

[13] Lüdemann, *Paulus*, S. 45-49.

schweigen, soll vermieden werden, da der Charakter des lukanischen Doppelwerkes zu großer Vorsicht bei der Verwendung als historische Quelle mahnt. Die Quellenkritik der Act ist noch nicht zu überzeugenden Ergebnissen gekommen.[14] Die Erzählung der Erstmission der Gemeinde von Philippi ist von mirakulösen und erbaulichen Elementen bestimmt; sie ist nicht an der Darstellung der Situation der Gemeinde in Philippi interessiert, und sie schildert die Beziehungen zwischen Paulus und der Gemeinde nur als Gemeindegründung durch einen dramatischen Kurzaufenthalt des Apostels. Die in diesem Kapitel der Act auffallend häufigen Hinweise auf das Lokalkolorit Philippis lassen sich aus Informationen erklären, die nicht auf eigener Anschauung des Lukas beruhen müssen. Die Kunst des Lukas, Details der lokalen Verhältnisse in seine Erzählungen einzufügen, ohne Augenzeuge gewesen zu sein oder ohne eigene Ortskenntnis zu besitzen, beweist er auch in anderen Abschnitten der Act.[15] Eine genauere Analyse der in Act 16 enthaltenen Informationen deckt eine Reihe von Widersprüchen zu dem lokalen Material und den Aussagen in den paulinischen Briefen auf.[16] Die

---

[14] Die neueren Versuche zur Scheidung von Redaktion und Tradition in der Apostelgeschichte bringen in diese Richtung keinen Fortschritt: Lüdemann, *Das frühe Christentum*, S. 184-91; Boismard / Lamouille, *Les actes des deux apôtres* Bd. 1, S. 3-5, und Bd. 3; dazu Taylor, „The Making of Acts," S. 504-24; zur Quellenproblematik Plümacher, „Acta-Forschung 1974-1982," S. 120-38. Dennoch werden immer wieder historische Rekonstruktionen durchgeführt, die die Quellenproblematik ignorieren oder nur am Rande in die Betrachtung miteinbeziehen, z.B. Richter Reimer, *Frauen in der Apostelgeschichte*. Sie behandelt die Geschichte der beiden Frauengestalten aus Act 16 unter feministisch-theologischer Perspektive (S. 91-201). Bedeutsam für die Situation der philippischen Gemeinde zur Zeit des Paulus ist die Darstellung des Hauses der Lydia (S. 156f).
[15] Erzählerische Umsetzung des Lokalkolorits findet sich in z.B. in Act 17,16f.23.34; 19,23-40; 21,27-40 u.ö.
[16] a) Act 16,12 bezeichnet Philippi als die erste Stadt dieses Teils Makedoniens: πρώτη μερίδος τῆς Μακεδονίας πόλις. Die textkritischen Probleme dieser Stelle spiegeln die sachliche Inkongruenz wider (D hat κεφαλή, Nestle/Aland entscheiden sich für eine Konjektur). Amphipolis und nicht Philippi war die Hauptstadt eines der vier Teile, in die Makedonien vor seiner endgültigen Umwandlung zur römischen Provinz im Jahre 148 v.Chr. eingeteilt war.
b) Ein besonderes Problem wirft die lukanische Darstellung einer Gruppe von Frauen auf, die sich am Sabbat an einer προσευχή versammeln. Weder der Phil noch die Korrespondenz des Polykarp noch die Andreasakten geben einen Hinweis auf die Existenz einer jüdischen Gemeinde. Das umfangreiche inschriftliche Material, das uns zu Philippi vorliegt, bietet keinen einzigen verwertbaren Hinweis auf die Existenz von jüdischen Einzelpersonen, Kommunitäten oder gar einer Synagogengemeinschaft in vorkonstantinischer Zeit. Nur Act erwähnt Jüdinnen in Philippi, und zwar mit einer für die lukanische Stilistik auffallenden Besonderheit. Entgegen dem außerhalb des NT üblichen Sprachgebrauch, in dem die Bezeichnung προσευχή synonym mit συναγωγή verwendet wird (Brooten, *Women Leaders*, S. 89. 139f; Oster, „Supposed Anachronism," S. 182-85; mit dem Versuch der Differenzierung zwischen Diasporajudentum und palästinischem Judentum: Hengel, „Proseuche und Synagoge," S. 179f.), spricht Lk immer von συναγωγή, wenn er eine Versammlung oder den Versammlungs*ort* von Jüdinnen und Juden bezeichnen will, nur in Act 16,13 greift er auf προσευχή zurück. προσευχή steht im lukanischen Doppelwerk sonst immer für das Gebet (7x im Lk; 9x in Act). Die Zugehörigkeit der versammelten Frauen zur jüdischen Religion wird nur durch die Datierung des Treffens auf einen Sabbat angedeutet. Das Thema Judentum wird in Act 16 nochmals in der Anklage gegen

kritische Durchsicht der in Act 16,11ff und in den beiden rahmenden Berichten Act 16,8-10 und 17,1-10 gegebenen Informationen zeigen, daß der Verfasser von Act sich in der Darstellung Philippis auf Kenntnisse bezieht, die er aus einem Wissen über die Bedeutung und den Charakter dieser Stadt gewinnt, das nicht nur ihm zur Verfügung stand.[17] Lukas entwirft eine Szene, die klug mit den allgemeinen Kenntnissen über diese Stadt arbeitet: mit der geographischen und kulturellen Schlüsselstellung zwischen Europa und Asien, mit ihrem betont römischen Selbstverständnis, mit ihrer Unduldsamkeit gegenüber der öffentlichen Demonstration nichtrömischer Sitten und Religionen und einzelnen mehr oder weniger korrekten Details.

Aufgrund der einschneidenden Bedeutung der Doppelschlacht von Philippi im Jahre 42 v. Chr. wird der Name der Stadt in einer Vielzahl von Quellen antiker Geschichtsschreibung und Dichtung erwähnt, ohne daß dabei die Kolonie selbst eingehender behandelt wird. Die Kolonie Philippi als solche ist in ihrer römischen Epoche außer in den frühchristlichen Quellen, von vereinzelten Notizen bei Sueton abgesehen, nirgends Thema einer uns erhaltenen literarischen Darstellung. Über die Geschichte der Stadt sind wir überwiegend durch Inschriften, Münzen und die rekonstruierbaren Bauwerke vor Ort informiert.

Für die Erhellung der sozialen und rechtlichen Situation der Kolonie Philippi ist eine recht umfangreich erhaltene, weitere inschriftliche Quelle von großer Bedeutung, die nicht in Philippi gefunden wurde: die *Lex Colo-*

Paulus aufgenommen. Die Anklage wendet sich ihrer Formulierung nach auch gegen Juden vor Ort. Obwohl diese von ihr betroffen sein müßten, wird nur gegen Paulus und seinen Begleiter prozessiert, die als Juden von außerhalb in die Stadt gekommen sind. Aus all diesen Hinweisen ergibt sich, daß Lukas mit Bedacht dem Leser die Existenz einer jüdischen Gruppe in Philippi zwar andeuten will, aber nicht von einer organisierten Synagogengemeinschaft sprechen kann. Die Einführung einer marginalen jüdischen Gruppe entspringt der Intention des Verfassers und darf nicht als Beleg für die Existenz einer jüdischen Gemeinde genommen werden. Die vorsichtige Zeichnung einer unbedeutenden jüdischen Gruppe in Philippi erklärt sich aus der Spannung zwischen der auch den Leserinnen und Lesern bekannten Tatsache, daß es in Philippi keine organisierte Synagogengemeinschaft gibt, und dem lukanischen Missionsschema, nach dem Paulus sich zunächst an Juden wendet.

[17] S.u. S. 83f. a) Act 16,9f reflektiert die besondere geographische und kulturelle Bedeutung, die Lukas dem Übergang von Asien nach Makedonien zwischen Troas und Philippi beimißt. Diese Einschätzung teilt er mit Appian, der Philippi als Tor zwischen Europa und Asien bezeichnet (*civ.* IV 87; 106). b) Philippi ist Kolonie. Die Verwendung dieser Bezeichnung für den verfassungsrechtlichen Status einer Stadt ist einmalig in Act, obwohl Paulus häufiger in römischen Kolonien verweilt (s.u. S. 40). Sie bereitet den turbulenten Ablauf der Ereignisse und deren juristische Implikationen vor, insbesondere die erste Erwähnung des römischen Bürgerrechtes des Paulus. Lukas entwirft das Bild einer römischen Kolonie mit den Attributen, die ihm vertraut sind, aber nicht auf Ortskenntnis beruhen müssen. c) Die Formulierung, in der Lukas die Anklage gegen Paulus vorbringen läßt, bemüht sich, dem Lokalkolorit der Stadt gerecht zu werden, indem sie einen Konflikt zwischen jüdischen Sitten und römischer Lebensweise konstruiert, der zu einem juristisch verwertbaren Anklagepunkt hochgespielt wird (vgl. Suet. *Tib.* 36; van Unnik, „Die Anklage gegen die Apostel," S. 371-73).

niae Genetivae Juliae Ursonensis. Diese *lex* ist die Stadtverfassung, die der durch Caesar verfügten Kolonie Urso bei ihrer durch Antonius vollzogenen Gründung im Jahre 44 oder 45 v.Chr. gegeben wurde. Sie überliefert uns Regelungen, die in ihren Grundzügen auch auf andere Kolonien dieser Epoche übertragbar sind. Für Philippi erhöht sich die Wahrscheinlichkeit dieses Analogieschlusses durch die Tatsache, daß Antonius der erste Gründer der Kolonie war. Zusätzlich werden eine Vielzahl anderer Belege aus der hellenistisch-römischen Literatur und aus dem erhaltenen inschriftlichen Material für die die Arbeit interessierenden Fragestellungen herangezogen. Sie werden jeweils mit unterschiedlicher Stringenz auf für Philippi anzunehmende Verhältnisse und deren Erläuterung bezogen. Für die Quellen zu den religionsgeschichtlichen Fragen gilt der Satz Prümms: „Die Quellen der Religionsgeschichte fallen schlechthin mit denen der Altertumswissenschaft zusammen."[18]

---

[18] Prümm, *Religionsgeschichtliches Handbuch*, S.10.

TEIL I

COLONIA AUGUSTA JULIA PHILIPPENSIS

KAPITEL 2

PHILIPPI IN HISTORISCHER PERSPEKTIVE

1. Die Koloniegründung im Horizont der weltgeschichtlichen
Ereignisse

a) Die Bedeutung von Koloniegründungen

Die Gründung von Kolonien römischer Bürger hat in der Geschichte Roms
einen festen Platz.[1] Ihre Entwicklung ist eng mit der Ausweitung der Machtstellung Roms in Italien, im westlichen Mittelmeerraum und schließlich
auch im Osten verbunden. *Polybios* berichtet von Koloniegründungen im
diesseitigen Gallien, die eine wichtige Bedeutung für die kulturelle und
militärische Erschließung und Sicherung Oberitaliens hatten.[2] Parallel zur
Expansion des römischen Reiches und den damit neu entstehenden Notwen-
digkeiten veränderte sich auch die rechtliche und sozialpolitische Funktion
der römischen Kolonie. War in der Republik eine *lex* die Grundlage von
Koloniegründungen und deren Deduktion eine Angelegenheit der staatlichen
Institutionen,[3] so verlor schon im Zeitalter der Bürgerkriege (ab 133
v.Chr.) dieses Verfahren seine Bedeutung. Koloniegründungen wurden
immer häufiger aufgrund der persönlichen Machtstellung eines Magistrates
durchgeführt.[4] Uns sind Koloniegründungen aus der Diktatur des Sulla und
aus den beiden Triumviraten[5] bekannt. Neben dieser Wandlung des rechtlichen und politischen Hintergrundes erfuhr auch die sozialpolitische Ausrichtung der Koloniegründung eine Veränderung. Das ursprüngliche Ziel,
landlosen römischen Bürgern eine ausreichende agrarische Existenzgrundlage zu verschaffen, wurde von der Notwendigkeit, die Versorgung ausge-
dienter Soldaten zu gewährleisten, an den Rand gedrängt. Die alten Sied-
lungskolonien traten hinter der neueren Einrichtung der Veteranen- oder

---

[1] Vgl. zum ganzen Abschnitt a): Kornemann, „Art. Coloniae," Sp. 560-66 und Vittinghoff,
Römische Kolonisation, S. 1238-40.

[2] Polyb. II 19,12f.

[3] Liv. XXXV 40,5: „...ex senatus consulto plebique scito..." (...aufgrund des Beschlusses
des Senats und einer Verordnung des Volkes...); ebd., XXXII 29, 3f und XXXIV 53,1f.

[4] *Lex Coloniae Genetivae* 66: „...Caesar, quive iussu eius colon(iam) deduxerit,..." (...Cae-
sar oder die Person, die in seinem Auftrag die Kolonie gründet...); Kornemann, „Art. Coloniae," Sp. 563 u. 570f.

[5] Das erste, 'inoffizielle' Triumvirat zwischen Pompejus, Caesar und Crassus der Jahre 60 -
56 v.Chr., erneuert im Jahre 56 bis zum Tod des Crassus 55 v.Chr. und das zweite, 'offizielle' Triumvirat zwischen Antonius, Lepidus und Oktavian 43 v.Chr.

Versorgungskolonie zurück. Unter Caesar und Augustus finden sich noch
beide Institutionen, wenn auch seit Marius ein deutliches Schwergewicht auf
der Veteranenkolonie liegt. *Velleius* schreibt sogar:

> Nach diesem Zeitpunkt [der Gründung der Kolonie Eporedia ca. 95 v.Chr.]
> könnte ich kaum eine Koloniegründung angeben, ausgenommen die Militärko-
> lonien.[6]

Geographisch verschob sich mit der sich entfaltenden Weltherrschaft Roms
der Schwerpunkt der Kolonisation auf die Provinzen. Diese Entwicklung
wurde von Caesar eingeleitet und von Augustus weitergeführt. Die Koloniegründung außerhalb Italiens wurde schließlich zur Regel. In der späteren
Kaiserzeit verschwindet die Siedlungskolonie ganz zu Gunsten der Vetera-
nen- oder Versorgungskolonie. Die Bedeutung der Kolonien zur Lösung
sozialpolitischer Probleme nahm schon unter Augustus ab. Die nichtbesit-
zende stadtrömische Bevölkerung verliert ihr Interesse an der Zuteilung von
Land und läßt sich durch kostenlose Getreidespenden versorgen.[7] Auch die
Soldaten erhalten etwa ab dem Jahr 7 n.Chr. in der Regel eine entsprechende Geldsumme anstelle der Landzuweisung.[8]

b) Der sozialpolitische Hintergrund der Gründung Philippis

Mit der Heeresreform des Marius, die auch nichtbesitzenden Römern den
Zugang zum Legionsdienst eröffnet hatte, war die Versorgung der Veteranen zu einer Aufgabe mit hoher politischer Brisanz geworden. Der Wandel
vom Bürgerheer zum Söldnerheer brachte für die Feldherrn die Verpflichtung mit sich, die Legionäre nach Ableistung ihrer Dienstzeit zu versorgen.
Neben der Abgeltung in Geld war die Anweisung eines zum Lebensunterhalt ausreichenden Stück Landes üblich geworden.[9] Die enorme Zahl von
Soldaten, die der Bürgerkrieg auf die Beine gebracht hatte, und die bislang
unerfüllt gebliebenen Versprechungen an die Soldaten, die teilweise noch
auf Caesar zurückgingen,[10] setzten die in der Doppelschlacht von Philippi
siegreichen Feldherrn, Oktavian und Antonius, unter gewaltigen Druck.

---

[6] Übers. Giebel; Vell. I 15,5: „Neque facile memoriae mandaverim, quae nisi militaris post
hoc tempus deducta sit." Zum Verständnis dieser Aussage: Kornemann, „Art. Coloniae,"
Sp. 564.

[7] Nach Augustus (*res gestae* 15 u. 18) 200.000 Getreideempfänger. Will (*Der Mob*, S. 69)
meint, dieses Desinteresse schon zu Zeiten des ersten Triumvirats feststellen zu können.

[8] Augustus *res gestae* 16f. Dazu Vittinghoff, *Römische Kolonisation*, S. 1314. Vgl. die
Rede des Legionärs Perennius bei Tac. *ann.* I 17.

[9] Vgl. zur Entstehung und wachsenden Bedeutung der Veteranenversorgung und des
Heeresklientelwesens Christ, *Römische Kaiserzeit*, S. 30f. und 53; Galsterer, „Die Kolonisation," S. 426f.

[10] App. *civ.* IV 89. Bengtson (*Römische Geschichte*, S. 250) spricht von etwa 100.000
Legionären, die noch für ihre Dienste unter Caesar zu entlohnen waren.

Diese Erwartungen wurden zusätzlich durch die auf beiden Seiten der Heere von den Feldherrn gemachten Zusagen erhöht,[11] die nicht allein mit der immerhin beachtlichen Kriegsbeute zu befriedigen waren. Die Anzahl der Soldaten, die berücksichtigt werden mußten, war für die Antike enorm groß.[12]

Die Doppelschlacht von Philippi (42 v.Chr.) war eine der auch zahlenmäßig bedeutendsten in der Antike.[13] Appian, der den Verlauf der Kampfhandlungen eingehend schildert, berichtet, daß die beiden Feldherrn die sich nach der Schlacht ergebenden Aufgaben untereinander aufteilten. Dabei wurde auch die Frage der Veteranenversorgung ausführlich behandelt.[14] Zunächst entließ man die Soldaten mit abgeleisteter Dienstzeit, soweit sie nicht um Weiterverwendung ersuchten.[15] Die dann noch bestehenden elf Legionen wurden aufgeteilt, wobei Oktavian für seine zwei Legionen, die er Antonius überließ, dessen zwei in Italien stationierte Legionen übernahm.[16] Die Schärfe der Maßnahmen, die zur Versorgung und Zufriedenstellung der Legionen notwendig war, läßt Appian Antonius in einer Rede, die er in Ephesus vor Gesandten der Städte und Fürsten des Ostens gehalten haben soll, aussprechen: „Wir brauchen freilich Geld, Grund und Boden sowie Städte, um unsere Soldaten für den Sieg belohnen zu können."[17] Antonius erwähnt auch die Aufgaben des Oktavian:

Oktavian ist nach Italien abgereist, um die Verteilung von Land und Städten an die Soldaten vorzunehmen; dabei hat er die Aufgabe - wenn wir die Sache deutlich ausdrücken wollen - ganz Italien zu enteignen.[18]

Im Stil der antiken Geschichtsschreibung läßt Appian die Protagonisten seiner Erzählung an entscheidenden Wendepunkten eine Rede halten. An dieser Stelle möchte er betonen, welcher gewaltigen Aufgabe sich die

---

[11] App. *civ.* IV 120 u. 126. Plut. *Ant.* 23 (Übers. Ziegler): „Sie hatten nämlich jedem Soldaten fünftausend Denare versprochen und mußten daher zu scharfen Maßnahmen bei der Geldbeschaffung und Steuererhebung schreiten." Appian (*civ.* IV 118) und Plutarch (*Brut.* 46) erwähnen die angeblich von Brutus vor der zweiten Schlacht den Soldaten als Belohnung zugesagte Plünderung zweier Städte (Thessalonike und Lakedaimon).
[12] Vgl. die Zahlen bei Keppie, *Colonisation*, S. 58-69.
[13] Schmidt, „Art. Philippi," Sp. 2214. Kromayer/Veith (*Heerwesen und Kriegsführung der Griechen und Römer*, S. 435) nennen sie wahrscheinlich zu Unrecht die zahlenmäßig bedeutendste. Dagegen Dio Cass. 47, 39, 1. Appian (*civ.* IV 88) berichtet von 80.000 Schwerbewaffneten (Legionären) in 19 Legionen. Vgl. ebd. IV 108.
[14] App. *civ.* IV 108; Dio Cass. 48, 2.
[15] Appian (*civ.* IV 135) berichtet von 8000 Legionären, die nicht entlassen werden wollten. Keppie (*Colonisation*, S. 25f) listet die Legionen, die nach Philippi versorgt werden mußten, auf.
[16] Vgl. Papazoglou, „Quelques aspects," S. 324, Anm. 99.
[17] App. *civ.* V 5 (Übers. Veh).
[18] App. *civ.* V 5 (Übers. Veh); vgl. Dio Cass. 48, 6, 3.

beiden Triumvirn gegenübersahen und mit welcher Härte sie bewältigt
werden mußte. Die Kriegsfolgen hielten sie noch eine ganze Weile in Atem.
Während aber Antonius in den Provinzen des Ostens Geld für seine Soldaten zu pressen versuchte, hatte Oktavian die schwierigere Aufgabe, die
nach Italien zurückgeführten Soldaten *dort* und nicht in den Provinzen mit
Land zu entschädigen.[19] Sie erwies sich als äußerst konfliktträchtig und
förderte die Entfremdung zwischen den Triumvirn. Oktavian geriet nach
seiner Rückkehr nach Italien in eine politische Krise. Die geplante Enteignung schädigte sein Ansehen in der italischen Bevölkerung, während die
zögerliche Umsetzung der Versorgung der Soldaten die rückgeführten
Legionen unruhig werden ließ.[20] Im Grunde gab es keinen Weg aus diesem
Dilemma.[21] Entweder wurden die Soldaten in ihren durch Versprechungen
geschürten Erwartungen bitter enttäuscht, oder die italische Bevölkerung
mußte gegen Recht und Gesetz um Haus und Hof gebracht werden. Die
zahlreichen politischen Gegner Oktavians, zu denen nun auch wieder Anhänger des Antonius zählten, taten alles, um diese Spannungen zu verschär-
fen und für ihre Ziele nutzbar zu machen. In Italien herrschten bürger-
kriegsähnliche Zustände,[22] die schließlich in neue militärische Auseinandersetzungen übergingen. Die gescheiterte Versorgung der Soldaten nach
der Schlacht von Philippi verschärfte die Gegnerschaft zwischen den Triumvirn und wurde zu einer wesentlichen Ursache für den Fortgang des Bürgerkrieges.

*c) Die erste Gründung Philippis als römische Kolonie durch Antonius
42 v.Chr.*

Auf diesem Hintergrund erscheint die Gründung der Kolonie Philippi durch
Antonius als Ausnahme. Obwohl zum Heer des Antonius gehörig, wird ein
Teil seiner Truppen mit Land, allerdings außerhalb Italiens, entschädigt.
Der immerhin mehrere Wochen dauernde Aufenthalt im Territorium der
späteren Kolonie bot ausreichende Möglichkeiten, die Landschaft und ihre

---

[19] Suet. *Aug.* 13.
[20] App. *civ.* V 12-19; Dio Cass. 48, 6-9.
[21] Dio Cass. 48, 8, 1f.
[22] Vgl.o. Anm. 20; Vergil gibt in den Eklogen einen Eindruck von den Empfindungen der
Römer in der Zeit der Enteignungen; *ecl.* I 70f: „impius haec tam culta novalia miles habebit,
barbarus has segetes: en quo discordia civis produxit miseros, his nos consevimus agros!"
(Übers. Götte: „Ehrfurchtslos übernimmt der Soldat die gepflegten Gefilde, er, der Barbar,
diese Saaten: wohin hat uns elende Bürger Zwietracht gebracht! Wir bestellten das Land für
dieses Gesindel"). Vgl. auch *ecl.* IX.

Vorzüge kennenzulernen.[23] Mit der Zuweisung des Landes an einen Teil seiner Truppen hatte Antonius einen kleinen Teil der riesigen Belastung übernommen, die aus der Notwendigkeit der Entlassung der siegreichen Truppen erwuchs. Antonius galt als der eigentliche siegreiche Feldherr der Schlacht.[24] In beiden Kampfgängen der Doppelschlacht spielte er die entscheidende Rolle, während Oktavian im ersten Waffengang sogar die Eroberung seines Lagers hinnehmen mußte. Die Zeitgenossen rechneten nach dem Ausgang der Schlacht mit der Ausweitung der Machtbasis des Antonius. Dem damals gerade zwanzigjährigen Oktavian wurde weit weniger zugetraut. Seine politische Unerfahrenheit bewirkte in den ersten Jahren nach Philippi tatsächlich große Unsicherheiten in Italien und war eine der Ursachen der ausbleibenden Befriedung. Es ist nur zu verständlich, daß die zuerst entlassenen Soldaten durch den Sieger der Schlacht versorgt wurden. Sie erwarteten durch das Patronat des ehemaligen Generals Caesars, der auch schon erfolgreiche Koloniegründungen durchgeführt hatte,[25] eine wirksamere und zukunftsträchtigere Unterstützung. Gleichzeitig lag Philippi in seinen Herrschaftsbereich als Triumvir und damit unter seinem *imperium*, aus dem die Machtbefugnis zur Deduktion von Kolonien erwuchs.[26]

d) Die Neugründung Philippis durch Augustus nach 31 v.Chr.

Die Beweggründe für die Wahl des Antonius als Patron Philippis liefern gleichzeitig die Erklärung für die Revision dieser Entscheidung in der Neugründung der Kolonie nach 31 v.Chr. durch Oktavian/Augustus. Da die Koloniegründung ein besonderes, außerhalb der sonstigen staatlichen Ordnung stehendes Loyalitätsverhältnis begründete, mußte genau dieses besondere Verhältnis zwischen Philippi und Antonius dem Sieger von Aktium, Oktavian/Augustus, ein Dorn im Auge sein.[27] Philippi als Kolonie des Antonius war ein Rest seines autonomen Machtbereiches und damit eine potentielle Gefährdung der sich neu entwickelnden Machtkonstellation.[28] Diese mußte die staatliche Gewalt zwischen der traditionellen aristokratischen Führung der Republik, dem Senat, und den persönlichen Ansprüchen

---

[23] Collart (*Philippes*, S. 223) nennt die materiellen Überlegungen, die zur Gründung der Kolonie an diesem Ort geführt haben mögen. Die Kämpfe zogen sich über die Zeit von Anfang September bis Ende Oktober hin. Die erste Schlacht fand ca. am 1. Oktober und die 2. Schlacht am 23. oder 24. Oktober statt. Vgl. Schmidt, „Art. Philippi," Sp. 2225.

[24] Dio Cass. 50, 18, 3; Plut. *Ant.* 23.

[25] Vgl. die *Lex Coloniae Genetivae* vom Jahre 44 v.Chr., die auf ihn zurückgeht.

[26] Kornemann, „Art. Coloniae," Sp. 569f.

[27] Vgl. Dahlheim, *Römische Kaiserzeit*, S. 20f.

[28] Man muß sich die Perspektive des Jahres 30 v.Chr. vergegenwärtigen, in der eine stabile persönliche Herrschaft des Oktavian/Augustus noch nicht zu erkennen war.

des Oktavian/Augustus neu verteilen.[29] Augustus selbst beschrieb in seinen *Res Gestae* die neue Herrschaftsstruktur, indem er zwischen seiner persönlichen *auctoritas* und der in den Händen des Senats und der von ihm bestimmten Magistrate verbleibenden *potestas* zu unterscheiden suchte. Im Senat war die jahrhundertealte legitime Tradition Roms, der *mos maiorum*, verkörpert. Daran hat Augustus seinem Selbstverständnis nach nicht gerüttelt, wie er an anderer Stelle hervorhebt: *...nullum magistratum contra morem maiorum delatum recepi.*[30] Die Person des Oktavian/Augustus repräsentierte die von Caesar vorbereitete monarchisch-dynastische Herrschaftsform, durch die allein - das ist jedenfalls das Fazit der Bürgerkriege - die politische Handlungsfähigkeit Roms zu gewährleisten war.[31] Neben diesen beiden Herrschaftszentren, dem Senat und dem Prinzipat, und ihren Traditionen hatte kein anderer politischer oder ideologischer Anspruch Raum, schon gar nicht der eines durch die Aufnahme der hellenistischen Königsvorstellungen desavouierten und zum Staatsfeind erklärten ehemaligen Generals Caesars.[32] Für eine Kolonie des Antonius, die aus dieser Tradition hervorgegangen und durch ihren Namen mit ihr verbunden war, war kein Platz mehr in dem sich formierenden Prinzipat.[33]

---

[29] Augustus (*res gestae* 34) : „Quo pro merito meo senatus consulto Augustus appellatus sum et laureis postes aedium mearum vestiti publice coronaque civica super ianuam meam fixa est et clupeus aureus in curia Iulia positus, quem mihi senatum populumque Romanum dare virtutis clementiaeque et iustitiae et pietatis causa testatum est per eius clupei inscriptionem. Post id tempus auctoritate omnibus praestiti, potestatis autem nihilo amplius habui quam ceteri, qui mihi quoque in magistratu conlegae fuerunt.“
(Übers. Weber: „Für dieses mein Verdienst wurde ich auf Senatsbeschluß Augustus genannt, die Türpfosten meines Hauses wurden öffentlich mit Lorbeer geschmückt, der Bürgerkranz über meinem Tor angebracht sowie ein goldener Schild in der Curia Iulia aufgehängt, den mir Senat und Volk von Rom widmeten ob meiner Tapferkeit, Milde, Gerechtigkeit und Pflichttreue, wie die auf diesem Schild angebrachte Inschrift bezeugt. Seit dieser Zeit überrage ich zwar alle an Einfluß und Ansehen (auctoritas), Macht (potestas) aber besaß ich hinfort nicht mehr als diejenigen, die auch ich als Kollegen im Amt gehabt habe.“)
[30] *Res gestae* 6: „Ich habe kein Amt angenommen, das mir gegen die Sitte der Vorväter angetragen wurde.“
[31] Das hatten die Geschichte der ausgehenden Republik und die verheerenden Bürgerkriege deutlich genug erwiesen. Vgl. Dahlheim, *Römische Kaiserzeit*, S. 7; Bengtson, *Römische Geschichte*, S. 265f; Meier, *Caesar*, S. 585.
[32] Die Entwicklung zu einer am hellenistischen Vorbild orientierten despotischen Herrschaft oder zum altrömischen Königtum verhindert zu haben, ist vielleicht der einzige politische Erfolg von Dauer, den die Ermordung Caesars bewirkt hat. Vgl. Christian Meier, *Caesar*.
[33] Diese Form der Aufarbeitung von Geschichte unter der Maßgabe der neuen politischen Verhältnisse traf auch andere Kolonien, wie wir von Hyginus Gromaticus, S. 142 (ed. Thulin) wissen: „aeque diuus Augustus [in] adsignata orbi terrarum pace exercitus, qui aut sub Antonio aut Lepido militauerant, pariter et suarum legionum milites colonos fecit, alios in Italia, alios in prouincis: quibusdam deletis hostium ciuitatibus nouas urbes constituit, quosdam in ueteribus oppidis deduxit et colonos nominauit. illas quoque urbes, quae deductae a regibus aut dictatoribus fuerant, quas bellorum ciuilium interuentus exhauserat, dato iterum coloniae nomine numero ciuium ampliauit, quasdam et finibus.“
(„Nachdem er der Welt Frieden zugewiesen hatte, machte der göttliche Augustus die Heere,

Die Neugründung, die als eine umfassende Wiederholung des Gründungsaktes vorzustellen ist,[34] erwächst nicht aus der Attitüde des neuen Herrschers, sondern ist ein Ereignis im Rahmen der *restitutio rei publicae*,[35] die das römische Reich auf einer neuen konstruktiven Grundlage reorganisiert, seine Kräfte bündelt und politische und religiöse Traditionen für eine neue Zukunft fruchtbar macht.

Gleichzeitig wird eine Ambivalenz im politischen Handeln Oktavians offenbar. Sie spiegelt sich auch in den Darstellungen seiner schillernden Persönlichkeit durch die römische Geschichtsschreibung.[36] Die Linie der *restitutio rei publicae* konnte bisweilen nur mit manifesten Rechtsbrüchen durchgehalten werden.[37] Eine dieser Verletzungen des Rechts traf nach Aktium eine größere Zahl italischer Städte. Nach Aktium mußte wieder ein großer Teil des Heeres entlassen werden. Oktavian wollte sich dieser Verpflichtung zunächst entziehen.[38] Er schätzte die zu erwartende Unzufriedenheit der Soldaten geringer ein als nach Philippi, da nun kein ernstzunehmender Gegner mehr vorhanden war, der aus ihr politisches Kapital hätte schlagen können. Die Unruhen nahmen jedoch ein solches Maß an, daß eine Regelung unausweichlich war. Wieder stand Oktavian/Augustus vor der Frage, ob er die Unzufriedenheit der enttäuschten Soldaten oder die Empörung der entrechteten Bevölkerung in Kauf nehmen sollte. Es gelang ihm, einen relativen Ausgleich der Interessen zu erreichen, indem er jeweils nur einem Teil der Forderungen nachkam.[39] Trotzdem war eine Enteignung italischer Bürger diesmal unausweichlich. Er versuchte den Schaden für sein Ansehen dadurch einzudämmen, daß er sich auf angeblich dem Antonius ergebene Städte beschränkte, bzw. diese Legende in die Welt setzte. Dieser Versuch der Legitimation seines Handelns gelang nicht.[40] Immerhin wur-

---

die entweder unter Antonius oder unter Lepidus gedient hatten, und in gleicher Weise die Soldaten seiner Legionen zu Siedlern, die einen in Italien, andere in den Provinzen: aus gewissen zerstörten Städten der Feinde gründete er neue Städte, diejenigen, die er in alte Städte führte, nannte er auch Siedler. Auch jene Städte, die von Königen oder Diktatoren gegründet worden waren, die der Eintritt des Bürgerkrieges entleert hatte, vergrößerte er, nachdem er ihnen wieder den Namen einer Kolonie gegeben hatte, mit einer Anzahl Bürger, einigen [vergrößerte er] auch die Grenzen.") Vgl. Vittinghoff, *Römische Kolonisation*, S. 1344.

[34] Vgl.u.S. 31f.

[35] Vgl. Dahlheim, *Römische Kaiserzeit*, S. 14.

[36] Tac. *ann.* I 8-10; Suet. *Aug.* 27.

[37] Dahlheim, *Römische Kaiserzeit*, S. 14-16.

[38] Dio Cass. 51, 3f. Ähnlich App. *civ.* V 127-29.

[39] Dio Cass. 51, 4. Zum Kolonisationsprozeß nach Aktium in Italien s. Keppie, *Colonisation*, S. 73-82.

[40] Dio Cassius (51, 4) behauptet, Augustus habe nur Städte, die dem Antonius anhingen, enteignet. Appian (*civ.* V 12) weiß von einer solchen Beschränkung genausowenig wie Plutarch (*Brut.* 46), der am schärfsten formuliert (Übers. Ziegler):„...wenn auch Antonius und Caesar [gemeint ist Oktavian] ihren Soldaten noch viel abscheulichere Siegespreise zahlten, indem sie

den die enteigneten italischen Bürger mit Land außerhalb Italiens entschädigt.[41] Im Rahmen dieser Aktion gelangten neue Siedler nach Philippi.

Die Neugründung änderte nicht nur den Namen der Kolonie, sondern brachte auch neue Menschen nach Philippi und ermöglichte eine Neuaufteilung des Landes. Es ist nicht sicher, ob sie in Philippi durchgeführt worden ist. Die alte Bevölkerung aus den Veteranen des Antonius und die gerade erst in Italien enteigneten Bürger standen in keinem besonderen Verhältnis zum Prinzeps, so daß kein Grund zur Bevorzugung einer dieser Gruppen auf Kosten der anderen bestand.[42] Demgegenüber war Augustus den gleichzeitig mitangesiedelten Prätorianern verpflichtet, so daß er ihnen unter Umständen Sonderrechte einräumte und sie bevorzugt behandelte. Die Übernahme der Soldaten des Antonius in das Heer des Augustus legt die Vermutung nahe,[43] daß die Veteranenkolonien, die sich zu Antonius gehalten hatten, im Gegensatz zu den hellenistischen Städten,[44] die sich auf dessen Seite gestellt hatten, nicht eigens bestraft worden sind. Philippi konnte nun aber nicht mehr den Namen des Antonius tragen. Für diese Tradition war kein Platz mehr in dem sich formierenden Prinzipat. Philippi wird Kolonie des Augustus.

e) Zusammenfassung

Die Deduktion der Kolonie Philippi im Jahre 42 v.Chr. stand im Zusammenhang mit der Aufgabe, die für antike Größenverhältnisse riesige Menge von Soldaten nach Einstellung der Kampfhandlungen dauerhaft zu versor-

---

aus fast ganz Italien die alten Einwohner auswiesen, damit die Soldaten Ländereien und Städte bekamen, die ihnen nicht zustanden." In seinen *Res Gestae* (3; vgl. 28) übergeht Augustus die negativen Auswirkungen seiner Versorgungspolitik. Tacitus (*ann.* I 10; vgl. ebd. I 2) gibt ein scharfes Urteil über Augustus' Verhältnis zu den Veteranen wieder. Sueton (*Aug.* 17) nennt nur die Befriedigung der Forderungen der Soldaten. Vgl. zum Ganzen die Darstellung von Gardthausen, *Augustus*, S. 398-404.
[41] Dio Cass. 51, 4, 6. Mit dieser Notiz bei Dio Cassius begründet Botermann (Paulus und das Urchristentum, S. 299) ihre ungerechtfertigt scharfe Kritik an der Bezeichnung Philippis als Veteranenkolonie. Papazoglou („Quelques aspects," S. 358, Anm. 252) wendet gegen Dio Cassius ein, daß es sich nicht nur um enteignete italische Siedler, sondern auch um entlassene Soldaten gehandelt haben muß, die in die Kolonien Makedoniens entsandt worden waren. Collart (*Philippes*, S. 231-35) kann dies für Philippi überzeugend belegen.
[42] Gardthausen (*Augustus*, S. 399) vermutet, daß auch in Philippi einige bereits vergebene Landstücke in den Wirren der Auseinandersetzungen zwischen den Triumvirn verlassen worden waren. Vielleicht haben sich einige der im Jahre 42 v.Chr. entlassenen Veteranen wieder anwerben lassen. Dies ist ein Vorgang, der uns häufig überliefert ist: App. *civ.* V 137 (dort wird berichtet, Pompejus habe die Veteranen des Caesar aus der Stadt Lampsakos wieder in Dienst genommen); oder auch Caesar *civ.* I 3. u.ö.
[43] Dio Cass. 51, 3, 1.
[44] Dio Cass. 51, 2, 1.

gen.[45] Sie ist ein Ausschnitt aus der sozial- und machtpolitischen Herausforderung, zu deren Bewältigung erst ein Jahrzehnt später, nach der Schlacht von Aktium und der damit gegebenen unangefochtenen Machtstellung Oktavians, die Voraussetzungen geschaffen waren. Nach Aktium konnte Augustus die gezielte Kolonisations- und Bürgerrechtspolitik Caesars fortführen, die im Rahmen eines klaren machtpolitischen Kalküls zur Stabilisierung seiner persönlichen Herrschaft und der des römischen Reiches diente.[46] Die erste Gründung Philippis dagegen scheint eher „aus der Not des Augenblicks" entsprungen zu sein.[47] Sie verdankt sich einer Übergangsphase in der römischen Geschichte zwischen dem Ende der Diktatur Caesars und dem Beginn des sich entwickelnden und noch gefährdeten Prinzipats.

2. DIE KOLONIEGRÜNDUNG IN LOKALGESCHICHTLICHER PERSPEKTIVE

In Philippi sind die Folgen dieser welthistorischen Bewegungen in Münzprägungen und Inschriften dokumentiert, die über die genaueren Umstände der Kolonisation einigen Aufschluß geben. Die Ergebnisse der differenzierten epigraphischen und numismatischen Diskussion sollen hier, unter besonderer Berücksichtigung der Arbeit Collarts,[48] wiedergeben und mit eigenen Überlegungen ergänzt werden.

Philippi muß zur Zeit der Doppelschlacht ein unbedeutender Flecken gewesen sein. Strabon spricht von einer κατοικία μικρά,[49] was Collart mit „médiocre bourgade"[50] wiedergibt. Außer dem Namen des Städtegründers erinnerten im Jahre 42 v.Chr. noch das Theater und die Befestigungsanlagen an die große Bedeutung, die die Stadt für einige Jahrzehnte im makedonischen Reich hatte.[51] Appian schildert, daß die der Kolonie vorangehende Siedlung auf der Akropolis, dem zur Verteidigung befestigten Berg bei

---

[45] Vgl. Vittinghoff, *Römische Kolonisation*, S. 1314. Er schließt aus den Angaben Appians auf 170.000 Soldaten, die auf Belohnung und Entlassung drängten. Auch wenn gegenüber den Zahlen Appians Zweifel angebracht sind, ist damit ein Anhaltspunkt gegeben. Gardthausen (*Augustus*, S. 399) kommt aufgrund der Angaben in Augustus *res gestae* 15 auf 120.000 neuangesiedelte Soldaten.

[46] Vittinghoff, *Römische Kolonisation*, S. 1354f. Dahlheim (*Römische Kaiserzeit*, S. 20f) betont die politisch-strukturelle Bedeutung der Kolonien in den Provinzen, die er als einen zu den offiziellen politischen Strukturen (Prinzeps/Senat - Statthalter der Provinzen) querstehenden eigenständigen Machtfaktor herausarbeitet.

[47] Vittinghoff, *Römische Kolonisation*, S. 1312.

[48] Collart, *Philippes*, S. 228-242.

[49] Strabon VII, Fragment 41: „οἱ δὲ Φίλιπποι Κρηνίδες ἐκαλοῦντο πρότερον, κατοικία μικρά. ηὐξήθη δὲ μετὰ τὴν περὶ Βροῦτον καὶ Κάσσιον ἧτταν." (Philippi hieß früher Krenides, eine kleine Ansiedlung. Sie wurde aber nach der Niederlage des Brutus und Cassius vergrößert.)

[50] Collart, „Art. Philippes," S. 717.

[51] Collart, *Philippes*, S. 175-77; ders., „Art. Philippes," Sp. 724.

Philippi, angelegt gewesen sei.[52] Dafür gibt es aber keinerlei Evidenz. Im Gegenteil ist nachzuweisen, daß auch die makedonische Siedlung am Fuße des Berges gelegen hatte und die Akropolis unbewohnt geblieben war.[53] Damit ist ein wichtiger Hintergrund der Kolonisation beleuchtet. Die Ansiedlung römischer Soldaten hatte hier nicht die tiefgreifend negativen Folgen für die einheimische Bevölkerung, die von anderen Koloniegründungen überliefert sind.[54] Die Stadt war zu dieser Zeit wenig bevölkert, was sicher auch mit der Grenzlage zu dem unruhigen Gebiet der thrakischen Völkerschaften begründet ist.[55] Die Umstände der Kampfhandlungen zwischen den Protagonisten des Bürgerkrieges werden das ihre zur Entvölkerung des Landstriches beigetragen haben. Schon Jahre vor der Schlacht belasteten durchziehende Truppen die Situation in Makedonien. Die sich über Wochen hinziehende Kampftätigkeit im Gelände wird die spärliche Bevölkerung zur Flucht gedrängt haben. Angesichts dieser Verhältnisse darf man sich die Eingriffe in die bestehende Lage nicht zu schmerzhaft denken. Während in Camulodunum, Orange (Arausio) oder Urso Zentren der einheimischen Bevölkerung und ihrer Kultur zerschlagen wurden, hatte Philippi, anders als etwa die Nachbarstadt Amphipolis,[56] keine besondere kulturelle oder wirtschaftliche Bedeutung für die Region. Es gibt aber auch keinen Anlaß zu vermuten, daß die in Philippi und dessen bedeutendem Territorium einheimische Landbevölkerung von den Folgen der Deduktion, insbesondere von der Enteignung des Landbesitzes, verschont geblieben wäre. Die Koloniegründung und die Zuweisung des sehr großen Territoriums[57] für die Kolonisten führte zur Enteignung aller Grundbesitzer. Bestenfalls wurde ihnen die Pacht ihres ehemaligen Besitzes ermöglicht.[58]

Über die ersten Kolonisten informiert uns der Grabstein des Legionärs *Sextus Volcasius*. Er gibt uns die Möglichkeit, die militärische Einheit zu bestimmen, aus der die ersten Kolonisten stammen.[59] Die Inschrift lautet:

---

[52] App. *civ*. IV 105.

[53] Portefaix, *Sisters Rejoice*, S. 62, Anm. 28.

[54] Berühmt ist die Darstellung der Ereignisse um die Kolonie Camulodunum in Britannien durch Tac. *ann*. XIV 31. Vgl. dazu Vittinghoff, *Römische Kolonisation*, S. 1247f. Das Kataster von Orange zeigt, mit welcher Brutalität die Kolonisation gegen die Einheimischen durchgeführt werden konnte. S. Piganiol, *Les documents cadastraux*; Dahlheim, *Römische Kaiserzeit*, S. 104f.

[55] Vgl. Lenk, „Art. Thrake," Sp. 440f.

[56] Amphipolis war der Sitz des κοινὸν Μακεδόνων. Vgl.u. S. 38, Anm. 36.

[57] S. Levick, *Roman Colonies*, S. 43, Anm. 5; Liebenam (*Städteverwaltung*, S. 8f) führt Beispiele für die Territorien der caesarischen Kolonien in den Provinzen an, die die der alten Städte in Italien weit übertrafen.

[58] Vgl. zur Bandbreite der möglichen Beziehungen zwischen den Kolonen und den Einheimischen: Vittinghoff, *Römische Kolonisation*, S. 1240-43.

[59] *BCH* 47 (1923) S. 87, Nr. 5; *BCH* 57 (1933) S. 358f, fig. 30. Vgl. Collart, *Philippes*, S. 233-35; Papazoglou, „Quelques Aspectes," S. 340, Anm. 163.

Sex(to) Volcasio / L(uci) f(ilio) Vol(tinia tribu) (veterano?) leg(ionis) XXVIII domo / Pisis.
(Dem Sextus Volcasius, Sohn des Lucius, aus der Bürgerabteilung Voltinia, [Veteran] aus der Legion 28, aus Pisa stammend.)

Da die *legio XXVIII* nach Aktium nicht mehr existierte,[60] ist es sicher, daß die erste Kolonisation durch den Triumvir Antonius Legionäre der *legio XXVIII* nach Philippi brachte. Auch der von Antonius mit der Deduktion der Kolonie beauftragte Legat ist uns namentlich durch Münzprägungen bekannt.[61] Die Legende auf der Rückseite des Gründungsmünztyps lautet:

Q(uintus) Paqui(us) Ruf(us) leg(atus) c(oloniae) d(educendae)
(Quintus Paquius Rufus, Legat zur Gründung der Kolonie)

Man kann über den Umfang dieser ersten Kolonisation bzw. über die Anzahl der angesiedelten Soldaten nur Vermutungen äußern, da die ersten Kolonisten außer den genannten Münztypen keine für diese Frage auswertbaren Spuren hinterlassen haben. Einige hundert werden es sicher gewesen sein, da eine kleinere Anzahl von Kolonisten das Überleben der Siedlung und die Durchsetzung der Interessen der Soldaten nicht hätte sichern können.[62]

Zur Entwicklung zwischen den Jahren 42 und 31 v.Chr. schweigen die Quellen. Zwei Gedanken können aber doch erwogen werden. Die positive Entwicklung einer Neugründung ist keineswegs selbstverständlich. Das zeigt das Lob des Augustus in den *Res Gestae*, das die schnelle Blüte seiner Städtegründungen in Italien eigens hervorhebt.[63] Kolonien konnten auch aus den verschiedensten Gründen wieder zugrundegehen.[64] Die unruhige Grenzlage nach Thrakien und die zunehmenden Spannungen zwischen Oktavian und Antonius werden die Konsolidierung und Stabilisierung der jungen Kolonie eher behindert haben. Vielleicht haben auch einige der Soldaten der *legio XXVIII* wieder den Weg in die Armee gewählt,[65] als erkennbar wurde, daß Antonius wieder Soldaten benötigte.

Im Rahmen der Neugründung durch Augustus werden neue Siedler in das Dramabecken geführt. Die italischen Siedler, von denen Dio Cassius

---

[60] *BCH* 57 (1933) S. 358, Anm. 4.
[61] Die Münzen sind abgebildet bei Gaebler, „Die erste Colonialprägung," Tafel X; ders., *Die antiken Münzen*, S. 102, Nr. 10-13, Tafel XX; *Roman Provincial Coinage*, S. 308, Nr. 1646-49; vgl. Collart, *Philippes*, S. 227 und Tafel XXX.
[62] Vgl. die Zahlenangaben über die Größe der Kolonistengruppen bei Kornemann, „Art. Coloniae," Sp. 571f.
[63] Augustus *res gestae* 28.
[64] Tacitus (*ann.* XIV 27) berichtet von mißlungenen Koloniegründungen zur Zeit Neros. Vgl. Kornemann, „Art. Coloniae," Sp. 578.
[65] S.o.S. 18, Anm. 42.

berichtet,[66] haben, abgesehen von einigen privaten Inschriften, keine greif-
baren Zeugnisse vor Ort hinterlassen. Auf die Herkunft der neu aufgenommenen Veteranen geben uns aber wieder Münzen Hinweise. Die Legende
eines von Gäbler und Collart in augusteische Zeit datierten Münztypes
belegt, daß eine prätorianische Kohorte in Philippi angesiedelt wurde.[67]
Auf der Vorderseite heißt es: *cohor(s) prae(toriae)* und im Abschnitt
Phil(ippensium). Die Legende *Vic(toria) Aug(usta)*, die sich auf der Rückseite der Münze findet, weist auf eine Prägung nach Aktium hin, da erst
danach die Verehrung der *Victoria Augusta* beginnt.[68] Portefaix meint,
durch die Angabe, daß eine *cohors praetoriae* angesiedelt wurde, einen
Hinweis auf die Größenordnung der Ansiedlung gefunden zu haben. Sie gibt
an, daß eine solche *cohors praetoriae* etwa 500 Soldaten umfaßte.[69] Appian dagegen erwähnt eine Prätorianerkohorte des Calvinus mit 2000
Mann.[70] Für die Übergangszeit von der Republik bis zum Prinzipat ist
eher mit einer Stärke von 1000 zu rechnen.[71] Mit dieser Zahl ist nur ein
Orientierungspunkt gegeben. Im Kriegsfall konnte eine Kohorte verstärkt
werden, ebensooft wurde aber die volle Truppenstärke nicht erreicht bzw.
reduzierte sich im Verlaufe des Krieges. Da auch der Umfang der Ansiedlung der italischen Bürger völlig unbekannt ist, kann die Größe der Kolonie
in der Gründungsphase nur geschätzt werden. Die Untergrenze der Schät-
zung dürfte aufgrund der oben angestellten Überlegungen bei ca. 1000
Kolonisten liegen: einige Hundert Siedler der ersten Gründung, ca. 300 -
500 Prätorianer und eine etwa gleichgroße Zahl italischer Siedler der Neugründung. Eine Obergrenze ist kaum anzugeben. Da das Territorium der
Kolonie außerordentlich großzügig bemessen war und ein enormer Druck
zur Versorgung von Soldaten und enteigneten Siedlern bestand, läßt sich
hier kein Anhalt für eine realistische obere Beschränkung finden.[72] Es ist

---

[66] Dio Cass. 51, 4, 6.
[67] Collart, *Philippes*, S. 232f. Die Münze bei Gäbler, *Die antiken Münzen*, S. 102, Nr. 14;
Roman Provincial Coinage, S. 308, Nr. 1651. Dort werden Zweifel an der Prägung in
augusteischer Zeit wegen der Beschaffenheit des Metalles, aus dem die Münzen geschlagen
wurden, geäußert und für eine Datierung in claudisch-neronische Zeit plädiert.
[68] Diskussion bei Collart, *Philippes*, S. 231-35. Vgl. Vittinghoff, *Römische Kolonisation*,
S. 1239. S.u. S. 33-36.
[69] Portefaix (*Sisters Rejoice*, S. 60, Anm. 16) verweist auf Clauss („Art. Heerwesen," Sp.
1080), der diese Zahl als Sollzahl bei Einrichtung der Prätorianerkohorten unter Augustus
anführt.
[70] App. *civ*. IV 115.
[71] Keppie, *Colonisation*, S. 34.
[72] Keppie (*Colonisation*, S. 99) berechnet für die italischen Kolonien eine maximale
Obergrenze, indem er den Umfang des zugewiesenen Landes durch den Mittelwert des an den
einzelnen Kolonisten zugewiesenen Landes dividiert. Er kommt auf Obergrenzen von 192 bis
9600 Siedlern. Eine vergleichbare Rechnung für Philippi ist von zu vielen Unsicherheiten
belastet. Die Territorien der provinzialen Koloniegründungen waren viel größer als die der

jedenfalls sicher, daß Philippi immer wieder durch Veteranen ergänzt wurde, wie, um nur ein Beispiel zu nennen, aus einer Inschrift der Flavierzeit hervorgeht.[73]

L(ucio) Tatinio / L(uci) f(ilio) Vol(tinia) Cnoso / ... / c(enturioni) cohor(tis) IV vigil(um) ... / veterani qui sub eo in vigilib(us) / militaver(unt) et honesta mis/sione missi sunt.
(Dem Lucius Tatinius Cnosus, Sohn des Lucius, aus der Bürgerabteilung Voltinia,..., dem Hauptmann der vierten stadtrömischen Kohorte der Wache. Die Veteranen, die unter ihm in den Wachmannschaften gedient haben und ehrenvoll entlassen wurden.)

Die drei genannten Siedlergruppen (italische Kolonisten, Veteranen der *legio XXVIII* und der *cohors praetoriae*) geben einen wichtigen Hinweis auf die soziale Zusammensetzung und Schichtung der sich neu bildenden Kolonie.[74] Die Versorgung der Veteranen des römischen Heeres wurde nach Dienstgrad (*pro portione offici*) und nach besonderen militärischen Verdiensten (*pro merito*) vorgenommen.[75] Die enormen Unterschiede der Besoldung innerhalb des römischen Heeres können die Spannweite der Möglichkeiten bei der Veteranenversorgung veranschaulichen. Der Sold eines Zenturios geringster Charge betrug etwa das Zehnfache des Soldes eines Legionärs.[76] Es ist zwar nicht damit zu rechnen, daß ein solcher Zenturio bei der Landversorgung auch ein gleiches Vielfaches an Land erhielt, aber der in der Besoldung erkennbare Statusunterschied wurde auch bei der Versorgung beachtet. Die militärische Hierarchie setzte sich nach Beendigung des Dienstes in eine soziale Hierarchie um. Da die Veteranen der *cohors praetoriae* zwischen dem 1,5fachen und dem Dreifachen des einfachen Legionärssoldes beanspruchen durften,[77] wurde ihnen entsprechend das Vielfache an Grund und Boden bei der Kolonisation zugewiesen. Die sozial

---

italischen Kolonien, da jeweils der besiegte und damit rechtlos gewordene Feind enteignet wurde. Zudem ist der für eine solche Rechnung zugrundezulegende Anteil des für den Ackerbau geeigneten Bodens am Gesamtterritorium kaum zu bestimmen.

[73] *BCH* 56 (1932) S. 213-20, Nr. 8; *BCH* 52 (1928) S. 82; Schmidt, „Art. Philippi," Sp. 2233; Collart, *Philippes*, S. 258f. Zur Bedeutung des militärischen Elementes in der Bevölkerung Philippis s. u. Anm. 98f.
[74] Galsterer („Die Kolonisation," S. 424-26) zeigt für die Veteranenkolonien des 2. Jahrhunderts v.Chr., daß sich die Landzuweisung im Gründungsakt an der vorhergehenden sozialen und wirtschaftlichen Position der Kolonisten orientierte. Die bestehenden Unterschiede wurden dann in der Landvergabe bestätigt und bestimmten weiterhin die Struktur des neu entstehenden Sozialwesens.
[75] Keppie, *Colonisation*, S. 92.
[76] Clauss, „Art. Heerwesen," Sp. 1081 u. 1084.
[77] Der Sold des Prätorianers betrug in augusteischer Zeit 750 HS (ebd., Sp. 1081) der des einfachen Legionärs 225 HS (ebd., Sp. 1084). Keppie (*Colonisation*, S. 35) geht für die Zeit des Triumvirates vom 1,5fachen des normalen Legionärssoldes aus und rechnet erst ab 27 v.Chr. mit dem Dreifachen.

schwächste Gruppe innerhalb der Kolonie waren von der Gründung an die italischen Kolonisten, die ihre Heimat und dort Haus und Hof verloren hatten. Sie hatten nicht die Möglichkeit gehabt, sich durch Kriegsbeute zu bereichern, und verfügten im wesentlichen nur über ihre agrarischen Kenntnisse und ihre Arbeitskraft. Die reicher versorgten Veteranen, insbesondere die der höheren Dienstgrade, fanden zum Teil durch die Verpachtung ihrer Ländereien bzw. durch die Einsetzung kompetenter Verwalter ein gutes Auskommen. Sie waren von Anfang an auch für die politische Willensbildung innerhalb der Kolonie bestimmend, da sie am ehesten die Bedingung für den Dekurionat (Stadtrat), die Erreichung des entsprechenden Zensus, erfüllen konnten. Der *deductor* bestimmte sowohl den Kreis der *decuriones* (Stadträte) als auch die ersten *pontifices et augures*.[78] Die wichtigsten Ämter der Kolonie wurden bei der Gründung vergeben. Die zu diesem Zeitpunkt bestehenden sozialen Unterschiede wurden durch diese Praxis bei der Schaffung des neuen Gemeinwesens bestätigt und gefestigt.

3. Die Entwicklung Philippis bis in das 2. Jahrhundert

Die Weiterentwicklung Philippis liegt weitgehend im Dunkel der Geschichte. Außer den frühchristlichen Quellen und den Inschriften verfügen wir über keine direkten literarischen Informationen. Einige nicht unbedeutende Hinweise geben die neueren Ergebnisse der archäologischen Forschung zur Baugeschichte Philippis. Die Grundlinie der Entwicklung läßt sich nachzeichnen und durch Schlüsse aus den historischen Bedingungen in der Gesamtregion vervollständigen. Dabei muß besonderes Augenmerk auf die außenpolitische Situation Roms und die wirtschaftsgeographischen Rahmenbedingungen Philippis gelegt werden.

Bildet die zweite Koloniegründung durch Augustus den natürlichen Ausgangspunkt der Überlegungen, so wird ein zweiter Fixpunkt durch die Ergebnisse der archäologischen Forschung gesetzt. Die Ausgrabungen in Philippi und die Datierung der Zeugnisse weisen auf einen Höhepunkt der städtebaulichen Entwicklung Philippis gegen Ende des zweiten Jahrhunderts (umfassende und repräsentative Neugestaltung des Forums u.a. Bauten). Es ist naheliegend, für diese Zeit eine wirtschaftliche und politische Blüte zu vermuten.[79] Philippi steht mit diesem städtebaulichen Expansionsstreben im Osten des Mittelmeerraumes nicht allein. Die Periode reger Bautätigkeit leitete allerdings eine tiefgehende Krise der Städte im römischen Reich

---

[78] Keppie, *Colonisation*, S. 92; *Lex Coloniae Genetivae* 66.
[79] Collart, *Philippes*, S. 257.

ein.[80] Viele ehrgeizige Bauvorhaben des dritten Jahrhunderts blieben unvollendet, da den oftmals hochfliegenden Plänen die materielle Basis fehlte.
Die wirtschaftlichen Tendenzen, befördert durch die allgemeine politische
Unsicherheit im Rahmen der Reichskrise des 3. Jahrhunderts (Stadtflucht
der begüterten Landbesitzer, Ausbildung autarker Zentren des Großgrundbe-
sitzes), entzogen den Städten die Gelder, die sie zur Aufrechterhaltung ihrer
ökonomischen und politischen Vorrangstellung benötigt hätten.[81] Wie sehr
Philippi davon betroffen war, läßt sich nicht sagen. Immerhin war die Stadt
noch im dritten Jahrhundert zu einem tiefgreifenden Umbau ihres Theaters
in der Lage.[82] Für unsere Fragestellung können die Überlegungen auf die
Zeit bis zum Anfang des dritten Jahrhunderts beschränkt bleiben, eine
Periode, die zumindest ab der ersten Hälfte des 1. Jahrhunderts von steti-
gem Wachstum geprägt ist. Der damit abgegrenzte Zeitraum zwischen 31
v.Chr. und dem Anfang des dritten Jahrhunderts umfaßt auch die Entstehungszeit der wichtigsten mit Philippi verbundenen frühchristlichen Schriften (Paulusbriefe, Apostelgeschichte, Polykarpbrief, Andreasakten) und
bildet damit den für die neutestamentliche Zeitgeschichte relevanten historischen Rahmen. Eine wirschaftliche Sonderentwicklung bleibt vorstellbar.

Über die ersten Jahrzehnte des Bestehens Philippis seit seiner Neugründung nach 31 v.Chr. durch Augustus ist so gut wie nichts bekannt. Es wird
eine Zeit des Aufbaus im elementaren Sinne gewesen sein. Die neueren
Ausgrabungen am Forum ermöglichen inzwischen einige Einblicke in die
Baugeschichte Philippis vor der großen Rekonstruktion des Forums zu
einem repräsentativen Ensemble in antoninischer Zeit.[83] Sie zeigen, daß
vor der Errichtung eines Forums im eigentlichen Sinne dieser Platz als
Wohnviertel diente. Das erste Forum schließlich umfaßte ein Gelände, das
etwas größer war als das des späteren antoninischen Forums. Es wurde im
Osten wie wahrscheinlich auch im Westen von einem Gebäudekomplex
eingegrenzt. Ebenso schloß im Süden ein langgezogenes Bauwerk den Platz
ab. Mehrere Erneuerungen einzelner Gebäude noch vor der grundlegenden
Neugestaltung des Forums um 160 n.Chr. zeigen die rege Entwicklung und
die Vitalität der Stadt.

---

[80] Christ, *Die Römer*, S. 91.
[81] Christ, *Die Römer*, S. 175f.
[82] Die Restauration veränderte den Charakter des Theaters grundlegend und näherte es
einem Amphitheater an. Es sollten die Voraussetzungen für Gladiatorenkämpfe und Tierhatzen
geschaffen werden. Collart, „Art. Philippes," Sp. 725; zur kulturgeschichtlichen Bedeutung der
Umwandlung s. Botermann, „Paulus und das Urchristentum," S. 297.
[83] Diese Rekonstruktion der vorantoninischen Situation Philippis hat ihre Grenzen. Immerhin ist deutlich, daß das ältere Forum größer gewesen sein muß. Es war weit weniger repäsen-
tativ gestaltet. So wurde es z.B. im Gegensatz zum antoninischen Forum von Wohngebäuden
eingegrenzt. Vgl. die Arbeiten von Sève, *BCH* 105 (1981) S. 918-23; *BCH* 106 (1982) S. 651-
3; *BCH* 109 (1985) S. 864-73; *BCH* 110 (1986) S. 531-81; *BCH* 112 (1988) S. 467-79.

In den Anfangsjahren konnte sich die Kolonie auf die freundliche Haltung des thrakischen Fürsten Rhoemetalces verlassen. Auch wenn Thrakien und seine Stämme nicht unter direkter römischer Kontrolle standen, waren sie doch in das Klientelverhältnis zu Rom getreten. Das schloß feindliche Angriffe gegen die römische Provinz Makedonien und damit auch gegen die römische Kolonie Philippi, die im Norden und Osten direkt an Thrakien grenzte, zunächst aus. Das Jahr 14 n.Chr. brachte einen tiefen Einschnitt in die Entwicklung der Region. Ungefähr im Todesjahr des Augustus starb auch Rhoemetalces. Sein Reich wurde zwischen Kotys, einem Sohn des Rhoemetalces, und Rheskuporis, dem Bruder des Rhoemetalces, geteilt.[84] Die Umstände der Teilung waren die Ursache für Zwistigkeiten unter den beiden thrakischen Fürsten, die sich im Jahre 18 n. Chr. zum Krieg ausweiteten. Der gewaltsame Tod beider Fürsten eröffnete die Chance einer Neuregelung der Verhältnisse, die aber von Rom zunächst nicht beherzt ergriffen wurde. Die Söhne der umgekommenen Fürsten traten an die Stelle ihrer Väter. Da sie noch unmündig waren wurden sie der Regentschaft eines hohen römischen Beamten unterstellt.

In diese Zeit fällt der Ausbruch eines mächtigen Aufstandes der Thraker gegen die römische Aushebungspolitik im Jahre 25 n.Chr. Jetzt mußte Rom direkt militärisch intervenieren.[85] Mit großem Einsatz und unter schwierigen Bedingungen wurden die Thraker im Jahre 26 n.Chr. zur Kapitulation gezwungen. Die Ruhe war wiederhergestellt, aber Rom hielt am Klientelfürstensystem fest. Erst in den Jahren 44-46 n.Chr. ordnete Claudius die Verhältnisse neu und schuf nach Niederschlagung erneuter Aufstände 46 n.Chr. die Provinz *Thracia*.[86] Aufgrund dieser engen, wenn auch bis zum Jahr 46 manchmal feindseligen Beziehungen zwischen den römischen Principes und den thrakischen Fürstenfamilien erklären sich die auffällig vielfältigen Bezüge Philippis zu Thrakien. Die von Collart genannten religiösen wie weltlichen Zeugnisse aus den ersten zwei Jahrhunderten der Entwicklung Philippis lassen das enge Aufeinanderwirken thrakischer und römischer Einflüsse erkennen, das weit tiefere Spuren hinterlassen hat als die griechisch-makedonische Umwelt.[87]

Der Weg für die Entwicklung Philippis von einer römischen Grenzkolonie in unsicherer Randlage zu einem Verkehrs- und Handelszentrum an einer wichtigen Verkehrslinie, die die östliche und westliche Reichshälfte verband, war frei. Philippi blieb für mehr als zwei Jahrhunderte von Beeinträchtigungen durch politische und militärische Spannungen verschont.

---

[84] Tac. *ann.* II 64.
[85] Tac. *ann.* IV 45-51.
[86] Christ, *Geschichte der römischen Kaiserzeit*, S. 203f; Collart, *Philippes*, S. 242-57.
[87] Collart, *Philippes*, S. 297-300 u. S. 392.

Damit war eine wichtige Voraussetzung für das Wachstum und die Entfaltung der Kolonie gegeben.[88]

Die Geschichte der römischen Kolonie Philippi ist auch von der Tatsache geprägt, daß Philippi eine Station an der *Via Egnatia* war. Makedonien überhaupt und diese Straße im besonderen waren von herausragender Bedeutung für die römische Großmachtpolitik. Über Jahrhunderte zogen die römischen Heere, Gesandtschaften und der gesamte Verwaltungsverkehr nach Kleinasien und Syrien durch diese Provinz.[89] Für die Zeit, in der der Schiffsverkehr im Mittelmeer ausgesetzt werden mußte, ermöglichte sie die sicherste und schnellste Verbindung Roms mit seinen östlichen Provinzen.[90] 146 v.Chr. wurde mit dem Ausbau der vorhanden Verkehrswege zur *Via Egnatia* begonnen. Sie reichte zunächst bis zur Provinzhauptstadt Thessalonike und wurde in augusteischer Zeit bis zum Hebros weitergeführt.[91] Unklar bleibt, wann die Landverbindung nach Kleinasien über Byzanz vollendet wurde. Noch im ersten Jahrhundert war der Seeweg wesentlich frequentierter. Von Neapolis, der im Territorium der Kolonie Philippi gelegenen Hafenstadt, einem *vicus* Philippis,[92] führte ein reger Schiffsverkehr nach Alexandria Troas.[93] Diese beiden Häfen verbanden Makedonien und Asien. Zumindest wird der größere Teil des Handels und Verkehrs vor der Zeit Trajans über diesen Seeweg abgewickelt worden sein. Erst mit der Neuordnung der Provinzen Dakien, Mösien und Thrakien durch Trajan 106 n.Chr. gewinnt der Landweg nach Byzantium größere Bedeutung.[94]

Neben der politischen Gesamtentwicklung des Raumes, der verkehrspolitischen und damit auch militärischen Bedeutung Philippis soll eine andere grundlegende Rahmenbedingung nicht unerwähnt bleiben, die für die Kolonie nicht unbedeutend gewesen sein dürfte: die Größe des zugewiesenen Territoriums. Im Vergleich zu den in seiner Umgebung liegenden Städten (Amphipolis, Argilos) verfügte Philippi über ein außerordentlich

---

[88] Collart, *Philippes*, S. 257.

[89] Philippi wird als Durchzugsstation eines römischen Heeres an einer Stelle ausdrücklich genannt. Sueton (*Tib.* 14) berichtet vom Durchzug des Tiberius während seines ersten selbständigen militärischen Kommandos nach Syrien 20 v.Chr. Charlesworth (*Trade routes*, S. 115-20) beschreibt die Bedeutung Makedoniens für die militärische und wirtschaftliche Infrastruktur des römischen Reiches.

[90] Charlesworth (*Trade Routes*, Karte) gibt als Reisedauer für die Strecke Rom - Byzantium 24 Tage und für Byzantium - Alexandria 30 Tage an.

[91] Oberhummer, „Art Egnatia via," Sp. 1990; Radke, „Art Egnatia via," Sp. 204; Bengtson, *Römische Geschichte*, S. 146.

[92] Papazoglou, *Les villes de Macédoine*, S. 403f.

[93] Charlesworth, *Trade routes*, S. 119.

[94] Ebd., S. 119f; Christ, *Geschichte der römischen Kaiserzeit*, S. 302 und 306f.

großes Territorium.[95] Die Ergänzung der Bevölkerung Philippis durch die weitere Zuweisung von Land an römische Bürger, sicher in erster Linie an Veteranen, war möglich und ist in Einzelfällen belegt.[96] Dies ist sicher eine der Ursachen für die Bewahrung des römischen Charakters der Kolonie in hellenischer Umgebung.[97] Eine Vielzahl von Inschriften weist auf die Bedeutung des militärischen Elementes in der Bevölkerung Philippis hin. Wir finden eine ganze Reihe hochrangiger Offiziere,[98] aber auch einfache Mannschaftsdienstgrade,[99] die sich in Philippi niedergelassen haben oder aus Philippi stammten und nach ihrer Dienstzeit wieder dorthin zurückgekehrt sind. Einige von ihnen haben dann natürlich auch Funktionen als Bürgermeister (*duumviri*)[100] und Stadträte (*decuriones*) eingenommen. Die durch die Militärzeit bewirkte oder verstärkte Identifikation mit den Zielen der kaiserlichen Politik und mit dem Selbstverständnis Roms als der Macht, die für die Ordnung und das Wohlergehen der bekannten Welt einsteht, wird als ein prägendes Element in das Leben der Kolonie eingegangen sein. Dies ist ein wesentlicher Grund dafür, daß Philippi sich deutlich in seinem Festhalten an der römischen Kultur von den sich an ihre hellenistische Umwelt assimilierenden römischen Kolonien Kleinasiens unterscheidet.[101]

Die wesentlichen Faktoren der Weiterentwicklung Philippis sind damit benannt: die Befriedung der Region, die zentrale Rolle der Via Egnatia und die Aufrechterhaltung des römischen Charakters der Stadt.[102]

---

[95] Vgl. die Karten in Lazarides, Φίλιπποι, Fig. 7 und 8. Barbara Levick (*Roman colonies*, S. 45, Anm. 5) gibt für das Territorium Philippis 730 Quadratmeilen = ca. 1890 qkm an.

[96] BCH 56 (1932) S. 213-220, Nr. 8. Nach Keppie (*Colonisation*, S. 44f) wurde der Titel *veteranus* erst gegen Ende der augusteischen Zeit auf Inschriften gebräuchlich, womit der Mangel an diesbezüglichen Informationen vor der Zeit der Flavier erklärt werden könnte.

[97] Collart („Art. Philippes," Sp. 721) stellt fest, daß Philippi in Sprache, Kultur und Organisation über drei Jahrhunderte eine römische Stadt in hellenisierter thrakischer Umwelt geblieben sei und spricht von einem „centre de romanisation".

[98] Die folgenden Inschriften nennen Militärtribune, Kohortenpraefekte und Legionspraefekte: CIL III 644 und 647; AE 1938, Nr. 55; BCH 57 (1933) S. 321-26, Nr. 4 (= AE 1934, Nr. 61) und S. 354, Nr. 19 (= AE 1934, Nr. 50); BCH 61 (1937) S. 417, Nr. 11.

[99] Beispiele für die Dienstgrade vom einfachen Soldaten bis zum Zenturio: CIL III 645, 14206 [14]; CIL VIII, 1026; BCH 56 (1932) S. 192-200, Nr. 1 (=AE 1938, Nr. 87), S. 213-20, Nr. 8; S. 220-22, Nr. 9; BCH 57 (1933) S. 377, Nr. 34; AE 1932, Nr. 27; AE 1933, Nr. 87; AE 1934, Nr. 63 u. 65; BCH 61 (1937) S. 417, Nr. 12; AE 1938, Nr. 56; AE 1968, Nr. 466; vgl. Collart, *Philippes*, S. 261.

[100] Z.B.: BCH 57 (1933) S. 354-60, Nr. 20: P(ublio) Mucio Q(uinti) f(ilio) Vol(tinia) / (centurioni) leg(ionis) VI Fer(ratae) II vir(o) i(ure) d(icundo) / Philipp(is) … (Dem Publius Mucius, dem Sohn des Quintus, aus der Bürgerabteilung Voltinia, dem Hauptmann der Legion VI Ferrata, dem Bürgermeister Philippis...).

[101] Vgl. den instruktiven Vergleich, den Levick (*Roman Colonies*, S. 161f.) durchführt.

[102] Sie lassen sich durch einige Einzelinformationen punktuell veranschaulichen:
1.) Anne S. Robertson (*Roman Imperial Coins*, Vol. I, S. CXII) vermutet, daß Philippi unter Vespasian eines der „headquaters of the eastern mint" war. Direkte Belege für diese Überlegung gibt es nicht. Klar ist nur, daß ein häufig vorkommendes Zeichen einer Münz-

prägestätte, die von Vespasian genutzt wurde, einer makedonischen Stadt zugeordnet werden muß. Da Thessalonike und Amphipolis nicht in Frage kommen, wird Philippi in die Diskussion gebracht.

2.) Die Grabstele (1965 nordwestlich von Philippi gefunden), die sich der philippische Veteran Tiberius Claudius Maximus noch zu Lebzeiten selbst gesetzt hat, überliefert eine der detailliertesten Schilderungen einer militärischen Laufbahn. Gleichzeitig belegt sie die Bedeutung von Veteranen für Philippi über die Koloniegründung hinaus. Faksimile u. Text in: Speidel, „The Captor of Decebalus," S. 142f u. Tafel 13; *AE* 1969/70, Nr. 583; Text, deutsche Übersetzung und Kommentar: Schumacher, *Römische Inschriften*, Nr. 187; vgl. Christ, *Römische Kaiserzeit*, S. 299. Weitere Inschriften aus dem 1. und 2. Jh., die Angehörige des Militärs als Bewohner Philippis belegen, s.o. Anm. 98f.

3.) Mitte des 2.Jhs Einsetzung eines *curator rei publicae*. *BCH* 57 (1933) S. 341f, Nr. 11: C(aio) Modio / Laeto Ru/finiano q(uaestori) / pr(o) pr(aetore) provinc(iae) / Maced(oniae) cur(atori) / r(ei) p(ublicae) Phil(ippiensium) cl(arissimo) v(iro) / L(ucius) Velleius / Velleianus / amico b(ene) m(erenti) (Dem Gaius Modius Laetus Rufinianus, prorätorischer Quaestor der Provinz Makedonien, Statthalter des Gemeinwesens der Philipper, dem hochangesehenen Mann. Lucius Velleius Velleianus dem Freund, der es wohl verdient). Dieser älteste Beleg eines *curator rei publicae* stammt aus der Regierungszeit Mark Aurels. S. *BCH* 57 (1933) S. 341-45, Nr. 11f.; Collart, *Philippes*, S. 264.

4.) Zur Zeit Mark Aurels ist ein Senator aus Philippi belegt (Collart, *Philippes*, S. 267; *BCH* 62 [1938] S. 421-28, Nr. 8 = *AE* 1948, Nr. 20): *Julius Maximus Mucianus, decurio Philippis et in provincia Thracia*. Der Aufstieg einer Familie aus Philippi in senatorischen Rang ist Hinweis auf das Ansehen und den Reichtum einiger Bürger Philippis. Interessanterweise existierten verwandtschaftliche Beziehungen dieser einzigen bekannten philippischen Senatorenfamilie zu thrakischen Fürsten. S. Werner Eck, „Die Präsenz senatorischer Familien," S. 292; Halfmann, *Die Senatoren aus dem östlichen Teil des Imperium Romanum*, S. 191f.

5.) Zur Einschätzung der Größe Philippis ist der Vergleich mit anderen Kolonien hilfreich. Dazu die Daten von Barbara Levick (*Roman colonies*, S. 43, Anm. 2) über die Größe des Stadtgebietes im engeren Sinne: Camulodunum 108 acres, Lugdunum 314 acres, Nemausus 790 acres, Augusta Taurinorum 127 acres, Priene 105 acres, Milet 230 acres, Aspendus 58 acres, Perge 151 acres, Attaleia 205 acres, Antiochien in Pisidien 115 acres und schließlich Philippi 157 acres. 1 Acre=4047 qm.

KAPITEL 3

PHILIPPI IN RELIGIONSGESCHICHTLICHER PERSPEKTIVE

1. DIE RELIGIÖSE DIMENSION DER KOLONIEGRÜNDUNG

a) Allgemeiner Hintergrund

Die Gründung einer Kolonie wurde in einem rituellen Akt vollzogen, der sich vermutlich aus zwei Wurzeln speiste. Zum einen erinnert er an den *primigenius sulcus* (erste Pflugfurche) durch Romulus, mit dem dieser die Grenzen der Stadt Rom, genauer den Verlauf der Stadtmauer gekennzeichnet haben soll. Zum anderen mag dieser Brauch Vorläufer bei den Etruskern oder bei anderen Völkern Altitaliens haben. Dort habe die Umgrenzung des Ackerlandes und ein Fruchtbarkeitskult im Vordergrund gestanden.[1]

Im Gründungsakt der Kolonie wird der historische Aspekt, die Vergegenwärtigung der Gründung Roms, mit der rituellen Betonung der agrarischen Grundlage der neuen Siedlung verbunden. Die als römische Kolonie gegründete Stadt ist keine selbständige Polis, sondern eine aus dem Recht der Stadt Rom erwachsene Tochtergemeinde. Seine Einwohner bleiben in ihrer politischen und landsmannschaftlichen Identität zurückgebunden an die Stadt Rom (Einschreibung in die stadtrömischen Bürgerabteilungen, die *tribus*). Deswegen wird im rituellen Gründungsakt auch die Tat des Romulus vergegenwärtigt und wiederholt. Darüber hinaus handelt es sich bei den römischen Kolonien in aller Regel um agrarische Städte, das meint Städte, die ihre Existenz durch die Bebauung des umliegenden fruchtbaren Landes sichern und nicht etwa durch Handel oder Dienstleistungen.[2] Das erklärt sich schon aus der sozialen und beruflichen Zusammensetzung der Kolonien, deren Bevölkerung aus dem Bevölkerungsüberschuß Roms oder Italiens stammten bzw. als Veteranen aus dem Heer entlassen wurden. Die sozialpolitischen Einzelheiten änderten sich natürlich im Laufe der langen Geschichte der Kolonisation durch Rom und wurden weiter oben genauer behandelt.[3] In diesem Abschnitt soll der religiöse Aspekt der Koloniegrün-

---

[1] Radke, „Quirinius: Eine kritische Überprüfung der Überlieferung und ein Versuch," S. 276-99. Kornemann („Art. Coloniae," Sp. 573) dagegen nimmt an, daß es sich um einen etruskischen Brauch zur Städtegründung handelt.

[2] Zu Philippi schreibt Papazoglou (*Les villes de Macédoine*, S. 407): „La colonie romaine avait un caractère essentiellement rural."

[3] S.o. S. 11f; vgl. Kornemann, „Art. Coloniae,", Sp. 560-68.71f.

dung im Vordergrund stehen,[4] ohne sie von ihren sozialen, politischen und historischen Bezügen zu isolieren.

b) Die erste Gründung durch Antonius

Wir besitzen aus Philippi zwei Münzreihen, die die erste Koloniegründung durch Antonius darstellen. Sie zeigen neben der Ziehung der ersten Acker- furche mit einem Pflug (*primigenius sulcus*) die Verlosung der abgemesse- nen Parzellen an die Kolonisten (*sortitio*). Gaebler, der die Münzen be- schrieben, interpretiert und publiziert hat,[5] schildert den Brauch aufgrund der Münzbilder und der Darstellung des Gromatikers Hyginus:

> Er (der Akt der Coloniegründung) bestand darin, daß, wenn die Colonen angelangt und Auspicien eingeholt waren, der *legatus coloniae deducendae*, das Haupt bedeckt mit einem Bausch der auf besondere Art (*ritu Gabino*) angelegten Toga, um das zur Verteilung bestimmte Territorium eine Furche (*sulcus primigenius*) pflügte, und zwar linksherum mit einem Gespann, das rechts (also nach außen) ein Stier, links eine Kuh sein mußte. Schon vorher war das Gebiet durch Agrimensoren vermessen und in quadratische Flächen (*centuriae*), diese weiter in eine bestimmte Anzahl (*sortes acceptae*) zerlegt worden. Es folgte nunmehr die Zuweisung des Landes. Sie geschah, wie wir aus den Schriften des Gromatikers Hyginus wissen, durch das Los, und zwar in drei Stadien: zunächst wurden die Anwärter in *decuriae* oder in *conterna- tiones* (je 10 oder je 3 Empfänger auf eine *centuria*) eingeteilt, sodann die Reihenfolge, in der diese Losgemeinschaften (*consortia*) zur Ziehung gelangen sollten, festgestellt und erst nachdem dies geregelt, die eigentliche *sortitio centuriarum* vorgenommen.[6]

Der Legat habe dann auf der *sella curulis* (Magistratssessel) Platz genom- men, vor seinen Füßen stand die Losurne. Aus ihr seien die Lose (wahr- scheinlich beschriebene Holzstäbchen) gezogen worden, die dem einzelnen sein Stück Land zuteilten.[7]

Der rituelle Akt der Gründung bestand aus den zwei gleichbedeutenden Vorgängen der Umgrenzung des eingeteilten Landes im *primigenius sulcus*, der die Anbindung an den *ager publicus populi Romani* bestätigte, und der Zuteilung der Ackerlose durch den Legaten (*sortitio*).[8] Beide Vorgänge

---

[4] Vittinghoff (*Römische Kolonisation*, S. 42f) unterstreicht die Bedeutung des Gründungs- aktes für das Selbstverständnis einer Kolonie in Abgrenzung von den Munizipien.

[5] Gaebler, „Die erste Colonialprägung in Philippi," S. 264-66.

[6] Ebd., S. 264f.

[7] Diese anschauliche Schilderung Gaeblers ließe sich durch die neuesten Forschungen zur römischen Feldmeßkunst weiter differenzieren. S. dazu die Beiträge in dem Sammelband: *Die Römische Feldmeßkunst.*

[8] Verg. *Aen.* V 755-57 schildert die Gründung der Stadt Segesta als Kolonie Trojas durch Aeneas mit den Worten: „interea Aeneas urbem designat aratro sortiturque domos, hoc Ilium et haec loca Troiam esse iubet." (Indessen kennzeichnet Aeneas die Stadt mit dem Pflug und lost die Wohnstätten aus; er gebietet, daß dies Ilium und dieser Ort Troja sei.)

wurden bei der Gründung Philippis in je einer eigenen Münze festgehalten, die beide auf der Vorderseite das Portrait des Gründers zeigten (Antonius). In Philippi und in einer anderen Kolonie (Parium), von denen uns die Gründungsmünzen überliefert sind, ist jeweils der *primigenius sulcus* auf der größeren Münze (25mm zu 21mm) festgehalten. Eine interessante Perspektive eröffnet ein Münzfund aus Parium.[9] Dieser Münztyp zeigt nach der Interpretation von E.S.G. Robinson einen Vorgang, der die religiöse Bedeutung der Verlosung unterstreicht. Auf der Münzprägung ist dargestellt, wie die *Fortuna* der Kolonie die Lose in die Losurne legt.[10]

Auch in Praeneste, dem Ort des Heiligtums der *Fortuna Primigenia*, wurde der Kult der *Fortuna* mit einem Losorakel verbunden.[11] Diese Beobachtung und die politische Bedeutung der *Fortuna* zeigen,[12] daß sie als „säkularisierte Auffassung vom Schicksal"[13] mißverstanden ist. *Fortuna* zeigt sich in der *sortitio* in ihrer kultisch-religiösen Besonderheit. Die Zuweisung und Verteilung des Landes wurde von *Fortuna* gelenkt, die damit den Ausgangszustand der Kolonie bestimmte, legitimierte und die positiven Entwicklungsmöglichkeiten der Kolonie garantierte. In der Gründung der Kolonie wurde somit nicht nur die Gründung Roms erinnernd wiederholt, nicht nur dem einzelnen nach seiner persönlichen *Fortuna*[14] ein Ackerlos zugeteilt, sondern in ihr handelte *Fortuna* an der neuen Gemeinschaft.[15] Die Kolonie wiederum nahm ihr Selbstverständnis und ihren Bestand aus den Händen der *Fortuna*, die zur *Fortuna* der Kolonie geworden war.

c) Die Neugründung durch Augustus

Im Rahmen der Neugründung Philippis durch Oktavian/Augustus wurde der religiöse Aspekt der Koloniegründung neu akzentuiert. Die religionspolitische Neuorientierung der beginnenden augusteischen Restauration wirkte sich aus. Die religiöse Identität, derer sich die Kolonie im Gründungsakt

---

[9] E.S.G. Robinson, *NumC* 1921, S. 7-10, Nr. 7, und die Abbildung ebd., Taf. I,7.
[10] Ebd. S. 9f.
[11] Radke, „Art. Praeneste," Sp. 1110f.
[12] Sueton (*Tib.* 69) schildert den Versuch des Tiberius, die Losorakel von Praeneste verschwinden zu lassen. Vgl. die Bedeutung der *Fortuna* bei Caesars Überschreitung des Rubikon bei Lucan. I 225-27. Horaz (*carm.* 4,14) läßt Augustus Sieg und Frieden aus den Händen der *Fortuna* empfangen.
[13] Muth, *Einführung in die griechische und römische Religion*, S. 186.
[14] Im Sinne der *Fortuna* in Apul. *met.* XI 15,4 bzw. der Tyche, wie sie von Achilles Tatius in *Leukippe und Kleitophon* eingesetzt wird (Fortuna privata).
[15] Die öffentliche Dimension der Fortuna zeigt sich in der nachfolgenden Inschrift aus Philippi: *BCH* 58 (1934) S. 463f, Nr. 5: Fortuna / et Genio / macelli / C(aius) Mucius Mucianus / d(e) s(uo) f(aciendum) c(uravit). (Der Fortuna und dem Genius des Marktes. Gaius Mucius Mucianus hat aus eigenen Mitteln Sorge getragen, daß es gemacht wurde.)

versichert hatte, wurde eng mit der Person des Augustus verknüpft. Das Heil der Kolonie garantierten nicht allein die Götter, sondern auch deren mit Augustus verbundene Manifestationen, wie z.B. Mercurius Augustus.[16] Religionsgeschichtlich unterscheidet man von den mythologischen Göttergestalten die sogenannten divinisierten Abstraktionen wie etwa *Fortuna, Victoria, Pax* usw. Diese boten sich für eine Verknüpfung mit dem Augustustitel an, da ihre Verbindung mit anderen Beinamen, etwa *fortuna Romanorum*, schon gebräuchlich war. Für Philippi lassen sich ein Reihe solcher Verbindungen belegen.[17]

Die Münzprägungen aus Philippi geben für die Geschichte der Stadt und auch für deren religionsgeschichtliche Seite wichtige Hinweise, die im folgenden interpretiert werden sollen. Collart findet in einem Münztyp aus der Zeit der Neugründung durch Augustus die engste Verbindung von Koloniegründung und *Victoria Augusta*.[18] Diese Münze zeigt auf der einen Seite einen Pflug, umrahmt mit der Inschrift *COL(onia) PHIL(ippensis)*. Die Rückseite trägt im Zentrum der Münze zwei Rundaltäre,[19] die von den Buchstaben *VIC(toria) AUG(usta)* umgeben sind.

Victoria Augusta steht auch im Mittelpunkt des Münztyps, durch den die Ansiedlung der Prätorianerkohorte nach der Seeschlacht von Aktium (31 v.Chr.) durch Augustus belegt ist.[20] Diese Münzen zeigen auf einer Seite *Victoria* stehend mit Kranz und Palmenzweig zwischen den Kürzeln VIC | AUG, was mit *VIC(toria) AUG(usta)* ergänzt werden kann.[21] Sie dokumentieren den Bedeutungswandel, den die Koloniegründung durch Augustus erfahren hat. Die Zeugnisse der ersten Koloniegründung geben noch einen Eindruck von der republikanischen Tradition und deren kultischer Umsetzung (*legatus deducendae, primigenius sulcus, sortitio*). Die Prägungen zur Zeit des Augustus betonen die Einbindung der Kolonie in die neue, von Augustus geschaffene und gesicherte Weltordnung. Sie heben sich charakteristisch von den eher nüchternen Vorstellungen der ersten Koloniegründung ab. Philippi ist nach der Neugründung durch Augustus nicht mehr

---

[16] *BCH* 58 (1934) S. 461-63, Nr. 4: Mercurio / Aug(usto) sacr(um) / Sex(tus) Satrius C(ai) f(ilius) / Vol(tinia) Pudens, / [aed.] Philipp(ensis)... (Dem Mercurius Augustus geweiht. Sextus Satrius Pudens, Sohn des Gaius, aus der Bürgerabteilung Voltinia, [Marktaufseher von] Philippi...); vgl. Collart, *Philippes*, S. 363 u. 412.

[17] *BCH* 56 (1932) S. 220-22, Nr. 9 (= *AE* 1933, Nr. 88): Quieti Aug(ustae) col(oniae) Philippiens(is)...; *BCH* 58 (1934) S. 457-61, Nr. 3.: aequitatem Augusti; s. u. S. 52.

[18] Gaebler (*Die antiken Münzen*, S. 103 Nr. 16 u. Tafel XX,11) deutet die Rundaltäre als „cylindrische Gefäße mit...Deckel". Dagegen Collart, *Philippes*, S. 236f u. Pl. XXX,6.

[19] Vgl. zur Bedeutung der Rundaltäre unten S. 35f.

[20] Collart, *Philippes*, S. 232f.

[21] Zu den Münzen und deren Abbildungen vgl. Collart, *Philippes*, S. 232f u. Tafel XXX, Nr. 8-11; Gaebler, *Die antiken Münzen*, S. 102f. u. Tafel XX, Nr. 10; Roman Provincial Coinage, S. 307-10.

nur *römische* Kolonie, sondern bekommt einen betont *augusteischen* Charakter. Die Bedeutung dieser Attribuierung geht über die herkömmliche Bindung zwischen Kolonie und Koloniegründer hinaus. Die augusteische *Victoria* ist nicht eine persönliche *Victoria* neben anderen, etwa der *Victoria Caesaris* oder der *Victoria Sullae*. Sie vertritt „das siegreiche römische Reich und alles, was es seinen Untertanen bieten konnte."[22] Die Herrscherpersönlichkeit des Augustus repräsentiert das *imperium Romanum* und erscheint außerhalb der Stadt Rom als mit dem *imperium Romanum* identisch. Die Einbindung Philippis in das römische Reich erfolgte über die Person des Augustus und nicht durch die Wahrung der rechtlichen und kultischen Rahmenbedingungen einer Koloniegründung, wie sie in republikanischer Zeit gegolten hatten. Die Kolonie Philippi wurde, das zeigen die Umstände ihrer Neugründung, in die religionspolitische Neuorientierung der augusteischen Epoche eingebunden.

Zusätzlich zu diesem allgemeinen Aspekt sind aber noch zwei lokale Besonderheiten zu beachten, die durch die Verbindung Philippis mit der *Victoria Augusta* gegeben waren. Zunächst ist auf die Doppelschlacht des Jahres 42 v.Chr. zu verweisen. Augustus sah sich, entgegen der historischen Wahrheit, als alleinigen Sieger der Schlacht von Philippi.[23] Er erhob damit den Anspruch auf die Gestaltung einer politischen Situation, wie ihn der Begriff *Victoria* forderte. Leglay definiert: „Viktoria kann mehr als Sieg bezeichnen: eine politische Situation, die durch ihn geschaffen ist."[24]

Mit diesem historischen Wendepunkt und seiner Deutung im Rahmen der Verehrung der *Victoria Augusta* blieb der Name der Stadt Philippi verbunden. Gleichzeitig korrigiert die *Victoria Augusta* den Gebrauch der *Victoria* durch die Caesarmörder Cassius und Brutus. Diese ließen Münzen schlagen, auf denen *Victoria* mit einem zerbrochenen Diadem in den Händen und einem zerbrochenen Szepter unter ihren Füßen abgebildet war. Auf der Gegenseite der Münze ist ein *pileus*, die Mütze, die ein Sklave bei seiner Freilassung aufgesetzt bekommt, zwischen zwei Dolchen mit der Spitze nach unten abgebildet. Die Legende lautet dort: *EID(ibus) MAR(tiis)*

---

[22] Leglay, „Art. Viktoria," Sp. 2509. Zu dem unterschiedlichen Sinngehalt von *Victoria Augusti* (persönlich) und *Victoria Augusta* (allgemein) s. ebd., Sp. 2518-21.

[23] *Res gestae* 2: „Qui parentem meum [trucidaver]un[t, eo]s in exilium expuli iudiciis legitimis ultus eorum [fa]cin[us e]t postea bellum inferentis rei publicae vici b[is a]cie." (Übers. Weber: „Die meinen Vater ermordet haben, trieb ich in Verbannung, und rächte durch gesetzmäßigen Richtspruch so ihre Untat. Und als sie darauf Krieg gegen den Staat begannen, besiegte ich sie zweifach in offener Feldschlacht.") Schmidt („Art. Philippi," Sp. 2231f) kritisiert diese Geschichtsfälschung des Augustus vehement und diskutiert ihre politischen Hintergründe.

[24] Leglay, „Art. Viktoria," Sp. 2509.

und erinnert an das Datum des Tyrannenmordes, an die Iden des März.[25] Diese Interpretation von *Victoria* überschreitet deutlich den Rahmen des militärischen Denkens und betont die politische Dimension einer durch entschlossenes Handeln herbeigeführten Konstellation. Gerade die Inanspruchnahme der *Victoria* durch die Caesarmörder, aber auch durch den späteren Gegner des Augustus, Antonius, forcierte das Bestreben des Augustus, die Mittel der religiös-politischen Propaganda in die eigenen Hände zu nehmen und ihnen eine verbindliche Deutung zu geben.

Die politische Propaganda des Augustus sucht den Bezug zu Philippi als den Ort des entscheidenden Sieges über die Caesarmörder. Diese Intention ist in einem weiteren Münztyp aus der zweiten Hälfte der augusteischen Herrschaft deutlich zu erfassen.[26] Er bildet eine Szene ab, die an der mit der Schlacht von Philippi verbundenen Legende anknüpft, daß der Geist Julius Caesars auf dem Schlachtfeld anwesend gewesen sei.[27] Sie zeigt wie, die Statue des Augustus, der militärische Kleidung trägt, durch die mit der Toga bekleideten Statue des *divus Julius* bekränzt wird. Die Legende dazu lautet:

AUG(ustus) DIVI F(ilius) | *DIVO IUL(io)*
(Augustus, Sohn des Göttlichen | dem göttlichen Julius)

Die Vorderseite nennt die Kolonie eine Gründung des Augustus:

COL(onia) AUG(usta) IUL(ia) PHIL(ippensis) IUSSU AUG(usti)
(Die augusteische Kolonie der Julier Philippi auf Befehl des Augustus)

Der in den Münzprägungen der augusteischen Zeit erkennbare kritischüberbietende Bezug auf die *Victoria*-Deutung der Caesarmörder und deren politsche Propaganda wurde in der weiteren Entwicklung der kaiserzeitlichen Münzprägungen beibehalten. Eine Reihe von kaiserzeitlichen Münzen Philippis - die frühesten mit dem Portrait des Claudius - zeigen mit dem durch den *genius populi Romani* bekränzten Augustus zwei Altäre.[28] Es handelt sich dabei um Abbildungen der Altäre, die durch die siegreichen Legionen des Antonius und des Oktavian im Jahre 42 v.Chr. auf dem Schlachtfeld von Philippi errichtet worden waren. Dieser Kultort ist noch

---

[25] Grueber, *Coins of the Roman republic*, Bd. 2, S. 478, Nr. 63, abgebildet in Bd. 3, pl. CXI, Nr.15; Sydenham, *The coinage of the Roman republic*, S. 203, Nr. 1298, pl. 30; Leglay, „Art. Viktoria," Sp. 2517; zur Bedeutung der Münzprägung für die politische Propaganda der Caesarmörder Dio Cass. 47, 25, 3.
[26] *Roman Provincial Coinage*, Nr. 1650.
[27] Suet. *Aug.* 96; Plut. *Caes.* 69; *Brut.* 36 und 48. In ähnlicher Weise spielt Vergil auf die Verbindung von Augustus und Caesar an, wenn er in *Aen.* VIII 611 während der Seeschlacht bei Aktium über Augustus den Stern seines Vaters aufgehen läßt.
[28] Collart, *Philippes*, S. 237f. u. Tafel XXXII, Nr. 1-6; Gaebler, *Die antiken Münzen*, S. 103 u. Tafel XX, Nr.16.

bei Sueton erwähnt.[29] Er schildert, wie Tiberius mit seinem Heer durch
die Ebene von Philippi zieht. Dabei seien als positives Vorzeichen für
dessen politische Laufbahn von den Altären, die das Heer des Augustus
aufgestellt habe, Flammen aufgelodert.

Die Kolonie Philippi, ihre Gründung und ihre Existenz, ist eng mit dem
politischen Schicksal des Augustus verknüpft. Sie erinnert an einen Wende-
punkt in der für die ganze Welt folgenreichen politischen Karriere des
Augustus. Dieser historisch-politische Bezug wurde durch Augustus mit
religiösen Motiven und den Mitteln des Kultes verstärkt und fest in der
Identität der Kolonie verankert. Die *Victoria Augusta* auf den Münzen
Philippis, die Referenz des Augustus als *divi filius* an den vergöttlichten
Vater, den *divus Julius*, und die Altäre der siegreichen Legionen sind
Ergebnisse der religionspolitischen Restaurationsbemühungen des Augustus,
der in Philippi durch die Neugründung einen Ort des Erinnerns und Ver-
gegenwärtigens seines Erfolges geschaffen hat. Wie im römischen Reich als
ganzem so bildet auch in der kleinen Kolonie Philippi der militärische
Erfolg die Grundlage für die weitere religiöse und politische Entwicklung.
Der militärische Sieg des Augustus bei Aktium legitimierte, ja forderte die
Besetzung der politischen und religiösen Begriffe. Die Umdeutung des
Schlachtenverlaufes von Philippi 42 v.Chr. zu einem persönlichen Sieg des
Augustus in seinen *Res Gestae* war eine ihrer Konsequenzen.

Die Lokalgeschichte Philippis spiegelt die Neuorientierung wider, in der
die politische und militärische Bedeutung der *Victoria Augusta* eine Schlüsselstellung einnahm. J.Rufus Fears interpretiert im Rahmen seiner Arbeit
zur Theologie der *Victoria* die *Res Gestae*[30] als theologischen Traktat, in
dessen Mittelpunkt die Durchsetzung und Bestätigung der *Victoria Augusta*
stehe. Er formuliert:

> Augustus could leave no clearer statement of the doctrine that the Augustan
> victory formed the necessary background to and the explicit justification for
> the civil and religious reforms of the Augustan principate.[31]

Die *Victoria Augusta* spielt in diesem religionspolitischen Reformprozeß
eine zentrale Rolle. Sie bereitet den Boden für die weitere Entwicklung: die
Entstehung der Augustusverehrung und die Einrichtung des Herrscherkultes.[32]

---

[29] Suet. *Tib*. 14.
[30] Fears, „The Theology of Victory," S. 804-6.
[31] Ebd., S. 806.
[32] Fishwick (*Imperial cult I*, S. 85-87) hebt die politische Bedeutung der Verbindung der
divinisierten Abstraktionen mit Augustus hervor. Fears („The Theology of Victory," S. 812-
14) zeigt die zentrale Position („linchpin", ebda. S. 812) der *Victoria Augusta* im Ensemble
der Abstraktionen bes. der Tugenden, die auf Augustus bezogen wurden.

2. DER RÖMISCHE HERRSCHERKULT

Die bisher beobachtete Verknüpfung religiöser und politischer Leitideen in der Person des Augustus manifestierte sich in dem von Augustus eingerichteten Herrscherkult.[33] In der religionsgeschichtlichen Forschung wird der Unterscheidung der Formen des Herrscherkultes in Rom und Italien einerseits und in den Provinzen andererseits größte Bedeutung beigemessen. Man betont, daß die Verehrung des Augustus bzw. die der ihm nachfolgenden Prinzipes, mit Ausnahme des Caligula, in Rom und Italien überhaupt nicht und in den Provinzen nur im Zusammenhang mit der *Dea Roma* erlaubt gewesen sei. In Rom und abgeschwächt konsequent in Italien sei nur die Verehrung des *genius* des lebenden Prinzeps gestattet gewesen. Die zunehmende Nichtbeachtung dieser klar gezogenen Grenzlinie sei Folge des Eindringens der Formen des östlichen Herrscherkultes. Diese allzu akribisch durchgeführte Unterscheidung gerät aufgrund des inschriftlichen und archäologischen Materials immer mehr ins Wanken. Sie stützt sich im wesentlichen auf eine Notiz bei Dio Cassius.[34]

Für unsere Untersuchung ist eine Entscheidung in dieser Frage nicht unbedingt notwendig. Die Unterscheidung zwischen der Verehrung als Gott und der Verehrung des *genius* soll nicht als Kriterium zur Beurteilung des Herrscherkultes in Philippi herangezogen werden, da sie einem angemessenen Verständnis der Herrscherverehrung im Prinzipat eher im Wege steht. Es ist wahrscheinlich, daß in Philippi die gleichen Bedingungen für die Verehrung der Prinzipes gegolten haben wie in Rom bzw. Italien. Das erklärt sich aus dem Status einer reinen Siedlungskolonie römischer Bürger, die, wie Philippi mit dem *ius Italicum* ausgestattet, einen dem italischen Stammlande vergleichbaren Status innehatte.[35]

Da Philippi als römische Kolonie nicht im makedonischen Provinziallandtag eingebunden war, hatte es auch nicht Anteil an dieser für die Pro-

---

[33] Augustus *res gestae* 19 u. 21. Vgl. die Polemik des Tacitus, die zu schnell als „sachlich unrichtig" (Erich Heller [Hg.], *Annalen*, in seiner Anmerkung Nr. 45 zur Stelle) abgetan wird: Tac. *ann.* I 10: „Nihil deorum honoribus relictum, cum se templis et effigie numinum per flamines et sacerdotes coli vellet." (Übers. Horneffer: „Für die Götterverehrung hat er [Augustus] keinen Raum mehr gelassen: er wollte selber Tempel haben und von Flamines und Priestern als Gott angebetet werden.") Vgl. a. Suet. *Aug.* 52.

[34] Dio Cass. 51, 20, 6-8.

[35] Fishwick (*Imperial Cult I*, S. 90f.) meint, daß außerhalb Roms, also auch in den italischen Munizipien und Kolonien, keinerlei Einschränkungen in der Verehrung des lebenden Prinzeps gemacht wurden. Er stellt die ältere Ansicht (vgl. etwa G. Herzog-Hauser, „Art. Kaiserkult (Augustus)," Sp. 820-33), daß dies gegen den ausdrücklichen Willen des Prinzeps Augustus geschehen sei, wie das in Berufung auf Dio Cassius (51, 20, 6-8) behauptet wird, in Frage (Fishwick, *a.a.O.*, S. 91, Anm. 55). Gleichfalls kritisiert er die von der Forschung allzu scharf gezogenen Linie zwischen der Verehrung des *genius* des lebenden Prinzeps und seiner Verehrung als Gott.

vinzen eingerichteten Form des Herrscherkultes.[36] Unter der dort praktizierten höchsten Ebene des Kultes, der Verehrung des lebenden Prinzeps als
Gott, gab es natürlich eine ganze Reihe auch in Philippi praktizierter Möglichkeiten, dem Prinzeps und seinem Hause Verehrung entgegenzubringen.
Bevor wir uns diesen in Philippi praktizierten Formen der Augustusverehrung zuwenden, sind aber einige grundsätzliche Überlegungen zum Herrscherkult des römischen Kaiserreiches nötig.

Der Kaiserkult ist trotz umfangreicher Forschungen[37] ein noch immer
nicht ganz begriffenes Phänomen. Price hat in seiner Arbeit *Rituals and
Power: The Roman imperial cult in Asia minor* eine Reihe von Problemen
benannt, die eine unvoreingenommene Beurteilung durch die moderne
Forschung verhindert haben. Im Kern handelt es sich nach Price um die
Auswirkungen eines Ethnozentrismus, der sich an diesem historischen
Gegenstand in drei Erscheinungsformen äußere. Die Anwendung von Begriffen aus der christlichen Religion, vor allem ein als subjektive Innerlich-
keit verstandener Glaubensbegriff, trage an den Herrscherkult fremde
Kategorien heran, die zu einer Abwertung seines religiösen Gehaltes führten.[38] Ähnlich verheerend wirke sich die verbreitete Sicht einer Verfallsgeschichte des Griechentums von der klassischen Epoche zum Hellenismus
und des Römertums als Erbe des Hellenismus aus. Hier werde eine schlei-
chende Erkrankung diagnostiziert, die die religiösen Ideale der Antike
ausgehöhlt habe und die ihren Tiefpunkt im vom Despotismus geprägten
Kaiserkult des dritten Jahrhunderts erreiche. Gleichzeitig, so werde im
Rahmen dieser Verfallsgeschichte behauptet, seien die übrigen Kulte ver-
fallen und ihre Träger, die Städte, zur Bedeutungslosigkeit abgesunken.[39]

Eine spezielle Diskriminierung erfahre der Kaiserkult im hellenistischen
Bereich. Price nennt diese Form des Ethnozentrismus „Romanocentric
perspective".[40] Die Forschung übernehme die Perspektive der kaiserzeitlichen Schriftsteller, die die römische Geschichte einseitig aus der Sicht des
senatorischen Adels beschrieben und interpretiert hätten. Damit eigne sich
die moderne Forschung gleichzeitig auch deren Vorstellung des Macht-
gefälles zwischen Rom und den Provinzen an, was zur einseitigen Interpretation des Kaiserkultes als *Graeca adulatio* führe. Der Kaiserkult der

---

[36] Ob der Teil Makedoniens, zu dem Philippi zählt, dem Provinziallandtag von Beroia
zugehörig war oder ob es in Amphipolis einen eigene Einrichtung gab, kann hier offen bleiben.
Vgl. dazu Deininger, *Die Provinziallandtage*, S. 21 u. S. 91-96.

[37] Literatur bei Herz, „Bibliographie," S. 833-910.

[38] Price, *Rituals and Power*, S. 7-11.

[39] Price, *Rituals and Power*, S. 11-15. Vgl. dazu z.B. den Abschnitt „Die Krisis der Polis",
in: Bultmann, *Das Urchristentum im Rahmen der antiken Religionen*, S. 103-12; oder auch
Franz Cumont, *Die orientalischen Religionen*, S. 34f.

[40] Price, *Rituals and Power*, S. 18.

hellenistischen Provinzen, besonders Kleinasiens, werde in Rom als Schmei-
chelei durch heruntergekommene Hellenisten gesehen, die vom Prinzeps
eher hingenommen als geschätzt und vom römischen Adel belächelt werde.

Price versucht, diesem vorurteilsbeladenen Ethnozentrismus zu begegnen, indem er seinen Standpunkt als Forscher neu beschreibt. Er beschränkt
seine Untersuchung auf Kleinasien, um der lokalen Diversität der Kulte
innerhalb des römischen Reiches gerecht zu werden. Der Standpunkt der
Betrachtung wird nicht in Rom, sondern in den Provinzen gewählt. Die
Interpretation der Spätantike als Verfallsgeschichte lehnt er ab. Stattdessen
sollen Veränderungen im kulturellen, politischen und religiösen Bereich als
Wandlungen wahrgenommen werden, die für sich zu beurteilen seien. Der
Herrscherkult sei nicht einfach als eine Form von Ehrenbezeugung von
Untertanen an den Kaiser zu verstehen. Er sei als Ritual zu interpretieren.
D.h. er übernehme eine Funktion zur Strukturierung von Welt („conceptua-
lizing the world")[41]. Im Vollzug des Rituals werden die an ihm Beteilig-
ten, also auch der Kaiser selbst, in einer näher zu betrachtenden Weise
definiert. Der Kaiser sei nicht passiver Adressat von Ehrungen. Er werde
erst im Kult selbst als Kaiser und göttlicher Mensch aktualisiert.[42]

Diese kritischen Überlegungen zur Interpretation der Herrscherkulte sind
an dieser Stelle eingefügt, da sie wesentliche Vorurteile benennen und mit
der Anwendung des Ritualbegriffs einen wichtigen Schritt zu ihrer Bearbeitung leisten. Die religiösen Kulte der Antike und der Kaiserkult im besonderen sollten genausowenig als Negativfolie zur Heraushebung des Christentums mißbraucht werden wie das Judentum.

Price's Untersuchung des Kaiserkultes in Kleinasien verhilft auch zu
einer deutlicheren Profilierung der Situation in Philippi. Er hat für Kleinasien festgestellt,[43] daß in den römischen Kolonien der Kaiserkult von
römischen Formen bestimmt gewesen sei. Er unterscheide sich deutlich vom
Typ in den hellenistischen Poleis und Dörfern, der von der griechisch-helle-
nistischen Kultur geprägt sei. Zwar erkennt Price für Kleinasien eine Tendenz der römischen Kolonien zur Assimilation an ihre griechisch-hellenistische Umwelt, diese sei aber nicht auf den Kaiserkult beschränkt, sondern umfasse den gesamten kulturell-politischen Bereich, etwa den Gebrauch der griechischen Sprache anstelle der lateinischen u.a.

Price zieht für seinen Vergleich Kolonien Kleinasiens heran, die außer
Sinope allesamt auch im Neuen Testament als Stationen der paulinischen

---

[41] Ebd., S. 7.
[42] Ebd., S. 8.
[43] Leider existiert keine Untersuchung über den Kaiserkult in Griechenland. Es ist deswegen
nötig, die lokal orientierten Arbeiten von Etienne (Spanien), Fishwick (Gallien) und Price
(Kleinasien) indirekt auszuwerten.

Mission genannt sind: Antiochien in Pisidien wird in Act 13,13-52 genannt, Alexandria Troas in Act 16,8; 20, 5-12 und II Kor 2,12f, Ikonium in Act 14.[44] Die genannten Städte wurden als Kolonien aus vitalen hellenistischen Poleis gebildet. Man stellte die dort ansässigen römischen Bürger, die teils italischer, teils außeritalischer Herkunft waren, mit den dortigen freien Bürgern gleich, indem man letzteren das römische Bürgerrecht verlieh. Philippi hingegen war eine neugegründete Kolonie italischer römischer Bürger, in der den Einheimischen keinerlei Rechte in der Mitgestaltung des Gemeinwesens zustanden. Barbara Levick vergleicht Philippi mit den kleinasiatischen Kolonien und hebt die Tiefe und Nachhaltigkeit der römischen Kulturprägung Philippis hervor.[45]

Es ist zu fragen, ob für Philippi überhaupt ein Assimilationsprozeß an die makedonisch-thrakische Umwelt anzunehmen ist, wie ihn die römischen Bürger der Kolonien Kleinasiens offensichtlich erfahren mußten. Die von Price für die Verhältnisse in Kleinasien herausgearbeiteten Abgrenzungskriterien bezüglich des Kaiserkultes zwischen hellenistischen Städten und römischen Kolonien lassen sich auch auf Philippi in Anwendung bringen. Im Falle Philippis verdeutlichen sie die nachhaltige Eigenständigkeit der römischen Form des Herrscherkultes gegenüber hellenistischen Einflüssen. Price findet nur in römischen Kolonien *seviri Augusti* („Augustalen", Mitglieder der Augustalenbruderschaft, eines Zusammenschlusses zur Augustusverehrung aus Freigelassenen)[46] und *flamines* (in der Regel für ein Jahr gewählte Kultträger zur Verehrung der konsekrierten *principes* bzw. des *divus Julius*, meist sozial höherstehende römische Bürger).[47] Die Verehrung des Prinzeps in Formen des hellenistischen Herrscherkultes sei bis auf die genannten Ausnahmen in römischen Kolonien nicht anzutreffen. Die Tendenz der Assimilation sei einseitig. Die römischen rechtlich geordneten Kultpraktiken weiteten sich nicht auf die griechisch-hellenistische Polis aus.[48] Die römischen Kolonien Kleinasiens aber konnten sich auf Dauer dem Einfluß ihrer hellenistischen Umwelt nicht entziehen.

---

[44] Hirschfeld, „Art. Alexandria Troas," Sp. 1396; Stengel, „Art. Antiocheia Pisidiae," Sp. 2446; Ruge, „Art. Ikonion," Sp. 990f.; ders., „Art. Sinope," Sp. 252-55.
[45] Barbara Levick, *Roman Colonies*, S. 161f.
[46] S. u. S. 45f.
[47] S. u. S. 42-44.
[48] Price (*Rituals and Power*, S. 89-91) nennt einige „peripheral elements" als Ausnahmen. Vgl. Bowersock, *Augustus and the Greek World*, S. 116f.

3. Die Caesarenreligion und der Kaiserkult in Philippi

a) Die Tempel

Am Forum Philippis finden sich zwei Tempel, die dem Kaiserkult zugeordnet werden. Collart, der das Forum und seine Gebäude detailliert diskutiert, gibt noch keine genauere Bestimmung der Tempel an.[49] Abrahamsen, die sich wiederum auf H.L. Hendrix (unveröffentlicht) beruft, kann ihre Funktion als Orte des Kaiserkultes nur vermuten.[50] Für diese Vermutung sprechen Analogien zu vergleichbaren römischen Foren und deren funktionelle Aufteilung. Erst die neueren Ausgrabungen am Forum und der Fund eines Monumentes für die Liviapriesterinnen ermöglichen die sichere Bestimmung zumindest des Osttempels als dem Kaiserkult dienend.[51]

Das Forum ist etwa in der Mitte des zweiten nachchristlichen Jahrhunderts entstanden,[52] einer Zeit, in der die Verehrung der Caesaren als Gott zu Lebzeiten schon Einzug gehalten hat. Rückschlüsse auf die räumlichen Verhältnisse der Augustusverehrung im ersten Jahrhundert sind aber möglich. Für den Tempel in der Nordwestecke des Forums ist ein von der Grundfläche fast gleichgroßes, aber niedrigeres Vorgängergebäude nachgewiesen. Ebenso ist für den dem Kaiserkult dienenden Osttempel ein vorherbestehendes Bauwerk am gleichen Platz zu vermuten. Das Monument für die Liviapriesterinnen, dessen Inschriften in das letzte Viertel des 1.Jh. n.Chr. gehören, muß neben diesem Vorgänger des Osttempels gestanden haben.[53]

Man kann deswegen mit einigem Recht die Kontinuität der Augustusverehrung und des Kaiserkultes an diesem Ort des Forums vermuten.[54] Die Inschriften des die sieben Liviapriesterinnen ehrenden Monumentes sind etwa um das Jahr 85 n.Chr. angebracht worden, also vor der grundlegenden Umgestaltung des Platzes im zweiten Jahrhundert. Im Zuge dieser Rekonstruktion des Forums in antoninischer Zeit hat man sich erstaunlicherweise die Mühe gemacht, es zu erhalten und in seiner ursprünglichen Funktion als Teil des Kaiserkultes weiterzuverwenden, während andere Inschriften, auch höhergestellter Persönlichkeiten, zum Neubau des Forums benutzt wurden.[55] Diese Form der Pietät beruht demnach nicht auf der Hochschätzung der mit dem Monument geehrten Frauen, sondern unterstreicht die andau-

---

[49] Collart, *Philippes*, S. 335-37.
[50] Abrahamsen, *Rock Reliefs*, S. 8.
[51] *BCH* 112 (1988) S. 479.
[52] Collart, *Philippes*, S. 341-58.
[53] *BCH* 112 (1988) S. 472.
[54] *BCH* 112 (1988) S. 477-79.
[55] *BCH* 112 (1988) S. 477-79.

ernd hohe Bedeutung der Caesarenverehrung in Philippi und deren tiefe Verankerung in der dortigen römischen Bevölkerung.

b) Der Kult und seine Träger

Die Mitwirkungsmöglichkeiten am Kaiserkult waren vielfältig. Es ist aber notwendig, zwischen den offiziellen, rechtlich geordneten Formen des Kultes, den vielen Privatinitiativen und der Mitwirkungsmöglichkeit, eventuell sogar dem Mitwirkungszwang der Bevölkerung zu unterscheiden.

α) Die flamines

Das Amt eines *flamen*, das mit großer Wahrscheinlichkeit jährlich vergeben wurde, war ausschließlich römischen Bürgern vorbehalten, die das Bürgerrecht von Geburt (evtl. seit drei Generationen) besaßen (*ingenui*). Über die Vergabe dieses Amtes entschied der koloniale Senat, die Versammlung der Dekurionen (*ordo decurionum*). Mit der Ordnung dieser Ämter erfüllte die Stadt ihre Verpflichtung zur Einrichtung eines Kultes für den verstorbenen und divinisierten Kaiser bzw. für seine Frau. Die Inschriften zeigen, daß Inhaber des höchsten Magistrats der Kolonie, dem Duovirat, und andere herausgehobene Amtsträger unter den bezeugten *flamines* dominieren.[56]

In Philippi sind *flamines* gut belegt. Die Bezeichnung *sacerdos divae Augustae* (s.u. Nr.4, 5 und 9-13) ist synonym zu verstehen. Der Titel *sacerdos* wird im Kaiserkult für Priesterinnen verwandt, in den für Philippi bezeugten Fällen ausschließlich für Priesterinnen der Livia, der *diva Augusta*. Mit *sacerdos* ist kein vom Flaminat zu unterscheidendes Amt gemeint.[57] Beide Gruppen von Kultträgern wurden vom Stadtrat für dieses Ehrenamt ohne Bezahlung bestimmt. Collart hat die Inschriften, in denen *flamines* aus Philippi erwähnt sind, zusammengestellt.[58] Sie sind um einen Fund aus dem Jahre 1987[59] und eine Inschrift, die durch Notizen auf einer

---

[56] Man muß sich natürlich immer die üblichen Einschränkungen vergegenwärtigen. Finanzstarken Bürgerinnen und Bürgern fiel es ungleich leichter, Inschriften zu finanzieren.

[57] Vgl. Philipp, „Art. Sacerdos," Sp. 1652: „Im Kaiserkult findet sich die Bezeichnung sacerdos fast nur für Priesterinnen". Der Kult der Livia als *diva Augusta* wurde von Claudius nach 41 n.Chr. eingeführt und entwickelte sich zum langlebigsten Kult einer Frau des Prinzeps und Caesarenmutter. Zum Kult der Livia s. Grether, „Livia and the Imperial Cult," S. 249-52.

[58] Collart, *Philippes*, S. 265.

[59] Auch bei der Inschrift Nr. 13 (s.u.) kann man davon ausgehen, daß sie einer Liviapriesterin gegolten haben muß, da alle diese Inschriften gemeinsam neben dem Tempel Ost auf einem Monument angebracht waren. Für die Herstellung dieser Inschriften, wie noch weiterer (*BCH* 57 [1933] S. 360, Nr. 21) zeichnet *Maecia Auruncina Calavania* verantwortlich (*BCH* 112 [1988] S. 470: „Maecia C(ai) f(ilia) Auruncin[a Cal]aviana fecit"). Das gesamte Werk ist in *BCH* 112 (1988) S. 469, Plan A rekonstruiert und gibt einen guten Eindruck von der Bedeutung des Liviakultes in Philippi. Insgesamt sind ursprünglich sieben Liviapriesterinnen mit diesem Monument geehrt gewesen. Inschriftliche Hinweise finden wir nur noch für fünf.

vatikanischen Handschrift überliefert ist,[60] zu ergänzen. Dadurch erhöht sich die Anzahl der *sacerdotes divae Augustae*, also der weiblichen Kultpersonen zu Ehren der Ehefrau des Augustus, Livia, auf sieben.

Flamines divi Augusti et sacerdotes divae Augustae:

1) divi Iuli flamini / C(aio) Antonio / M(arci) f(ilio) Volt(inia tribu) Rufo / flamini divi Aug(usti) / col(oniae) Cl(audiae) Aprensis et / col(oniae) Iul(iae) Philippens(is) / eorundem et princip(i) / item col(oniae) Iul(iae) Parianae / trib(uno militum) coh(ortis) XXXIII volun/tarior(um) trib(uno) mil(itum) leg(ionis) XIII / Gem(inae)/ praef(ecto) equit(um) alae I / Scubulorum/ vic II
   (Dem Flamen des göttlichen Julius, dem Gaius Antonius Rufus, Sohn des Markus, aus der Bürgerabteilung Voltinia, Flamen des göttlichen Augustus der Kolonien Apri und Philippi, derselben auch Vornehmster (princeps coloniae), wie gleichfalls (Vornehmster) der Kolonie Parium, Militärtribun der Kohorte XXXIII der Freiwilligen, Militärtribun der XIII Legion Gemina, Reiterpraefekt der Ala I Scubulorum....)[61]

2) C(aius) Oppius / Montanus / patronus col(oniae) / [f]lam(en) divi Aug(usti)
   (Gaius Oppius Montanus, Patron der Kolonie, Flamen des göttlichen Augustus)[62]

3) [...pont]if(ex) flamen [divi] / Augusti IIvi[r / iur(e) d(icundo)] / [qui]nq-(uennalis) II / ...cum...
   (...Priester, Flamen des göttlichen Augustus, Bürgermeister zur fünfjährlichen Aufstellung der Bürgerlisten (Duumvir?...)[63]

4) Cornelia P(ublii) fil(ia) Asprilla sac(erdos) divae / Aug(ustae) ann(orum) XXXV h(ic) s(ita) e(st).
   (Cornelia Asprilla, Tochter des Publius, Priesterin der göttlichen Augusta, 35 Jahre alt. Hier liegt sie begraben.)[64]

5) ...sacerdot[i divae] / Aug(ustae)
   (...der Priesterin der göttlichen Augusta)[65]

6) P(ublius) Cornelius Asper Atiarius Montanus / equo publico honoratus item ornamentis decu/rionatus et IIviralicis pontifex flamen divi Claudi Philippis / ann(orum) XXIII h(ic) s(itus) e(st).
   (Publius Cornelius Asper (mit dem Beinamen) Atiarius Montanus, geehrt mit dem Ehrenrechten eines Ritters mit Staatspferd, gleichfalls mit dem Rangabzeichen eines Stadtrates und eines Bürgermeisters, Pontifex, Flamen des göttlichen Claudius der Kolonie Philippi, 23 Jahre alt. Hier liegt er begraben.)[66]

---

[60] Die Inschrift ist neben einer Reihe anderer Inschriften aus Philippi abgedruckt (Faksimile) bei: Banti, „Incrizioni di Filippi," S. 214-16 (=*AE* 1948, Nr. 21).
[61] *CIL* III 386.
[62] *CIL* III 7340.
[63] *BCH* 62 (1938) S. 428, Nr. 9.
[64] *CIL* III 651.
[65] *BCH* 57 (1933) S. 347, Nr. 13.
[66] *CIL* III 650.

7) ....colo..../ ae vict.../ ensium,/ muner[arius] / it[e]rum, [fla]/men d[ivi] / Vespasi[ani] / filius...;
    (Veranstalter von Gladiatorenspielen zum zweiten Mal, Flamen des göttlichen Vespasian, Sohn...)[67]

8) flam(en) [---] / fla[men)---][68]

9) [Iu]lia[e] C(ai) f(iliae) / Auruncinae / sacerdoti divae / Aug(ustae)
    (Der Julia Auruncina, Tochter des Gaius, Priesterin der göttlichen Augusta)[69]

10) Iuliae [...] f(iliae) / Modiae[...] / sacerd(oti) [divae Aug(ustae)]
    (Der Julia Modia, Tochter des..., Priesterin der göttlichen Augusta)[70]

11) [--]CV- / [---] / Aug(ustae?)[71]

12) Maeciae C(ai) f(iliae) / Auruncinae / Calavianae sacer(doti) / divae Aug(ustae)
    (Der Maecia Auruncina Calaviana, Tochter des Gaius, Priesterin der göttlichen Augusta)[72]

13) Octaviae P(ublii) f(iliae) / Pollae
    (Der Octavia Polla, Tochter des Publius)[73]

14) P(ublius) Marius P(ublii) f(ilius) Vol(tinia) Valens or(namentis) dec(urionatus) hon(oratus), aed(ilis), id(em)[74] Philipp(is) dec(urio) flamen divi Antonini Pii, IIvir, mun(erarius)
    (Publius Marius Valens, Sohn des Publius, aus der Bürgerabteilung Voltinia, geehrt mit den Rangabzeichen eines Stadtrates, Aedil, ebenso Stadtrat Philippis, Flamen des göttlichen Antoninus Pius, Duumvir, Veranstalter von Gladiatorenkämpfen.)[75]

Wir finden in Philippi *flamines* der wichtigsten konsekrierten Prinzipes des ersten Jahrhunderts, Augustus, Claudius, Vespasian, nur Titus fehlt. Die große Anzahl von Liviapriesterinnen fällt auf. Besonders zu beachten ist, daß auch ein *flamen* des *divus Iulius* unter den Inschriften zu finden ist. Augustus richtete zur Verehrung seines divinisierten Adoptivvaters als erstem einen persönlichen Kult mit *flamines* ein. Die Caesarenreligion beginnt in Philippi mit dieser frühesten Form der Verehrung des Hauses der Julier, aus der sich die spätere Augustusverehrung und schließlich der Kaiserkult entwickelt hat.

---

[67] *CIL* III 660.
[68] *BCH* 57 (1933) S. 370, Nr. 27.
[69] *BCH* 112 (1988) S. 468.
[70] *BCH* 112 (1988) S. 468.
[71] *BCH* 112 (1988) S. 470.
[72] *BCH* 112 (1988) S. 470.
[73] *BCH* 112 (1988) S. 470.
[74] *AE* 1948, Nr. 21 liest hier: „...i(ure) d(icundo)...".
[75] Banti, „Incrizioni di Filippi," S. 218 (=*AE* 1948, Nr. 21).

β) Die seviri Augustales

Die *seviri Augustales* unterscheiden sich in mehrerer Hinsicht von den *flamines*. Sie setzen sich ganz überwiegend, wenn nicht ausschließlich, aus Freigelassenen (*libertini*) zusammen.[76] Das Amt oder besser die Ehrenbezeichnung wurde wie das des Flamen durch die Versammlung der Dekurionen vergeben. Es mußte allerdings eine *summa honoraria* in die Stadtkasse gezahlt werden. Es handelt sich um ein Ehrenamt, dessen Erlangung eine der wenigen Möglichkeiten für Freigelassene war, öffentliche Funktionen auszuüben. Die Hauptaufgabe dieses in der Regel auf ein Jahr vergebenen Amtes bestand in der Durchführung der Festlichkeiten zu Ehren des Augustus. Sie waren ausschließlich diesem einen *divus Augustus* und nicht den anderen lebenden oder konsekrierten Prinzipes verpflichtet. Bis zum 2. Jahrhundert beschränkten sich die *seviri Augustales* auf die Ehrenfeste des Augustus.[77] Erst dann verändert sich diese Institution in Zusammenhang mit anderen Verschiebungen im Kaiserkult zu einer Organisation zur Ehrung des Kaiserhauses (*domus divina*).[78] In Philippi finden sich auch hierzu zahlreiche Inschriften:[79]

Seviri Augustales:

1) [M]arroniae Damalidi uxori et / Curretiae Philippicae socrae [fe]c(it) / IIIIIIvir Aug(usti)
   (Für Marronia, Gemahlin des Damalidus, und für Curretia Philippica, der Schwiegermutter, hat gemacht der Augustale...)[80]

2) C(aius) Postumius / Ianuarius / sevir Aug(usti) an(norum) XXXV h(ic) s(itus) e(st).
   (Gaius Postumius Ianuarius, ein Augustale, an Jahren 35, hier liegt er begraben.)[81]

3) Naevius Symphorus VIvir Augusti an(norum) ..
   (Naevius Symphorus, Augustale, an Jahren...)[82]

4) ...IiiiiI vir Aug(usti), an...
   (...ein Augustale,....)[83]

5) C(aius) Galges[tius...] / tus, VIvir... / Aconiae...
   (Gaius Galgestius...Augustale...)[84]

---

[76] Neumann, „Art. Augustales," Sp. 2349; Price, *Rituals and Power*, S. 113f.
[77] Neumann, „Art. Augustales," Sp. 2357f.
[78] Ebd.
[79] Die von Collart (*Philippes*, S. 268f) gesammelten Inschriften der Augustalen konnten noch um ein Fragment ergänzt werden: *BCH* 61 (1937) S. 412, Nr. 3.
[80] *CIL* III 655. Vgl. dazu das Fragment *CIL* III 14206[16].
[81] *CIL* III 657.
[82] *CIL* III 7341.
[83] *CIL* III 7344.
[84] *BCH* 47 (1923) S. 73f, Nr. 30.

6) ...vir August(i) / ...ae M(arcus) Scandilius / ...con[iugi?..]
    (...Augustale...Marcus Scandilius...der Gemahlin?...)[85]

7) sevir Aug(usti) h(ic) s(itus) e(st)
    (...ein Augustale, hier liegt er begraben.)[86]

8) ...]ero suo VI vir A[ugustali...
    (...ero sich, ein Augustale...)[87]

Dieses Ehrenamt eröffnete den Zugang zu einem privilegierten Stand.
Collart vermutet, daß den *seviri Augustales* im Theater Philippis bestimmte
Plätze reserviert waren.[88] Tatsächlich finden sich in zwei Steinblöcken, die
als Sitzbänke für das Theater dienten, die knappen Zeichen AUG PO., die
auf ein solches Ehrenrecht hinweisen.[89]

c) Die Formen des Kultes

Über die eigentliche kultische Praxis des Kaiserkultes ist wenig bekannt.
Aber zumindest die Häufigkeit des kultischen Agierens und die grobe
äußere Form lassen sich aus verschiedenen Quellen erschließen, die zwar
nicht aus Philippi stammen, aber doch mit großer Sicherheit auch auf die
Verhältnisse in Philippi zu beziehen sind.

Die uns überkommenen Festkalender zeigen, daß ca. zehnmal im Jahr
eine Feierlichkeit zu Ehren des Augustus oder seiner Nachfolger anstand.
Neben den Geburtstagen des Augustus, denen seiner Söhne bzw. denen des
regierenden Prinzeps wurden besondere Jahrestage, wie etwa der Schlacht
von Aktium, die Übernahme des Pontifikats, der Tag der Adoption, der Tag
eines Triumphzuges, der Tag der Vergöttlichung eines Prinzeps, feierlich
begangen, indem ein öffentliches Opfer abgehalten wurde und/oder eine
gemeinsame Mahlzeit stattfand.[90] Diese Feierlichkeiten wurden in der
Regel begleitet durch eine öffentliche Prozession zu dem Ort der Feier. Im

---

[85] *BCH* 47 (1923) S. 79, Nr. 41.
[86] *BCH* 58 (1934) S. 464f, Nr. 6.
[87] *BCH* 61 (1937) S. 412, Nr. 3.
[88] Collart, *Philippes*, S. 269.
[89] *BCH* 52 (1928) S. 98. Vgl. in Bezug auf die von den Koloniegründern eingesetzten
Priester die *Lex Coloniae Genetivae* 66: „...eisque pontificib(us) augurib(us)q(ue) ludos
gladiatoresq(ue) inter decuriones spectare ius potestasque esto." (Übersetzung Freis: „Diese
Pontifices und Auguren sollen das Recht und die Befugnis haben, Spiele und Gladiatorenspiele
(auf den Sitzplätzen) unter den Dekurionen zu betrachten"). Vgl. den Stadtratsbeschluß von
Veji (26 n.Chr.) zur Verleihung der Ehrenwürde eines Augustalen und zu den damit verbundenen Privilegien (*CIL* XI 3805) bei Freis, *Historische Inschriften*, S. 102.
[90] *CIL* XI 3303 übersetzt in Freis, *Historische Inschriften*, S. 23f. Die Stadt Forum Clodii
feierte jährlich den Tag der Wahl des Tiberius zum Pontifex Maximus u.a. mit der Verteilung
von Honigwein und süßem Gebäck an das Volk. Vgl. zu den Festessen der Kaiserverehrung
für die spätere Zeit Tert. *apol.* 35,1-4.

Prozessionszug wurde eine Rangfolge eingehalten, die der Hierarchie der städtischen Ehrenämter und der geistlichen Ämter entsprach.[91]

Welche Festtage gefeiert werden sollten, entschied die Versammlung der Dekurionen, die einen Festkalender zusammenstellte und beschloß. Diese Festkalender wurden immer wieder aktualisiert und nach lokalen Gesichtspunkten ergänzt. Die Geburtstage des Prinzeps, des Augustus (23.9.) und des Julius Caesar (12.7.) sind aber zumindest in julisch-claudischer Zeit fast überall zu finden.[92] Ein Festkalender von Philippi hat sicher auch einen Gedenktag für die Schlacht von Philippi enthalten. In den *Fasti Amiterni* finden wir den Tag der Schlacht mit den Worten verzeichnet: *bellum in campis Philippicis*.[93] Sueton erwähnt die Altäre auf dem Schlachtfeld, an denen Tiberius geopfert habe.[94] Es liegt die Vermutung nahe, daß diese Altäre auch im Rahmen des offiziellen Kultes der Veteranenkolonie regelmäßig benutzt wurden.

Besondere Höhepunkte, die die ganze Stadt in ihren Bann schlugen, waren Festtage mit Spielen. Während die *flamines* für die Opferpraxis und die kultischen Handlungen rund um die Tempel des Kaiserkultes zuständig waren, fiel die Ausrichtung und vor allem Bezahlung der Spiele zu Ehren des Augustus in die Verantwortung der *seviri Augustales*. Hier konnte sich der Bürgersinn der aus der städtischen Municipalhierarchie ausgeschlossenen Freigelassenen voll entfalten.[95] Die Reservierung von Plätzen im Theater für die *seviri Augustales* ist vor diesem Hintergrund eine angemessene Geste der Wertschätzung ihres Engagements.

Diese wenigen Hinweise sollen die Praxis des Kaiserkultes zumindest in Ansätzen plastisch machen. Festzuhalten ist, daß die Festlichkeiten, seien es nun Opferungen, gemeinsame Mahlzeiten, Prozessionen oder Festspiele, öffentlich und von ihrem Charakter her auf die Beteiligung der gesamten Bevölkerung ausgerichtet waren.[96]

---

[91] Vgl. zur Veranschaulichung die Schilderungen von Prozessionen zur Entsühnung einer Stadt in Lucan. I 592-604 und zu Ehren der Isis in Apul. *met.* XI 8-17. Dort (bes. XI 17) ist auch die Verknüpfung mit dem Kaiserkult belegt.

[92] Vgl. die Festkalender in Freis, *Historische Inschriften*, S. 1-9; Latte, *Röm. Religionsgeschichte*, S. 313-15. Ders. legt im Anhang des op. cit. eine Rekonstruktion des (stadt)römischen Festkalenders vor.

[93] *CIL* I F IV 711.

[94] Suet. *Tib.* 14.

[95] Einprägsames literarisches Beispiel für diese Gruppe ist die Figur des Trimalchio in Petronius *Satirae* 30, dem sein Finanzsekretär (*dispensator*) Cinnamus, zu Lebzeiten die Ehreninschrift widmete: *C. Pompeio Trimalchioni, seviro Augustali, Cinnamus dispensator.*

[96] Vgl. Price, *Rituals and Power*, S. 101-32. Dort wird die Festpraxis der hellenistischen Stadt geschildert, aber eine ganze Reihe der dort angestellten Überlegungen wie z.B. zur Beteiligung der Bevölkerung (ebd., S. 113f) lassen sich mit Modifikationen übertragen.

d) Der römische Kaisereid

Eine weitere Institution ist zu nennen, deren Bedeutung für die Schaffung und Aufrechterhaltung politischer wie religiöser Loyalität bis in breiteste Bevölkerungskreise hinein nicht zu unterschätzen ist: der römische Kaisereid.[97]

Verwurzelt in den voneinander unabhängigen Eidestraditionen des römischen Heereseides und des hellenistischen Herrschereides entwickelt sich eine Form des Treueeides für den politischen Führer Roms. Orientiert an Vorbildern bei Caesar, entwickelt Oktavian im Jahre 32 v.Chr. die für den frühen Prinzipat prägende Form dieser Eidesleistung der gesamten Bevölkerung für den Prinzeps. Oktavian forderte vor der Schlacht von Aktium einen Treueschwur nicht nur des Heeres, sondern ganz Italiens und der westlichen Provinzen (Gallien, Spanien, Afrika, Sizilien und Sardinien).[98] Gleichzeitig, so berichtet Dio Cassius,[99] habe Antonius die östliche Reichshälfte auf sich eingeschworen. Die Umstände dieser Eidesleistung und die Hinzuziehung der Provinzen zeigen, daß die Treueverpflichtung auch Nichtbürgern in den Provinzen abverlangt wurde.[100] Die Eidesleistung als zentrale Verpflichtung der ganzen Bevölkerung begegnet wieder vor dem Amtsantritt des Tiberius.[101] Die Eidesformel, die der Provinz Zypern durch ihren Statthalter mit großer Wahrscheinlichkeit zu diesem Anlaß auferlegt wurde, ist inschriftlich erhalten.[102] Von diesem Zeitpunkt an war die Eidesleistung von Senat, Heer und Bevölkerung bei jedem Wechsel im Prinzipat institutionalisiert.[103]

Neben diesen festen Terminen gab es auch aus den Provinzen oder Städten selbst motivierte Eidesleistungen aus besonderem Anlaß, wie die

---

[97] Zu diesem Abschnitt s. Herrmann, *Der römische Kaisereid*, S. 90-110; Steinwenter, „Art. Ius iurandum," Sp. 1253-60.

[98] Augustus *res gestae* 25. „Iuravit in mea verba tota Italia sponte sua et me belli, quo vici ad Actium, ducem depoposcit. Iuraverunt in eadem verba provinciae Galliae, Hispaniae, Africa, Sicilia, Sardinia." (Übers. Weber: „Mir hat aus freiem Entschluß ganz Italien den Gefolgschaftseid geleistet und mich als Führer für den Krieg erwählt, in welchem ich den Sieg bei Aktium errang.") Augustus berichtet hier, der Eid sei freiwillig geleistet worden. Wie wenig das zutrifft, ersieht man aus der Notiz bei Suet. *Aug.* 17,2, die von der ausdrücklichen Befreiung der in die Klientel des Antonius gehörenden Stadt Bononia (Bologna) berichtet. Vgl. Herrmann, *Der römische Kaisereid*, S. 79.

[99] Dio Cass. 50, 6, 6.

[100] Herrmann, *Der römische Kaisereid*, S. 80f.

[101] Tac. *ann.* I 7: „...consules primi in verba Tiberii Caesaris iuravere, aputque eos Seius Strabo et C. Turranius, ille praetoriarum cohortium praefectus, hic annonae; mox senatus milesque et populus." (...die Konsuln schwuren als erste den Treueid auf Caesar Tiberius, und ihnen gegenüber dann Seius Strabo und Gaius Turranius, jener Praefekt der Prätorianerkohorten, dieser Praefekt für die Getreideversorgung; hierauf der Senat, die Soldaten und das Volk.)

[102] Herrmann, *Der römische Kaisereid*, S. 102f. Der Text der Inschrift: *BCH* 84 (1960) S. 274 (=*AE* 1962, Nr. 248); abgedruckt in Herrmann, *Der römische Kaisereid*, S. 124f.

[103] Tac. *hist.* II 55; 73f; 79 u.ö.

inschriftlich erhaltenen Eide zeigen.[104] Im Westen überwog die Organisaton von oben durch den römischen Statthalter, während im Osten auch lokale Motivationen, etwa die Gewährung von Privilegien oder Anliegen an den Prinzeps, damit verbunden wurden.[105] Der Vorgang der inschriftlichen Fixierung der Eidesleistung zeigt, daß es sich nicht um eine jährlich wiederholte Routineleistung handelte, sondern ein besonderer Anlaß gegeben war. Der Automatismus des *jährlichen* Kaisereides begann mit dem Prinzipat des Tiberius und war zunächst auf den Senat beschränkt. Die Übertragung der jährlichen Wiederholung auf das Heer ist erst durch eine Nachricht des Tacitus für das Jahr 69 n.Chr. belegt.[106] Sie wird zu diesem Zeitpunkt schon als Routine betrachtet. Der Beginn einer jährlichen Erneuerung des Eides ist damit noch in frühere Zeit zu verlegen. Die jährliche Eidesleistung der römischen Bevölkerung und der Provinzialen bleibt bis zu einer Notiz bei Plinius unsicher.[107] Dort ist dann von einer Eidesleistung am *dies imperii* in enger Beziehung zum Kult die Rede.

Eine Verbindung des Schwuraktes mit Kultorten der Caesarenreligion liegt nahe und ist praktisch bei allen Eidesleistungen anzunehmen. Sie ist z.B. belegt im Treueid der Bewohner von Paphlagonien (3 v.Chr.), der ἐν Σεβαστήωι παρὰ τ[ῶι βωμῶι τοῦ] Σεβαστοῦ (im Augustustempel vor dem Altar des Augustus) abgelegt wurde.[108] Alle Eidesformeln enthalten ein Element der Caesarenreligion.[109] Als Garanten des Eides werden der *divus Augustus* bzw. der Θεὸς Καίσαρος Σεβαστός angerufen, im Treueid der Bewohner von Paphlagonien der lebende Augustus neben den anderen Göttern des Pantheons.[110] Der Eid bzw. die Treue zum Kaiserhaus und seinen Nachkommen wird durch eine Selbstverfluchung bzw. durch die Beschwörung der Götter abgesichert. Sein Inhalt verlangt in recht allgemeiner Formulierung die Unterstützung des Prinzeps und seiner Angehörigen gegen deren Feinde. Im Rahmen der religiösen Sanktionierung tritt auch

---

[104] Z.B. aus Anlaß einer Gesandtschaft an Gaius Caligula schworen die Bewohner von Assos im Jahre 37 n.Chr. einen Treueid. Abgedruckt in Hermann, *Der römische Kaisereid*, S. 123; übersetzt in Freis, *Historische Inschriften*, S. 11f.

[105] S. Anm. 104.

[106] Tac. *hist.* I 55.

[107] Plin. *ep.* X 52f und 102f. Plinius formuliert in seiner Rede an Trajan (*paneg.* 68,4): „Scis tibi ubique iurari,..." (Du weißt ja, daß man dir überall den Treueid schwört,...).

[108] Abgedruckt in Hermann, *Der römische Kaisereid*, S. 123; übersetzt in Freis, *Historische Inschriften*, S. 10f.

[109] Bes. deutlich in der Vorrede zum Treueid der Bewohner von Assos (37 n.Chr.). Abgedruckt in Herrmann, *Der römische Kaisereid*, S. 123; übersetzt bei Freis, *Historische Inschriften*, S. 11f. Die erhaltenen Schwurformeln sind am leichtesten zugänglich bei Herrmann, *Der römische Kaisereid*, S. 122-26. Dort (S. 128f) auch eine instruktive Synopse der Schwurformeln.

[110] Vgl. zu diesem und den folgenden Texthinweisen die Synopse bei Herrmann, *Der römische Kaisereid*, S. 128f.

Augustus selbst oder der *divus Augustus* bzw. Θεὸς Καίσαρος Σεβαστός in die Reihe der Götter, die einen Bruch des Eides sühnen sollen bzw. angerufen werden.

Der politische Loyalitätsakt ist auch ein religiöser Loyalitätsakt. Indem er bestimmte Götter in Verbindung mit dem das Gemeinwesen verpflichtenden Schwur bringt, nennt er die Götter, die das Gemeinwohl absichern und eine gute Zukunft garantieren. Zu diesen gehört in herausgehobener Position *Augustus* bzw. Σεβαστός. Die Eidesformeln thematisieren die Beziehung zwischen den althergebrachten Göttern und der Caesarenreligion. Sie werden in einem Atemzug genannt. Ihre Verehrung ist miteinander vereinbar.

Diese Ergebnisse sollen nun auf Philippi bezogen werden. Sprachen schon die Umstände der Gründung und die fortgesetzte Ergänzung der Bevölkerung durch Veteranen für eine besondere Loyalität zum Kaiserhaus, wird diese Ansicht durch die Institution des Kaisereides noch unterstützt. Der Treueid für den Prinzeps nimmt auch die nichtrömische Bevölkerung in die Pflicht, wie die erhaltenen Beispiele zeigen. Die Formulierungen in den inschriftlich belegten Kaisereiden sprechen von der gesamten Bevölkerung einer Stadt, also den Aritiensern, den Assiern, den Paphlagoniern. Durch den Kaisereid, der den Philippern zumindest zum Amtsantritt des Prinzeps (also immerhin in den Jahren 17, 37, 41, 54 n.Chr. und mehrmals 68/9 n.Chr.), mit großer Wahrscheinlichkeit aber häufiger abverlangt bzw. aufgrund freiwilliger Eigeninitiative geleistet wurde, wurden alle Bewohner, auch die nichtrömischen Freien, in die Caesarenreligion miteingebunden und mit ihrem Anspruch auf die Sicherung des Gemeinwohls konfrontiert.

e) Der Rahmen des Kultes

Die Augustusverehrung fand nicht nur in diesen rechtlich geordneten und durch die Munizipalverwaltung angeleiteten Bahnen statt. Es gab umfangreiches privates Engagement, das andere Wege als die der offiziellen Augustusverehrung beschritt. Uns sind natürlich nur die Formen überliefert, die sich dann auch in den Quellen niedergeschlagen haben, besonders in den Inschriften. Diese sogenannte inoffizielle Seite der Augustusverehrung darf in ihrer bewußtseinsbildenden Kraft nicht unterschätzt werden.[111] Hat Price aufgrund seines Interpretationsansatzes schon festgestellt, daß die offiziellen Formen des Kultes nicht nur dem Interesse und Engagement der Herrschenden (diplomatische oder politische Interpretation des Kaiserkultes) entsprang, sondern als Ritual eine Beziehung zwischen Prinzeps, städtischer Aristokratie und freier und unfreier Bevölkerung konstituierte, so steht

---

[111] Wlosok (*Römischer Kaiserkult*, S. 35) spricht von „nichtoffiziellen Äußerungen der Kaiserverehrung."

dieser Aspekt im Mittelpunkt der inoffiziellen Kulte bzw. Praktiken der Augustusverehrung. Wie die Beispiele aus Philippi zeigen werden, ist der Begriff der Verehrung zu einseitig, da er ein Subjekt-Objekt-Verhältnis impliziert, in dem der Prinzeps allein empfangend und die Devotionäre nur gebend erscheinen. Gerade die inoffiziellen Formen des Kultes bzw. der Verehrung vermitteln eher den Eindruck, die heilbringende Kraft des Augustus werde für eigene, meist kollektive Interessen in Anspruch genommen. Es entsteht ein Austausch, der einem Grundprinzip antiker Religiosität *do ut des* bzw. *da ut dem* entspricht. Die Ehrbezeigung an den Prinzeps bewirkt geradezu die Übermittlung seines Heilswirkens auf die Akteure der Verehrung. Es ist durchaus nicht ausgemacht, welche Seite, die der Ehrenden oder die des Geehrten, in diesem Prozeß stärker gefordert ist. Auf diesem Hintergrund fällt ein neues Licht auf die zunächst Erstaunen hervorrufende Praxis einiger Prinzipes, insbesondere des Tiberius, Ehrungen abzulehnen.[112] In der Ablehnung wird die Inanspruchnahme durch die Devotionäre abgewiesen. Dem inoffiziellen Kult aber konnte sich der Prinzeps nur schwer entziehen.

Nun zu den einzelnen Zeugnissen, die uns aus Philippi überliefert sind. Es handelt sich um Inschriften, die aus drei voneinander völlig verschiedenen Bereichen stammen, diesen aber jeweils mit Augustus verknüpfen.

> Mercurio / Aug(usto) sacr(um) / Sextus Satrius C(ai) f(ilius) / Vol(tinia) Pudens / [---] Philipp(ensis?) / [---]PIS INI[---].
> (Dem Mercurius Augustus geweiht. Sextus Satrius Pudens, Sohn des Gaius, aus der Bürgerabteilung Voltinia [---] Philippi...)[113]

Collart findet in dieser Inschrift einen Hinweis auf die Beliebtheit des Kaiserkultes.[114] Sie war am Markt angebracht. Der Gott des Handels und Schutzpatron der Händler, Merkur, befand sich in der Nähe seiner vorrangigen Verehrer. Über den Hintergrund der Verbindung des Merkur mit Augustus wurden viele tiefschürfende Überlegungen angestellt bis hin zu der Behauptung, es handele sich um einen Mysterienkult. Diese Deutung mag in anderen Zusammenhängen zutreffen.[115] Der *genius loci* des Marktes führt zu einer einfachen Erklärung. Die Heilswirkung des Augustus wird für Handel und Austausch auf dem Markt bemüht. Der Prinzeps, der nach

---

[112] Vgl. Tac. *ann.* IV 37f und die inoffizielle Reaktion in Rom auf die Ablehnung religiöser Verehrung durch Tiberius: „quod alii modestiam, multi, quia diffideret, quidam ut degeneris animi interpretabantur." (Übers. Horneffer: „Manche deuteten dies als Bescheidenheit, viele als Mangel an Selbstvertrauen, einige auch als niedrige Gesinnung.")
[113] *BCH* 58 (1934) S. 461-63, Nr. 4 (=*AE* 1935, Nr. 50).
[114] Collart, *Philippes*, S. 399.
[115] Vgl. B. Combet Farnoux, „Mercure romain, les 'Mercuriales' et l'institution du culte imperial," S. 457-501 (S. 487ff zu Mercurius Augustus).

Sueton als Garant des sicheren Handels gefeiert wurde,[116] läßt auch die
Geschäfte, die auf dem Markt Philippis getätigt werden, gelingen. Nach
Fishwick entspringt die Verbindung von Merkur und Augustus nicht der
Intention des Augustus.[117] Eine Verwertung dieser Götterkombination sei
im offiziellen Kult nicht zu finden. Augustus habe sie geradezu gemieden,
da eine Verbindung mit dem besonders von Plebejern verehrten Gott des
Handels wegen der Polemik des Antonius gegen seine einfache Herkunft
nicht in sein religionspolitisches Konzept gepaßt habe.[118] Die nicht ganz
seltene Einbindung des Merkur in die Augustusverehrung entspringt eher
privater Initiative als der Grundintention der augusteischen Religionspolitik.
Das Engagement des *Sextus Satrius*, der mit einiger Sicherheit Aedil der
Stadt Philippi war,[119] mag somit nicht ganz im Sinne des Prinzeps gewesen sein. Sicher aber erhöhte es die Integrität des philippischen Marktes,
einem Ort, der auch andere religiöse Aktivitäten anzog.[120]

Noch an einer anderen Stelle des Marktes wird Augustus bemüht. Der
Sinn dieser Inschrift ist umstritten. Nur ihr Kontext ist eindeutig.

> Aequitatem Augusti / et mensuras / M(arcus) Cornelius P(ublii) f(ilius) Vol(ti-
> nia) Niger / P(ublius) Valerius P(ublii) f(ilius) Vol(tinia) Niger / aed(iles) d(e)
> s(ua) p(ecunia) f(aciendas) c(uraverunt) / In id opus coiectum est ex mensuris
> / iniquis aeris p(ondo librae) XXXXIIII
> (Die Billigkeit des Augustus und die Maßeinheiten aus ihren eigenen Mitteln
> zu machen, haben Sorge getragen Marcus Cornelius Niger, Sohn des Publius,
> aus der Bürgerabteilung Voltinia, Publius Valerius Niger, Sohn des Publius,
> aus der Bürgerabteilung Voltinia, die Aedilen (Marktaufseher). Dies Werk ist
> zusammengebracht worden aus unangemessenen bronzenen Maßen im Ge-
> wicht von 44 Pfund[121].)[122]

Lemerle geht wie selbstverständlich davon aus, daß *Aequitatem Augusti* eine
divinisierte Abstraktion meint, und kann dafür einige Parallelen anfüh-
ren.[123] Dem widerspricht Collart,[124] der für eine Weihinschrift den Da-
tiv für unerläßlich hält und folglich die Inschrift anders interpretiert: *aequitatem Augusti et mensuras*. Die Aedilen hätten, nach Collart, an dieser
Stelle einfach eine Waage, Gewichte und Maße angebracht, die den gerech-

---

[116] Suet. *Aug.* 98.
[117] Fishwick, *Imperial Cult I*, S. 88f bes. Anm. 39.
[118] S.o.S. 71, Anm 14.
[119] Collart (*Philippes*, S. 399, Anm. 1 u. S. 363, Anm.4) ergänzt aufgrund von Vergleichen
mit andern Inschriften in Zeile 5 [aed.].
[120] S.u. S. 32, Anm. 15 die Inschrift für den Genius und die Fortuna des Marktes: *BCH* 58
(1934) S. 463, Nr. 5; Collart, *Philippes*, S. 362-64.
[121] Ca. 14,4 kg; vgl. Dilke, *Mathematik, Maße und Gewichte*, S. 98f.
[122] *BCH* 58 (1934) S. 457-61, Nr. 3 (=*AE* 1935, Nr. 49).
[123] *BCH* 58 (1934) S. 457-61.
[124] Collart, *Philippes*, S. 411f.

ten Warenaustausch ermöglicht hätten. Auch wenn man sich dieser Erklärung anschließen mag, bleibt doch der Bezug des Augustus zu einem für das alltägliche Leben wesentlichen Ort des Austausches erhalten. Die europäische Stadtgeschichte bis zur Reform des Maß- und Gewichtswesens durch Napoleon ist voll von Konflikten um die Sicherung der korrekten Einheit des Austausches bzw. der Empörung um falsche Gewichte. Davon handeln die letzten beiden Zeilen der Inschrift. Der Antike standen die Möglichkeiten zu einer wirksamen Vereinheitlichung nicht zur Verfügung, aber die Garantie des Augustus konnte an allen Orten beschworen werden.

Demgegenüber ist die folgende Inschrift eindeutig einer divinisierten Abstraktion, die mit Augustus verknüpft wurde, geweiht. *Tatinius Cnosus* hat sie am Sockel der von ihm gestifteten Statue anbringen lassen. Dies muß etwa zu Zeiten Domitians geschehen sein, wie sich aus seinem an anderer Stelle gefunden *cursus honorum* wahrscheinlich machen läßt.[125] Der ehemalige Zenturio einer Wachmannschaft wünscht hier nicht Ruhe im Sinne von Muße für den einzelnen, der sich aus dem politischen Geschäft zurückgezogen hat. Er bezieht die *Quies Augusta* auf ein Kollektiv, die Kolonie Philippi, und gibt damit seiner Hoffnung auf Ruhe und Sicherheit im öffentlichen Leben Ausdruck.

> Quieti Aug(ustae) / col(oniae) Philippiens(is) / L(ucius) Tatinius L(uci) f(ilius) / Vol(tinia) Cnosus (centurio) sta / torum, sua pecu/nia posuit.
> (Für die augusteische Ruhe und Ordnung der Kolonie Philippi hat Lucius Tatinius Cnosus, Sohn des Lucius, aus der Bürgerabteilung Voltinia, Hauptmann der Leibwache, aus eigenen Mitteln errichtet.)[126]

Hier wird parallel zur *Victoria Augusta* ein durch Augustus gesicherter Zustand in einer Gottheit personifiziert. So wie Augustus dafür einsteht, daß es auf dem Markt mit rechten Dingen zugeht, so wird er auch für Ruhe und Ordnung des bürgerlichen Zusammenlebens in Anspruch genommen.

Um neben den offiziellen und den nichtoffiziellen schließlich auch die im strengen Sinne privaten, d.h. die familiären Formen der Augustusverehrung in den Blick zu bekommen, reichen die Quellen aus Philippi nicht aus. Die Form der häuslichen Verehrung des Augustus soll aber nicht ganz unbeachtet bleiben und mit einem Text von Horaz angedeutet werden. Horaz berichtet uns, daß Augustus unter die häuslichen Götter aufgenommen wurde. In einem Bittgesang um die Rückkehr des Augustus, der mit der 2. Person Singular angesprochen ist, dichtet er:[127]

---

[125] *BCH* 56 (1932) S. 213-20, Nr. 8.
[126] *BCH* 56 (1932) S. 220-22, Nr. 9 (=*AE* 1933, Nr. 88).
[127] Hor. *carm.* 4,5 (Übers. Kytzler); dort die Zeilen 1-4 und 29-36. Vgl. zur eher privaten Seite der Caesarenreligion noch Hor. *carm.* 1,21; 3,5; 4,2. Eine kritische Würdigung der Religiosität des Horaz bei Speyer, „Das Verhältnis des Augustus zur Religion," S. 1800-5.

Durch der Götter Gunst kamst du in die Welt, bester du als des Romulus-
volks Hüter - ferne weilst du schon allzulang:
rasche Heimkehr hattest versprochen du der Väter heiligem Kreis: Kehre
heim!

Es verbringt ein jeder den Tag in seinen Hügeln,
die Weinrebe führet er hin zu einsam wachsenden Bäumen,
von dort kehrt zum Weine dann heiter er heim, und beim Nachtisch ruft er
dich herbei als Gottheit.

Dich mit innigem Gebet, dich verehrt er mit Wein,
vergossen aus den Schalen, und den Laren fügt dein
Götterbildnis er bei, so wie Griechenlands Kastors und des gewaltigen
gedenkt, des Herakles.

f) Die Verknüpfung mit nichtrömischer Religiosität und fremden Kulten

So wie die Augustusverehrung in wichtige Bereiche des städtischen Alltags
drängte, so ging sie auch zunehmend Verbindungen mit anderen Kulten und
Göttern ein. Dabei sind zwei Entwicklungen zu unterscheiden. Die eine,
bekanntere und häufig kritisierte, ist die zunehmende Tendenz, die lebenden
Prinzipes als Götter zu verehren. Ihre gemäßigte Form, Götterbildnissen die
Züge eines Prinzeps zu geben oder ihn in gleichberechtigter Gemeinschaft
mit den Göttern darzustellen, die sogenannte Götteridentifikation, ist schon
für Augustus bezeugt.[128] Seit Hadrian werden nun auch in den Inschriften
zu den Götterstatuen die Namen kombiniert und damit eine direkte Identifikation vorgenommen. Wie z.B. auf einer Inschrift in Philippi:[129]

Imp(eratori) / Hadri[a]no / Olympio / et Iunoni Con/iugali Sabina[e]
(Dem Imperator Hadrian, dem Olympier, und der Juno Coniugalis Sabina)

Die andere Entwicklung, die sich auch schon zu Zeiten des Augustus ab-
zeichnet, führt zur Kombination des Kaiserkultes mit anderen nichtrömischen Kulten. Für eine solche Verbindung boten sich durchaus nicht alle
Fremdkulte an. Die fremden Kulte mußten sich schon von ihren lokalen
Wurzeln gelöst und den Anspruch auf universale Geltung erhoben haben,
um für den Austausch geeignet zu sein. Das Argument gilt aber genauso
umgekehrt. Ein Kult, der universale Geltung behauptete, mußte sein Verhältnis zum Kaiserkult, der universalen Religion des römischen Reiches
schlechthin, bestimmen. Ein positives Ergebnis dieser Verhältnisbestimmung
war die Voraussetzung, um im öffentlichen Raum geduldet zu sein.[130]

---

[128] Zanker, *Augustus und die Macht der Bilder*, S. 56-65. Das berühmteste Beispiel ist die
Gemma Augustea in Wien, die Augustus in der Rolle des Jupiter zeigt; ebd., S. 232-39, Abb.
Nr. 182; Kraus, *Propyläen Kunstgeschichte*, S. 283 und Abb. Nr. 384b.
[129] *BCH* 62 (1938) S. 412-14, Nr. 4.
[130] Vgl. die allgemeinen Erwägungen zur römischen Religionspolitik bei Christ, *Geschichte
der römische Kaiserzeit*, S. 576, und Dahlheim, *Geschichte der römischen Kaiserzeit*, S. 127f.

In Philippi finden sich mindestens Hinweise für die Verknüpfung des Kaiserkultes mit dem Kybele- und dem Isis-Kult. Das verwundert umso weniger, als beide Kulte schon in der Zeit der Republik in Rom bekannt waren. Während aber die Verehrung der *Mater Magna* bereits in republikanischer Zeit den Status einer offiziellen Religion innehatte, mußte sich die sogenannte ägyptische Religion lange gegen Widerstände behaupten,[131] bis sie unter Caligula in Rom geduldet war. Die datierbaren Zeugnisse für Philippi stammen frühestens aus dem 2. Jahrhundert.

α) *Kybele/Mater Magna/Mater Deorum*[132]
Die Verehrung der Kybele als *Mater Magna* oder *Mater Deorum* ist im Jahre 205/4 v. Chr. aus Pergamon in Rom unter die offiziellen Kulte aufgenommen worden. Augustus hat im Rahmen seiner religiösen Restauration auch den Tempel der *Mater Magna* auf dem Palatium (3 n.Chr.) renoviert.[133] Für die Entwicklung des Kultes in Rom war die Förderung durch Claudius entscheidend.[134] Es ist deswegen wahrscheinlich, daß der Kult nicht aus dem Osten nach Philippi kam, sondern daß die Kolonen ihn mitgebracht haben. In Philippi gibt es eine ganze Reihe von Hinweisen auf die Verehrung der *Mater Magna*.[135] Es fehlt allerdings der Nachweis eines eigenständigen Heiligtums.[136] Für unsere Fragestellung ist besonders eine Inschrift bedeutend, die den Bezug dieses Kultes zum Kaiserkult dokumentiert. Es handelt sich um die Inschrift des Freigelassenen *Marcus Velleius*, die er für sich und für seine Frau hat anfertigen lassen:

> [M(arcus) V]elleius M(arci) l(ibertus)..../ [dendro]phorus Aug(ustalis) an(norum) I... / [sibi et V]elleiae Primigeniae u[xori...].
> (Marcus Velleius, Freigelassener des Markus.... Dendrophorus Augustalis, an Jahren ...sich und seiner Gemahlin Velleia Primigenia)[137]

---

[131] Latte, *Römische Religionsgeschichte*, S. 282f.
[132] Zur Namensform: Burkert, *Antike Mysterien*, S. 13: „der offizielle Kulttitel in Rom war Mater Deum Magna Idea, verkürzt Mater Magna." So Augustus *res gestae* 19: *Mater Magna*.
[133] Zur Haltung des Augustus zum Kybele-Kult vgl. Augustus *res gestae* 19 und 35,2; Schillinger, *Untersuchungen zur Entwicklung des Magna Mater-Kultes*, S. 333-41.
[134] Vgl. Schillinger, *Untersuchungen zur Entwicklung des Mater Magna-Kultes*, S. 342-46. Vermaseren (*Cybele und Attis*, S. 177-82) gibt einen Überblick über das Verhältnis der römischen Kaiser zum Kybele/Attis-Kult, ohne allerdings auf die Berührungen mit dem Kaiserkult einzugehen.
[135] Z.B. *CIL* III 639: MAT]RI DE[ORUM].
[136] Collart, *Philippes*, S. 454-456.
[137] *BCH* 58 (1934) S. 466-71, Nr. 7 (=*AE* 1935, Nr. 53). Die Ergänzung von „...horus" zu „dendrophorus" in Linie zwei der Inschrift begründet Lemerle (*BCH* 58 [1934] S. 466-69) ausführlich. Ebd. S. 466: „Au début de la l. 2, la restitution [dendrop]horus me paraît presque certaine, mais elle apelle quelques explications." Er erörtert die Verbindung des Kollegiums der Dendrophoren mit dem Kybelekult und der Verehrung des Silvanus in Rom. In Philippi sind beide Kulte belegt, so daß die Existenz eines Kollegiums der Dendrophoren wahrscheinlich sei. Die Ergänzung Aug(ustalis) bedürfe einer ebenso genauen Interpretation (ebd.,

Tatsächlich war der Kult der *Mater Magna* durch die Gemeinschaft der Dendrophoren von Claudius gefördert und in der Zeit seines Prinzipats vom Senat anerkannt worden.[138] Ihre Verehrung der *Mater Magna* verknüpften sie mit dem Kaiserkult, indem sie sich den Beinamen Augustalis beilegten. Vielleicht gab es auch eine institutionelle Querverbindung des Kollegiums der Dendrophoren zu den für den Kaiserkult zuständigen Augustalen.[139] Immerhin setzten sich beide Gruppen überwiegend aus Freigelassenen zusammen.[140] Die Verehrer der *Mater Magna* drückten mit dem Beinamen Augustalis eine enge Verbundenheit mit dem Kaiser aus und involvierten ihn gleichzeitig in ihre religiöse Praxis.

β) Isis

Die Isisverehrung ist in der zweiten Hälfte des ersten Jahrhunderts n.Chr. in Rom und im römischen Rechts- und Kulturkreis geduldet und anerkannt.[141] Der Anerkennung geht allerdings eine lange Phase von Konflikten voraus. Augustus lehnte die Isisverehrung ab.[142] Tiberius verfolgte den Isiskult in der Stadt Rom und vernichtete seine institutionellen Grundlagen. Er zerstörte den Isistempel in Rom und ließ dessen Priesterschaft kreuzigen.[143] Nach Josephus war ein sexuell motivierter Skandal die Ursache.[144] Wahrscheinlich gelang dem Isiskult erst wieder unter Gaius Caligula der Durchbruch in Rom. Noch Tertullian reflektiert die Verfolgungen

---

S. 469-71). Lemerle kommt zu dem Ergebnis, daß hier ein Zeugnis für die enge Verbindung zwischen Kybele- und Kaiserkult vorliege. Er datiert die Inschrift aufgrund allgemeiner Erwägungen in die Zeit der Antoninen: „C'est aussi de l'epoque antonine -...- que je croirais pouvoir dater notre inscription." (ebd. S. 471, Anm. 2). Collart (Philippes, S. 456, Anm. 2) schließt sich Lemerle ohne Einschränkung an. Schillinger (*Untersuchungen zur Entwicklung des Magna Mater-Kultes*, S. 382, Anm. 1) bestreitet die Ergänzungen, ohne auf Lemerle einzugehen, da er die enge Verbindung des Kaiserkultes mit dem Kybele-Kult allein im gallisch-germanischen Bereich sehen will.

[138] Cumont, „Art. Dendrophoroi," Sp. 216. Schillinger (*Untersuchungen zur Entwicklung des Magna Mater-Kultes*, S. 398-406) belegt die These, daß alle Dendrophoroi Anhänger des Kybele-Kultes und mitnichten eine berufsständische Vereinigung von Holzarbeitern gewesen seien. Dort findet sich auch eine ausführliche Diskussion und weitere Literatur. Damit ist auch die Vermutung Lemerles (*BCH* 58 [1934] S. 469) gegenstandslos, es könne sich bei dem Dendrophorus Augustalis um eine Art kaiserlichen Oberförsters („un agent forestier de l'empereur") gehandelt haben.

[139] Das vermutet Schillinger (*Untersuchungen zur Entwicklung des Magna Mater-Kultes*, S. 381f) für den gallischen Raum.

[140] Schillinger, *Untersuchungen zur Entwicklung des Magna Mater-Kultes*, S. 339f (Augustus), S. 345f, (Claudius), S. 370f (Antoninus Pius).

[141] Vidmann, *Isis und Sarapis*, S. 106.

[142] Dio Cass. 53, 2, 4. Die Ablehnung der ägyptischen Götter in augusteischer Zeit wird durch die antiägyptische Polemik begründet sein, die die Auseinandersetzungen zwischen Antonius und Augustus hervorbrachte, etwa Verg. *Aen.* VIII 698.

[143] Ios. *ant. Iud.* XVIII 79f.

[144] *Ant. Iud.* XVIII 65-78.

des Isiskultes und bringt sie in den gefährlichen Zusammenhang mit dem *senatus consultum de Bacchanalibus* aus dem Jahre 186 v.Chr.[145]

Dieser Hintergrund ist für die Frage von Bedeutung, ob der Isiskult für das erste Jahrhundert in Philippi zu belegen ist. In den einschlägigen Untersuchungen gibt es Unstimmigkeiten über die Datierung des Isisheiligtums in Philippi. Portefaix[146] verweist zur Begründung ihrer Annahme, das Isisheiligtum stamme aus augusteischer Zeit, auf Salditt-Trappmann[147], die sich wiederum auf Collart beruft. Tatsächlich berichten Collart und Picard[148] über Funde von Münzen aus der Zeit des frühen Prinzipats (Claudius) im Gelände des Heiligtums. Sie verzichten aber darauf, diese Münzfunde für die Datierung des Heiligtums heranzuziehen. Collart[149] läßt in seinen Veröffentlichungen zu diesem Thema die Datierungsfrage offen. Die Umstände der Münzfunde sind zu ungenau protokolliert, als daß sich aus ihnen Schlüsse auf die Entstehung des Heiligtums ziehen ließen. Deswegen beschränken sich Abrahamsen[150], Wild[151] und Dunand[152] zur Klärung der Datierung auf die zum Heiligtum gehörigen Inschriften. Diese sind alle nicht vor der zweiten Hälfte des 2. Jahrhunderts entstanden. Der Isis-Kult in Philippi kann demnach erst für das zweite Jahrhundert sicher nachgewiesen werden.[153] Er wäre dann in Philippi im Rahmen der von Vidmann konstatierten „neuen Woge des ägyptischen Kultes" seit Hadrian eingerichtet oder belebt worden.[154] Für das zweite Jahrhundert ist mit einem lebendigen Kreis von Isisverehrern zu rechnen.

Über den Charakter der Isisverehrung in Philippi können nur Vermutungen angestellt werden. Es gibt keine Inschriften von Mysten. Von den zwölf im Zusammenhang mit den ägyptischen Göttern stehenden Inschriften geben acht ihren Spender zu erkennen. Von diesen acht wiederum stammen bis auf eine alle von einem Priester oder einer Kultgemeinschaft.[155] Über die Anhänger der ägyptischen Religion ist durch die Inschriften damit nur wenig zu erfahren. Aufgrund der Inschriften muß man annehmen, daß nur ein Priester für das gesamte Heiligtum zuständig war. Die wenigen erhaltenen

---

[145] Tert. *apol.* 6,7f.
[146] Portefaix, *Sisters Rejoice*, S. 115.
[147] Sadlitt-Trappmann, *Tempel der ägyptischen Götter*, S. 52f.
[148] Picard, „Les dieux de la colonie de Philippes," S. 180.
[149] Collart, *Philippes*, S. 444-54; *BCH* 53 (1929) S. 70-100.
[150] Abrahamsen, *Rock reliefs*, S. 41f.
[151] Wild, „The known Isis-Sarapis Sanctuaries," S. 1807f.
[152] Dunand, *Le culte d'Isis*, S. 191.
[153] Damit steht ein wichtiger Teil der Arbeit Portefaixs (*Sisters Rejoice*, S. 114-28), die von der Gleichzeitigkeit der Isisverehrung zur paulinischen Mission ausgeht, auf unsicherem Grund.
[154] Vidmann, *Isis und Sarapis*, S. 111.
[155] Vidmann, *SIRIS*, Nr. 115-124 und die zwei sehr fragmentarischen Inschriftenreste Nr. 125 und Nr. 126.

Namen von Priestern lassen einen jährlichen Wechsel im Amt als unwahrscheinlich erscheinen.[156] Dunand kommt aufgrund dieser Überlegungen zu
der Einschätzung, es habe sich in Philippi um ein unbedeutendes Heiligtum
der ägyptischen Götter gehandelt.[157] Aber welche Maßstäbe werden hier
angelegt? Natürlich erscheint das Heiligtum gemessen an den von Apuleius
geschilderten Verhältnissen eines Isisheiligtums als unbedeutend. Beachtet
man die Situation Philippis, ergibt sich ein etwas anderes Bild. Für diese
Stadt und ihre Bevölkerung sollte man die Bedeutung der ägyptischen
Religion nicht unterschätzen.[158] Sie wurde in Philippi kaum in der Form
praktiziert, wie sie uns in den Metamorphosen des Apuleius überliefert ist.
Dort wird sie als Mysterienreligion für die oberen Schichten dargestellt.[159]
Das Heiligtum der ägyptischen Götter scheint eher ein Heilungszentrum
gewesen zu sein, wie zwei Inschriften und andere Indizien nahelegen.[160]
Es kann für die einfachere Bevölkerung von großer Bedeutung gewesen
sein, ohne daß sie den Dank für die erfolgten Behandlungen in die Jahrhunderte überstehende Votivgaben kleiden konnte.[161]

---

[156] Dunand, *Le culte d'Isis*, S. 197f.

[157] Dunand, *Le culte d'Isis*, S. 198: „au total, le culte égyptien à Philippes ne semble pas
avoir été très vivant ni très largement diffusé". Sie räumt aber selbst ein, daß die geringe
Anzahl von Weihungen durch Anhänger des Kultes, auf die sie ihr Urteil stützt, in der
niedrigen sozialen Stellung der Anhänger begründet sein kann: „peut-être est-ce par la médio-
crité de leur situation sociale et de leur niveau de fortune."

[158] Abrahamsen wagt sogar die These, daß das von ihr angenommene Verschwinden der
christlichen Gemeinde Philippis zwischen der Mitte des 2. Jahrhunderts und der konstantini-
schen Ära auf die Attraktivität des Isiskultes besonders für Frauen zurückzuführen ist. Dies.,
Rock Reliefs, S. 160: „At any rate, Christianity does not appear to have survived at Philippi in
any form much beyond Polycarp's time until it was revived in the early fourth century. If
women were strong leaders in the Christian and pagan communities at Philippi, which seems
likely, the introduction of a cult such as Isis' in the late second century CE may have had the
effect of drawing those leaders, along with many men, both Christian and non-Christian, into
it. As we have seen in Chapter 2, Isis was indeed a force to be reckoned with and remained so
for several centuries. Her ability to draw converts from the Diana, Sylvanus and other pagan
groups was most likely paralleled by her effect on Christians." Portefaix (*Sisters Rejoice*,
S. 115) spricht von einer „predominant position" der Isis in der Kolonie.

[159] Apul. *met.* XI 28; vgl. zu diesem Aspekt des Isismysteriums Vidmann, *Isis und Sarapis*,
S. 127: „die Mysterien (waren) bei allen orientalischen Mysterienreligionen der Kaiserzeit sehr
kostspielig."

[160] Vgl. dazu Portefaix, *Sisters Rejoice*, S. 117f; Abrahamsen, *Rock Reliefs*, S. 39. Die
Inschrift bei Vidmann, *SIRIS*, Nr.124 zeigt eine Verbindung zu Asklepios auf. So Lemerle,
BCH 59 (1935) S. 141; ähnlich Vidmann, *Isis und Sarapis*, S. 75. Nr. 121. Die einzige von
einem Nichtkultträger gestiftete Inschrift stammt von einem „medicus". Letztere Inschrift wird
unten genauer besprochen.

[161] Burkert (*Antike Mysterien*, S. 21) meint, daß sich „die Ausbreitung der sogenannten
orientalischen Mysterienreligionen in erster Linie in der Form und mit der Dynamik der
Votivreligion vollzogen hat, wobei die Mysterien im eigentlichen Sinn offenbar eher eine
spezielle Ergänzung der allgemeinen 'Bewegung' waren." Vgl. a.a.O., S. 22 zur Bedeutung
der Krankenheilungen im Isiskult.

Von einem Verehrer der Isis ist uns ein aussagekräftiger Beleg für die Verknüpfung von städtischen Selbstbewußtsein, Kaiserkult und der Verehrung der ägyptischen Göttin überliefert:[162]

Isidi Reg(inae) sac(rum) / ob honor(em) divin(ae) / domus pro salute / colon(iae) Iul(iae) Aug(ustae) Philippiens(is) / Q(uintus) Mofius Euhemer(us) / medicus ex imperio / p(ecunia) s(ua) p(osuit) idem subselia quattuor / loco adsig(nato) d(ecreto) d(ecurionum).
(Für Isis Regina geweiht zur Ehre des Kaiserhauses für das Heil der Colonia Julia Augusta Philippiensis. Quintus Mofius Euhemerus, Arzt, hat dies auf Geheiß [der Isis] mit eigenen Mitteln errichtet, gleichfalls vier Bänke an einem Ort, der durch Beschluß des Stadtrates zugewiesen wurde.)[163]

Auf einem durch den Stadtrat zugewiesenen Ort stellt der *medicus* Mofius Euhemerus der Isis diesen Stein auf. Der Beiname *Regina* ist Folge der *interpretatio Romana* und kennzeichnet die römische Form der Verehrung.[164] Isis Regina wird vorgestellt als Garantin des Wohlergehens (*salus*) der Kolonie. Die ihr zukommende Ehre geht gleicherweise an die kaiserliche Familie über (*ob honorem*).[165] Sie steht im Mittelpunkt eines Heilsgeschehens, das den Dedikanten, die Kolonie und das Kaiserhaus mit ihr in Beziehung setzt. Medium der Beziehung ist letzten Endes das in Geld materialisierte Engagement des Spenders (*sua pecunia*). Der Stadtratbeschluß (*decreto decurionum*) zeigt, daß die Isisverehrung in Philippi den Status einer öffentlichen Religion innehat.

Das spiegelt sich dann auch in der Beziehung der Verehrer des Sarapis zur städtischen Führungsschicht. Mit einer Inschrift aus dem 2. oder 3. Jahrhundert ehrt die gleiche Kultgemeinschaft eine wichtige Persönlichkeit des öffentlichen Lebens:

L(ucio) Valerio L(uci) f(ilio) / Volt(inia) Prisco / orn(amentis) dec(urionatus) hon(orato) / dec(urioni) irenar(chae) IIvir(o) iur(e) d(icundo) muner/ario cultores / deo(rum) Serapis [et] / Isidi[s].
(Dem Lucius Valerius Priscus, Sohn des Lucius, aus der Bürgerabteilung Voltinia, geehrt mit den Ehrenzeichen eines Stadtrates, dem Stadtrat, dem

---

[162] Picard, „Les dieux de la colonie de Philippes," S. 182f.; Collart, *Philippes,* S. 447, Nr. 7, pl. LXXXI 2, und S. 466-68; Vidmann, *SIRIS,* Nr. 121. Besprochen in Dunand, *Le culte d'Isis,* S. 198. Die Verehrung des *domus divina* setzt erst in den Zeiten von Trajan und Hadrian ein. Die Inschrift stammt demnach frühestens aus dem zweiten Jahrhundert. Zur Datierung vgl. ebd., S. 191; Vidmann (*SIRIS,* Nr. 121) nennt das zweite oder das dritte Jahrhundert n.Chr.
[163] *BCH* 53 (1929) S. 83-87, Nr. 7.
[164] Vidmann, *Isis und Sarapis,* S. 115.
[165] Vgl. die an den öffentlichen Gebäuden angebrachten Inschriften, die das Heil und die Ehre des Kaiserhauses (*domus divina*) mit denen der Kolonie verbinden: *BCH* 56 (1932) S. 192, Nr. 1, Inschrift am westlichen Tempel des Forums: [... in hono]rem divinae domus et col. Iul. Aug. Phi[lipp...]; *BCH* 57 (1933) S. 316, Nr. 2, Inschrift an der Bibliothek: ... in ho[n]orem div[i]nae do[mu]s et colo[niae Iul. Aug. Philipp...].

Friedensrichter, dem Bürgermeister, dem Veranstalter von Gladiatorenkämpfen. Die Verehrer der Götter Serapis und Isis.)[166]

Schließlich entwickelt sich die Verbindung zwischen ägyptischer Religion und Kaiserkult soweit, daß Priester des Kaiserkultes die Kultgemeinschaft unterstützen. Das wird in Inschriften in griechischer Sprache aus dem 3. Jahrhundert dokumentiert, die die Kultgemeinschaft des Sarapis dem Quintus Flavius Hermadion und seinem gleichnamigen Sohn gewidmet haben:[167]

’Αγαθῇ τύχῃ / Κ(οίντον) Φλάβιον ’Ερ/μαδίωνα τὸν / ἀξιολογώτα/[το]ν οἱ θρησκευ/[ταὶ] τοῦ Σεράπι / [τὸ]ν εὐεργέτην / [μνή]μης χάριν.
(Zu gutem Glück! Den hochangesehenen Quintus Flavius Hermadion, [ehrten] die Verehrer des Serapis als Wohltäter zur Erinnerung.)[168]

Κο(ίντον) Φλάβιον ’Ερμαδίωνα υἱὸν / Κο(ίντου) Φλαβίου / ’Ερμαδίωνος / τοῦ κρα(τίστου) γυμνασιάρχου κα[ὶ] ἀρχιερέως, οἱ θρησκευτὲ τὸν ἴδιον / ἀγωνοθέτην τῶν μεγάλων ’Ασκληπείων.
(Den Quintus Flavius Hermadion, den Sohn des vortrefflichen Gymnasiarchen und Hohepriesters Quintus Flavius Hermadion, [ehrten] die Mitglieder der Kultgemeinschaft als den besonderen Kampfrichter des großen Festes des Asklepios.)[169]

Es scheint, daß dieser *Flavius Hermadion* Priester des Kaiserkultes (ἀρχιερεύς)[170] und Förderer des Sarapiskultes (εὐεργέτης) gewesen ist. Vielleicht war er auch selbst Mitglied der Kultgemeinschaft.[171] Die Inschriften sind frühestens im zweiten, wahrscheinlich sogar erst im dritten Jahrhundert entstanden.[172] Sie zeigen, daß der Kaiserkult, wie er in Philippi praktiziert wurde, sich zunehmend gegenüber anderen Kulten öffnete und eine integrative Wirkung entfaltete. Dieser Prozeß scheint im dritten Jahrhundert seinen Höhepunkt zu erreichen, damit ist aber der für diese Arbeit relevante Zeitraum verlassen.

4. DIE RELIGIÖSE SITUATION PHILIPPIS UND DEREN ENTWICKLUNG

Philippi gilt als ein Ort, an dem der religiöse Synkretismus und die Vielfalt der verschiedenen Kultformen besonders ausgeprägt entwickelt gewesen sein

---

[166] *BCH* 62 (1938) S. 428-31, Nr. 10 (=Vidman, SIRIS, Nr. 122).
[167] So im Kommentar zu den Inschriften Vidmann, *SIRIS*, S. 56; Dunand, *Le culte d'Isis*, S. 191f.
[168] *BCH* 59 (1935) S. 140, Nr. 40 (=Vidmann, SIRIS, Nr. 123).
[169] *BCH* 59 (1935) S. 141, Nr. 41 (=Vidman, SIRIS, Nr. 124).
[170] Lemerle *BCH* 59 (1935) S. 145 sieht in dem ἀρχιερεύς einen Priester des Kaiserkultes. So auch Vidmann, *SIRIS*, S. 56 und Dunand, *Le culte d'Isis*, S. 191f.
[171] Ebd.
[172] Lemerle *BCH* 59 (1935) S. 147.

sollen.[173] Es finden sich Zeugnisse römischer, hellenistischer, thrakischer, ägyptischer und kleinasiatischer Religionen. Dieses bunte Nebeneinander wird meist mit der geographischen Lage Philippis im Grenzgebiet zwischen Thrakien und Makedonien, seiner verkehrsmäßigen Stellung zwischen der westlichen und der östlichen Reichshälfte und seiner Bevölkerung aus römischen Bürgern italischer Herkunft erklärt.[174] Trifft diese Sicht der religiösen Situation Philippis auch auf das erste Jahrhundert zu? Die folgenden Überlegungen wenden sich gegen die Vorstellung vom zeitlichen Nebeneinander aller Kult- und Religionsformen, indem sie versuchen, eine Chronologie der Etablierung der verschiedenen Kulte herauszuarbeiten. Sie zielen auf eine Differenzierung der religiösen Situation, mit der Absicht, für die verschiedenen Nachrichten aus christlichen Quellen den sozial- und religionsgeschichtlichen Hintergrund zu präzisieren.

Eine Übersicht über die religiöse Landschaft Philippis ergibt eine lange Reihe von dort nachweislich verehrten Gottheiten. Die Verehrung setzt nicht in jedem Fall einen Kult an einem dafür bestimmten Ort voraus. Oft genug lassen sich nur inschriftliche Erwähnungen heranziehen.[175] Gehen wir wieder von der Koloniegründung aus. Deren politische und religiöse Bedeutung ist schon eingehend besprochen worden. Die Neugründung akzentuierte den Charakter der augusteischen Kolonie. Die Kolonen brachten damit nicht nur die ihnen bekannten Gottheiten mit, deren Einführung ihnen gesetzlich aufgegeben war,[176] sondern waren kraft ihrer Existenz schon Teil der

---

[173] Das in der neutestamentlichen Forschung vorherrschende Bild von Philippi ist durch die Skizze, die Festugiére (*Le monde gréco-romain II.*, S. 77-83) gibt, geprägt.

[174] Collart, "Art. Philippes," Sp. 729. Festugiére, *Le monde gréco-romain II*, S. 83.

[175] Vgl. die Übersichten bei Abrahamsen, *Rock Reliefs*, S. 12-17; Portefaix, *Sisters Rejoice*, S. 70-74 und S. 75-128, Collart, *Philippes*, S. 389-486; ders., "Art. Philippes," Sp. 726-31; Picard, "Les dieux de la colonie".

[176] *Lex Coloniae Genetivae* 64: IIvir(i) quicumque post colon(iam) deductam erunt, ii ... at decuriones referunto ... quos et quot dies festos esse et quae sacra fieri publice placeat et quos ea sacra facere placeat. Quot ex eis rebus decurionum maior pars, qui tum aderunt, decreverint statuerint, it ius ratumque esto, eaque sacra eique dies festi in ea colon(ia) sunto. (Übersetzung Freis: "Welche auch immer Duoviri nach der Gründung der Kolonie sind, diese sollen ..., ..., den Dekurionen Bericht erstatten, ..., welche und wie viele Festtage nach ihrem Beschluß abgehalten werden sollen, welche Opfer öffentlich dargebracht werden müssen und wer diese Opfer darbringen muß. Was auch immer darüber die Mehrheit der anwesenden Dekurionen beschließt oder anordnet, das soll rechtens und gültig sein, und diese Opfer und Festtage sollen in der Kolonie abgehalten werden."); ebd. 128: II(vir) aed(ilis) pra[e]f(ectus) c(oloniae) G(enetivae) I(uliae) quicumque erit, is suo quoque anno mag(istratu) imperio(que) facito curato ... mag(istri) ad fana templa delubra, que[m] ad modum decuriones censuerin[t], suo qu[o]que anno fiant e[i]qu[e] d(ecurionum) d(ecreto) suo quoque anno ludos circenses, sacr[i]ficia, pulvinariaque facienda curent. (Übersetzung Freis: "Wer auch immer Duumvir, Ädil oder Präfekt der c(olonia) G(enetiva) I(ulia) ist, soll in seinem Amtsjahr und in seinem Amt veranlassen ..., daß Aufseher für Kapellen, Tempel und Heiligtümer in seinem Amtsjahr, wie es die Dekurionen beschließen, ernannt werden, und daß diese in ihrem Jahr [auf Beschluß der Dekurionen] Zirkusspiele, Opfer und Bittprozessionen veranstalten lassen, ...").

politischen und religiösen Propaganda des Augustus. Der Name ihrer Stadt (*Colonia Julia Augusta Philippensis*) zeichnete sie aus als Produkt des Wirkens der *gens Julia* in ihrem herausragenden Vertreter Augustus. Ihre Münzen erinnerten an den Ort eines seiner bedeutendsten Siege, der ihm das Recht zum Gebrauch des Begriffes *Victoria Augusta* gab. Die Kolonen verstanden sich je indiviuell als *deductus ab divo Augusto*. Ihm verdankten sie ihren Landbesitz. Eine besonders enge religiöse und politische Bindung an Augustus und die *gens Julia* ist bei den Veteranen zu vermuten. Diese Vermutung wird noch durch die Tatsache ihrer Herkunft aus den von Augustus privilegierten Prätorianerkohorten verstärkt, die sich neben handfesten materiellen Vorteilen auch durch eine besondere Form der Heeresreligion von den normalen Legionären abhoben.[177]

Die Kolonen übernahmen Ämter und bildeten Gemeinschaften (*flamines* und *seviri Augustales*), die auf Betreiben des Stadtrates die Herrscherverehrung für die Kolonie wahrnahmen. Daneben wurden die Mitglieder der Familie des Prinzeps durch Inschriften, teilweise (im Falle der Livia) sogar mit eigenen Priestern geehrt. Diese Hochschätzung des julisch-claudischen Hauses ging nach der tiefen Krise des Jahres 68/69 n.Chr., die Assoziationen an die furchtbaren Zeiten des Bürgerkrieges weckte,[178] scheinbar ungebrochen auf die flavischen Kaiser über. Erst in späterer Zeit wurden die Prinzipes und ihre Familien, obwohl nun schon bei Lebzeiten als Götter verehrt, anderen Göttern bei- und untergeordnet, wie in der oben besprochenen Inschrift der Isis Regina.[179]

Wie verhält sich die politisch geprägte und historisch gewachsene religiöse Tradition der römischen Kolonie Philippi zur okkupierten Region? Zwei allgemeine Grundsätze der Religionspolitik des Prinzipats sind auch für das Territorium (damit ist das ca. 1890 qkm große Gebiet außerhalb der Stadtmauern der Kolonie gemeint) Philippis zu vermuten, daß nämlich 1. die bestehenden Kulte weder verboten noch neue zwangsweise eingeführt wurden, aber 2. die Frage aufgeworfen war, in welcher Form sich religiöse und/oder soziale Randgruppen an den staatserhaltenden Kulten beteiligen wollten oder konnten, damit die heilbringende Herrschaft des Augustus weiter wirken konnte.[180] Diese zweite Anfrage wurde um so dringlicher gestellt, je näher nichtrömische Religionen an die römische Kolonie herantraten, sei es, indem sie ihre Mission und Propaganda auf römische

---

[177] Vgl. Domaszewski, „Die Religion des römischen Heeres," bes. S. 84. 90. 92f.
[178] Tac. *hist.* I 50 und II 38.
[179] Dieser Aspekt findet sich auch in Apul. *met.* Der Ruf nach Caesar (allerdings in einem juristischen Kontext: Apul. *met.* III 29) bleibt ohne rettende Wirkung, während die als geradezu allmächtig gezeichnete Isis die Romanfigur aus ihrer prekären Lage befreit (ebd., XI 25).
[180] Vgl. Werner Dahlheim, *Geschichte der römischen Kaiserzeit*, S. 127f.

Bürgerinnen und Bürger ausdehnten, sei es, daß sie im Stadtgebiet selbst präsent sein wollten.

Die religiöse Toleranz des römischen Staates wird in der Regel an seinem Verhalten gegenüber den Religionen der eroberten Territorien belegt. Gebiete, die unter römische Verwaltung kamen, blieben in ihrer sozialen und religiösen Identität weitgehend unangetastet. Die regionalen Eliten behielten ihre Funktion als Zwischeninstanz zwischen der Führungsspitze (Praefekt, Prokurator, Prokonsul) und der Masse der Bevölkerung. Mit Ausnahme von politischen Vergehen und Kapitalverbrechen wurde eine eigene Rechtsprechung zugelassen. Die Einrichtung des Kaiserkultes blieb für die Bevölkerung selbst zunächst ohne größere Bedeutung, da wie z.B. in der Provinz Makedonien zentrale Orte für die nur jährlich stattfindende Zelebrierung des Kaiserkultes ausgewählt wurden.[181] Örtliche Heiligtümer gab es in Städten römischen Rechtes (Kolonien und Munizipien) und in hellenistischen Städten, denen auf Antrag die Einrichtung eines Kaiserkultes gewährt wurde.

Die Situation Philippis unterschied sich von diesem allgemeinen Bild. Zwar lag die Stadt in einer außeritalischen Provinz, auf der Grenze zwischen hellenistischer und thrakischer Einflußsphäre, aber das spielte für ihre Neugründung keine Rolle. Die Kolonie und ihr Territorium gerieten gänzlich unter den Einfluß römischer Kultur und Lebensweise und verblieben dort bis in das 3. Jh. Die lokalen Eliten verloren durch die Enteigung und Neuverteilung des Landes ihren Einfluß und ihre Existenzgrundlage. Ihre kulturelle Identität und ihre religiösen Praktiken verloren ihre Bedeutung für die Gestaltung des öffentlichen Raumes und für das Selbstverständnis des Gemeinwesens. An ihre Stelle traten die römischen Kolonen, aus deren Kreis die neue Führungsschicht, die Dekurionen, rekrutiert wurden. Die Rechtsprechung ging vollständig in die Hand des neuen römischen Magistrates über. Dieser sah es als einen Teil seiner öffentlichen Aufgaben an, die angemessene Religionsausübung zu gewährleisten und die staatstragenden Kulte einzuführen.[182] Da, abgesehen von thrakischen Einflüssen,[183] nur originär griechisch-römische Kulte für das erste Jahrhundert belegt werden können, ist für Philippi von einer primär römisch geprägten religiö-

---

[181] Geyer, „Art. Makedonia (Geschichte)," Sp. 638-771, bes. Sp. 767; Deininger, *Die Provinziallandtage*, S. 88-96. Für Achaia und Makedonien ist noch nicht einmal genau geklärt, ob es den Kaiserkult an Provinziallandtagen gegeben hat.

[182] Vgl. Dahlheim, *Geschichte der römischen Kaiserzeit*, S. 126f. Die *Lex Coloniae Genetivae* 64-68 und 128 nennt die Verpflichtungen der Kolonie zur Einrichtung der offiziellen Kulte.

[183] Collart, *Philippes*, S. 297-300 und S. 392.

sen Identität auszugehen,[184] in deren Mittelpunkt neben dem traditionellen griechisch-römischen Pantheon die Verehrung des Prinzeps und seiner divinisierten Ahnen bzw. Vorgänger steht. Erst im zweiten Jahrhundert begegnen Belege für die beginnende Aufnahme fremder Kulte bzw. deren Praktizierung. Die Dominanz der römischen Religiosität trat zurück. Innerhalb der Kolonie etablierten sich die ägyptische Religion, ein Dionysos-Bacchus-Mysterienverein und ein Silvanusheiligtum. Die berühmten Felsenreliefs spiegeln einen ähnlichen Prozeß. Mit Sicherheit wurden die Inschriften dort zunächst von den Kolonen angebracht (die lateinische Sprache dominiert bei den Inschriften)[185], um Diana, Liber Pater und andere Gottheiten zu ehren. Zunehmend drängen in dieses Kultgebiet auch thrakische Gottheiten (der thrakische Reiter) und andere (Men-Luna/Bendis) ein.[186]

Von einer bewußten religiösen Abgrenzung kann aber auch nicht die Rede sein. Das wäre den Verhältnissen in der Antike nicht angemessen. Aber die religiöse Pluralität und der Synkretismus haben eine Geschichte, die sich an diesem Ort nachzeichnen läßt. Die Bedeutung des Gründers Augustus und seiner Religionspolitik dürfen nicht unterschätzt werden. Sie prägt das politische und religiöse Selbstverständnis Philippis bis ins zweite Jahrhundert. Philippi war im ersten Jahrhundert nicht der Ort der bunten, verwirrenden Vielfalt verschiedenster religiöser Kulte. Dieses Bild, das auf Festugière zurückgeht und das noch heute großen Einfluß auf die Forschung hat,[187] verzerrt die Situation des ersten Jahrhunderts. Das Neben- und Ineinander thrakischer, makedonischer, hellenistischer, orientalischer, kleinasiatischer, jüdischer und römischer Kultformen ist bestenfalls ein Ergebnis des späten zweiten Jahrhunderts.

Die Augustusverehrung war kein Phänomen, das andere Kulte, Religionen und Traditionen ausgrenzte. Sie sperrte sich nicht grundsätzlich gegen

---

[184] Die Formulierung „griechisch-römisch" soll hier den Stand des hellenistischen Synkretismus bezeichnen, der in Rom und Italien schon erreicht war, und nicht Einflüsse der in Philippi vor der römischen Kolonisation einheimischen griechisch-makedonischen Religiosität auf die italischen Kolonen unterstellen. Collart (*Philippes*, S. 392) stellt fest, daß die Weiterführung der Kulte der makedonischen Vorgängersiedlung nicht zu belegen ist. Die Tatsache der Existenz thrakischer Religiosität und die Akzeptanz im Gebiet der Kolonie haben wahrscheinlich ihre Ursache in der engen Waffenbruderschaft zwischen thrakischen und römischen Truppen schon in der Schlacht von Philippi. S. Appian *civ.* IV 87f.103f.108.129 und 136.

[185] Collart/Ducrey, *Les reliefs rupestres*, S. 257. Collart/Ducrey urteilen, was die Herkunft der Dedikanten der Felsenreliefs betrifft, vorsichtiger. Sie betonen, daß es so gut wie unmöglich sei zu unterscheiden, ob die aus Italien stammenden Kolonen oder romanisierte Einheimische die Urheber der Felsenreliefs seien (ebd.). Diese Frage hat allerdings gegen Ende des zweiten Jahrhunderts nur noch ein geringes Gewicht, da von einer fortgeschrittenen gegenseitigen kulturellen Durchdringung auszugehen ist.

[186] Abrahamsen, *Rock reliefs*, S. 80f.

[187] A.J. Festugiére, *Le monde gréco-romain au temps de Notre-Seigneur: II. „Le Millieu spirituel"*. Paris 1935, S. 77-83.

Verknüpfungen mit anderen Traditionen. Besonders offen zeigt sie sich gegenüber den achtbaren griechischen Überlieferungen, wie allein schon die Beibehaltung des Städtenamens Philippi und dessen Aufnahme in den Titel der Stadt neben die *gens Julia* und den Namen des Augustus zeigt.[188] Die Grundlage für die Integration anderer Kulte war nicht einfach Toleranz und Synkretismus, sondern die Orientierung auf das durch den Prinzeps garantierte gemeinsame Wohl, das über die Summe des Wohlergehens der einzelnen hinausging. Die Orientierung auf das gemeinsame Wohl bildete das zentrale Kriterium für die Integration fremder Religiosität in die öffentliche, d.h. innerhalb der Stadtgemeinde geduldete, Götterverehrung. Gerade in Philippi läßt sich das auf ein gemeinsames Ziel gerichtete Nebeneinander der verschiedenen Kulte belegen. Als eindrückliches Beispiel sei noch einmal auf die Inschrift für Isis verwiesen.[189] Dort werden mit der Verehrung der 'ägyptischen' Gottheit Isis die Ehrung des kaiserlichen Hauses und das Heil der Kolonie Philippi verbunden. Teilt man die Vermutung, es handele sich bei dem Gentilnamen *Mofius* um einen latinisierten hebräischen Namen,[190] verstärkt sich der Eindruck von der Integrationskraft des Isiskultes und der Offenheit der religiösen Situation Philippis, die sich aber erst im zweiten Jahrhundert voll entfaltete.[191] Das zeigt auch eine aufschlußreiche griechische Grabinschrift aus dem 3. Jh., die auf die Kombination der beiden Städtegründer im Namen der Stadt anspielt:

Δαίμων δέ με κέλευσε θανεῖν κλυτῆς ἐπὶ γαίης / Κτίσματος Φιλίπποιο καὶ Αὐγούστου βασιλῆος,...
(Der Daimon aber gebot mir, zu sterben in dieser reizenden Gegend, einer Gründung des Philipp und des Kaisers Augustus).[192]

Philipp und Augustus waren die Gründer dieses Ortes. Lange nach der Neugründung als römische Kolonie wurde der Gedanke wieder lebendig, daß diese Stadt sowohl in römischer als auch in griechischer Tradition verwurzelt war. Zur Zeit des Paulus war Philippi in seinem religiösen und politischen Selbstverständnis von seiner Gründung als augusteische Kolonie im Patronat des julisch-claudischen Hauses geprägt.

---

[188] Zunächst verwundert die Übernahme des Namens der Vorgängersiedlung in den Titel der römischen Kolonie, zumal sie im Gegensatz zur Praxis der hellenistischen Städtegründungen steht. Sie entspricht aber einer Möglichkeit der Namensgebung, von der schon Polybios (II 19) berichtet: die Römer hätten auf dem Gebiet des zuvor unterworfenen Gallierstammes der Senonen eine Bürgerkolonie geggründet und ihr den Namen Sena gegeben.

[189] S. o. S. 59.

[190] Picard, „Les dieux de la Colonie de Philippes," S. 182; Collart, *BCH* 53 (1929) S. 85 und Dunand, *Le culte d'Isis*, S. 198. Die beiden angeführten Argumente können allerdings nicht überzeugen: 1. der Name sei sonst nirgends belegt, 2. nach Act 16,13ff sei von einer jüdischen Gemeinschaft in Philippi auszugehen.

[191] Vgl. Abrahamsen, *Rock Reliefs*, S. 160.

[192] *BCH* 59 (1935) S. 148-51, Nr. 42.

Es ist nun die Frage zu stellen nach der Bedeutung dieser Sicht der religionsgeschichtlichen Situation in Philippi zur Zeit des Paulus für die neutestamentliche Exegese. Auf die über Jahrzehnte bestimmende Darstellung Festugières wurde schon kurz hingewiesen.[193] Sie beruht auf den frühen archäologischen Arbeiten vor der Arbeit von Collart zu Philippi aus dem Jahre 1937 und vor der Aufarbeitung der Felsenreliefs von Collart und Ducrey aus dem Jahre 1975. Die älteren Arbeiten gehen von der folgenreichen Fehldatierung der Felsenreliefs bei Philippi aus. Picard nimmt die Entstehung der Felsenreliefs im ersten Jahrhundert an.[194] Sein Bild von der religiösen Situation Philippis ist von der Zusammenschau der in der Kolonie selbst belegten Kulte und der in den Felsenreliefs dokumentierten Formen der Verehrung geprägt.[195] Dies ist sowohl zeitlich als auch sachlich falsch. Collart widerlegt diese Fehleinschätzung 1937 noch nicht energisch.[196] Er ist aber zurückhaltend in der Datierung der Felsenreliefs und der Datierung des Isiskultes. Erst die neueren Arbeiten zum Felsenrelief[197] und die Diskussion der Belege des Isiskultes durch Abrahamsen, Wild und Dunand bringen eine deutliche Korrektur. Die Felsenreliefs sind zwischen dem späten zweiten Jahrhundert und dem frühen dritten Jahrhundert entstanden und geben keinen Hinweis auf die Situation zur Zeit des Paulus.[198]

Das Bild eines nicht nur griechisch-römischen Synkretismus, sondern einer daneben noch thrakische, ägyptische, kleinasiatische und jüdische Religiosität integrierenden Situation, führt dann auch zu Fehleinschätzungen im Detail. So behauptet noch O'Brien in seinem Kommentar aus dem Jahre 1991, daß die Kolonie von Antonius bei ihrer Gründung dem Schutz der Isis

---

[193] Auf sie verweist unter anderem Beare (*A commentary to the epistle to the Philippians*, S. 44): „A brilliant sketch of religous life at Philippi as it would have presented itself to St. Paul is offered by A. J. Festugiére in his book Le Monde greco-romain au temps de Notre-Seigneur: II. Le Milieu spirituel, pp. 77-83. Paris 1935." Dieses Bild pflanzt sich oft ohne direkten Bezug auf Festugiére von Kommentar zu Kommentar weiter: Collange, *L'Épitre de Saint Paul aux Philippiens*, S. 21; O'Brien, *Commentary on Philippians*, S. 4f; v. Unnik, „Die Anklage gegen die Apostel," S. 367f u.a.

[194] Allerdings auch noch Collart, *Philippes*, S. 391.

[195] Allein schon der vollständige Titel seiner Arbeit zeigt das: „Les Dieux de la colonie de Philippes vers le Ier siècle de notre ère, d'après les ex-voto rupestres."

[196] Collart, *Philippes*, S. 391.

[197] Collart/Ducrey, *Les reliefs*, S. 257 : „C'est pourquoi il est vraisemblable que nos reliefs ont été sculptés durant la seconde moitié du IIe siècle et le début du IIIe."

[198] Abrahamsen, *Rock reliefs*, S. 21. Collart/Ducrey, *Les reliefs rupestres*, S. 257. Dort sind die Argumente gesammelt. Die Felsenreliefs seien in ehemaligen Steinbrüchen angebracht, aus denen Baumaterial im Zuge der grundlegenden Neugestaltung des Forums im 2. Jahrhundert gewonnen worden sei. Damit ist die Gestaltung der Felsenreliefs frühestens ins 2. Jahrhundert zu datieren, was durch die einzige datierbare Inschrift der *Aelia Atena* bestätigt wird.

unterstellt worden sei.[199] Er beruft sich dabei auf Beare[200] und dieser wahrscheinlich auf Picard.[201] Letzterer schrieb einen Satz, der so verstanden werden kann.[202] Die Inschrift aber, auf die er sich in diesem Zusammenhang stützt, ist frühestens gegen Ende des ersten Jahrhunderts entstanden. Es handelt sich um eben jene Weihinschrift für Isis, die oben besprochen wurde und die für diese spätere Phase der religiösen Entwicklung Philippis steht.[203] Collart korrigiert auch dieses auf Picard zurückgehende Mißverständnis und datiert die Inschrift in das zweite Jahrhundert.[204]

Für die exegetische Forschung müßte ein genaues Bild von der religiösen Situation in Philippi mindestens ebenso von Interesse sein wie die Einschätzung der politischen und sozialen Situation.[205] Beides ist für ein religions- und sozialgeschichtliches Verständnis der Philipperkorrespondenz notwendig.

---

[199] O'Brien, *Commentary on Philippians*, S. 5: „Isis (under whose protection Philippi was placed after 42 B.C. and Antony's victory)".

[200] Beare, *A commentary on the epistle to the Philippians*, S. 8: „(Isis Regina); the city was solemnly placed under her protection by the colonist-veterans of Antony, immediately after the victory of 42 B.C."

[201] Beare gibt für seine Darstellung der religiösen Situation Philippis keine exakten Belege, sondern fügt nur ein knappes Literaturverzeichnis an, so daß die Genealogie des Mißverständnisses nur schwer zu erheben ist.

[202] Picard, „Les dieux de la colonie de Philippes," S. 172: „La dédicace inscrite sur ce cippe nous avait même appris que la cité avait été, à l'occasion, recommandée tout entière à la protection d'Isis Regina, par les colons romains installés après la bataille livrée contre les meurtriers de César."

[203] Picard („Les dieux de la colonie de Philippes") selbst bespricht die Inschrift auf Seite 182f, ohne die Behauptung, daß sie auf Antonius zurückgehe, aufzustellen. Abgesehen davon, daß es sich um einen einfachen Fehler handelt, wäre das Überleben einer solchen Inschrift aus der Hand des Antonius auf dem Hintergund der oben dargestellten restaurativen Bemühungen des Oktavian/Augustus nur schwer vorstellbar. Es gehörte gerade zur Polemik gegen Antonius, ihn als östlich, ägyptisch und damit unrömisch darzustellen.

[204] Collart, *BCH* 53 (1929) S. 84.

[205] Natürlich hat auch die Erzählung in Act 16 einiges dazu beigetragen, daß die Vorstellung eines extremen, religiösen Pluralismus zur Zeit des Paulus sich so verfestigen konnte.

KAPITEL 4

PHILIPPI IN DER ANTIKEN GESCHICHTSSCHREIBUNG

EINFÜHRUNG

Die im folgenden behandelten antiken Autoren sind nicht alle als Geschichtsschreiber im engeren Sinne zu bezeichnen. Lukan betreibt historische Dichtung, die weniger auf eine Darstellung der Ereignisse als auf eine Interpretation ihrer politischen und kulturellen Bedeutung für Rom zielt. Plutarch konzentriert sich in seiner Darstellung der Biographien von Heroen der griechischen und römischen Zeit auf die Situationen, in denen deren Charaktere am deutlichsten zum Vorschein treten. Dabei meint Charakter keine individualpsychologische Kategorie, sondern eine vom Tugendbegriff geprägte ethische Haltung, die sich in historischen Ereignissen bewährt bzw. überhaupt erst zum Vorschein kommt. Auch die Arbeit des Augustus, deren lateinischer Text bis auf die zusammenfassenden Zusätze am Ende mit einiger Sicherheit aus seiner eigenen Feder stammt, ist kaum eine historische Arbeit im eigentlichen Sinne zu nennen. Dennoch behandle ich die genannten Schriften gemeinsam mit den Werken, die eindeutig von historischen Interessen geleitet sind, da auch sie einen Eindruck von den mit Philippi verbundenen Vorstellungen und Assoziationen geben.

Alle Texte haben eine Eigenart gemeinsam. Sie interessieren sich nicht für die Stadt bzw. die Kolonie, deren Geschichte, Entwicklung und Bewohner, von ganz vereinzelten Bemerkungen bei Appian und Sueton einmal abgesehen. Sie befassen sich mit der Schlacht, die im Jahre 42 v.Chr. die endgültige Abkehr von der republikanisch-aristokratischen Verfassung Roms brachte, und mit deren Deutung als historisches Ereignis. Sie geben damit Auskunft über den Klang, den der Name dieser Stadt in der Mittelmeerwelt in neutestamentlicher Zeit gehabt haben muß. Gleichzeitig mit diesem Zugang zum *genius loci* Philippis vermitteln sie auch ein Bild von den politischen Polemiken und militärischen Auseinandersetzungen, die mit den beiden Koloniegründungen eng verbunden gewesen sind, insbesondere die Auseinandersetzung zwischen den Triumvirn und den Republikanern um die Verfassung Roms, die mit dem Sieg des Antonius in der Doppelschlacht von Philippi für die Triumvirn entschieden wurde und die die direkte Voraussetzung der ersten Gründung der Kolonie war. Dieses historische Ereignis machte Philippi in der antiken Welt bekannt.

Die unten dargestellten Schriften geben daneben aber auch einen Eindruck von einem Ereignis, das von ungleich größerer Bedeutung für das

Selbstverständnis der Kolonie Philippi war. Die Entscheidung des Konfliktes zwischen Antonius und Augustus im Jahre 31 v.Chr. in der Seeschlacht von Aktium und die damit verbundenen sozialpolitischen Maßnahmen führten zur Neugründung Philippis als augusteische Kolonie. Die Aufarbeitung der hier behandelten Texte und die Verdeutlichung ihrer politischen Intentionen leisten damit einen zwar indirekten, aber wichtigen Beitrag zur Annäherung an das Selbstverständnis der Kolonie.

1. AUGUSTUS

Augustus (63 v.Chr. - 14 n.Chr.) geht in seinem Tatenbericht (*Res Gestae*, Endredaktion ca. 13 n.Chr.) nur knapp auf die Ereignisse von Philippi ein. Und doch verbindet sich mit diesem Ereignis der politische Durchbruch des Augustus, wie er sehr wohl durch dessen Plazierung an den Anfang seines Tatenberichtes mitzuteilen weiß. Die Reihe der „Taten des göttlichen Augustus, durch die er den Erdkreis der Herrschaft des römischen Volkes unterwarf"[1], beginnt mit der Vernichtung der Caesarmörder.[2] Der Stil eines Tatenberichtes bedingt Verkürzungen und Verzeichnungen, aber sie ergeben sich nicht zufällig. Die Darstellung der Ereignisse des Bürgerkrieges läßt die Absicht deutlich erkennen, die Augustus mit ihr verfolgt. Den Sieg von Philippi nimmt er für sich allein in Anspruch. Antonius wird nicht erwähnt. Es fehlt ein Hinweis auf die ungesetzlichen Umstände der Veteranenversorgung nach 42 v.Chr, während von seiner Kolonisationspolitik relativ breit berichtet wird. Augustus scheint in ihr eine Grundlage seines Ruhmes zu sehen, die der Nachwelt mitgeteilt werden muß. In der Auflistung der Provinzen, in denen er Kolonien für Soldaten gegründet haben will, wird weder erwähnt, daß zum Teil enteignete italische Bürger in Provinzen gezwungen wurden, noch daß eine ganze Reihe von Kolonien, deren Gründung er für sich in Anspruch nimmt, auf ältere Gründungen zurückgehen.[3] Letztere wurden von Augustus konsequent reorganisiert und neugegründet.[4] Die Familienamen der ersten Gründer wurden aus den Städtenamen entfernt

---

[1] Übers. Weber; Augustus *res gestae* 1: „Rerum Gestarum divi Augusti, quibus orbem terrarum imperio populi Romani subiecit, …".

[2] Vgl. Augustus *res gestae* 2. Augustus schildert zuvor sein erstes politisches Engagement als Privatmann. Seine öffentliche Tätigkeit als Inhaber eines Magistrates (Konsulat) hebt mit der Verfolgung der Cäsarmörder an. Ebenso aufschlußreich ist die Schlußpassage des Tatenberichtes (*res gestae* 34f), die noch einmal das ambivalente Verhältnis des Augustus zu seiner Machtstellung zum Ausdruck bringt. Augustus berichtet in einem Atemzug die Rückgabe seiner außerordentlichen Vollmachten (*potestas*) an den Senat und den Beginn seiner faktischen Machtstellung (*auctoritas*). Text und Übersetzung s.o. S. 16, Anm. 29.

[3] Vittinghoff (*Römische Kolonisation*, S. 1344) nennt Cassandreia als Gründung des Brutus und Hortensius und Philippi als Gründung des Antonius.

[4] S. Hyginus Gromaticus, S. 142 (ed. Thulin). Text und Übersetzung s.o.S. 16, Anm. 33.

und die Erinnerung an sie aus den Gedächtnissen der Kolonien getilgt. Es entspricht der Tendenz dieser Art und Weise der Geschichtsschreibung, daß die spätere Entschädigung der enteigneten Munizipien hervorgehoben wird, ohne die zuvor erfolgten Härten zu erwähnen.[5] Es ist kein Zufall, daß der Name Philippis fehlt, während z.B. Aktium genannt wird oder auch das Detail des zweimaligen Waffenganges bei Philippi Erwähnung findet.[6] Augustus zieht in den *Res Gestae* die gesamten Auseinandersetzungen nach dem Tode Caesars, von den Proskriptionen bis hin zum Waffengang in Makedonien, zusammen. Sie bilden den Auftakt und die Grundlage für seine Herrschaft.[7] Der ambivalenten Beurteilung dieser Phase der Geschichte Roms, die die Entscheidung über die Staatsverfassung bedeutete, begegnet er mit der Reduzierung auf den Gedanken der rechtmäßigen Sühnung des Mordes an Caesar. Die politische Dimension der Ereignisse wird im Gegensatz zu Autoren, die die historische und politische Bedeutung der Schlacht bewerten, verschwiegen.

Die offizielle augusteische Propaganda, von der uns die *Res Gestae* einen kleinen Ausschnitt überliefern, hat sich in dieser Hinsicht nicht durchgesetzt. Der Versuch, Philippi als Ort der gerechten Strafe der Caesarmörder zu stilisieren, hat die 'republikanische' Deutung nicht zum Verstummen gebracht. Eine intensivere propagandistische Auswertung war nicht möglich, da das Wissen um die ungesetzlichen Begleiterscheinungen noch zu präsent war. Die Erinnerung an die brutalen Anfänge der Herrschaft des Augustus ist zur Zeit der Abfassung der *Res Gestae* (ca. 13 n.Chr.) immer noch lebendig und wird auch durch die erfolgreiche Entwicklung, von der die *Res Gestae* beredtes Zeugnis ablegen, nicht getilgt. Deswegen bleibt der Name des Ortes, mit dem diese folgenreiche Wendung der römischen Staatsverfassung verbunden ist, ungenannt, wie auch die Namen aller Gegner im Bürgerkrieg verschwiegen werden.[8] Für Augustus bleiben die Schlacht von Philippi und die mit ihr verbundenen Umstände ein Thema, das sich einer allzu propagandistischen Verwertung sperrt.

2. VELLEIUS PATERCULUS

Mit Velleius Paterculus (ca. 20 v.Chr. bis 30 n.Chr.) wenden wir uns nun dem einzigen zeitgenössischen Historiker des frühen Prinzipats zu, dessen

---

[5] Augustus *res gestae* 16.
[6] Ebd., 25. bzw. 2.
[7] Augustus zählt die Jahre seines Prinzipats von der Verleihung der *tribunicia potestas* im Jahre 27 v.Chr. an. Dieses Datum hat für die Legitimierung seiner Machtstellung besondere Bedeutung. Seine faktische Machtstellung beginnt vor diesem Zeitpunkt.
[8] Vgl. Weber, „Einführung," S. 52.

Werk vollständig erhalten ist. In seiner *Historia Romana* (29 n.Chr.) ist uns eine Deutung der Ereignisse von Philippi aus der Perspektive eines Getreuen des julisch-claudischen Hauses überliefert. Velleius ist im Vergleich zu Tacitus und Sueton wegen seines Tiberiusbildes als Schmeichler des Tiberius geschmäht worden. Diese Sicht wird aber den Dimensionen seiner historischen Arbeit nicht gerecht. Selbstverständlich fühlte sich Velleius als ehemaliger Offizier des Tiberius, der mancherlei Förderung durch ihn erfahren hatte, diesem Prinzeps besonders verpflichtet, aber er ist im Gegensatz zu Tacitus und Sueton Zeitgenosse und Augenzeuge wichtiger Ereignisse, die er nicht beliebig verklärt.[9]

Ein politischer Denker ist er nicht gewesen. Die differenzierten Vorgänge seit der Überschreitung des Rubikon durch Caesar erklärt er sich mit einfachen Antagonismen. Es stehen jeweils zwei Mächte, seien es Einzelpersönlichkeiten oder Parteien, gegeneinander, deren politische Ziele hinter ihren Taten verborgen bleiben. Es kämpfen in des Velleius Augen Caesar gegen Pompejus, das julische Haus gegen die Partei der Pompejaner, die Triumvirn Augustus und Antonius gegen die Pompejaner Cassius und Brutus, schließlich Antonius gegen Augustus. Die politischen Gegensätze und ihre Ursachen werden nicht thematisiert. Freiheit, Demokratie, Republik, Monarchie oder andere Kampfbegriffe dieser Zeit fehlen. Brutus und Cassius sind einfach „Pompejaner", Anhänger einer Partei, die durchgängig die Gegner des julisch-claudischen Hauses stellt.[10]

Die Parteinahme des Velleius für sein Kaiserhaus führt zu apologetischen Verharmlosungen. Antonius sei durch sein zügelloses Verhalten für die Empörung der Gegner Caesars verantwortlich.[11] Oktavian habe bei den Proskriptionen[12] und bei nicht genauer benannten Schandtaten nach Philippi unter Druck des Antonius gehandelt.[13] Die Tendenz ist deutlich: Die unrühmliche Vorgeschichte des späteren Prinzeps Augustus als Triumvir und Rächer der Caesarmörder wird in helleren Farben gezeichnet als es der geschichtlichen Wirklichkeit entspricht. Die dunklen Töne werden Antonius zugewiesen, dem Velleius einen unerbittlichen Haß entgegenschleudert.[14]

---

[9] Giebel, „Nachwort," S. 372f; Dihle, „Art. Velleius Paterculus," Sp. 637-59.

[10] Vell. II 52.62.63.65. Die „Pompejaner" sind sogar noch nach Philippi die Gegner: ebd., II 73.

[11] Ebd., II 56,4.

[12] Ebd., II 66,1f.

[13] Ebd., II 86,2 (Übers. Giebel): „Angesichts dieses milden Verhaltens des Führers (Augustus) konnte man sich vorstellen, wie er sich zu Beginn des Triumvirats oder auf dem Schlachtfeld von Philippi im Sieg gemäßigt haben würde, wenn er damals nur freie Hand gehabt hätte."

[14] Ebd., II 66,3f. Dies hat sicher seinen Grund in den gegenseitigen propagandistischen Schmähungen, mit denen sich Augustus und Antonius bekämpft haben. Sueton gibt vom Niveau dieser Auseinandersetzung einen guten Eindruck: Suet. *Aug.* 2.4.7.16.63.68.69.

Philippi ist ein Teil dieser ambivalenten Vorgeschichte des Prinzeps Augustus, die der vorsichtigen Beschönigung bedarf. Der Standpunkt, den Velleius einnimmt, ist von der Treue zum julisch-claudischen Haus geprägt, dessen Leistungen diese Haltung rechtfertigen.[15] Das Fazit, das Velleius nach der Schlacht von Philippi zieht, ist nur einfältig zu nennen und entbehrt jeder tieferen Einsicht in die Bedeutung der Ereignisse:

> Hätten sie [Cassius und Brutus] den Sieg davongetragen, dann wäre die Herrschaft des Brutus der des Cassius vorzuziehen gewesen, so wie es besser für den Staat war, daß Caesar statt Antonius der führende Mann wurde.[16]

In der Perspektive der Machtfrage, die ausschließlich die unterschiedlichen Persönlichkeiten und deren Eigenschaften und nicht deren politische Ziele wahrnimmt, erscheint folgerichtig Aktium als entscheidende Wende der römischen Geschichte und nicht Philippi.[17]

3. LUKAN

In Lukan (39-65 n.Chr.) können wir einen Zeitgenossen des Paulus auf sein Bild von Philippi befragen. Seine Sicht ist von besonderem Interesse, da der Neffe Senecas schon früh Zugang zu den ersten Kreisen Roms und zum Prinzeps selbst hatte. Mit ihm kommt eine Stimme aus der engsten Umgebung Neros zu Wort. Lukans höchst individuelle Sicht ist durch die literarische Form der epischen Dichtung und die Entstehungsgeschichte seines Hauptwerkes „Der Bürgerkrieg" (*De bello civili*) geprägt.[18]

Die neuere Forschung zu Lukan hat sich eingehend mit der Frage beschäftigt, ob sein Werk zumindest in den späteren Teilen aus politischer Opposition gegen Nero geschrieben ist. Das überzogene Preislied auf Nero kann nicht eindeutig als Satire gelesen werden,[19] aber die zunehmend düstere Charakterisierung Caesars und die ungewöhnliche Verherrlichung des Caesarmörders Brutus verrät die oppositionelle Gesinnung. Lukans Werk blieb Fragment. In der großen neronischen Säuberungsaktion des Jahres 65 mußte sich Lukan wie viele andere einst Nero Nahestehende den Tod

---

[15] Lobrede auf Augustus: Vell. II 89-91,1; und auf Tiberius: ebd., II 126.

[16] Ebd., II 72,2 (Übers. Giebel).

[17] Ebd., II 86,1 (Übers. Giebel): „Was die Welt diesem Tag (der Schlacht von Aktium) verdankte, wie sich durch ihn das Schicksal (fortuna) des Staates verändert - wer könnte das in einem solch knappen Werk,..., auszudrücken wagen?"

[18] Dieser Titel stammt genausowenig von Lukan selbst wie die treffendere, aus seinem Werk gewonnene Bezeichnung „Pharsalia". Luck („Einführung," S. 19 u. S. 23f) vermutet, daß Nero das gegen Lukan verhängte Rezitations- und Publikationsverbot während der Entstehung des Werkes aussprach.

[19] Lucan. I 33-45a mit ironischer Schilderung der Apotheose Neros ebd., I 45b-66.

geben, so war ihm eine Endredaktion und die Ausgleichung von Gegensätzen und Spannungen in seinem Epos nicht mehr möglich.

Wendet man sich dem Werk Lukans mit der Frage nach seiner Deutung Philippis zu, so hält man erstaunt inne. Dieser gebildete und sich in den höchsten politischen Kreisen seiner Zeit bewegende Mensch schiebt ca. ein Jahrhundert nach diesen epochemachenden Ereignissen Pharsalos und Philippi ineinander. Die geographische Lage Philippis, das er in Thessalien vermutet, scheint er vollends zu verkennen.[20] Es ist aber verfehlt, diese geographischen und historischen Unklarheiten mit Nachlässigkeit oder Unkenntnis zu erklären.[21] Diese Identifizierung der beiden herausragenden Entscheidungsschlachten des Bürgerkrieges ist Ergebnis einer politisch-historischen Deutung, die im augusteischen Prinzipat eine Fortführung des politischen Werkes Caesars sieht. In der Perspektive der zu Lukans Zeiten hundertjährigen Dynastie des julisch-claudischen Hauses stehen Pharsalos und Philippi für die Durchsetzung des dynastischen Machtanspruches gegenüber der aristokratischen Führungsschicht der späten Republik. In der Hand dichterischer Freiheit[22] und unter dem Zwang des Versmaßes[23] mögen sich noch einige weitere historische Unklarheiten eingeschlichen haben, aber die Verwechslung von Pharsalos mit Philippi ist bewußtes Mittel des die Geschichte interpretierenden Poeten.

Lukan ist kein Historiker, sondern ein politischer Dichter, der die bedrückende politisch-moralische Situation seiner Zeit im Rahmen des historischen Stoffes Pharsalos reflektiert. Die dichterische Seite dominiert durch die Form des Werkes und in den düster dramatischen Szenen, die ihm seinen besonderen Charakter verleihen. Die politische Dimension bricht durch in der formwidrigen Zurückhaltung gegenüber den Göttergestalten, im apokalyptischen Horizont der Erzählung[24] und in den deutenden Passagen. Der Zeitraum, den Lukan als Stoff für sein Epos gewählt hat, ist nicht genau zu bestimmen, da es unvollendet blieb. Es bricht in der Schilderung der Kämpfe Caesars in Alexandrien unvermittelt ab. Die inneren Verweise lassen keinen eindeutigen Schluß auf das projektierte Ende zu.[25]

---

[20] Vgl. zum Phänomen der Verwechslung Philippis mit Pharsalos, das schon bei Vergil zu finden ist, Schmidt, „Art. Philippi," Sp. 2227-33.

[21] Dagegen auch Schmidt, „Art. Philippi," Sp. 2230.

[22] Schmidt („Art. Philippi," Sp. 2230-32) beschreibt die Verführung, die von dem Gedanken ausgeht, daß über der Schlacht von Philippi nicht nur der Geist Caesars schwebte, wie es in vielen Legenden erzählt wird, sondern daß sie darüber hinaus auf dem gleichen Boden wie einer seiner wichtigsten Siege stattfand.

[23] Vgl. zu *Emathia* Luck, „Einführung," S. 12.

[24] Lucan. I 642-72; II 286-323; IV 393f; VII 640 u.ö.

[25] Mindestens drei Möglichkeiten bieten sich an: Catos Selbstmord (46 v.Chr.), Caesars Ermordung (44 v.Chr.), so Luck („Einführung," S. 27), oder Philippi, wie Schmidt („Art. Philippi," Sp. 2230) meint.

Die Schlacht von Philippi ist kein Teil der erzählten Begebenheiten. Sie wird aber an Stellen, die für die Deutung der Intention Lukans wichtig sind, erwähnt. Philippi ist wichtiger Bestandteil der politisch-historischen Reflexion Lukans. In der Weissagung einer Rasenden werden die Stationen des Bürgerkrieges teils angedeutet (Alexandria, Nordafrika, Spanien), teils genannt (Philippi, Rom).[26] Philippi wird mit Pharsalos identifiziert. Gerade an dieser Stelle wird die dichterische bzw. rhetorische Logik der Identifikation deutlich: In Philippi schließt sich der Kreis. Darin wird eine für die Deutung der Identifikation oder Verwechslung wichtige Tendenz erkennbar. Pharsalos steht nie anstelle von Philippi. Ausschließlich Attribute und Deutungsgehalte der Schlacht von Philippi werden auf Pharsalos übertragen. Das für Lukan historisch und politisch bedeutendere Ereignis prägt der vorhergehenden Auseinandersetzung seine Signatur auf. Der Widerspruch zwischen der Bedeutung Philippis und seiner Verwechslung mit Pharsalos ist nur ein scheinbarer.[27]

Im sechsten Buch wird die magische Bemühung der thessalischen Hexe geschildert, die das Ziel hat, den Krieg am Ort der Schlacht festzuhalten.[28] Wieder handelt es sich nicht um eine einfache Verwechslung, sondern um das Motiv der Konzentration der Ereignisse auf einen Ort, der dann Pharsalos=Philippi ist.[29] Auf dem Höhepunkt der Schlacht, die Niederlage ist nicht mehr abzuwenden, lenkt Lukan das innere Auge des Lesers bzw. des Zuhörers auf Brutus,[30] dem er im Schlachtgetümmel zuruft, er solle sein Leben bewahren: „Nimm nicht das Verhängnis von Philippi voraus!". Auf ihn wartet noch die große Aufgabe des Caesarmordes. Caesar soll aus dieser Schlacht noch einmal als Sieger hervorgehen, aber: „Er soll nur leben und herrschen, damit er Brutus zum Opfer falle." Dieser Abschnitt belegt, daß Lukan Philippi und Pharsalos klar auseinanderhalten kann, wenn es ihm sachlich wichtig erscheint.[31] Die Konzentration der Ereignisse auf Philippi=Pharsalos wiederholt sich nochmals und wird mit dem Motiv der

---

[26] Lucan. I 678-94
[27] Vgl. Schmidt, „Art. Philippi," Sp. 2227f. Davon ist die Konfusion, die sich durch den Gebrauch der dichterischen Landschaftsbezeichnung Emathia ergibt, zu unterscheiden. Pharsalos und Philippi liegen in Emathia, das Thessalien und Makedonien meinen kann. Für Lukan ist dieser Gebrauch noch nicht einmal geographisch falsch, da unter Nero die Provinzen Makedonien und Achaia und damit Thessalien und Makedonien vereinigt wurden. Daneben findet sich bei Lukan (IX 271) die eindeutig falsche Angabe, die wohl auf Vergil zurückgeht, Philippi liege in Thessalien. Diese wiederum wurde durch den Ruf Thessaliens als Ort des Unheils und als Heimat magischer Kräfte verursacht.
[28] Lucan. VI 579-84.
[29] Ebd., VI 581-83 (Übers. Luck): „Deshalb verhängt die Hexe über Philippi einen Zauberspruch, ... und verbietet ihm, den Krieg zu entlassen (vetuit transmittere bella). Alle Toten möchte sie haben, um das Blut der ganzen Welt zu brauchen."
[30] Zu diesem Abschnitt s. Lucan. VII 586-96.
[31] Vgl. Schmidt, „Art. Philippi," Sp. 2229f.

von Pharsalos ausgehenden und sich in Philippi schließenden kreisförmigen Handlungsfolge kombiniert.[32] Das Morden von Pharsalos, das für Lukan in der Vernichtung der besten römischen Familien besteht,[33] wiederholt sich am gleichen Ort, der dann Philippi heißt.[34] Die Schuld, die Lukan auf diesen einen Ort zweier furchtbarer Geschehnisse geladen sieht, wird relativiert durch den Verlauf des Bürgerkrieges, der noch andere Schlachten kennt.[35]

Innerhalb einer Rede Catos liegt eine einfache Verwechslung vor.[36] Cato bezichtigt die Soldaten, bei Philippi vor Caesar geflohen zu sein. Zwar wird auch hier die Tendenz durchgehalten, Philippi an die Stelle von Pharsalos zu setzen, aber der Gebrauch läßt sich nicht in die Logik der anderen Identifizierungen einordnen.

Versuchen wir die Eigentümlichkeiten der lukanischen Philippi-Interpretation zusammenzufassen, ergibt sich ein deutliches Bild. Die Kreisbewegung von Pharsalos nach Philippi erzeugt eine Geschlossenheit, die sich auf die Entwicklung der caesarianischen Politik, ihre Durchsetzung und die Sicherung ihres Fortbestandes in Philippi konzentriert. Nicht die Alleinherrschaft des Augustus mit Aktium bildet den Höhepunkt der Bürgerkriege, die zum Prinzipat geführt haben, sondern die Zerschlagung der aristokratischen Gegner einer Diktatur, die nach Lukan mit Philippi abgeschlossen war. Diese innere Gemeinsamkeit von Pharsalos und Philippi führt zu ihrer Zusammenschau, der die geographischen Gesichtspunkte untergeordnet werden. Die Intention dieser Aussage ist eminent kritisch. Die Kette der Auseinandersetzungen zwischen Pharsalos und Philippi, das Vergießen des Blutes der tüchtigsten römischen Familien, ist nach Lukan der Ursprung der julisch-claudischen Dynastie.[37]

4. TACITUS

Tacitus (ca. 55-120 n.Chr.) sieht im Prinzipat der julisch-claudischen Zeit vor allem eine Verfallsgeschichte, insbesondere die Herrschaft des Tiberius wird als Tiefpunkt des römischen Staates und seiner führenden Familien gesehen. Es ist für unsere Fragestellung aber nur in zweiter Linie von

---

[32] Lucan. VII 843-72.
[33] Lucan. VII 578-85; 597f (Übers. Luck): „... in der Ebene lagen die Leichen der Patrizier, kein einziger Plebejer unter ihnen."
[34] Ebd., VII 853f.
[35] Ebd., VII 872
[36] Ebd., IX 271.
[37] Damit stellt sich Lukan in diametralen Gegensatz zur Deutung der Julier durch Vergil (*Aen.* I 286-88; VI 788-90), worüber er sich völlig im klaren gewesen sein muß.

Bedeutung, ob in seinem Bild von Philippi, das auch bei ihm ausschließlich die Schlacht und nicht die Kolonie meint, dieses Vorurteil die Darstellung verzerrt. Uns geht es um den *genius loci* dieser Stadt und dieser wird auch von Vorurteilen, Klischees und Propaganda bestimmt.

Den Bemerkungen des Tacitus zu Philippi in den Annalen ist die Tendenz abzuspüren, an einer wirkungsmächtigen Geschichtsinterpretation mitarbeiten zu wollen. Die beiden Zusammenhänge, innerhalb derer Philippi erwähnt wird, sind stilisierte Szenen, deren Spitzen gegen die von ihm aufs schärfste verurteilte und verzerrte Regierung des Tiberius gerichtet sind.[38] Philippi erscheint als das Ende von Freiheit, Tugend und wahrem Römertum. Die Helden der Republik, Cassius und Brutus, werden ohne jeden Vorbehalt als in der Geschichte unterlegene, aber von der Nachwelt zu ehrende Träger der alten römischen Tugenden gesehen. Mit großem Pathos wird der Tod der Junia Silana, der Witwe des Cassius, berichtet. Das Jahr ihres Todes wird als das 64. nach der Schlacht von Philippi datiert. Die im Leichenzug nicht mitgeführten *imagines* des Brutus und Cassius überstrahlen alle anderen, gerade weil sie nicht zu sehen waren.[39] Das Credo des Tacitus, wie vieler römischer Geschichtsschreiber im frühen Prinzipat, war, „daß die Freiheit mit Brutus und Cassius untergegangen sei."[40] Entsprechend sieht er in beiden die altrömische Tugend in höchster Vollendung personifiziert, an deren Taten gemessen kann die Gegenwart nur unbedeutend und kleinlich erscheinen.[41]

Die Verteidigungsrede des Crementius Cordus ist zunächst eine Rede für die schriftstellerische Freiheit. In ihrer Pointe zielt sie aber auf die Ehrenrettung der politischen Ziele der Mörder Caesars. Tacitus wagt es zwar nicht, dem Crementius eine Legitimation des Tyrannenmordes in den Mund

---

[38] Die beiden Szenen sind die Leichenfeier der Junia Silana, der Witwe des Cassius (Tac. *ann.* III 76) und die Verteidigungsrede des Crementius Cordus gegen den Vorwurf der Verherrlichung der Caesarmörder in einem Geschichtswerk (ebd., IV 34f). Daneben erwähnt Tacitus in seinen Historien die Schlacht von Philippi zweimal (I 50 und II 38). Es werden jeweils die Ereignisse des Dreikaiserjahres (69 n.Chr.) mit denen des Bürgerkrieges, besonders Pharsalos und Philippi, verglichen.

[39] Tac. *ann.* III 76. Zur Interpretation dieser Stelle ist es wichtig zu wissen, daß das Mitführen von Götterbildern in der Leichenprozession nicht erlaubt war. Dio Cass. 47, 19, 2; Latte, *Römische Religionsgeschichte*, S. 302. Plinius Secundus (*ep.* I 17) berichtet interessanterweise noch für Anfang des zweiten Jahrhunderts von der Verehrung der republikanischen Gegner Caesars. Er schreibt über Titinius Capito: „mirum est, qua religione, quo studio imagines Brutorum, Cassiorum, Catonum domi, ubi potest, habeat." (Übers. Kasten: „Sonderbar, mit welcher Pietät, welcher Hingebung er die Bilder eines Brutus, Cassius und Cato in seinem Hause hegt, wo es ihm niemand verbieten kann.")

[40] Joseph Vogt, „Die Geschichtschreibung des Tacitus," S. XXII.

[41] Das führt Tacitus (*ann.* IV 32f) in den der Szene des Crementius Cordus vorangestellten Überlegungen aus.

zu legen, aber Cassius und Brutus werden ohne jedes Maß verehrt.[42] Kontrapunktierend erwähnt Tacitus in diesem Zusammenhang die Einschätzung, die seine Zeitgenossen den beiden Republikanern entgegenbringen. Sie werden als *latrones* (Räuber) und *parricidae* (Hochverräter) bezeichnet, wohingegen Tacitus sie als *insigni viri* (ausgezeichnete, hervorragende Männer) sieht. Durch diese Äußerungen bekommen wir einen Eindruck von der selten bezeugten Demagogie der offiziellen politischen Propaganda der augusteischen Restaurationszeit.

Philippi ist Chiffre für den verlorenen Kampf um Freiheit und Demokratie, um die Tugenden der römischen Verfassung, deren Fortbestand nach Tacitus durch die Wiederherstellung der aristokratischen Herrschaft des Senates gewährleistet gewesen wäre. Mit diesem politischen Ziel identifiziert sich Tacitus. In ihm ist die beispiellose Hochschätzung verankert, die Tacitus der Sache und den Personen der unterlegenen Partei entgegenbringt.

5. SUETON

Sueton (ca. 70-140 n.Chr.) hatte als hoher kaiserlicher Beamter unter Hadrian Zugang zu den internen Unterlagen der kaiserlichen Archive. Diese nutzte er neben einer Vielzahl anderer literarischer Quellen, um die Viten von zwölf Caesaren (Caesar bis Domitian) zusammenzustellen. Er fügt im Stil eines kategorisierenden Sammlers Einzelinformationen nach übergeordneten Gesichtspunkten zusammen und schafft so ein facettenreiches Bild der behandelten Persönlichkeiten. Übergreifende philosophische, religiöse oder politische Gesichtspunkte spielen für die Gesamtdarstellung im Gegensatz zu Plutarch oder Tacitus keine Rolle.

Das wirkt sich auch auf die Behandlung des Themas Philippi aus. Es ist fast müßig zu erwähnen, daß auch Sueton kein Interesse an der Stadt hat. Erstaunlich ist aber, daß die politische Bedeutung der Schlacht und die Ansichten der Gegner Oktavians nicht eigens gewürdigt werden.[43] Die Schlacht und die Republikaner werden in den Zusammenhängen erwähnt, die sich aus den Ordnungsgesichtspunkten des Biographen und dem Material ergeben. Eine gedankliche Durchdringung ist nicht zu erkennen. Das ma-

---

[42] Im Vergleich mit der knappen Notiz bei Sueton (*Tib.* 61) wird deutlich, daß Tacitus eine tragische Szene gestaltet. Ludwig Bieler, *Geschichte der römischen Literatur II*, S. 76; Vogt, „Die Geschichtsschreibung des Tacitus," S. XXVIII-XXX; Till, „Einleitung," S. XXIX-XXXI.

[43] Rudolf Till („Einleitung," S. XXVf.) meint im Blick auf das Gesamtwerk der Caesarenviten: „Die historischen Taten der Herrsfer erscheinen nur in knappen Zügen, da der eigentliche Ablauf der Geschichte als bekannt vorausgesetzt wird ...; ähnliches geschieht bei der Erwähnung des Bürgerkrieges, von dem nur die Hauptereignisse, ..., berichtet werden. Die politische Geschichte wird also nur soweit herangezogen, als sie zur Zeichnung eines Gesamtbildes notwendig erscheint."

chen mehrere Aufzählungen deutlich, die Philippi auf eine Stufe mit anderen Schlachten des Bürgerkrieges stellen.[44] Philippi gehört als eine Etappe in die Zeit der Bürgerkriege, die Sueton in der Zusammenschau von Caesars Tod bis Aktium beurteilt.[45] Gerade dadurch bleibt das Material von einer tendenziösen Überarbeitung verschont. Die Informationen, die Sueton zugänglich sind, gibt er ungeschminkt weiter. Das hat ihm bezüglich seiner Berichte vom Privatleben der Kaiser den Vorwurf der Geschmacklosigkeit eingetragen. Der historische Wert der von ihm überlieferten Nachrichten wird dadurch bestätigt. Zu unserer Fragestellung nach dem *genius loci* trägt er kaum mehr als eine Reihe vereinzelter Informationen bei.[46] An dem besonderen Profil Philippis hat Sueton im Rahmen seiner Caesarenviten kein Interesse.

6. JOSEPHUS

Josephus (37/38 n.Chr. - ca 100 n.Chr.) erwähnt im „Jüdischen Krieg" (*Bellum Iudaicum*) die Schlacht von Philippi nur kurz.[47] Die Stadt selbst hat keine Bedeutung. Obwohl er als im kaiserlichen Hause in Rom lebender Historiker die Bedeutung der Ereignisse zwischen der Ermordung Caesars und der Schlacht von Philippi sicher ermessen konnte, beschreibt er sie in der historischen Perspektive, die sich aus der Aufgabenstellung einer Geschichte des jüdischen Volkes bzw. des jüdischen Krieges ergibt.[48] Cassius, der Gönner des Herodes, wirkte als Beherrscher des Ostens auf die Geschichte Judäas ein. Brutus hingegen, der eigentliche Träger der republikanischen Tradition, wird aufgrund seines entfernt liegenden Machtbereiches (Griechenland) als Gegner des Caesar (Augustus) und des Antonius kaum erwähnt.[49] Der Untergang des Cassius hatte erhebliche Folgen für die judäische Innenpolitik. Die freien Städte und Klientelfürsten mußten sofort ihr Verhältnis zu dem neuen Beherrscher des Ostens, Antonius, in Ordnung bringen und rüsteten Gesandtschaften aus, die bei ihm in Ephesus

---

[44] Suet. *Aug.* 9 und 10.
[45] Kennzeichnend ist die Darstellung in Suet. *Otho* 10. Sueton berichtet, Otho sei bei der Nennung des Endes von Brutus und Cassius zusammengeschreckt (immerhin 100 Jahre nach der Beendigung des Bürgerkrieges), da dies an die fürchterliche Zeit der Bürgerkriege erinnerte. Das politische Programm, für das diese beiden Namen stehen, wird nicht erwähnt. Diese Assoziation muß in der Bevölkerung im Jahre 69 verbreitet gewesen sein, denn Tacitus (*hist.* I 50 und II 38) erwähnt sie auch.
[46] Über Philippi: Suet. *Aug.* 9.10.13.22.29.85.91.96.; *Tib.* 5.14.61; *Otho* 10. Diese Informationen sind vor allem in Kap. 2 und Kap. 3 genutzt.
[47] Ios. *bel. Iud.* I 242 (12,4).
[48] Ebd., I 218-46 (11f).
[49] Nur an einer Stelle: ebd., 225 (11,4).

vorstellig wurden.[50] Seine Notiz in den *Antiquitates Judaicae* stimmt unter diesem Gesichtspunkt mit den Ausführungen im Jüdischen Krieg überein.[51]

Ganz anders erscheint die Schlacht in dem (fiktiven?) Brief des Antonius an den Hohenpriester Hyrkan, der sowohl die Bedeutung der Schlacht als auch die Rolle des Brutus in zu erwartender propagandistischer Ausschlachtung hervorhebt: „die Götter hatten sie wegen der Übeltaten, die sie begangen hatten, verurteilt."[52] Gegen Brutus und Cassius wird das ganze Arsenal der politischen Desavouierung ins Feld geführt. Sie sind die Caesarmörder, Feinde des römischen Volkes, haben ganz Asien, Städte und Tempel verwüstet, Eidschwüre gebrochen und Verbrecher um sich geschart. Philippi ist ein Teil des sich gottloser Taten nicht scheuenden Landes, Makedonien; der Ort, an dem Verbrecher ihre von den Göttern gewählte Strafe empfangen haben. Ob in den Schimpftiraden des Antonius die Sicht des Josephus enthalten ist, wie es bisweilen für Reden in den Werken der antiken Schriftsteller gilt? Oder drückt sich in ihr eine Distanz zu dieser Deutung des Endes der römischen Demokratie aus? Die Zurückhaltung des Josephus in der eigenen Darstellung der Endphase des Bürgerkrieges unterstützt die letztere Vermutung.[53]

7. PLUTARCH

In der weniger historisch als philosophisch-ethisch orientierten Schriftstellerei des Plutarch (ca. 45 n.Chr. - 125 n.Chr.)[54] wird Philippi als Ort der Entscheidungsschlacht zwischen der republikanischen Freiheit und der Monarchie verstanden.[55] Plutarch vertieft diese Fragestellung nicht, denn er möchte sich auf die Charaktere der herausragenden Protagonisten konzentrieren. Er lobt die persönliche Integrität des Brutus, ohne deren schwere Beeinträchtigung durch die Ermordung Caesars zu verschweigen.[56] Brutus hat für eine gerechte, aber aussichtslose Sache gekämpft. Das Lebenswerk

---

[50] Ebd., I 242 (12,4).

[51] Ios. *ant. Iud.* XIV 301 (12,2).

[52] Ios. *ant. Iud.* XIV 310: „τῶν θεῶν αὐτοὺς ἐπὶ τοῖς ἀδίκοις ἐγχειρήμασιν κατεψηφισμένων"; vgl. zum ganzen Absatz 306-13.

[53] Vgl. die in den Anmerkungen 49-53 angegebenen Stellen.

[54] Über Philippi: Plut. *Brut.* 24.28.36-38.58; *Ant.* 22.69; *Cato min.* 73; *Caes.* 69; *Sull.* 23. Vgl. dazu die Charakterisierung, die Plutarch seinen Schriften gibt (*Alex.* 1, Übers. Ziegler): „Denn ich schreibe nicht Geschichte, sondern zeichne Lebensbilder, und hervorragende Tüchtigkeit oder Verworfenheit offenbart sich nicht durchaus in den aufsehenerregendsten Taten, sondern oft wirft ein geringfügiger Vorgang, ein Wort oder ein Scherz ein bezeichnenderes Licht auf einen Charakter als Schlachten mit Tausenden von Toten und die größten Heeresaufgebote und Belagerungen von Städten."

[55] Plut. *Cato min.* 73; *Brut.* 29.

[56] *Brut.* 56.

Caesars war nicht mehr zu zerstören. Dieser von den Göttern gesandte und von den Feinden Roms gefürchtete Heros brachte die Monarchie, nach der die Welt verlangte.[57] Selbst die Rache an seinen Mördern war noch die Tat seines Genius.[58] Plutarch sieht die würdige, aber aussichtslose Sache der republikanischen Freiheit in einem tragischen Gegensatz zu dieser gott-gewollten Entwicklung. Das Bemühen der Caesarmörder wird von Anfang an durch negative Vorzeichen begleitet.[59] Philippi als Stadt oder spätere Kolonie interessiert Plutarch nicht. Der Name dieser Stadt steht für ein Geschehen, dessen wesentliche Bedeutung in einer ethisch-religiösen Ein-sicht besteht. Diejenigen, die die Gewalt über die Welt erringen wollen, werden von den Göttern zum Sieg geführt, weil die Welt ihrer bedarf. Die Kämpfer für die Freiheit des römischen Volkes müssen unterliegen.

8. APPIAN

Die ausführlichsten Informationen über Philippi im Rahmen der literarischen Überlieferung verdanken wir Appian (ca. 100 - 165 n.Chr.; *Bella Civilia* ca. 160). Zu seinem weitausholenden plakativen Stil gehört die genaue Schilderung der örtlichen Verhältnisse, so daß wir durch ihn einiges über den Zustand Philippis vor der Schlacht erfahren. Die Gründung der Kolonie liegt außerhalb seines Interesses. Die Situation Philippis ist nicht exakt geschildert;[60] einige Kenntnisse über die Landschaft sind zu erkennen.[61]

Philippi ist für Appian der Ort der Entscheidungsschlacht zwischen den Vertretern einer republikanisch-aristokratischen Ordnung und den gewaltsam an die Macht drängenden Caesarianern:

> Ihre [der Römer] Staatsverfassung wurde durch das Geschehen jenes Tages [der Schlacht von Philippi] maßgeblich entschieden, und sie kehrten nicht mehr zur Demokratie zurück.[62]

---

[57] Ebd., 55 (Übers. Ziegler): „Es konnte vielmehr so scheinen, als ob einer der Monarchie bedürftigen Welt von der Gottheit selber Caesar als der gelindeste Arzt gesandt worden sei."
[58] *Caesar* 69.
[59] Berühmt ist die Erscheinung eines Geistes, die dem Brutus mehrmals wiederfährt. Bei seinem Übergang von Asien nach Europa kündigt ihm dieser Geist an: „Bei Philippi sehen wir uns wieder!" Plut. *Brut.* 36; *Caes.* 69. Andere Vorzeichen: *Brut.* 24 (unwillkürliches Zitat eines Ausspruchs des sterbenden Patroklos), 37 (Adler verlassen die Legionszeichen), 39 (ritueller Fehler bei der Sühnehandlung des Heeres), 48 (Geist des Brutus, Adler) u.ö.
[60] Vgl.o. S. 20.
[61] App. *civ.* IV 105. Philippi ist, nach Appian, das Tor zwischen Asien und Europa (ebd. 87, 106 und 134). Eine Kennzeichnung, die für die Zeit um 40 v.Chr. bestenfalls geogra-phisch, aber nicht verkehrsmäßig zutrifft. Erst mit dem Aufblühen der Kolonie und des ihr zugehörigen Hafens erhält Philippi auch diese Bedeutung, die es in neutestamentlicher Zeit und zur Zeit Appians innehatte.
[62] Ebd., 138 (Übers. Veh).

Die auf Philippi folgenden Auseinandersetzungen unter den Römern hatten bei weitem nicht mehr diese große historische Bedeutung. Es ist erstaunlich, mit welcher Offenheit Appian sowohl die Schwächen der Triumvirn als auch die Legitimität der Ziele der Republikaner unterstreicht. Er steht Plutarch in der Einschätzung der Ereignisse sehr nahe. Sein eigenes Urteil ist aber insgesamt oberflächlicher. Er nimmt zwar die Gelegenheit wahr, in mehreren Reden der Feldherrn vor den Schlachten die unterschiedlichen Standpunkte nachzuzeichnen, aber als propagandistisches Hauptmotiv wird die Legitimität des Mordes an Caesar und nicht die Entscheidung über die Staatsverfassung diskutiert. Die Caesaranhänger brandmarken ihn als ungesetzlichen Meuchelmord, wohingegen die Caesargegner die Ehrenhaftigkeit des Tyrannenmordes, für den die Welt dankbar sein muß, hervorheben.[63] Philippi ist für Appian das Ende der Republik, zu der es keine Rückkehr mehr gibt. Wie Plutarch sieht er den Willen der Götter am Werk, die auf der Seite der Sieger stehen, um den Mord an Caesar zu sühnen.[64] Den Unterlegenen ruft er die Weisheit nach:

> Grund für ihren [der Soldaten] mühevollen Einsatz, ..., war nicht ihr eigener Vorteil, sondern die Verteidigung der Demokratie, eines zwar schönklingenden, indes jederzeit unnützen Namens.[65]

9. Dio Cassius

Dio Cassius Cocceianus (155-235 n.Chr.) wirkte in der Zeit der Severer in herausgehobenen staatlichen Positionen; er absolvierte eine glänzende Karriere in der Ämterlaufbahn (zweites Konsulat im Jahre 229).[66] Die Abfassung seiner *Historia Romana* fällt in eine Phase der römischen Verfassungsgeschichte, in der das Zusammenspiel der politischen Kräfte, insbesondere von Senat und Prinzipat, aus der Balance geraten ist.[67] Der Senat drohte, in die Bedeutungslosigkeit abzusinken, während der Ritterstand in die den Senatoren vorbehaltenen Positionen der Reichsverwaltung drängte und in diesem Streben von Septimius Severus unterstützt wurde.[68] Dios politisches und schriftstellerisches Bemühen stemmt sich gegen diese Entwicklung. Ohne an seiner monarchischen Grundhaltung Zweifel aufkom-

---

[63] Rede des Cassius: ebd., 90-98; Rede des Brutus: 117f; Rede des Antonius: 119f.
[64] Ebd., 134.
[65] Ebd., 133 (Übers. Veh).
[66] Stiewe, „Art. Cassius Dio Cocceianus," Sp. 1076f.
[67] Bleicken, „Der polititische Standpunkt Dios," S. 451: „Die Einigkeit von Kaisertum und Senatsaristokratie war mit dem Tode Mark Aurels zerbrochen, der Senat stand unter seinem Sohn und Nachfolger in Opposition ..."
[68] Christ, *Geschichte der römischen Kaiserzeit*, S. 612f.

men zu lassen, versucht er dennoch die zentrale Bedeutung und die damit
verbundenen Privilegien des Senates gegen die Politik des Septimius Severus zu verteidigen.[69]

Diese geschichtliche Situation prägt das Werk des Dio Cassius. In seiner
in den Jahren 194-216 entstandenen *Historia Romana* (die Bücher 44 bis 50
wahrscheinlich um 211)[70] behandelt er ausführlich den Verlauf des Bürgerkrieges nach dem Tode Caesars.[71] Die politischen Kontroversen seiner Zeit
wirken auf die Art und Weise seiner Darstellung und Deutung Philippis ein.
Wir finden in seinem Werk eine große Zahl interpretierender Bemerkungen;
seiner zusammenfassenden Beurteilung der Ereignisse widmet er schließlich
ein ganzes Kapitel.[72] Seiner Ansicht nach nimmt die Schlacht eine herausgehobene Stellung unter den Auseinandersetzungen des Bürgerkrieges ein:

> Daß diese Schlacht gewaltig war und alle Kämpfe, zu denen es vorher in den
> römischen Bürgerkriegen gekommen war, in den Schatten stellte, kann man
> wohl mit Recht annehmen - nicht freilich, daß sie jene durch die Zahl der
> Streiter oder deren Tüchtigkeit überboten hätte (denn weit größere Massen
> und tapferere Krieger als sie hatten vielerorts miteinander gerungen), sondern
> weil damals wie nie zuvor die Entscheidung über Freiheit und Volksherrschaft
> fiel.[73]

In ihr wurde das demokratische System vernichtet und das monarchische
gestärkt. Die damit geschaffenen neuen Verhältnisse wurden durch den
Gang der Geschichte bestätigt und gerechtfertigt. Der Fortbestand der
„reinen Demokratie" hätte zum Untergang des römischen Reiches, sei es
durch Bürgerkrieg, sei es durch die Unterjochung durch andere Völker,
geführt. Nach Dio Cassius war die damalige Entwicklung für das römische
Volk zwar schmerzhaft, aber segensreich. Diese Haltung eines Monarchi-
sten aus Vernunft und ohne Pathos wurde scharf verurteilt.[74] Sie entspricht

---

[69] Mit Aktium läßt Dio Cassius die Monarchie beginnen (Dio Cass. 51). An dieser Schlüs-
selstelle plaziert er Reden des Agrippa (52, 2-13 fragmentarisch) und des Maecenas (52, 14-40,
es fehlt der Beginn), durch die die Bandbreite seines politischen Denkens deutlich wird. Diese
Reden sind nach Abschluß des Gesamtwerkes im Jahre 229 nachträglich eingefügt worden
(Schwartz, „Art. Cassius Dio," Sp. 1687). Der Gegenstand der Reden, die Abwägung der
besten Staatsform, entspricht einem geläufigen rhetorischen Thema. Dio Cassius nutzt es, um
seine Entscheidung für eine aufgeklärte Monarchie in der Rede des Maecenas zu formulieren.
Die neuere Forschung erkennt in dieser Rede das politische Bekenntnis des Dio Cassius
angesichts der Entwicklungen seiner Zeit. Die Rede des Maecenas entfaltet ein Regierungs-
programm für die Severer, in dem die zentrale Rolle des Senats festgeschrieben wird. So
Bleicken, „Der polititische Standpunkt Dios," S. 466. Fechner (*Untersuchungen*, S. 134 u.
S. 250) berücksichtigt diesen wichtigen Aspekt nur am Rande.
[70] Schwartz, „Art. Dio Cassius," Sp. 1686.
[71] Die Darstellung ist besonders ab Dio Cass. 47, 20 unzuverlässig, so Schwartz, „Art.
Cassius Dio," Sp. 1688.
[72] Dio Cass. 47, 39.
[73] Ebd. (Übers. Veh).
[74] Schwartz, „Art. Cassius Dio," Sp. 1688-91.

aber der Einstellung einer Zeit, in der eine Alternative zum Kaisertum nicht einmal mehr denkbar war. Sie prägt Dios Darstellung der historischen Zusammenhänge, die uns beschäftigen.

Die Triumvirn und ihre Handlungsweise werden ausschließlich in dunklen Farben gezeichnet.[75] Dio Cassius berichtet eingehend die brutale Härte, mit der die Triumvirn die Proskriptionen und die Soldatenversorgung durchführten. Er versucht die Verantwortung des Augustus für diese Zustände entgegen der historischen Wahrheit zu schmälern.[76] Im Gegenüber wird den Demokraten, Cassius und Brutus, die lautere Gesinnung vielfach bestätigt. Die zweifelhaften politischen Absichten zumindest des Cassius bleiben unerwähnt.[77] Philippi ist für Dio Cassius der Ort, an dem die Entscheidung für die seit inzwischen ca. 250 Jahren bewährte Monarchie gefallen ist. Der Sieg der „reinen Demokratie" hätte den Untergang Roms zur Folge gehabt, davon ist er überzeugt. Die Kämpfer für die Demokratie werden aber nicht verurteilt,[78] da in ihrem Einsatz die positiven Momente der demokratischen Tradition gegen den Despotismus der Triumvirn wirkten. Seine monarchische Haltung ist ohne Sympathie für die Triumvirn, in denen er vielleicht die Usurpatoren seiner Zeit wiedererkennt, und voller Verehrung für Caesar und vor allem für Augustus. Die Nähe zu den Anschauungen Appians ist unverkennbar.[79]

AUSWERTUNG

Der Durchgang durch die antiken historischen Autoren, die sich mit Philippi beschäftigt haben, vermittelt einen Eindruck von dem Ruf, der der römischen Kolonie Philippi im ersten Jahrhundert vorausging. Philippi wird sofort mit der entscheidenden Schlacht zwischen den Rächern des Mordes an Julius Caesar und dessen Mördern in Verbindung gebracht. Der Ortsname erinnert an einen Wendepunkt in der römischen Geschichte, an dem die Richtung der weiteren Entwicklung der Verfassung des Staates mit Waffengewalt bestimmt wurde.

---

[75] Dio Cass. 47, 13; 18,1 u.ö.

[76] Die Schuld an den Proskriptionen wird einseitig den beiden anderen Triumvirn, besonders Antonius angelastet (Dio Cass. 47, 7f). Der Enteignung italischer Bürger nach Aktium versucht er einen Anschein von Legitimität zu geben, indem er behauptet, sie habe sich auf dem Antonius ergebene Städte beschränkt. S.o.S. 18, Anm. 41.

[77] Dio Cass. 47, 20,4; 22,2; 25,3; 32,2; 38,3; dagegen unter Hinweis auf die Ermordung Caesars ebd., 48, 1,1 und besonders 44, 1f.

[78] Im Gegensatz zur völlig undifferenzierten Aburteilung der Caesarmörder in ebd., 44, 1f. Vgl. zur unausgeglichenen Beurteilung des Brutus und Cassius: Fechner, *Untersuchungen*, S. 111-28.

[79] Schwartz, „Art. Cassius Dio," Sp. 1691.

Für die Auslegung der sich auf Philippi beziehenden neutestamentlichen Texte wird damit der weite Horizont der römischen politischen Geschichte faßbar, vor dem sich auch die unbedeutend erscheinenden Konflikte in dieser Stadt zwischen Christen und lokaler römischer Obrigkeit abgespielt haben. Das Bewußtsein, daß die zu Zeiten des Paulus geltende römische Staatsverfassung, der Prinzipat der julisch-claudischen Dynastie, in Philippi eine seiner wichtigsten historischen Wurzeln hat, ist nicht nur für das Selbstverständnis der römischen Bürger Philippis, sondern auch als Wissen im gesamten Mittelmeerraum anzunehmen. Der Osten des Reiches war von den Folgen der Schlacht sogar noch intensiver betroffen als der Westen, da für ihn damit die Herrschaft des Antonius für etwa ein Jahrzehnt ihren Anfang nahm. Die völlige Niederlage des Antonius in der Seeschlacht bei Aktium und sein schmachvolles Ende in Ägypten schließen diese Phase des Kampfes um die Macht im römischen Staat ab. Seit der Neugründung durch Augustus ist Philippi eine Stadt, in der sich das römische Selbstbewußtsein als Vertrauen in das göttergewollte Recht und in das begnadete Können der julisch-claudischen Familie formiert.

Diese mit Philippi verbundenen Vorstellungen haben sicher auf die Darstellung der Philippiepisode (Act 16,11-40) durch Lukas eingewirkt. Lukas, der sich immer um ein besonderes Maß an Lokalkolorit bemüht, greift neben seinem Wissen um den Status einer römischen Kolonie auch das Selbstverständnis der lokalen Obrigkeit als das Beharren am *mos maiorum* auf, das auch Augustus so am Herzen lag. So läßt er einen römischen Bürger die Anklage vortragen, daß Paulus und sein Mitarbeiter Sitten und Gebräuche verkündeten, deren Ausübung sich für römische Bürger verbiete (Act 16,21).

Ob diese Hintergründe für Paulus bei der Wahl Philippis als Ort der Mission eine Rolle gespielt haben, ist schwer zu sagen. Jedenfalls wird auch er um die Geschichte der Stadt und ihre Bedeutung für die Legitimation des Prinzipats gewußt haben. Paulus mag dieser Art der Verwendung von Geschichte für die Rechtfertigung gegenwärtiger Herrschaft ebenso kritisch gegenüber gestanden haben wie sein Zeitgenosse Lukan, ohne daß er auch dessen Sympathie für die untergegangene römische Aristokratie geteilt hätte. Die Zeit der Kontakte des Paulus zur philippischen Gemeinde ist auch die Zeit, in die die letzten Jahre der Herrschaft des Claudius, der Senatsbeschluß zu seiner Apotheose und die sog. goldenen Jahre der neronischen Herrschaft fallen. In der Auseinandersetzung mit dem Prinzipat und dessen religiöser Überhöhung hatte Paulus ein durchaus ernstzunehmendes und gerade im Osten populäres Gegenüber, was für die in die Zeit der Herrschaft der Flavier fallende Abfassung der lukanischen Apostelgeschichte nicht mehr in gleicher Weise gilt.

TEIL II

PAULUS UND DIE GEMEINDE IN PHILIPPI

KAPITEL 5

EINLEITUNGSWISSENSCHAFTLICHE FRAGEN

1. EINLEITUNGSWISSENSCHAFTLICHE VORÜBERLEGUNGEN

Teilungshypothesen sind sowohl für den Philipperbrief des Paulus als auch für den Brief des Polykarp von Smyrna an die Gemeinde in Philippi[1] und damit für die Rekonstruktion der Geschichte der Gemeinde Philippis von besonderer Bedeutung. Die Berechtigung von Teilungshypothesen wird teils grundsätzlich, teils auf einzelne ntl. Schriften bezogen bestritten. Im folgenden soll auf diese Problematik unter Einbeziehung der neueren Beiträge der Rhetorik, Linguistik und der Epistolographie eingegangen werden, um den Grad an Sicherheit, der der vorliegenden Untersuchung in dieser Hinsicht zugrundeliegt, transparent zu machen.

In der Erforschung der Paulusbriefe spielen zwei einleitungswissenschaftliche Fragen eine zentrale Rolle: die Frage nach der Echtheit der paulinischen Verfasserschaft und die Frage nach der Einheitlichkeit der einzelnen Briefe. In beiden Problembereichen ist auch im Kreis der Forscherinnen und Forscher, die sich der historisch-kritischen Methode verpflichtet wissen, keine Einigung zu erzielen. In der Frage nach der Echtheit ist die Kontroverse im wesentlichen auf die sogenannten Deuteropaulinen (Eph, Kol und II Thess) beschränkt; die paulinische Verfasserschaft der Pastoralbriefe oder gar des Hebr wird kaum mehr in Erwägung gezogen.[2] Diffuser ist die Lage in der Bestreitung und Behauptung der Einheitlichkeit der Paulusbriefe, hier zeichnet sich in keiner Einzelfrage Übereinstimmung ab. Einst als konsensfähig geltende Problemlösungen werden immer wieder in Frage gestellt.[3] Das trifft alle seit den fünziger Jahren diskutierten, oft aber von einzelnen Forschern schon im 18. (Semler zu Röm 16 und II Kor) oder 19. Jahrhundert (Hausrath zum II Kor) in die Diskussion gebrachten Teilungshypo-

---

[1] Harrison (*Polycarp's two Epistles to the Philippians*) begründet die Teilungshypothese ausführlich, ihm folgen Meinhold („Art. Polykarpos," Sp. 1682-85), mit Modifikationen auch Fischer (*Die apostolischen Väter*, S. 234f) und Vielhauer (*Geschichte der urchristlichen Literatur*, S. 558f), zurückhaltend Paulsen, *Die Briefe*, S. 112.

[2] Vgl. von den konservativeren Arbeiten Schelkle (*Paulus*), der für jedes dem Paulus zugewiesene Schreiben (auch Hebr) unter Berücksichtigung traditioneller Anschauungen die Verfasserschaft des Paulus erwägt.

[3] So schon in den sechziger Jahren von Bornkamm („Philipperbrief," S. 196) festgestellt. Die gleiche Situation konstatiert Schoon-Janßen (*Umstrittene Apologien*, S. 121) für die achtziger Jahre.

thesen.[4] Die wichtigsten Fragen sind die Zugehörigkeit von Röm 16 zum Röm,[5] die auf Windisch zurückgehende Teilungshypothese zum II Kor[6] und die schon in der vorkritischen biblischen Forschung erfolgte Problematisierung der Einheitlichkeit des Phil.[7] Auch zum I Kor und I Thess sind Teilungen vorgeschlagen worden.[8]

Alle diese Teilungshypothesen und die Art und Weise ihrer Durchführung haben wesentliche Auswirkungen auf das Bild von der paulinischen Mission, insbesondere ihrer Chronologie, und damit große Bedeutung für die Rekonstruktion der Geschichte des Urchristentums. Sie beeinflussen zudem die moderne Sicht der paulinischen Theologie, die zunehmend das Problem der Wechselwirkung von Historie und Theologie, im Falle des Paulus von Lebensgeschichte und theologischer Theoriebildung, in den Blick nehmen möchte.[9] Die neuesten Ansätze, die dieser Fragestellung gerecht zu werden versuchen,[10] arbeiten mit dem Paradigma der Entwicklung im Sinne von Reifung und sprechen von früh- und spätpaulinischer Theologie.[11] Diese Begriffe bergen die Gefahr der Überinterpretation.

---

[4] Vgl. die Darstellung der älteren Literatur bei Windisch, *Der zweite Korintherbrief*, S. 11-23; Vielhauer (*Geschichte der urchristlichen Literatur*, S. 188) führt auch die Bestreitung der Zugehörigkeit von Röm 16 zum Römerbrief auf Semler zurück. Zu den älteren Teilungshypothesen zum Philipper vgl. u. S. 109, Anm. 1.

[5] Oder ein Epheserbrief? Von Bornkamm („Die Vorgeschichte," S. 180, Anm. 95) schon als relativ gesicherte Einschätzung angegeben, inzwischen aber erneut bestritten von Ollrog (*Paulus und seine Mitarbeiter*, S. 26, Anm. 110 mit Verweis auf Diss. masch., Heidelberg 1974, Exkurs 1; ders., „Die Abfassungsverhältnisse von Röm 16"); Suhl, *Paulus*, S. 267-82; Aland, „Der Schluß des Röm."; Lampe, *Die stadtrömischen Christen*, S. 124-35.

[6] Inzwischen oft auf eine Zweiteilung II Kor 1-9 und 10-13, die zuerst von Hausrath vorgeschlagen wurde, reduziert oder ganz bestritten. S. Christian Wolff, „Rez. zu L. Aejmelaeus," Sp. 32f. Forschungsgeschichte der Teilungstheorien zum II Kor bei Betz, *2. Korinther 8 und 9*, S. 25-61.

[7] Zur Forschungsgeschichte: Gnilka, *Der Philipperbrief*, S. 6f; Mengel, *Studien*. Die neuere Literatur diskutiert Schoon-Janßen, *Umstrittene Apologien*, S. 119-22.

[8] Vgl. Schmithals, *Die Briefe des Paulus in ihrer ursprünglichen Form*; Schenke/Fischer, *Einleitung*, S. 65-75. 92-94 und 98-100.

[9] Georgi (*Die Kollekte*, S.9) stellt die „Frage nach dem geschichtlichen Kontext von Verkündigung und Theologie der Urchristenheit." Für seine Darstellung der Geschichte der Kollekte des Paulus für Jerusalem bedeutet das (ebd. S. 11): „Dabei soll der geschichtliche Charakter des theologischen Denkens des Paulus ebenso deutlich werden wie der theologische Aspekt geschichtlichen Handelns."

[10] Programmatisch angekündigt von Becker (*Paulus*, S. 3f), aber eigentlich nur auf den Seiten 468-78 durchgeführt; konsequenter Schulz, *Neutestamentliche Ethik*, S. 290-432; Schnelle, *Wandlungen im paulinischen Denken*; Hans Hübner, *Das Gesetz bei Paulus*. Kritisch: Schmithals, „Paulus als Heidenmissionar," S. 235-51; Erlemann, „Der Geist," S. 223; F. Hahn, „Gibt es eine Entwicklung?"

[11] Schnelle (*Wandlungen*, S. 13, Anm. 2) erkennt zwar die Problematik dieses Begriffes, setzt aber diese Einsicht nicht wirklich in seiner Arbeit um. Er spricht an den Stellen von Entwicklung, an denen er einen fortschreitenden Prozeß der Entfaltung des paulinischen Denkens zu einem Problem feststellt (ebd. S. 48). In anderen Zusammenhängen, in denen er nur Differenzen ausmacht, verwendet er, scheinbar neutral, die Bezeichnung Wandlungen.

Allein die Tatsache, daß uns authentische paulinische Zeugnisse aus einem Zeitraum von wahrscheinlich nur sechs Jahren[12] zur Verfügung stehen, läßt die Rede von früh- bzw. spätpaulinischer Theologie als zu prätentiös erscheinen. Sicher ist jedoch, daß die in den Briefen enthaltenen theologischen Sachaussagen bisweilen miteinander in Spannung stehen. Es ist zudem zu erkennen, daß Erfahrungen, die Paulus mit und in den Gemeinden des frühen Christentums gemacht hat, und die Erfahrungen der Gemeinden selbst wesentlichen Einfluß auf seine Theologie ausgeübt haben.

Die Unsicherheit in den Entscheidungen zu den Teilungshypothesen wirkt sich auf diesem Hintergrund besonders schmerzlich aus, da weiterführende Fragestellungen belastet sind. Ein Verzicht auf die gewissenhafte Abwägung der Argumente, die die Einheitlichkeit in Frage stellen,[13] würde unser Bild von der Geschichte der paulinischen Mission und Theologie auf wenige Streiflichter reduzieren und den alten Harmonisierungsversuchen (entweder an der Act oder den Pastoralbriefen orientiert) Tür und Tor öffnen.

Auch die von ihrer Aufgabenstellung her vielversprechende Arbeit von Trobisch[14] befreit nicht von der schwierigen Abwägung der verschiedenen Gesichtspunkte, die zu einer Teilungshypothese führen. Trobisch nimmt sich vor, die älteste Sammlung von Paulusbriefen (bzw. die ältesten Teilsammlungen) zu rekonstruieren[15] und andere antike Briefsammlungen auf die in ihnen erkennbaren Rezensionsgewohnheiten zu untersuchen.[16] Die dabei gewonnenen Ergebnisse verbindet er zu der These, die Paulusbriefe seien Ergebnis einer „Autorenrezension", d.h. Paulus selbst habe sowohl aus verschiedenen an eine Gemeinde gerichteten Briefen einen einzelnen Brief komponiert als auch einheitliche Briefe überarbeitet und zur weiteren Benutzung an andere als die Adressaten weitergegeben. Die erste Paulusbriefsammlung sei zwar nicht direkt aus seinen Händen, habe aber seinen Intentionen entsprochen.[17] Die von Paulus aus mehreren Briefen an eine Gemeinde zusammengestellten Schreiben, wie etwa der II Kor, stellen, nach

---

[12] Suhl (*Paulus*, S. 342-44) nimmt für die Zeit zwischen der Abfassung des I Thess und des Röm ca. 5 Jahre an, Jewett (*Chronologie*, S.185) 6 Jahre, Köster (*Einführung*, S. 545 und S. 573) wie Georgi (*Die Kollekte*, S. 91-6) 6 Jahre, Riesner (*Die Frühzeit des Apostels*, S. 282-87) 6 bis 7 Jahre. Längere Zeiträume erwägen Vielhauer (*Einleitung*, S. 72-81) sieben oder neun Jahre, mit ganz abweichenden chronologischen Argumenten Lüdemann (*Paulus*, S. 272f) 10 bzw. 13 Jahre und Schnelle (*Wandlungen*, S. 31-36), der durch die Spätdatierung von Phil und Phlm (beides seien Briefe aus der römischen Gefangenschaft des Paulus) auch noch einige Jahre für die Spanne, innerhalb derer die paulinischen Briefe abgefaßt sind, hinzugewinnt.

[13] Dieser Verzicht auf literarkritische Operationen an den Paulusbriefen wird immer wieder erwogen z.B. von Kümmel, *Einleitung*, S. 205f und 216f; Aland, vgl. Anm. 21; Merk, „Art. Literarkritik II. Neues Testament," S. 228f.

[14] Trobisch, *Die Entstehung der Paulusbriefsammlungen.*

[15] Ebd., S. 46-62.

[16] Ebd., S. 84-104.

[17] Ebd., S. 128-31.

Trobisch, eine „implizite Briefsammlung" dar, deren Überarbeitung nach
den Gewohnheiten antiker Briefsammlungen vorgenommen worden sei. Die
einzelnen Brieffragmente seien von Paulus selbst chronologisch geordnet
worden.[18]

Die Überlegungen Trobischs zur Autorenrezension der Paulusbriefe und
die Erörterung einer „impliziten Briefsammlung" im II Kor bringen neue
Gesichtspunkte in die Diskussion ein. Sie befreien aber nicht aus der Ver-
legenheit, daß faktisch keine Briefkompilation, sei es textkritisch oder durch
Erwähnung in einer antiken Quelle (auch nicht in dem von ihm angeführten
antiken Vergleichsmaterial), wie sie für die Teilungshypothesen angenommen werden muß, zu belegen ist.[19] Seine Vorstellungen von der Entstehung der Paulusbriefe lassen sich an den als uneinheitlich erkannten Briefen
nicht wirklich durchführen, wie unten in der Diskussion der Philipperkorrespondenz gezeigt wird.[20]

Einen zweiten grundsätzlichen Zugang zur Problemstellung der Einheitlichkeit wählt Aland. Er tendiert zu der Ansicht, daß textkritische
Argumente notwendige Bedingung für die Bestreitung der Einheitlichkeit
einer neutestamentlichen Schrift sind und beschränkt damit die Problematik
auf den Mk-Schluß und die Kapitel 14-16 des Röm.[21] Diese Sicht Alands
beruht auf seinen Überlegungen zur „Tenazität" der neutestamentlichen
Textüberlieferung. Eine ntl. Schrift unterliege vom dem Moment ihrer
Abschrift der sogenannten „Tenazität" der ntl. Textüberlieferung, d.h. ab
diesem Zeitpunkt gingen keine Textversionen mehr verloren.[22] Den Beginn

---

[18] Ebd., S. 119-28.
[19] Bornkamm, „Die Vorgeschichte," S. 189, Anm. 131 und S. 193f. Trobisch dagegen setzt
die Nichteinheitlichkeit des II Kor einfach voraus, obwohl die kritische Frage nach vergleichbaren Kompilationen in der antiken Briefliteratur sich aufdrängt. Tatsächlich nimmt Trobisch
für die Entstehung des II Kor einen Rezensionsvorgang an, den er in dieser Form bei der
Untersuchung des antiken Vergleichmaterials an keiner Stelle gefunden hat. Er überträgt
ausschließlich Einzelmotive der antiken Rezensionsarbeit. Das von ihm entfaltete Bild von der
Entstehung des II Kor als Briefsammlung hat in seinen entscheidenden Zügen (Zusammenarbeit
verschiedener Briefe zu einem Brief) keine zu Paulus zeitgenössische Parallele. Während
Bornkamm (ebd.) dies klar ausspricht und, als in der besonderen Überlieferungsgeschichte der
paulinischen Briefe vom Gelegenheitsschreiben zur Heiligen Schrift begründet, zu interpretieren versucht, ignoriert Trobisch (*Die Entstehung der Paulusbriefsammlung*, S. 128-31) diese
wesentliche theologische Einsicht und entfaltet stattdessen ein amüsantes marktwirtschaftliches
Szenario („dankbare Leserreaktionen", „man möchte mehr von Paulus lesen", „Lehre der
Nachwelt hinterlassen", „das Leserinteresse ist überwältigend. Über Nacht wird Paulus zum
Schriftsteller.", „die meistgelesene Briefsammlung der Weltliteratur", „christliche Schriftstellerei", „christliche(s) Verlagswesen").
[20] S.u.S. 128.
[21] Diese Konsequenz scheint Aland zumindest für das *Corpus Paulinum* ziehen zu wollen:
ders., *Der Text des NT*, S. 296-98; ders., „Die Entstehung," S. 348-50; ders., „Neutestamentliche Textkritik und Exegese"; ders., „Der Schluß des Römerbriefes"; vom ihm beeinflußt
Merk, „Art. Literarkritik II. Neues Testament," S. 228f.
[22] Aland, *Der Text des NT*, S. 293-98.

dieser Entwicklung setzt Aland unter Anlehnung an Kol 4,16 sehr früh, möglicherweise noch zu Lebzeiten des Paulus an.[23] Die redaktionelle Überarbeitung eines Paulusbriefes bzw. die Zusammenstellung mehrerer Brieffragmente zu einem Brief, nachdem er durch Abschriften Teil der literarischen Überlieferung geworden sei, hätte Spuren in der Textüberlieferung hinterlassen müssen. Da außer für die Kapitel 14 bis 16 des Römerbriefes für keinen paulinischen Brief solche Anhaltspunkte gegeben sind, solle von literarkritischen Operationen besser Abstand genommen werden.

Diese Sicht Alands vereinfacht extrem die Geschichte der neutestamentlichen Textüberlieferung.[24] Falls für die erhaltenen Handschriften tatsächlich eine „Tenazität" festzustellen ist,[25] kann diese doch nur für die Phase der Überlieferung geltend gemacht werden, die rekonstruierbar ist. Bei entgegenkommender Datierung bleibt zwischen der vermuteten Entstehung der ältesten uns erhaltenen ntl. Papyri und der Abfassung der Paulusbriefe immerhin fast ein ganzes Jahrhundert. Diese Lücke wird rein hypothetisch übersprungen. Über die Überlieferung der einzelnen neutestamentlichen Schriften vor ihrer Zusammenfassung zu größeren Sammlungen ist auf der Basis der uns erhaltenen Handschriften keine Aussage möglich.[26] Auch Kol 4,16 belegt weder die sofortige Abschrift noch die Sammlung von Paulusbriefen, sondern das Bemühen des pseudonymen Verfassers, seinem Schreiben mehr Authentizität, eine breitere Leserschaft und damit größeren Einfluß zu verschaffen.[27] Die Diskussion der Einheitlichkeit ist nicht auf der Ebene formaler Kriterien (Textkritik und Textgeschichte bei Aland) oder Analogieschlüssen (Rezensionsgewohnheiten der Antike bei Trobisch) zu entscheiden.

Auch die Stilkritik vermag hier keinen entscheidenden Durchbruch zu bringen. Sie kann zwar relativ sichere Anhaltspunkte für vorpaulinische Fragmente oder unpaulinische Einschübe und Zusätze liefern, für die Frage nach der Kompilation genuin paulinischer Texte ist ihr Instrumentarium zu grob, da es sich ja um Texte des gleichen Autors, oft aus einem knappen Zeitraum, handelt und der Kompilator sicher auch mehr oder weniger gelungen die Fiktion eines zusammenhängenden Briefes anstrebt.[28] Die

---

[23] Aland, *Der Text des NT*, S. 57.
[24] Epp, „New Testament Textual Ciriticism," S. 213-29; ders., „Textual Criticism," S. 75-126.
[25] Allein schon die Vielzahl von Varianten macht Alands Behauptung unwahrscheinlich.
[26] Köster, *Einführung*, S. 472-75.
[27] Bei Annahme einer deuteropaulinischen Verfasserschaft ist Kol 4,16 zudem im Kontext der gezielten Vorspiegelung von Authentizität zu sehen. Vgl. Müller, *Anfänge der Paulusschule*, S. 17f; anders Ollrog (*Paulus und seine Mitarbeiter*, S. 241), der den Kol für ein mit Genehmigung des Paulus von einem seiner Mitarbeiter verfaßtes Schreiben hält.
[28] Schmithals („Irrlehrer," S. 307, Anm.1.c) vertraut zu sehr auf die Eindeutigkeit stilkritischer bzw. literarkritischer Argumente.

Probleme, die sich aus den Brüchen in den Briefen ergeben, erfordern eine
der theologischen und historischen Dimension des Problems angemesse
Auseinandersetzung.[29]

Die Verbindung von inhaltlicher (theologischer) und formaler (antike
Rezensionsgewohnheiten) Dimension bei dem Nachvollzug möglicher Eingriffe in antike Texte erweist sich nicht nur als die für die historisch-kritische Forschung angemessene Zugangsweise, sondern sie entspricht auch den
von den Herausgebern der Texte verfolgten Intentionen. Das läßt sich schon
an den Anfängen der klassischen Philologie in der alexandrinischen Exege-
tenschule zeigen. Deren wichtigste Aufgabe war die διόρθωσις, die Herstellung einer kritischen Textausgabe. Die philologischen Mittel umfaßten
Konjekturen, die Entscheidung zwischen verschiedenen Lesarten, die Strei-
chung bzw. die Bestreitung der Echtheit von Textteilen (Athetesen), die
Korrektur von Versen aufgrund externer Evidenz und unter Umständen die
Einfügung eigener Verse.[30] Die Kenntlichmachung dieser Eingriffe in den
Text durch textkritische Zeichen entwickelte sich parallel zur Intensivierung
der exegetischen Arbeit. Ein wesentliches Problem für die kritische Homer-
ausgabe war z.B. die Frage, ob die Odyssee im Vers 296 des 23. Gesanges
(ψ 296) endet oder ob auch die noch folgenden ca. 600 Verse zur ursprünglichen Gestalt des Werkes gehörten.[31] Die Beantwortung dieser philologischen Fragen war nicht allein der technischen Anwendung von textkritischen
Regeln überlassen, sondern wurde als eine von Form und Inhalt der jeweiligen Schrift ausgehende Herausforderung verstanden, die der epischen Form
angemessene Textgestalt zu finden.[32] Im genannten Beispiel des echten
Schlusses der Odyssee stellt die antike Philologie die Frage nach der Echtheit, der dichterischen Kraft, der inhaltlichen Stringenz des Gesamtwerkes,
Fragen, die bis in die modernste philologische Diskussion umstritten
sind.[33]

---

[29] Für die Verbindung dieser Argumentationsweisen plädiert auch Meade (*Pseudonymity*,
S. 13) zur Klärung des Problems von Pseudonymität im Kanon: „As was said above, both
literary and theological considerations must be brought to bear on the problem". Ähnlich
Roloff („Ntl. Einleitungswissenschaft," S. 402) in seiner Besprechung von Schweizers Theologischer Einleitung, der feststellt, „daß literaturwissenschaftliche Fragestellung, die von der
historischen Genese und der literarischen Struktur der untersuchten Zeugnisse ausgeht, keineswegs den theologischen Horizont ausblenden muß, sondern sich im Gegenteil erst wirklich als
fruchtbar erweist, wenn sie sich theologischen Fragestellungen öffnet".

[30] Erbse („Art. Zenodot," Sp. 3325) unterstellt Zenodot, dem ersten Vorsteher der alexandrinischen Bibliothek, er habe aufgrund der hellenistischen Ansicht vom vorbildlichen Epos
in den Text eingegriffen, d.h. ohne externe Evidenz aus inneren Gründen. Dagegen Pfeiffer,
Die Geschichte der Klassischen Philologie, S. 142-6.

[31] Pfeiffer, *Die Geschichte der Klassischen Philologie*, S. 217-20.

[32] Pfeiffer, *Die Geschichte der Klassischen Philologie*, S. 135-46.

[33] Ebd., S. 220, Anm. 36.

Neben der in Alexandria versammelten Elite der philologischen Arbeit, innerhalb derer es auch heftigste wissenschaftliche Kontroversen gab, befaßten sich auch andere, weniger gebildete und mit schlechteren Arbeitsmöglichkeiten als die Alexandriner ausgestattete Abschreiber und Bearbeiter mit der Ausgabe von Texten, unter denen so mancher freier mit der Textüberlieferung umging und sich damit den Ruf zuzog, zu den διασκευασταί zu gehören,[34] die den Textausgaben zur Ausschmückung und Abrundung Verse aus ihrer eigenen Feder beigaben.[35] Dieser mögliche Hintergrund einer auf niedriges Niveau abgesunkenen philologischen Bemühung um die angemessene Form eines zu emendierenden Textes ist auch für die Herausgabe einzelner Paulusbriefe und der Paulusbriefsammlung in Rechnung zu stellen. Es entspricht dem antiken philologischen Denken, wenn die Herausgeber der Paulusbriefe mit ihren Textausgaben mehr als die pure Abschrift verfolgten. Das gattungsmäßige und theologische Paradigma, das die Herausgeberinnen und Herausgeber eines Paulusbriefes wie auch die Verfasserinnen und Verfasser eines pseudepigraphen Briefes vor Augen hatten bzw. überhaupt erst schufen, war das des apostolischen Gemeindebriefes, der auf die Fragen ihrer Zeit gültige Antworten zu geben hatte.

Die Einheitlichkeit und die Pseudonymität neutestamentlicher Schriften sollten im Kontext ähnlicher Phänomene in der griechisch-römischen Literatur gesehen werden.[36] Sie sind damit noch nicht völlig begriffen, da sie sich in Durchführung und Intention nicht allein auf antike Vorbilder und Konventionen zurückführen lassen,[37] aber erst vor diesem Hintergrund gewinnt die Intention dieser Techniken in der jüdisch-christlichen Tradition Profil.

Die Probleme, die mit der Existenz pseudonymer Schriften aufgeworfen sind, sind noch in einer weiteren Hinsicht vergleichbar mit denen, die sich

---

[34] Ebd., S.146.

[35] Auch die Homerkritik Platons (*rep.* 605c-607a) führte zu Eingriffen in den Text.

[36] Meade verengt die Perspektive auf die Phänomene von Anonymität/Pseudonymität und die Kanonfrage unzulässig auf ein von seiner jeweiligen Umwelt isoliertes jüdisch-christliches Schrifttum. Er behandelt völlig disparate Literatur aus einem Zeitraum von fast einem ganzen Jahrtausend (von Protojesaja bis zu den Petrusbriefen), um eine eigenständig zu begreifende jüdisch-christliche Umgangsweise mit Tradition, Verfasserschaft und Kanonbildung herauszuarbeiten. Meade scheidet damit eine ganze Reihe wesentlicher Überlegungen aus, die sich durch den Vergleich mit der hellenistischen Praxis der Schulüberlieferung und der damit verbundenen Textbehandlung des Schulgründers ergeben. Dazu Georgi, „Die Aristoteles- und Theophrastausgabe," S. 4: „Die Isolierung der Bemühungen um einen biblischen Kanon von dem Kontext der orientalischen und mediterranen Umwelt ist nicht mehr möglich."

[37] Vgl. Meade (*Pseudonymity*, S. 12-16.), der den direkten Schluß von der Übernahme einer in einem bestimmten Kulturkreis entwickelten literarischen Gattung („Greco-Roman epistolary genre") in einen anderen Kulturkreis (dem frühen jüdisch geprägten Christentum) auf die gleichzeitige Übernahme der mit dieser Gattung verbundenen Intention („Greco-Roman attitude toward its use") kritisiert (ebd., S. 12, Anm. 63). Die gleiche Überlegung kann für die Übernahme philologischer Techniken gelten.

durch die Annahme einer sekundären Briefkompilation ergeben. Im Fall der Pseudonymität wird ein fremder Text einem Autor zugewiesen, um aus der Kombination von Text und vermeintlichem Autor ein neues Drittes entstehen zu lassen, das zu beiden Ausgangskomponenten Distanz hält. Im Fall der Briefkompilation ergibt die Zusammenstellung authentischer Texte durch einen Redaktor ein neues Drittes, das wiederum über die beiden Ausgangskomponenten (Text und Verfasserangabe) hinausgeht. Es steht jeweils das Interesse hinter dieser Arbeit, der eigenen Gegenwart besser gerecht zu werden, als es sowohl die Tradition, etwa repräsentiert durch einen Brief der apostolischen Frühzeit, als auch die Gegenwart, z.B. in Form theologischer Diskussion, für sich vermag. Meade meint, als das theologische Denken, das hinter der Pseudonymität von Schriften der jüdisch-christlichen Tradition steht, ein bestimmten Kriterien verpflichtetes Offenbarungsdenken feststellen zu können.[38] Seine Einsicht in den theologischen Hintergrund gewinnt er aber auch nicht einfach aus dem Material, sondern sie ist selbst das Ergebnis einer historischen und theologischen Reflexion. Dieser Weg steht einer Bewertung der Briefkompilationen ebenso offen, wenn auch unter schwierigeren Bedingungen.[39]

Als Vorbild für eine historisch und theologisch reflektierte Analyse können die beiden Arbeiten von Günter Bornkamm zum II Kor und Phil herangezogen werden. Unter dieses Niveau dürfen die Überlegungen nicht fallen,[40] deswegen sollen die wesentlichen Kriterien einer den Herausforderungen der Texte angemessenen Diskussion aus den Arbeiten Bornkamms erhoben werden. Bornkamm verknüpft historische und theologische Überlegungen, um der Besonderheit der Überlieferungsgeschichte der frühchristlichen Schriften Rechnung zu tragen.[41] Er arbeitet mit Argumenten, die sich an der Aussagekraft des Textbefundes orientieren, und nimmt damit eine einfache, aber oft wenig beachtete Grundeinsicht historischer Forschung auf schmaler Quellenbasis ernst: Es müssen die Fragestellungen an die fragmentarischen Quellen herangetragen werden, die sich als ergiebig

---

[38] Meade, *Pseudonymity*, S. 103-6. Vgl. dazu die Kritik oben Anm. 36.

[39] Dagegen ist die Argumentation von Trobisch (*Die Entstehung der Paulusbriefsammlung*, S. 123-28) gegen die auf Georgi und Bornkamm zurückgehende Rekonstruktion der korinthischen Korrespondenz zu formal. Trobisch meint, der Komplexität des historischen Phänomens des II Kor mit Überlegungen zu „formale(n) Elemente(n) von Briefenden" bzw. „Briefanfängen" gerecht werden zu können. Gegenüber dem von Bornkamm historisch und theologisch erarbeiteten Schema der Briefkompilation fällt die im Stil einer sehr technisch verstandenen Hypothese eingeführte Rekonstruktion des II Kor als chronologisch geordnete Autorenrezension weit zurück. Trobisch führt die Plausibilitätsprüfung seiner Hypothese anhand beschränkter Kriterien durch (S. 123), zieht aber gleichzeitig weitgehende Folgerungen aus der Rekonstruktion (S. 193f).

[40] Vgl. die ähnlich positive Einschätzung von Betz, *2. Kor 8 und 9*, S. 54f.

[41] Bornkamm, „Die Vorgeschichte," S. 193f.

erweisen, und nicht die Fragestellungen, die 'an sich' interessant sind. Seine Arbeiten zum Phil und zum II Kor sind deswegen nicht nach einem gemeinsamen Schema aufgebaut, sondern in ihnen werden aus den möglichen diejenigen Fragestellungen ausgewählt, die den Quellen am ehesten angemessen sind. Diese sind: 1) die Frage nach dem thematischen Schwerpunkt, der theologischen „Sache", um die es geht, um die gerungen wird oder die einfach nur im Zentrum des Informationsaustausches steht, 2) die Frage nach der Situation der Verfasser und der Adressaten, aber auch nach den Wechselbeziehungen zwischen ihnen, 3) stilistische Erwägungen (sprachliche oder emotionale Brüche u.ä.), 4) die Rekonstruktion der Absicht der Redaktion des Briefes, d.h. die Frage nach den „Motiven der Komposition seiner verschiedenartigen und in verschiedenen geschichtlichen Situationen abgefaßten Briefteile."[42]

Bornkamm legt auf diesen letzten Punkt besonderes Gewicht, was kaum aufgenommen wurde: „Die entscheidende Frage ist aber nun, ob sich für das Zustandekommen der Briefsammlung in der überlieferten Gestalt eine Erklärung geben läßt."[43] Um eine solche Erklärung zu finden, müssen die theologischen und historischen Argumente zusammengeführt und aufeinander bezogen werden. Das läßt sich mit Hilfe der Überlegungen Meades zur Anonymität und Pseudonymität jüdisch-christlicher Schriften präzisieren. Wenn man mit Meade Anonymität und Pseudonymität von Schriften aus dem Verhältnis von Offenbarung und Tradition heraus als Teil eines legitimen Interpretationsprozesses von Tradition verstehen kann, dann lassen sich die gleichen Kriterien auf die Kompilation von authentischem Schrifttum anwenden. Der Kompilator hat ein Offenbarungsverständnis, das die paulinischen Schriften als Produkt göttlicher Offenbarung in der Kontinuität des göttlichen Offenbarungsprozesses nicht nur für eine bestimmte Situation, sondern von dieser autonom als lebendige Tradition, die zur Interpretation nötigt, versteht.[44] Der Kompilator stellt die elementarste Stufe dieses Traditionsprozesses dar. Für ihn sind die Schriften noch nicht so heilig, daß sie keine Bearbeitung mehr zuließen, aber schon so bedeutend, daß sie einen interpretatorischen Eingriff herausfordern. Durch ihn wird ein für eine spezifische Situation vorgesehenes Gelegenheitsschreiben zu einem auch für andere Verhältnisse hilfreichen, vielleicht sogar zu einem an alle Christengemeinden aller Zeiten gerichteten Dokument. Zwischen diesen extremen Wertungen eines Schreibens als ausschließlich situativ orientiert und für die

---

[42] Ebd., S. 179.
[43] Ebd. Bornkamm beantwortet die Frage hinsichtlich des II Kor und des Phil: Im Phil werde der Gemeinde in Philippi selbst ein Denkmal gesetzt (was auf eine Endredaktion der Briefteile in Philippi deutet), wohingegen der II Kor Paulus als Apostel verherrlichen wolle.
[44] Vgl. Meade, *Pseudonymity*, S. 190-93.

Leser aller Zeiten und Orte bestimmt, gibt es noch eine ganze Reihe von
Zwischenstufen. Gerade die Kompilation von Briefen, wie sie uns im Phil
und im II Kor begegnet, zeigt, daß durchaus nicht sofort an die 'Christen
aller Zeiten' gedacht sein muß, sondern an die zur Redaktionsarbeit zeitgenössische Gemeindesituation, die in ihrem Verhältnis zu ihren Anfängen und
den damit verbundenen Traditionen zu interpretieren war. Die Redaktoren
eines paulinischen Schreibens rechneten unter Umständen ebensowenig wie
Paulus mit der Kanonisierung ihres Produktes in einer Sammlung heiliger
Schriften, sondern suchten den praktisch-theologischen Erfordernissen ihrer
Gegenwart gerecht zu werden.

Nach Abwägung dieser vier, aus den Arbeiten Bornkamms erhobenen
Argumentationsbereiche kann unter Umständen ein Abschnitt aus der Geschichte des Urchristentums rekonstruiert werden, der in der Apostelgeschichte nur ungenügend deutlich wird. Die Identifikation eines scheinbar
einheitlichen Briefes als Zusammenstellung aus mehreren Briefen ermöglicht
Einblicke in die Entwicklung der paulinischen Mission und der davon
berührten Gemeinden.

Was hat sich seit den über dreißig Jahre alten Arbeiten von Bornkamm
an neuen Möglichkeiten innerhalb der exegetischen Wissenschaft eröffnet?
Als neue Zugangsweisen zu den ntl. Texten und zu den einleitungswissenschaftlichen Problemen des NT sind die Textlinguistik, die rhetorische
Textanalyse und die Epistolographie zu nennen.

a) Rhetorik

Seit dem Galaterkommentar von Betz versucht die an der antiken Rhetorik
orientierte Exegese, neue Verstehensmöglichkeiten zu eröffnen.[45] Die drei
zum Phil vorgelegten rhetorischen Analysen kommen in der Frage der
Einheitlichkeit zu gegensätzlichen Ergebnissen. Schenk findet durch die
Anwendung des von Betz am Gal erprobten rhetorischen Schemas weitere
Argumente für eine Teilungshypothese,[46] Schoon-Janßen und Watson ge-

---

[45] Hans Dieter Betz, *Galatians: A Commentary on Paul's Letter to the Churches in Galatia*,
Philadelphia 1979. In seinem Kommentar zu II Kor 8 und 9 ist Betz im Gegensatz zum Gal mit
der Frage der Einheitlichkeit konfrontiert. Er vertraut dabei nicht ausschließlich auf die
rhetorische Analyse, sondern auf eine „literarische Analyse", die gestützt von der griechisch-
römischen Rhetorik und Epistolographie, die Argumente für oder gegen die Einheitlichkeit von
Texten bereitstellen kann (ders., *2. Kor 8 und 9*, S. 77). Im Ergebnis bestätigt Betz die Thesen
von Georgi und Bornkamm zur Eigenständigkeit von II Kor 8 und 9 (S. 256). Seine epistolo-
graphische Gattungsbestimmung, daß II Kor 8 und 9 wie Phil 4,10-20 (S. 248) Verwaltungsschreiben seien, trifft Stil und Geist dieser Briefe nur wenig, insbesondere wenn man wirkliche
antike Verwaltungsschreiben mit ihnen vergleicht.
[46] Schenk, *Der Philipperbrief*, S. 277-80. Die rhetorische Analyse bildet bei Schenk aber
nur eine Nebenlinie der Argumentation. In seiner Zusammenfassung der Argumente für die
Teilungshypothese kommt er darauf nur am Rande zurück (ebd., S. 334-36).

langen mit den gleichen methodischen Ansatz zum gegenteiligen Ergebnis.[47] Die divergierenden Ergebnisse der rhetorischen Interpretationen wecken den Verdacht, daß rhetorische Analysen zum Erweis oder zur Widerlegung der Einheitlichkeit eines Paulusbriefes untauglich sind.[48] Dieser erste Eindruck bestätigt sich, wenn man sich eingehender auf die Grundlagen einer auf der antiken Rhetorik basierenden Textanalyse einläßt.

Die Offenheit der rhetorischen Schemata, die in der von Classen hervorgehobenen Forderung der antiken Rhetorik nach der *dissimulatio artis* (der Unkenntlichmachung der Kunstfertigkeit oder Nichtbeachtung des Lehrbuchwissens der Rhetorik!) gipfelt, macht es unmöglich, aus rhetorischen Textanalysen Schlüsse auf die Einheitlichkeit oder Uneinheitlickeit einer Schrift zu ziehen. Fehlende Redeelemente belegen ebensowenig literarische Brüche, wie analytisch erhobene Vollständigkeit eines rhetorischen Schemas für die Einheitlichkeit eines Briefes spricht. Bestenfalls können die rhetorischen Gesichtspunkte ergänzend herangezogen werden, so daß sich zusätzliche Anhaltspunkte ergeben. Die grundsätzlichen und sehr abgewogenen Überlegungen von Classen lassen aber selbst dies fraglich erscheinen. Er betont die Bedeutung der Rhetorik für die Interpretation des Text*sinnes* und bleibt sogar gegenüber ihrem Vermögen, Text*strukturen* in den Paulusbriefen zu analysieren, skeptisch.[49]

Wird der rhetorischen Textanalyse die Bürde auferlegt, auf die Frage nach der Einheitlichkeit einer Schrift eine Antwort zu finden, besteht die Gefahr, daß durch die Flexibilität der rhetorischen Formelemente die synthetisierende Tendenz schon präjudiziert ist. Hinweise auf Brüche im Text können als rhetorische Stilmittel interpretiert werden und werden nicht mehr als exegetische Herausforderung verstanden.[50] Ähnlich folgenreich ist die Bestreitung der argumentativen oder chronologischen Folge in den Textabschnitten der paulinischen Briefe aufgrund rhetorischer Formgesetze gegen den Textsinn.[51] Der rhetorische Charakter der Paulusbriefe wird bisweilen als so dominierend verstanden, daß die Möglichkeit einer auf den Briefen beruhenden historischen Rekonstruktion in Frage gestellt wird.[52]

---

[47] Watson, „Rhetorical Analysis," S. 57-88; Schoon-Janßen, *Umstrittene Apologien*, S. 141f; skeptisch: Müller, *Der Brief des Paulus an die Philipper*, S. 14.

[48] Schoon-Janßen, *Umstrittene Apologien*, S. 141-43; ebd., S. 142: „Beide Versuche [der Schenks und des Watsons] sind aber keineswegs so zwingend, daß man daraus auf Einheitlichkeit oder Uneinheitlichkeit des Phil zwingend schließen könnte."

[49] Classen, „Paulus und die antike Rhetorik," S. 31-33.

[50] Ähnliche Vorbehalte äußert Bachmann, *Sünder oder Übertreter*, S. 11-23, bes. S. 18.

[51] Lüdemann, *Paulus*, S. 77-79; Jegher-Bucher, *Der Galaterbrief*, S. 129-79.

[52] Z.B.: Wire, „Rez. zu J.P.Sampley," S. 469: „... the consensual contract may function in Paul's letters more as an element of rhetoric as an event one can date. The rhetoric then has historical implications in so far as the rhetorical situation can be historically located."

b) Textlinguistik

Schenk kommt das Verdienst zu, den gesamten Philipperbrief einer linguistischen Analyse unterzogen zu haben. Ziel dieses Unternehmens ist es,
über die „vorlinguistische Pragmatik" der „deduktivistisch-formgeschicht-
lichen" oder „intuitiv stilkritischen" Exegese hinauszukommen.[53] Das
meint im wesentlichen eine Präzisierung des exegetischen Instrumentariums,
insbesondere seiner Begriffe und Methoden. Man spürt den Wunsch nach
Optimierung exegetischer Erkenntnisse, wenn Schenk fragt, ob „die exegetische Erfassung des Textsinnes hier [in Gnilkas Kommentar] den höchst-
möglichen Grad der Erklärungsadäquatheit erreicht" habe. Eine grundsätzliche Revision der Ergebnisse der philologisch orientierten Exegese strebt
Schenk nicht an.[54] Er möchte, daß sich exegetische Urteile im Rahmen
einer verbindlichen wissenschaftlichen Methode verifizieren bzw. falsifizie-
ren lassen und nicht dem Urteil des Forschers überlassen bleiben. Die Nähe
dieses Ansatzes zum neopositivistischen Wissenschaftsethos ist unverkennbar, und die Frage nach ihrer Adäquatheit für die historische Forschung
drängt sich auf. Diese grundlegende Debatte soll hier aber nicht geführt
werden, sondern es soll nur die Frage beantwortet werden, welche Beiträge
eine linguistisch orientierte Textanalyse zur Debatte um die Einheitlichkeit
des Phil leistet.

Schenk schließt sich der aufgrund herkömmlicher Methoden erschlosse-
nen Teilungshypothese an:

> Dabei wurde die weithin durchgesetzte literarkritische Hypothese von drei
> Brieffragmenten als plausibles Erklärungsmodell im wesentlichen vorausge-
> setzt.[55]

Am Ende seines Kommentars kommt er nach Überprüfung aller Einzel-
argumente für und gegen die Teilungshypothese zum Schluß:

> So wird man am besten bei der von Schmithals und Bornkamm vorgeschlage-
> nen Dekomposition bleiben.[56]

Angesichts dieses Ergebnisses ist die Frage, ob Schenk sein selbstgestecktes
Ziel der Präzisierung der exegetischen Ergebnisse und Argumentationen
erreicht hat, nur eingeschränkt zu bejahen. Der Gewinn seiner Arbeit liegt

---

[53] Schenk, *Der Philipperbrief*, S. 335.
[54] Schenk steht damit von der Sache her den Arbeiten von Egger (*Methodenlehre*, S. 20-26)
und Kliesch (Zimmermann, *Neutestamentliche Methodenlehre*, S. 267-80) nahe, die mit der
gegenseitigen Befruchtung und Ergänzung der historisch-kritischen und der linguistischen
Methode rechnen, ohne allerdings im Gegensatz zu Schenk die sehr grundsätzlichen Widersprüche im methodischen Ansatz zu erörtern.
[55] Schenk, *Der Philipperbrief*, S. 13.
[56] Schenk, *Der Philipperbrief*, S. 335.

eher in den instruktiven Einzelananlysen (besonders der Vergleich zwischen Phlm und Phil 4,10-20), die sich, abgesehen von der artifiziellen Terminologie, oft in den herkömmlichen „intuitiven" Bahnen bewegen. Zur einleitungswissenschaftlichen Frage nach der Einheitlichkeit leistet die Textlinguistik keinen weiterführenden Beitrag. Aufgrund bestimmter methodischer Vorentscheidungen, wie z.b. dem Vorrang der Synchronie vor der Diachronie, sperrt sie sich ähnlich wie die an der antiken Hochrhetorik orientierte Analyse gegen die Bestreitung der Einheitlichkeit. Daß dies in Schenks Arbeit nicht geschieht, ist seiner Verwurzelung in der philologisch orientierten exegetischen Tradition zu verdanken, deren Ergebnisse er nicht einfach revidieren, sondern weiterführen und präzisieren will.

Der Kommentar Schenks wurde vor allem im angelsächsischen Raum eingehend diskutiert. Der überwiegende Tenor dieser Diskussion ist, daß Schenk noch viel zu konventionell im Sinne von historisch-kritisch arbeite. Ihm wird u.a. vorgeworfen, er leite die Wortbedeutungen immer noch traditionell philologisch aus Parallelstellen ab und nicht konsequent aus der Textstruktur. Er halte an der stilkritisch gewonnen Teilungshypothese fest, ohne sie im Rahmen einer linguistischen Methodik zu diskutieren u.a.[57]

In der lebhaften Auseinandersetzung mit Schenks Philipperkommentar spielt in einer Reihe von Aufsätzen das Verhältnis seiner sprachtheoretischen Textbearbeitung zur dennoch von ihm aufrechterhaltenen Dreiteilungshypothese, die er durch traditionelle literarkritische und formgeschichtliche Überlegungen gewinnt, eine Rolle. Combrink kritisiert u.a. diese Inkonsequenz des Schenkschen Werkes, das noch zu sehr traditionellen Denkweisen verhaftet sei.[58] Gegen sie wendet sich die Pointe seiner Arbeit, die unter Heranziehung einer leserorientierten Theorie („reader-oriented-theory") die Dreiteilungshypothese widerlegen will.[59] Die Grundidee dieses Zugangs ist die Unterscheidung von „text" und „work". „text" ist der objektiv vorliegende Bestand an Zeichen („physically objective text"), „work" hingegen das Ergebnis der Interaktion des „text" mit dem Leser und seinem Erfahrungshintergrund („the result of the interactions of these factors with the personal experience of the reader"). Mit diesen beiden Begriffen und ihrem Wechselverhältnis will Combrink die Bedeutung des

---

[57] Vgl. die Arbeiten von Combrink, „Response"; Dormeyer, „Implicit and Explicit"; Voelz, „Some things old"; alle in *Semeia* 48 (1989) und auch von Combrink, „The Role of the Reader," (weitgehend inhaltsgleich mit dem Artikel in Semeia). Koperski („Textlinguistics") diskutiert und ordnet die Anfragen an Schenks Kommentar. Dabei wird deutlich, daß die Bestreitung der Einheitlichkeit des Philipperbriefes einen umso vehementeren Widerspruch hervorruft, je „linguistischer" die Methodik der jeweiligen Autorin oder des jeweiligen Autors ist, da empfunden wird, daß ein Festhalten an der Uneinheitlichkeit des Phil, wie bei Schenk, den Wert aller mit linguistischen Methoden erarbeiteten Ergebnisse in Frage stellt.
[58] Combrink („Response," S. 137): „the traditional theory of three letter fragments."
[59] Ebd., S. 139.

Lesers für das Textverständnis erfassen. Es ist die Aktivität des Lesers, die aus „text" „work" macht, und damit ist der eigentliche Kommunikationsvorgang beschrieben, dessen Wahrnehmung Combrink bei Schenk vermißt. Mit diesem theoretischen Instrumentarium versucht Combrink, die Dreiteilungshypothese zu widerlegen bzw. positiv die Einheitlichkeit des Phil zu erweisen. Er unterscheidet die „poetic sequence of actions of Phil", also die in der jeweiligen Briefgestalt vorliegende Abfolge der Sätze bzw. Sinneinheiten, die über Handlungen bzw. Ereignisse („actions") Auskunft geben, und die „story", die sich aus der verstehenden Rezeption dieser Sinneinheiten durch den Leser bildet. Im Brief wird durch mehr oder weniger verstreute Hinweise eine „story" mitgeteilt, deren Zusammenstellung Aufgabe des Lesers ist, die aber schon durch den Autor in den Text gegeben ist. Es läßt sich somit, orientiert an dieser „story", eine zweite Ordnung des Briefes zusammenstellen, die „referential sequence of actions." Die erste Ordnung des Textes ergibt sich aus der literarisch festgehaltenen Reihenfolge (also die faktische Anordnung des Textes). Die zweite Ordnung bildet der Leser bzw. der Interpret durch die an der „story" orientierten sachlichen Reihenfolge der Sinneinheiten des Textes. Im Falle des Phil beginnt sie mit der Rekonstruktion der von Paulus berichteten Geschichte Jesu („story of Christ as servant" Phil 2,6-11), geht über die Geschichte des Paulus selbst zur gemeinsamen Geschichte der Philippergemeinde mit Paulus über.

Combrink meint, aus dem Vergleich dieser beiden Ordnungen, deren letztere von ihm konstruiert ist, das Argument entwickeln zu können, das die Einheitlichkeit des Schreibens belegt. Trotz seiner Ankündigung, zeigen zu wollen, daß es nicht angemessen sei, den Phil in mehrere Fragmente zu teilen,[60] geht er auf diese Fragestellung, gemessen an der Vielzahl der sich aufdrängenden Einwände, nicht ausführlich genug ein. Sein Argument gewinnt er aus dem Vergleich der beiden sequentiellen Systeme. Im Vergleich erkennt er, daß einige Handlungseinheiten („actions") aus ihrer Ordnung im referentiellen System herausgenommen und innerhalb der literarischen Folge an anderen interpretativ signifikanten Stellen eingefügt worden seien. Andere wieder verblieben im literarischen Text in der chronologischen Ordnung. Der Wechsel von Erzählzusammenhängen und interpretativen Sinneinheiten, innerhalb derer einzelne Handlungseinheiten hervorgehoben seien, gebe Hinweise auf die angemessene, nämlich leserorientierte Interpretation. Combrink erkennt hierin eine durchdachte innere Verschränkung, die die Einheitlichkeit des Philipperbriefes belege.

Es können einige Einwände gegen die Art und Weise der Rekonstruktion erhoben werden. Wenn Combrink z.B. die Verse 2, 6-11 mit dem Stichwort

---

[60] Ebd., S. 140.

„story of Christ as servant" kennzeichnet und an den Anfang der „referential sequence" stellt, ist damit zum einen der Sinn des Christushymnus nur
sehr einseitig erfaßt, zum anderen aber auch die „action" verkürzt, denn
immerhin schildert 2,6-11 ein eschatologisches Geschehen, dessen Ziel, die
Homologese und Proskynese aller, offensichtlich weder der Gegenwart noch
der Vergangenheit angehört, sondern auch chronologisch noch aussteht.[61]

Man könnte unter diesem Gesichtspunkt einige Vorschläge zur Korrektur
machen, die zu einer theorieimmanenten Präzisierung verhelfen würden.[62]
Eine Grenze der Präzisierung ist dort erreicht, wo die Verhältnisbestimmung der verschiedenen „actions" nicht mehr chronologisch erfolgen kann
bzw. eine chronologische Ordnung wesentliche Sinngehalte einebnet, wie im
Falle des Christushymnus.

Die Methodik Combrinks soll es ermöglichen, eine „story" hinter der
literarischen Textfolge zu rekonstruieren. Mit welchem Recht wird aber von
dieser „story" auf die Einheitlichkeit des Textes geschlossen? Warum sollte
diese „story" nicht in mehreren, voneinander unabhängigen Briefen ihre
Quelle haben? Im Falle des Phil läßt sich noch zusätzlich geltend machen,
daß die Dreiteilungshypothese von der Zugehörigkeit aller Fragmente zur
Philipperkorrespondenz ausgeht. Diese sind somit Bestandteil eines Kom-
munikationsgeschehens. Die innere Zusammengehörigkeit - und das ist das
einzige, was die Arbeit Combrinks bestätigt -, thematische und motivische
Bezüge, die sich durch die Brieffragmente ziehen, verwundern nicht und
können die Einwände gegen die Einheitlichkeit des Briefes nicht entkräf-
ten.[63] Combrinks Rekonstruktion liefert sogar Argumente für die Uneinheitlichkeit des Philipperbriefes, z.B. den bei Combrink zugestandenen,
aber nicht erklärten Sachverhalt, daß eine Reihe von „actions" in sachlichen
Dubletten vorliegen (z.B. 1,5 und 4,4; 4,7 und 4,19). Dubletten sind aber
ein bedeutender Hinweis auf voneinander unabhängige Quellen.

Der Haupteinwand hinsichtlich der Möglichkeit, aus einer rekonstruierten
„story" die Einheitlichkeit eines Textes zu erweisen, liegt allerdings auf
einer anderen Ebene. Kann eine leserorientierte Textanalyse überhaupt
Argumente von der Qualität zur Verfügung stellen, wie sie für einleitungswissenschaftliche Fragen wie die der Einheitlichkeit eines Textes notwendig
sind? Ausgangs- und Zielpunkt der Interpretation ist eine bestimmte Theorie
über den Leser und die Art und Weise seiner Textrezeption. Der Brief wird

---

[61] Die Verse Phil 2,6-11 sind nicht einfach die Vorgeschichte der „story of Paul", und diese
ist ebensowenig nur die Vorgeschichte der „story" der Gemeinde. Diese drei „actions" sind
zur Zeit der Abfassung des Phil noch nicht abgeschlossen, ineinander verwoben und aufeinander bezogen.

[62] S. Koperski, „Textlinguistics," S. 363-65.

[63] Die Erarbeitung innerer Bezüge zwischen den Fragmenten des Phil reicht nicht aus, um
die literarische Einheit zu beweisen. Vgl. Koperski, „Textlinguistics," S. 331.

auf den konstruierten Leser hin analysiert (Verhältnis von „text" und „work", „poetic sequence" und „referential sequence"). Dieses Konstrukt wird zum integrierenden Zentrum der analytischen Bemühungen, bestimmt deren Ergebnisse und schafft damit die Kohärenz des Textes. Noch deutlicher formuliert: Wendet man die analytischen Schritte Combrinks auf einen Text an, der nicht zu knapp gewählt ist, wird immer die Tendenz zur Bestätigung seiner inneren Kohärenz bestehen, als daß Divergenzen profiliert werden. Schon im Moment, in dem man die methodischen Schritte auf einen bestimmten Text bezieht, ist im Grunde die Einheitlichkeit vorausgesetzt. Denn eine Theorie, die davon ausgeht, daß der Leser überhaupt erst den „text" in ein Kommunikationsgeschehen „work" transformiert, setzt den zugrundegelegten Textbestand als Einheit schon voraus. Auf diesen setzt sie dann einen Leser mit rekonstruierender Rezeption an, der *per definitionem* eine informationsintegrierende und verknüpfende Leistung vollbringt, also gerade nicht kritisch-diachronisch, sondern synthetisierend liest. Dieser Leser=Interpret bestätigt dann die Einheitlichkeit im Rückschluß vom konstruierten „work" auf den „text".

c) Epistolographie

Die Epistolographie versucht in den sprachlichen Konventionen des Briefeschreibens Interpretationshilfen für die Auslegung und das Verständnis antiker Briefe zu finden. Fragen der innerbrieflichen Strukturen und des Briefformulars spielen dabei eine herausgehobene Rolle.

Zum hellenistischen Briefformular gibt es einige neuere Arbeiten, die das antike Briefmaterial umfassend behandeln. Sie verbindet die Kritik an den Arbeiten Deissmanns gerade in Hinsicht auf dessen Kategorisierung der Briefe. Diese habe sich als unzureichend und zu wenig am historischen Material orientiert erwiesen.[64] Aufgrund der kritischen Auseinandersetzung mit Deissmann hat sich bezüglich des hellenistischen Briefformulars und seiner Gattungen ein weitgehender Konsens gebildet, der dadurch erleichtert wird, daß zum einen die Gattungsbezeichnungen streng aus den vorliegenden erhaltenen Briefen gewonnen werden und zum anderen die Gattungsbegriffe so weit gefaßt sind, daß sich mit der Zuordnung eines Briefes zu einer Gattung eine nur geringe Festlegung seiner Interpretation ergibt.[65]

Wesentlich umstrittener ist die Frage, ob und wie weit das paulinische Schrifttum vom hellenistischen Brief her interpretiert werden darf. In dieser Frage hat Berger[66] gegen Tendenzen besonders in der angelsächsischen

---

[64] Stowers, *Letter Writing*, S. 18-20; White, *The Form and Function*, S. XIf.
[65] Vgl. Anm. 64.
[66] Berger, „Hellenistische Gattungen," S. 1333-6.

Forschung[67] Einspruch erhoben, die den paulinischen Brief zu selbstverständlich vom hellenistischen Brief, insbesondere dem Privatbrief, her verstehen.

Die paulinischen Briefe sollten nach Berger zuerst im Umfeld der übrigen neutestamentlichen Briefe eingeordnet und interpretiert werden, ehe ihr Verhältnis zum hellenistischen Brief bestimmt werde. In eine ähnliche Richtung tendiert die Arbeit von Irene Taatz.[68] Auch sie möchte den paulinischen Brief im Rahmen einer jüdisch-christlichen Traditionsbildung interpretieren, die sich unabhängig von der hellenistischen Briefkultur entwickelt habe. Der paulinische Brief stehe in der Tradition des „frühjüdischen gemeindeleitenden Briefes", der durch seinen Autoritätsanspruch gekennzeichnet sei.[69] Diese Ansicht ist aber weder bei Berger noch bei Taatz argumentativ überzeugend entfaltet. Berger muß die Sonderstellung der paulinischen Briefe innerhalb der Briefe des NT einräumen, weigert sich allerdings daraus den Schluß zu ziehen, daß die innere Zusammengehörigkeit der neutestamentlichen Briefe weit weniger ausgeprägt ist als die Nähe des paulinischen Briefes zum hellenistischen Brief. Taatz behauptet nur die Affinität des paulinischen Briefes zu dem von ihr herausgearbeiteten Modell des „frühjüdischen gemeindeleitenden Briefes", ohne daß dies Gegenstand ihrer Arbeit wäre. Diese These ist nur als Ausblick auf mögliche Folgerungen ihrer Arbeit gedacht. Sie ist das Ergebnis des Klischees vom paulinischen Autoritätsanspruch, das auch die Darstellung Bergers prägt,[70] und nicht die Frucht einer Untersuchung des paulinischen Briefes.

Trotz der Schwierigkeiten, die sich aus der relativen Variabilität der gattungs- und formkritischen Argumente ergeben, gibt es zwei neuere Arbeiten, die mit der formkritischen Analyse des Phil die Frage nach der Einheitlichkeit zu beantworten suchen. Selbstverständlich werden auch in anderen Arbeiten zur Einheitlichkeit formkritische Argumente eingebracht, wie wir noch sehen werden.[71] Die hier vorgestellten Arbeiten konzentrieren sich auf diesen einen Gesichtspunkt.

Von den oben angedeuteten grundsätzlichen Fragen zeigt sich Loveday Alexander unberührt, wenn er die Frage nach der Einheitlichkeit des Philip-

---

[67] Exler, *The Form of the Ancient Greek Letter*, 1923; John Lee White, *The Form and Function of the Body of the Greek Letter*; ders., *Light from Ancient Letters*; und nach Erscheinen von Bergers Aufsatz Stanley K. Stowers, *Letter Writing in the Greco-Roman Antiquity*, Philadelphia: Westminster 1986.

[68] Taatz, *Frühjüdische Briefe. Die paulinischen Briefe im Rahmen der offiziellen religiösen Briefe des Frühjudentums.*

[69] Taatz, *Frühjüdische Briefe*, S. 110-14.

[70] Berger, „Hellenistische Gattungen," bes. S. 1334 u. S. 1342-44. Kritik an diesem Vorverständnis von der apostolischen Autorität auch bei Reumann, „Contributions," S. 456f.

[71] S.u.S. 108-118.

perbriefes mit Hilfe des hellenistischen Briefformulars zu beantworten versucht.[72] Er nimmt dabei für sich in Anspruch, thematische und formale Gesichtspunkte gleichberechtigt zu berücksichtigen.[73] Er kommt zu dem Ergebnis, daß Phil 1,1-2,30 und 4,21-23[74] bzw. 1,1-3,1 und 4,21-23[75] der Struktur eines „family letters"[76] entspreche. Der eigentliche Briefkorpus („body") eines „family letters" sei allerdings in sich weitgehend unstrukturiert, da die Absicht eines solchen Briefes das Kontakthalten sei und nicht ein bestimmtes Anliegen.[77] Die in der Literatur zum Phil oft benannten Einschnitte (τὸ λοιπόν als Schlußfloskel, χαίρετε als Abschiedsgruß, die vermeintlich ungewöhnliche Stellung des Dankes am Schluß des Briefes in 4,10-20 und der freudige Einsatz in 4,10) bilden nach Alexander keine überzeugenden Einschnitte.[78] Sie lassen sich jeweils anders interpretieren und geben nicht das Recht zu einer Teilung des Briefes.[79] Die inhaltlichen Verbindungen zwischen Kap. 2 und 3 seien so eng, daß ihre Zusammengehörigkeit unter thematischen Gesichtspunkten nicht in Frage gestellt werden sollte.

Diese Einschätzung überrascht, zumal Alexander den heftigen Wechsel von Kap. 2 auf 3 sogar als Wechsel der Briefform vom „family letter" zum „sermon at a distance" (Kap. 3) bezeichnet. Er erkennt auch an, daß Kap. 3 in sich geschlossen ist, und behauptet sogar, es gleiche einer Predigt, die Paulus vielleicht in Philippi hätte halten wollen.[80] Obwohl er also gerade unter formkritischen Gesichtspunkten Hinweise für die Disparität des Schreibens findet, hält er an der Einheitlichkeit fest. Denn das Korpus eines „family letter" (Privatbriefes) habe keine feste Struktur („unpretentious structure") und könne in sich verschiedene Formen nebeneinander stehen haben. Die Kategorie des in sich grundsätzlich disparaten Briefkorpus („body") verhindert bei Alexander die Umsetzung formkritischer Brüche (zwischen 2,30 und 3,1 als „Predigt") zu einer Teilungshypothese. Alexander anerkennt die Einschnitte im Text, die als Hinweis für eine Fragmentierung des Briefes angesehen werden, ohne sie allerdings als Schnittstellen zu betrachten. Er steht damit im Gegensatz zu anderen Vertretern der Einheitlichkeit, die die Brüche im Brief überhaupt leugnen.

---

[72] Alexander, „Letter-Forms and the Structure of Philippians".
[73] Ebd., S. 90.
[74] Ebd., S. 94.
[75] Ebd., S. 96.
[76] In Anlehnung an White, *Light from Ancient Letters*, S. 196f.
[77] Alexander, „Letter-Forms," S. 94f unter Berufung auf Koskenniemis (*Studien zur Idee und Phraseologie des griechischen Briefes*) Kategorie des „Verbindungsbriefes".
[78] Alexander, „Letter-Forms," S. 96-98.
[79] Ebd., S. 98.
[80] Ebd., S. 99f.

Wesentlich differenzierter und unter kritischer Berücksichtigung einer möglichen Nichteinheitlichkeit des Philipperbriefes versucht White die Struktur des Phil zu analysieren.[81] White wollte eigentlich darauf verzichten, die potentielle Uneinheitlichkeit der Korintherkorrespondenz, des I Thess und des Phil bei seiner Untersuchung des Briefkorpus mit in Betracht zu ziehen. Er sieht sich allerdings durch die Deutlichkeit des Einleitungsteiles in das Briefkorpus („body-opening") und des Ausleitungsteiles („body-closing") in Phil 4,10-20 gedrängt, auch den Phil für seine Untersuchung auszuwerten. In den formkritischen Kategorien, die White anwendet, erscheint Phil 4,10-20 als eigenständiger Brief mit deutlichem Einleitungsteil in das Briefkorpus (Phil 4,10-13), der durch den Freudenausruf (ἐχάρην) gekennzeichnet ist, und einem der vergleichenden Analyse nicht zugänglichen, aber dennoch deutlich erkennbarem Ausleitungsteil in Phil 4,14-20.[82] Die Auseinandersetzung mit White hätte Alexander bezüglich seiner Charakterisierung des Briefkorpus als unstrukturiert nachdenklich werden lassen müssen. Genau diese von Deissmann und auch von Koskenniemmi übernommene Behauptung widerlegt White überzeugend mit einer Analyse der Struktur des Briefkorpus, die feststellt, daß die paulinischen Briefe im Gegensatz zum hellenistischen Privatbrief eine sorgfältige innere Strukturierung des Briefkorpus, gegliedert durch formelhaften Wendungen, erkennen lassen.[83]

Auch die formkritische Analyse liefert nur Anhaltspunkte zur Frage der Einheitlichkeit der paulinischen Briefe. Erst deren Einordnung in eine historisch wie theologisch reflektierte Perspektive ermöglicht im Falle der hier diskutierten Quellen verantwortbare Urteile. Die Berechtigung zu einer Teilungshypothese läßt sich nur mit Argumenten aus dem Text belegen, die nicht nur aus einer eng umgrenzten Perspektive gewonnen sein dürfen. Sie erweist ihre Plausibilität jenseits von rhetorischer und linguistischer Methodik und unter Einbeziehung gattungs- und formkritischer Gesichtspunkte aufgrund ihres Vermögens zur Interpretation der Texte und deren geschichtlichen und theologischen Hintergrundes.

---

[81] White, *The Form and Function.*
[82] Ebd., S. 75 u. 84.
[83] Ebd., S. 96f.

Exkurs: Die Bedeutung der Gattung des paulinischen Briefes für die Text-
auslegung

Bestimmte Annahmen der linguistischen Textinterpretation,[1] besonders die Engfüh-
rung ihrer Zielsetzung auf eine Textübersetzung, nehmen den Phil als Quelle einer
uns fremden Zeit bzw. Kommunikationssituation nicht ernst genug. Schenk z.B.
behauptet einen Verstehensvorsprung des heutigen Forschers gegenüber den zeitgenössischen Lesern der ntl. Texte, da ihre Weisen der Textwahrnehmung sich
fundamental unterschieden. Dem zeitgenössischen Rezipienten wird eine „naiv
unkontrollierte Leserhaltung"[2] unterstellt und diese von der Haltung des Forschers
(und der Forscherin) abgegrenzt. Schenk: „andererseits ist heute nach einer Genera-
tion redaktionsanalytischer Arbeit deutlich, daß ein frühchristlicher Autor inzwischen 'besser verstanden wurde als von vielen Lesern seiner Zeit und es ist sogar
noch weitaus wahrscheinlicher, daß die Gelehrten von heute' ihn 'besser verstehen
als dieser von irgendwelchen seiner Zeitgenossen verstanden wurde. Man sollte
nicht vergessen, daß Sprache und Voraussetzung innerhalb einer Kultur stark
variieren können, so daß es leicht möglich ist, daß ein moderner Leser' (sofern er
Forscher ist) 'über intimere Kenntnisse der besonderen Sprache eines besonderen
Autors verfügt als irgendein Zeitgenosse, der die >gleiche< Sprache sprach".[3]
Dieser Verstehensvorsprung ist zu bestreiten.[4] Der Bruch zur Antike und besonders
zu ihren religiösen Vorstellungen ist zu tief, als daß man heutigen „Forschern"
einen grundsätzlichen Verstehensvorsprung attestieren könnte. Besonders proble-
matisch ist diese Behauptung gegenüber einem auf Dialog angelegten Medium wie
dem Brief.[5] Die auf Deissmann[6] zurückgehende Überlegung Vielhauers zu den
Gattungen der ntl. Briefe macht das deutlich: „Der wirkliche Brief ist Ersatz für
mündliche Aussprache, ein durch räumliche Trennung der Korrespondenten beding-
ter Ersatz. Sein Zweck - Nachrichtenmitteilung, Anfragen, Aufträge - ließe sich
ebenso gut oder besser mündlich erreichen. Für seinen Inhalt ist die schriftliche
Form Notbehelf."[7] Der Brief setzt die durch die Umstände gehinderte mündliche
Kommunikation fort. Vielhauer formuliert: „denn er [Paulus] schreibt nur, was er
auch mündlich gesagt hätte; sein Brief ist Ersatz für persönliche Anwesenheit."[8]
Diese zunächst recht vordergründig erscheinende Bestimmung der Gattung und der

---

[1] Z.B. der prinzipielle Vorrang der Synchronie vor der Diachronie, der oft zur Negierung
oder Nichtbeachtung diachronischer Erkenntnisse führt. Diesen Vorrang behaupten völlig
unkritisch Kliesch (Zimmermann, *Neutestamentliche Methodenlehre*, S. 276) und Egger
(*Methodenlehre*, S. 20-6).

[2] Schenk, *Der Philipperbrief*, S. 27.

[3] Schenk, *Der Philipperbrief*, S. 27f. Zitiert teilweise E.D.Hirsch, *Prinzipien der Interpretation*, München 1972, S. 64.

[4] Selbst Schenk (*Der Philipperbrief*, S. 58) gesteht immerhin bezüglich des Lexems char-
zu: „Das Wort ist - wie alle Ausdrücke des Affekts in lokal und temporal entferntliegenden
Texten - nicht so leicht zu fassen."

[5] Ähnlich Bachmann, *Sünder oder Übertreter*, S. 22f.

[6] Deissmann, *Licht vom Osten*, S. 116-18 u. S. 194f.

[7] Vielhauer, *Geschichte der urchristlichen Literatur*, S. 59. Vielhauer zählt die Paulusbriefe
zu den wirklichen Briefen (S. 63) im Gegensatz zu den Kunstbriefen (den literarischen Briefen,
für die Deissmann [*Licht vom Osten*, S.195] die unglückliche Bezeichnung „Epistel" wählt),
die dadurch gekennzeichnet sind, daß sie von vornherein zur Veröffentlichung an eine unbegrenzte Öffentlichkeit bestimmt sind (S. 60).

[8] Vielhauer, *Geschichte der urchristlichen Literatur*, S. 63.

Funktion der echten Paulinen hat vor allen Versuchen der formkritischen Kategorisierung[9] und vor an der antiken Hochrhetorik orientierten Analysen bedacht zu
werden, zumal inzwischen nach intensiver Bearbeitung der antiken literarischen und
unliterarischen Brieftraditionen deutlich geworden ist, daß die frühchristlichen Briefe
in einer differenziert nach Analogien und Verstehenshilfen fragenden Interpretation
in die antike Brieftradition eingeordnet werden können. Sie behaupten dort wiederum ihren eigenständigen Platz.[10]

Die von Jegher-Bucher eingebrachte Formulierung von der „Rede im Brief-
umschlag" versucht eine Vermittlung zwischen der Briefform und dem als Rede
charakterisierten Inhalt.[11] Das Schwergewicht der Interpretation bei Jegher-Bucher
liegt aber eindeutig auf dem Aspekt des Briefes als Rede sogar im Sinne einer
autoritativen (apostolischen) Rede. Es entsteht bei Jegher-Bucher daraus geradezu
ein Zwang zur Einhaltung der von ihr erhobenen „literarisch-formgeschichtlichen"
und rhetorischen Kriterien.[12] Eine rhetorisch ausgearbeitete Rede darf *per definitionem* keinen fragmentarischen Charakter haben: „Diese 'Rede in einem Briefum-
schlag' ist als Gelegenheitsrede, d.h. zur Lösung eines aktuellen, konkreten Problems geschrieben worden und weitgehend nach den antiken für dieses literarische
Genre geltenden Regeln komponiert. Das bedeutet, daß sie als Ganzes verstanden
werden will, als Ganzes, dessen Teile formal und inhaltlich zueinander passen."[13]
Im Gegensatz zu dem in der vorliegenden Arbeit hervorgehobenen diskursiven
Charakter der Briefe des Paulus wird eine Geschlossenheit postuliert und in der
Interpretation durchgeführt, die den Mangel, daß wir über keinen Antwortbrief auf
einen paulinischen Brief verfügen, uns also der Zugang zum kommunikativen
Kontext verstellt ist, zum Prinzip erhebt und so die paulinischen Briefe zum Mittel
autoritärer „Ein-Weg-Kommunikation" macht.

Die Definition Vielhauers dagegen wird der Komplexität des Phänomens gerecht,
da sie die Funktion des Briefes innerhalb eines diskursiven Kommunikationszusam-
menhanges festhält und nicht zu schnell auf die literarische Ebene des Textes
abhebt. Gleichfalls vermeidet sie es, schon in der Kommunikation mit Briefen an
sich ein Autoritätsverhältnis zu entdecken, wie das z.B. in der Arbeit von Irene
Taatz in einem reinen Analogieschluß geschieht, ohne daß dies an den paulinischen
Briefen selbst nachgewiesen wird.[14]

Das Moment der Autorität betont Berger, um die paulinischen Briefe auf das
Niveau offizieller Korrespondenz zu heben. Berger schreibt in Abgrenzung der
paulinischen Briefe vom Privatbrief: „Die Apostelbriefe sind vielmehr in erster

---

[9] Zuletzt von Stowers (*Letter Writing*) und John L. White (*Light from Ancient Letters*,
S. 193-98; vgl. ebd., S. 218-20).

[10] So auch White, *Light from Ancient Letters*, S. 220: „No body of comparative data, even
the extensive documentary letter tradition preserved on papyrus, is adequate to illustrate the
creativity of a letter writer like St. Paul, who adapted episto conventions (sic!) to convey a
special kind of function. However, the peculiar character of his epistolary genius, as well as
the genius of other great letter writers of antiquity, may be better ascertained and evaluated by
means of a broad knowledge of letter writing in antiquity."

[11] Jegher-Bucher, *Der Galaterbrief*, S. 95 u.ö.

[12] Das führt zu einer tiefgreifenden Umdeutung von Gal 2,11-21. Die Möglichkeit, daß
Paulus in V.14 abbricht, weil seine Gesprächspartner den Fortgang der Geschichte kennen und
ohne rhetorisches πείθειν selbst beurteilen können und sollen, kommt auf diesem Hintergrund
nicht in den Blick.

[13] Jegher-Bucher, *Der Galaterbrief*, S. 204.

[14] Taatz, *Frühjüdische Briefe*, S. 110-14; s.o. S. 103.

Linie wirklich apostolische Rede, was sich auch formal äußert, und zwar im Sinne schriftlich formulierter Offenbarungsrede als Mahnen und Lehren."[15] Obgleich Berger sich direkt mit den Paulusbriefen auseinandersetzt und dementsprechend differenzierter als Taatz argumentieren muß, verfällt er doch in der entscheidenden Pointe seiner Überlegungen in Klischees: Die Besonderheit des paulinischen Briefstils erkläre sich aus seiner Auffassung des Apostelamtes. Das ist sicher richtig, aber trifft Berger die Auffassung des Paulus, wenn er sie so charakterisiert: „Er ist (...) der einzige Apostel für mehrere Gemeinden. Er muß sie alle zugleich 'regieren', die Leinen laufen bei ihm zusammen, an denen die Gemeinden zu führen sind. Er 'regiert' daher ein wenig wie antike Zentralherrscher"[16]?

Zu einem Kommunikationsvorgang gehören eine Vor- und intendierte Nachgeschichte, besondere einmalige historische Umstände, möglicherweise konkrete Konflikte, die Erwartung einer Antwort in Wort und/oder Tat. Der Brief ist Teil einer lebendigen Beziehung und antizipiert die Möglichkeit der Fortsetzung, die z.B. durch die briefliche Antwort der Gemeinde geschehen kann. Mag sein, daß man heute einen Brief des Paulus in theologischer oder traditionsgeschichtlicher Hinsicht „besser" verstehen kann als die damaligen Leserinnen und Leser. Aber auf keinen Fall versteht man den zugrundeliegenden Kommunikationsvorgang besser, da in der Regel Kenntnisse über die Adressaten, ihre religiöse Praxis, ihre soziale Herkunft und ihre Lebenswelt völlig oder weitgehend fehlen. Die briefliche Kommunikation ist zudem Teil und Ergebnis der uns fast völlig unbekannten missionarischen und gemeindlichen Praxis sowohl der Empfängerinnen und Empfänger als auch des oder der Schreibenden.[17] Die paulinische Korrespondenz wirft immer nur ein kurzes Licht auf die im Dunkel der Geschichte verborgenen frühchristlichen Gemeinden. Es ist kaum vorzustellen, daß die Interpretin und der Interpret dieses kurzen Eindruckes ein besseres Verständnis der Situation und der dort stattfindenden Kommunikation entwickeln kann, als die mit der Situation Vertrauten.[18]

Für die Interpretation der situativ bezogenen Paulusbriefe gilt der Vorrang der religions- und sozialgeschichtlichen Analyse seines kommunikativen Kontextes vor den mit Hilfe rhetorischer und linguistischer Methodik erhobenen Intentionen des Briefes.

2. Die der Arbeit zugrundegelegte Teilungshypothese

In dieser Arbeit wird an der grundsätzlichen Berechtigung von Teilungshypothesen zu den paulinischen Briefen festgehalten. Sie erst ermöglichen eine angemessene Erklärung der historischen und theologischen Problematik einiger Briefe (Röm, II Kor, Phil) und der Geschichte der paulinischen Mission. Die Forschungsgeschichte zum Phil zeigt, daß die ersten Einwände gegen die Einheitlichkeit des Briefes durch den in Kap. 3 von Vers 1a (...χαίρετε ἐν κυρίῳ) zu Vers 2 (βλέπετε τοὺς κύνας...) erkannten Um-

---

[15] Berger, „Hellenistische Gattungen," S. 1334.
[16] Berger, ebd. Kritisch zu diesem Vorverständnis von der apostolischen Autorität Reumann, „Contributions," S. 439.
[17] Vgl. dazu Reumann, „Contributions," S. 456f.
[18] Deissmann, *Licht vom Osten*, S. 195: „Der Brief ist ein Stück Leben."

schwung in Stimmung und Thema angeregt wurden. Schon die vorkritische Bibelexegese fand hier Anlaß zu Erklärungen.[1]

Die Einwände gegen die Uneinheitlichkeit des Phil können nicht überzeugen, da sie in keinem Fall eine einsichtige Interpretation der Situation des Vf.s und der Adressaten, des Wechsel der Themen und der Grundintention des Schreibens leisten. Das gilt auch für die neueren Arbeiten, die an der Einheitlichkeit des Phil festhalten.[2]

Bei den Vertretern von Teilungshypothesen ist der Übergang von 3,1a auf 3,2 als Einschnitt unbestritten. Ebenso einheitlich ist die Einsicht, daß die Kernbestandteile der damit erkannten zwei Briefe in 1,1-3,1a(b) und in 3,2-21 zu finden sind. Auch die Einschätzung, daß der Abschnitt 4,10-20 eine in sich geschlossene Einheit bildet, die eine weitere Aufteilung nicht verträgt, ist Konsens.[3]

Eine konsequente Durchführung der Teilungshypothese stößt jedoch auf drei ungeklärte Probleme: 1) Ist der Versteil 3,1b noch zum ersten Briefteil zu ziehen,[4] oder ist er schon Teil des zweiten Briefes?[5] 2) Bilden 4,10-20 ein eigenständiges Dankschreiben,[6] oder sind sie dem Briefteil 1,1-3,1a

---

[1] Schmithals („Irrlehrer," S. 299) nennt für das 17. Jh. St. Le Moyne (*Varia Sacra*, II, 1685, S. 332ff), der schon an eine Teilung des Briefes dachte. Pretorius („A Key to the Literature on Philippians," S. 125f) wendet sich gegen die Behauptung, daß schon die vorkritische Forschung, namentlich Stephanus Le Moyne, die Einheitlichkeit des Phil in Frage gestellt habe. Er spricht unter Hinweis auf eine Arbeit von Cook von der „legend of Le Moyne". Der Text von Le Moyne war mir trotz einiger Bemühungen nicht zugänglich, so daß diese Kritik von mir nicht überprüft werden konnte. Vgl. Cook, „Stephanus Le Moyne and the Dissection of Philippians." Anfang des 19. Jhs wagte sich J. H. Heinrichs (*Pauli epistolae ad Philippenses et Colossenses graece. Perpetua annotatione illustratae*, 1803) am weitesten in Richtung auf eine Teilungshypothese vor. Er dachte an eine Briefkompilation, die ihre Ursache in der Adressierung an verschiedene Gruppen der Gemeinde hatte. 1-3,1a + 4,21-23 an die ganze Gemeinde und 3,1b-4,20 an die bewährten Gemeindeglieder. Vgl. zur Forschung des 18. und frühen 19. Jh.s die nicht vollständige Übersicht bei Mengel (*Studien*, S. 31-81).

[2] Mengel (*Studien*) und Schoon-Janßen (*Umstrittene Apologien*, S. 119-36), auch Kleinknecht (*Der leidende Gerechtfertigte*, S. 321f); Schnelle (*Wandlungen*, S. 31-35); Watson („Rhetorical Analysis"); und die in Kap. 5.1 genannten von Alexander („Letter-Forms") und Combrink („Response"). Jetzt auch Müller, *Der Brief des Paulus an die Philipper*, S. 4-14. Müller sieht zwar deutlich die Spannung zwischen den Briefteilen Phil 1,1-3,1 und 3,2ff, erklärt sie aber mit einem „Unterschied in der Situation" (ebd. S. 12) sowohl der Gemeinde als auch des Paulus.

[3] Nur Müller-Bardorff („Zur Frage der literarischen Einheit des Philipperbriefes," Sp. 594-96) weicht von diesem Konsens ab, indem er mehrere Umstellungen durch den Redaktor vermutet; s.u. Anm. 8.

[4] Schenk, *Der Philipperbrief*, S. 252f.

[5] So Gnilka, *Der Philipperbrief*, S. 184f; Collange, *L'Épitre de Saint Paul aux Philippiens*, S. 21-3; Friedrich, „Der Brief an die Philipper," S. 126f.

[6] So Schmithals, „Irrlehrer," S. 306-8; Bornkamm, „Der Philipperbrief," S. 198f; Georgi, Kollekte, S. 46f; Rathjen, „The Three Letters," S. 168f; Beare, *A Commentary to the Epistle to the Philippians*, S. 4; Vielhauer, *Geschichte der urchristlichen Literatur*, S. 160f; Köster, *Einführung*, S. 566-68; Collange, *L'Épitre de Saint Paul aux Philippiens*, S. 22f; Barth, *Der Brief an die Philipper*, S. 10f und S. 75; und Schenk, *Der Philipperbrief*, S. 242-44 u. 334-36.

zugehörig?[7] 3) Wie sind die Verse 4,1-9 und 21-23 auf die verschiedenen Briefteile zu verteilen? Diese drei Fragen sollen in Auseinandersetzung mit den vorliegenden Vorschlägen so gut wie möglich beantwortet werden.

Die Teilungshypothesen für eine Dreiteilung des Philipperbriefes[8]:

```
                1,1-2,30  3,1a  3,1b  3,2-4,1  4,2+3  4,4-7  4,8+9  4,10-20  4,21+23
Schenk 1984     BBBBBBBBBBBBBBBBBB  CCCCCCCCCCCCC  BBBBB  CCCCC  AAAAAAAAAAAAAAAA
Köster 1980     BBBBBBBBBBBBBBBBBB  CCCCCCCCCCCCC  B?B?B  C?C?C  AAAAAAAAAAAAAAAA
Barth 1979      BBBBBBBBBBBBBBBBBB  CCCCCCCCCCCCC  BBBBB  CCCCC  AAAAAAA  B?B?B?B

                1,1-2,30  3,1a  3,1b  3,2-4,1  4,2+3  4,4-7  4,8+9  4,10-20  4,21+23
Schenke 1978    BBBBBBBBBBBBBBBBBB  CCCCCCCCCCCCC  BBBBB  CCCCC  AAAAAAA  BBBBBBB
Marxsen 1978    BBBBBBBBBBBBBBBBBB  CCCCCCCCCCCCC  BBBBBBBBBB  AAAAAAA  BBBBBBB
Vielhauer 1975  BBBBBBBBBBBBBBBBBB  CCCCCCCCCCCCC  BBBBBBBBBB  AAAAAAA  BBBBBBB

                1,1-2,30  3,1a  3,1b  3,2-4,1  4,2+3  4,4-7  4,8+9  4,10-20  4,21+23
Collange 1973   BBBBBBBBBBBB  CCCCCCCCCCCC  BBBBBBBBBB  CCCCC  AAAAAAA  AB?AB?A
Bornkamm 1971   BBBBBBBBBBBBBBBBBB  CCCCCCCCCCCCCCCCCCCCCCCC  AAAAAAA  B?B?B?B
Marxsen 1963    BBBBBBBBBBBBBBBBBB  CCCCCCCCCCCCC  BBBBB  CCCCC  AAAAAAA  BBBBBBB

                1,1-2,30  3,1a  3,1b  3,2-4,1  4,2+3  4,4-7  4,8+9  4,10-20  4,21+23
Bornkamm 1962   BBBBBBBBBBBBBBBBBB  CCCCCCC  C?C?C  BBBBB  CCCCC  AAAAAAA  BBBBBBB
Köster 1961/62  BBBBBBBB  BC?BC?BC?B  CCCCCCC  ??????????????????  AAAAAAA  ???????
Rathjen 1959/60 BBBBBBBB  CCCCCCCCCCCCCCCCCCCCCCCCCCCCCCCCCCCCCCCCCC  AAAAAAA  BBBBBBB

                1,1-2,30  3,1a  3,1b  3,2-4,1  4,2+3  4,4-7  4,8+9  4,10-20  4,21+23
Beare 1959      BBBBBBBB  CCCCCCC  BBBBBBBBBBBBBBBBBB  AAAAAAA  BBBBBBB
Schmithals 1957 BBBBBBBBBBBBBBBBBB  CCCCCCCCCCCCC  BBBBB  CCCCC  AAAAAAAAAAAAAAAA
```

Die Teilungshypothesen für eine Zweiteilung des Philipperbriefes:

```
                1,1-2,30  3,1a  3,1b  3,2-4,1  4,2+3  4,4-7  4,8+9  4,10-20  4,21+23
Becker 1989     AAAAAAAAAAAAA  BBBBBBBBBBBB  AAAAAAAAAAAA  BBBBB  AAAAAAAAAAAAAAAA
Suhl 1975       AAAAAAAAAAAAA  BBBBBBBBBBBBBBBBBBBBBBBBBBBBBB  AAAAAAAAAAAAAAAA
Gnilka 1968     AAAAAAAAAAAAA  BBBBBBBBBBBB  AAAAAAAAAAAA  BBBBB  AAAAAAAAAAAAAAAA
Friedrich 1962  AAAAAAAAAAAAA  BBBBBBBBBBBBBBBBBBBBBBBBBBBBBBBBBBBBBBBB  AAAAAAAAAAAAAAAA
```

ad (1): Gnilka[9] und Friedrich[10] ziehen den Vers 3,1b zum sog. Kampfbrief als „Einleitung der folgenden Warnungen".[11] Eine allerdings merkwürdige Einleitung! Wenn Paulus seine Attacke gegen falsche Missionare mit der Bemerkung begonnen haben soll, daß es ihm nicht weiter lästig falle, diese Sache noch einmal zu behandeln, müssen seine harten, zynischen, an der Grenze des Erträglichen sich bewegenden Ausbrüche als gekünstelt erscheinen. Phil 3,2 ist die einzige Stelle im paulinischen Schrifttum, an der Paulus Menschen mit einem Tier vergleicht bzw. mit einem

---

[7] Gnilka, *Der Philipperbrief*, S. 9f u. 172; Friedrich, „Der Brief an die Philipper", S. 127f.

[8] Die Teilungshypothese Müller-Bardorffs („Zur Frage der literarischen Einheit des Philipperbriefes," S. 591-99) läßt sich nicht in das Schema integrieren, da sie als einzige mit Umstellungen *innerhalb* der Briefteile rechnet. Brief A: 4,10-20. Brief B: 1,1-26; 2,17f.; 1,27-2,16; 4,1-3; 2,19-30; 3,1a; 4,4-7 und vielleicht 4,21-23. Brief C (3,2-21; 4,8f.; 3,1b) ist eine vom Redaktor gebildete Überleitung.

[9] Gnilka, *Der Philipperbrief*, S. 7f und S. 184f.

[10] Friedrich, „Der Brief an die Philipper," S. 126.

[11] Gnilka, *Der Philipperbrief*, S. 185.

Tiernamen beschimpft. Gnilka[12] übersetzt Vers 1b:

> Es fällt mir nicht lästig, euch dasselbe zu schreiben, geschieht es doch zu
> eurer Sicherheit: 2 Gebt acht auf die Hunde!...

Ähnlich Friedrich[13]:

> (1b) Daß ich euch immer das gleiche schreibe, wird mir nicht lästig, euch
> aber macht es sicher. (2) Gebt acht auf die Hunde...

Bezieht man 1b auf 2, entsteht eine problematische Aussage: Paulus habe
schon mehrmals schriftlich (γράφειν!) die Philipper vor diesen (!) Irrlehrern
gewarnt. Das nötigt nicht nur zu der mißlichen Postulierung mehrerer nicht
mehr erhaltener Briefe, auf die in der uns überlieferten Philipperkorrespondenz an keiner Stelle angespielt wird, sondern läßt auch ein fragwürdiges
Bild der Auseinandersetzung des Paulus mit religiösen Gegnern bzw. seines
Verhaltens gegenüber seinen Gemeinden in dieser Frage entstehen. Paulus
erscheint als ein unablässiger Mahner, der dieses Thema auch unabhängig
von konkreten Vorfällen immer wieder durcharbeitet, um seine Gemeinden
präventiv zu immunisieren. Dies ist ein Bild, das mit den uns bekannten
Auseinandersetzungen mit Gegnern nicht übereinstimmt. Besonders die
Korintherkorrespondenz macht deutlich, daß Paulus die Auseinandersetzung
aufgrund von Vorfällen und dann auch möglichst direkt und konkret führen
will (Zitierung gegnerischer Parolen). Umgekehrt zeigt der Römerbrief, daß
die Gegnerproblematik für die Erörterung grundlegender Positionen nicht
konstitutiv ist. Der Einwand Suhls, daß 1b nicht mit 1a zusammengehöre,
da weder ὀκνηρόν noch ἀσφαλές auf χαίρετε zu beziehen sei, 1b weise
vielmehr auf die beginnende Gegnerpolemik, ist nicht stichhaltig.[14] Er
nimmt nicht die eschatologische Dimension dieser Freude (ἐν κυρίῳ) angesichts der Todeserfahrung ernst, von der der Philipperbrief geprägt ist.[15]

Schenk setzt dagegen die perfekt anmutende Komposition eines dreifachen Freudenaufrufs, der durch zwei Parenthesen in den Versen 3,1 und
4,4 gliedernd unterbrochen sei.[16] Das τὰ αὐτά könne sich sehr wohl auf
den Freudenaufruf in 3,1a beziehen, da dieser von der Sache her schon in

---

[12] Gnilka, *Der Philipperbrief*, S. 184.
[13] Friedrich, „Der Brief an die Philipper," S. 158.
[14] Suhl, *Paulus*, S. 155.
[15] Vgl. 4,4f bzw. den jeweiligen Bezug der Freude zum Tod in 2,17 (Paulus) und in 2,29f
(Epaphroditus).
[16] Schenk, *Der Philipperbrief*, S. 242. Seine Interpretation, daß sich die Parenthese in 3,1b
auf 1a zurückbeziehe (Anaphora) und nicht auf 3,2 vorausweise (Kataphora), ist nicht von
dieser Gesamtkomposition abhängig. Dieser Hinweis ist nötig, da o.S. 117f die Verse 4, 2+3
anders zugeordnet werden, als Schenk es tut.

2,18 ergangen sei und auch an die Verse 1,18.26 und 2,28f anknüpfe.[17]
Einfacher gesagt: Paulus hat schon so häufig im Brief von Freude gesprochen (semantisch) und zur Freude aufgerufen (pragmatisch), daß man mit
gutem Recht in 3,1b einen diesen Sachverhalt vielleicht ironisch oder
kritisch reflektierenden Einschub sehen kann. Vers 3,1b ist somit in Zusammenhang mit 3,1a und dem gesamten ersten Brieftteils 1,1-3,1 zu sehen.[18]

    ad (2): Für die Entscheidung, in 4,10-20 (bzw.-23) einen eigenständigen
Brief und nicht eine Passage des hauptsächlich aus 1,1-3,1 bestehenden
Brieftteiles zu sehen, wird die Spannung zwischen dem ausführlichen Dank
in 4,10-20 für die Gabe der Philipper und deren nur beiläufiger Erwähnung
im Kontext von 2,25-30 angeführt. Tatsächlich muß es bei Annahme der
Zusammengehörigkeit dieser Abschnitte in einem Brief befremden, daß
Paulus in der ausführlichen Schilderung des Verkehrs zwischen ihm und den
Philippern (2,25-30) kein Wort des Dankes über die Gabe der Philipper
verliert, aber dann doch in 4,10-20 ausschließlich diese eine Angelegenheit
behandelt.

    Entscheidender für die Behauptung der Eigenständigkeit von 4,10-20 ist
aber die bei aller Gemeinsamkeit (es ist die gleiche Gefangenschaft vorausgesetzt) deutlich voneinander unterschiedene Situation. 4,10-20 bezieht
sich direkt auf die Unterstützung der Philipper. Dies zeigt die als Quittie-
rungsformel erkannte Formulierung ἀπέχω δὲ πάντα, die in dieser technischen Bedeutung in eine direkte Antwort, eben eine Quittung gehört.[19] Die
Verse 4,10-20 verstehen sich als erster und eigentlicher Dank für die von
Epaphroditus überbrachte Gabe der Philipper. Das zeigt der gesamte Duktus
des Schreibens. Ein Zusammenschluß mit dem ersten Brieftteil 1,1-3,1
würde dagegen die Annahme einer mehrere Wochen, ja Monate dauernden
Zwischenphase notwendig machen, da dann die in 2,25-30 geschilderten
Vorgänge zwischen Empfang und Dankesschreiben träten.[20] Damit wäre

---

[17] Schenk (*Der Philipperbrief*, S. 243) spricht von einem „Bezugsfeld", das in der „semanti-
schen Tiefenstruktur" zu erkennen sei.
    [18] So entscheiden sich unter den Arbeiten zum Philipperbrief nach Gnilka (erschienen 1968)
auch Köster (*Einführung*, S. 568), Barth (*Der Brief an die Philipper*, S. 55), Schenke/Fischer
(*Einleitung*, S. 72f), Marxsen (*Einleitung*, S. 126), Vielhauer (*Geschichte der urchristlichen
Literatur*, S. 160); von den Vertretern der Einheitlichkeit: Schoon-Janßen (*Umstrittene Apologien*, S. 126f) und Müller (*Der Brief des Paulus an die Philipper*, S. 136); dagegen Collange
(*L'Épitre de Saint Paul aux Philippiens*, S. 22), Suhl (*Paulus*, S. 150-56).
    [19] Die Quittungsformel ist zuerst von Deissmann (*Licht vom Osten*, S. 88-90) erkannt
worden. Preisigke (*Wörterbuch*, I, Sp. 163) gibt als Bedeutung an: „weghaben, empfangen
haben (in der Regel Geld, seltener Korn oder Feldfrucht, noch seltener sonstige Gegenstän-
de)."
    [20] So konsequent Müller (*Der Brief des Paulus an die Philipper*, S. 11), der mit einer
„Diktatpause" und mit einer zwischenzeitlich erfolgten „mündliche(n) Danksagung" (ebd.,
S. 13) rechnet.

dann erklärungsbedürftig, warum Paulus einen mehrfachen Austausch mit den Philippern verstreichen ließe, ohne die Gelegenheit zu einem Dank zu nutzen, dann aber gegen Ende des Briefes in 4,10-20 ausführlich, direkt und eindringlich auf die Lieferung der Philipper eingehe.[21]

Die Annahme, daß 4,10-20 ein eigenständiges Dankschreiben ist, das vor den Ereignissen, die in 2,25-30 geschildert sind, verfaßt wurde, hebt die Spannung, die durch ein Nachklappen des Dankes in 4,10-20 bewirkt wird, auf und bringt die Entwicklung der paulinischen Gefangenschaft und des Austausches zwischen ihm und den Philippern in eine vernünftige Reihenfolge. Paulus reagiert mit 4,10-20 direkt auf die Unterstützung der Philipper. Er kann sagen περισσεύω: ich habe (jetzt, aufgrund eurer Gabe) im Überfluß, mein Bedarf ist gedeckt. Das kann nicht viele Wochen oder einige Monate nach der Überbringung der Gabe der Philipper geschrieben worden sein. Daran schließen sich die in 2,25-30 erwähnten Ereignisse an.

Was wird dagegen von den Vertretern einer Zweiteilung des Philipperbriefes eingewandt? Gnilka gesteht der obigen Argumentation zwar einige Berechtigung zu, hält sie aber nicht für zwingend. Er muß dann allerdings notwendigerweise auf eine Zwischenlösung zurückgreifen. Er nimmt an, Paulus habe schon mündlich gedankt und hole jetzt den schriftlichen Dank nach.[22] Abgesehen davon, daß er auf eine mißliche, außerhalb des Textes liegende Spekulation angewiesen ist, wird er damit dem oben kurz aufgewiesenen Charakter des Abschnittes in 4,10-20 nicht gerecht. Die gemeinsamen Motive, die er in 1,1-3,1a und 4,10-20 findet (die „Freude im Herrn", die im φρονεῖν ausgedrückte gegenseitige Anteilnahme, Rückblick auf den Anfang der Verkündigung in Makedonien, Verweis auf die Frucht der Gemeinde), wiegen die oben genannten sachlichen Spannungen nicht auf, im Gegenteil, die sachlichen Dubletten bzw. Wiederholungen könnten als Argumente gegen die Zusammengehörigkeit der Briefteile angeführt werden. Auch sein Einwand, eine Quittierung der Dankesgabe müsse nicht sogleich schriftlich erfolgen,[23] wird der Bedeutung dieses Vorganges weder im sog. profanen Sinne noch in seiner sog. sakralen Bedeutung gerecht.[24]

---

[21] Vielhauer, *Geschichte der urchristlichen Literatur*, S. 160f; Bornkamm, „Der Philipperbrief," S. 198f. Dazu Müller, *Der Brief des Paulus an die Philipper*, S. 13: Phil 4,10-20 sei kein Dankesbrief, sondern eine „Art Nachtrag, der - in zeitlich erheblichem Abstand von der Geldspende selbst - die grundsätzliche, d.h. eschatologische Bedeutung der philippischen Solidaritätsaktion herausstellt."

[22] Gnilka, *Der Philipperbrief*, S. 10; Becker (*Paulus*, S. 328) sieht in der Zugehörigkeit von 2,25-30 und 4,10-20 gar keine Probleme.

[23] Gnilka, *Der Philipperbrief*, S. 172f.

[24] Die Quittungsformel ist als schriftliche Antwort häufig belegt: Deissmann, *Licht vom Osten*, S. 88-90; Preisigke, *Wörterbuch*, Bd I, Sp. 163. Eine direkte sachliche Parallele finden wir im Begleitschreiben zur Kollektenmission des Titus (II Kor 8). Dort wird in den Versen 16-23 die große Sorgfalt deutlich, mit der die finanzielle Zusammenarbeit betrieben wird.

Schoon-Janßen begründet die Zusammengehörigkeit von 4,10-20 mit 1,1-3,1 (auf dem Hintergrund der Einheitlichkeit des Briefes) mit einer von ihm vermuteten, stark theologisch orientierten Gesamtkonzeption des Phil:

> der Hauptargumentationsstrang des Paulus besagte ja, daß Freude gerade angesichts des Leides, analog der Selbstentblößung Jesu Christi, etwas zutiefst Christliches sei. Dieser Gedankengang wäre nun aber von Anfang an verwässert worden, hätte Paulus den Brief mit einem überschäumenden Dank für die Spende, die die Not zunächst lindern half, begonnen.[25]

Deswegen sei Paulus geradezu genötigt, den Dank für den Schluß des Briefes außerhalb seiner eigentlichen theologischen Argumentation aufzusparen. Schoon-Janßen konstruiert damit eine Trennung der theologischen Argumentation des Paulus und seiner konkreten Beziehung zu den Gemeinden. Der Dank für die Gabe wird nicht nur räumlich, in der Ordnung des Briefes, sondern auch sachlich angehängt, da ihm keine, ja eine eher störende Bedeutung zukomme. Dem widerspricht gerade die eminent theologische Wertung seiner materiellen Beziehungen zu den Philippern (bes. 4,18-20). Das ist keine Nebensache, sondern gehört ins Zentrum der Verhältnisbestimmung zwischen Paulus und der philippischen Gemeinde im Rahmen ihrer gemeinsamen Gottesbezogenheit.[26]

Friedrich läßt in seiner Argumentation für die Zugehörigkeit von 4,10-20 zu 1,1-3,1a die Spannungen zwischen 2,25-30 und 4,10-20 völlig unberücksichtigt.[27] Ähnlich oberflächlich ist seine Interpretation des gesamten Abschnittes.[28] Suhl schließt sich Friedrich mit ausführlicher Erörterung der Probleme an.[29] Er meint den Schwierigkeiten zu entgehen, indem er annimmt, Paulus sei zunächst in strenger Haft am Schreiben gehindert gewesen und könne deswegen nicht für die vor oder zu Beginn der Haft empfangene Gabe danken. Nach seiner in 1,12-14 angedeuteten ersten Gerichtsverhandlung sei er in leichtere Haft genommen worden und habe dann den Brief 1,1-3,1a + 4,10-23 geschrieben. Suhl muß eine ganze Reihe externer Überlegungen einführen, um zu einem schlüssigen Ergebnis zu kommen. Mit ihnen werden die Spannungen innerhalb des Textes geglättet, aber durchaus nicht aufgehoben. Selbst wenn man diese Spekulationen akzeptieren könnte, blieben die oben genannten Einwände gegen eine Zusammengehörigkeit von 4,10-20 mit dem ersten Briefteil bestehen.[30]

---

[25] Schoon-Janßen, *Umstrittene Apologien*, S. 157.

[26] So auch Müller, *Der Brief des Paulus an die Philipper*, S. 13 und S. 207f.

[27] Friedrich, „Der Brief an die Philipper," S. 127f.

[28] Ebd., S. 172-74.

[29] Suhl, *Paulus*, S. 160.

[30] Zusätzliche Argumente für eine Dreiteilung bringt Sellew („Laodiceans," S. 4-8): die Rezeption des Phil im Laodicenerbrief (s. Schneemelcher, *Neutestamentliche Apokryphen 2*, S. 41-44) setze die Existenz eines Philipperbriefes ohne Phil 3,2-4,3 und 4,10-20 voraus.

ad (3): Dieser Problemkreis scheint sich gegen eine Klärung hartnäckig zu sperren. Für die Zuordnung der Verse 4,1-9 und 21-23 gibt es nicht weniger als neun verschiedene Vorschläge. Bornkamm z.b. ändert in dieser Frage seine Meinung zwischen den beiden Drucken seines Aufsatzes von seiner ursprünglichen Ansicht (Brief A: Phil 4,10-20, Brief B: 1,1-3,1 + 4,4-9, Brief C: 3,2-4,3 + 4,21-23) zu einer vereinfachten Aufteilung (Brief A: 4,10-20, Brief B: 1,1-3,1 + 4,21-23, Brief C: 3,2-4,9).[31] Auch Marxsen verändert seine Teilungshypothese von der dritten (1963) zur vierten Auflage (1978) seiner Einleitung. Köster läßt die Zuordnung dieser Verse offen bzw. fügt sie in Klammern hinzu.[32] Barth bleibt bezüglich 4,21-23 unentschieden.[33]

Übersicht: Die Zuordnung der Verse 4,1-9 und 21-23

1)		4,1	4,2+3	4,4-7	4,8+9	4,10-20	4,21-23
	Schenk 1984	CCCCCCCCC	BBBBB	CCCCC		AAAAAAAAAAAAAA	
	Köster 1980	CCCCCCCCC	B?B?B	C?C?C		AAAAAAAAAAAAAA	
	Köster 1961/62	CCC	???????????????????			AAAAAAA	??????
	Schmithals 1957	CCCCCCCCC	BBBBB	CCCCC		AAAAAAAAAAAAAA	
2)		4,1	4,2+3	4,4-7	4,8+9	4,10-20	4,21-23
	Barth 1979	CCCCCCCCC	BBBBB	CCCCC		AAAAAA	B?B?B?B
	Schenke 1978	CCCCCCCCC	BBBBB	CCCCC		AAAAAA	BBBBBB
	Marxsen 1963	CCCCCCCCC	BBBBB	CCCCC		AAAAAA	BBBBBB
	Bornkamm 1962	CCC	C?C?C	BBBBB	CCCCC	AAAAAA	BBBBBB
3)		4,1	4,2+3	4,4-7	4,8+9	4,10-20	4,21-23
	Marxsen 1978	CCCCCCCCC	BBBBBBBBBBB		AAAAAA		BBBBBB
	Vielhauer 1975	CCCCCCCCC	BBBBBBBBBBB		AAAAAA		BBBBBB
4)		4,1	4,2+3	4,4-7	4,8+9	4,10-20	4,21-23
	Collange 1973	CCC	BBBBBBBBBBB	CCCCC		AAAAAA	AB?AB?A
5)		4,1	4,2+3	4,4-7	4,8+9	4,10-20	4,21-23
	Bornkamm 1971	CCCCCCCCCCCCCCCCCCCCCCC				AAAAAA	B?B?B?B
	Rathjen 1959/60	CCCCCCCCCCCCCCCCCCCCCCC				AAAAAA	BBBBBB
6)		4,1	4,2+3	4,4-7	4,8+9	4,10-20	4,21-23
	Beare 1959	CCC	BBBBBBBBBBBBBBBBBBB			AAAAAA	BBBBBB
7)		4,1	4,2+3	4,4-7	4,8+9	4,10-20	4,21-23
	Müller-Bardorff 1957/58	BBBBBBBB	BBBBB	CCCCC		AAAAAA	BBBBBB
8)		4,1	4,2+3	4,4-7	4,8+9	4,10-20	4,21-23
	Suhl 1975	BBBBBBBBBBBBBBBBBBBBBBBBB				AAAAAAAAAAAAAA	
	Friedrich 1962	BBBBBBBBBBBBBBBBBBBBBBBBB				AAAAAAAAAAAAAA	
9)		4,1	4,2+3	4,4-7	4,8+9	4,10-20	4,21-23
	Becker 1989	BBB	AAAAAAAAAAA	BBBBB		AAAAAAAAAAAAAA	
	Gnilka 1968	BBB	AAAAAAAAAAA	BBBBB		AAAAAAAAAAAAAA	

---

[31] Bornkamm, „Der Philipperbrief," S. 197, Anm.11.
[32] Köster, *Einführung*, S. 566-58.
[33] Barth, *Der Brief an die Philipper*, S. 11.

Diese Unsicherheit ist in der Sache begründet. In der Zuweisung kleiner Textabschnitte lassen sich die inhaltlichen und sprachlichen Kriterien nur schwer zu einer überzeugenden Argumentation zusammenführen. Das Material reicht einfach nicht aus. Eine genaue Durchsicht der Probleme läßt aber zumindest einen Konsens erkennen, der als Ausgangsbasis der weiteren Überlegungen dienen kann. Die Verse des Kapitels 4 lassen sich in fünf bzw. sechs kleinere Einheiten unterteilen, deren Zusammengehörigkeit in sich nicht bestritten wird.[34] So werden 4,2+3; 4,4-7; 4,8+9; 4,10-20 und 4,21-23 zwar miteinander verschieden kombiniert bzw. in unterschiedlicher Weise Briefteilen zugeordnet, sie bilden aber die kleinsten Einheiten der Diskussion.[35]

Zur weiteren Klärung verhilft das formkritische Argument, daß in 4,4-7; 4,8f und in 4,21-23 jeweils mögliche Briefschlüsse bzw. den Schlußgruß einleitende Segensformeln (4,7 und 4,9) vorliegen, die nach inhaltlichen und sprachlichen Kriterien auf die jeweiligen Briefteile zu verteilen sind. Der Schluß des II Kor und der des Gal bieten schöne Parallelen, zeigen aber gleichzeitig, daß Paulus den Briefschluß nicht stereotyp gestaltet. Er kann hier genauso wie im Briefeingang variieren.[36] Zudem muß mit dem Wegfall zumindest einiger Schlußgrüße gerechnet werden. Ein genauerer Vergleich lohnt allerdings. II Kor 13,11 ist folgendermaßen aufgebaut: 1. retardierende Floskel ($\lambda o\iota\pi\acute{o}v$) und Imperativ als Schlußmahnung ($\chi\alpha\acute{\iota}\rho\epsilon\tau\epsilon$), 2. Segen (dann folgen in V.12 und 13 Grüße und Gnadengruß). Die gleiche Struktur ist in Phil 4,8f zu erkennen: 1. retardierende Floskel ($\tau\grave{o}$ $\lambda o\iota\pi\acute{o}v$) und Imperativ ($\lambda o\gamma\acute{\iota}\zeta\epsilon\sigma\theta\epsilon$) als Schlußmahnung, 2. Segen. Es könnten also in Parallele zu II Kor 13,11-13 sehr gut auf Phil 4,8f noch die Verse 4,21-23 folgen bzw. ein anderer Schlußgruß, der bei der Zusammenstellung des Briefes gestrichen worden wäre. Diese Struktur findet sich in bezeichnender Abwandlung auch in Gal 6,16-18. Der Segen ist in 6,16 mit einer angesichts des gespannten Verhältnisses zwischen Paulus und den Galatern verständlichen Einschränkung versehen und vor die aus dem gleichen Grund in der Form überraschende Schlußmahung gezogen (Gal 6,17), die aber auch aus retardierender Floskel ($\tau o\hat{v}$ $\lambda o\iota\pi o\hat{v}$) und Imperativ ($\pi\alpha\rho\epsilon\chi\acute{\epsilon}\tau\omega$) besteht. Es folgt der Gnadengruß ohne weitere Grüße. Phil 4,8f kann als Briefschluß interpretiert weden, der noch mit 4,21-23 verbunden werden kann (wie in II Kor 13,11-13), aber nicht muß (so Gal 6,16-18).

---

[34] Müller-Bardorff („Zur Frage der literarischen Einheit des Philipperbriefes," S. 599) rechnet zwar mit der Zugehörigkeit von Phil 4,1-3 und 4,4-7 zum Brief B, vermutet aber, daß 4,1-3 ursprünglich auf 2,16 und 4,4-7 auf 3,1a folgten.

[35] 4,1 wird immer dem in 3,2-3,21 erhaltenen Brief zugeordnet; Ausnahme Müller-Bardorff.

[36] S. Becker, *Paulus*, S. 326f.

Bezieht man nun 4,4-7 in die Überlegungen mit ein, ist wiederum festzustellen, daß die Verse 4,4-7, die aus imperativischer Schlußmahnung und Segen bestehen, als Dublette zu 4,8f und als eigene Einleitung eines Briefschlußes zu sehen sind. Beide Abschnitte (4,4-7 und 4,8f) sind offen für eine Ergänzung durch einen Schlußgruß wie 4,21-23 (Grüße und Gnadengruß) bzw. durch eine ähnlichen Abschluß, der nicht erhalten ist.

Bleibt noch die Zuordnung dieser drei Schlußeinheiten zu den Briefteilen. 4,21-23 wird oft aufgrund einer vermuteten Beziehung zwischen den grüßenden Kaisersklaven (4,22) und dem in 1,13 erwähnten Prätorium dem Briefteil 1,1-3,1 beigegeben. Zwingend ist dieses Argument auf gar keinen Fall, so daß 4,21-23 in ihrem gegeben Zusammenhang zu 4,10-20 stehen bleiben können.[37]

Finden sich nun Gesichtspunkte, die eine Zuordnung der Dubletten 4,4-7 und 4,8f zu den größeren Briefteilen ermöglichen? Die Zusammenordnung aufgrund des in 3,1 und in 4,4 ausgesprochenen Freudenaufrufs ist ein wichtiger Hinweis.[38] Es lassen sich aber auch inhaltliche Argumente geltend machen. Paulus modifiziert gerade Briefeingang und Schluß je nach dem aktuellen Verhältnis zu seiner Gemeinde. Demnach paßt der knappe Schlußsegen in 4,9b besser zu dem kontroversen Kampfbrief (vgl. den knappen Segen in Gal 6,16). Die ausführlichere und herzlichere Formulierung in Phil 4,7 steht dem die guten Beziehungen betonenden Briefteil 1,1-3,1 näher. Durch den Briefteil 3,2-4,1 zieht sich die Anrede Brüder (ἀδελφοί 3,13.17 und 4,1), die in 4,8 aufgenommen sein könnte. 4,8f sind am wahrscheinlichsten zu Brief C zu ziehen.[39]

Die Stellung von 4,2+3 wird nur selten thematisiert. Der überwiegende Teil der Forscher sieht sie in Folge der engen Aufeinanderbeziehung von 3,1 und 4,4 im Zusammenhang von 3,2-4,1. Eigens begründet wird das meistens nicht.[40] Nur Schenk bemüht sich vertiefend um dieses Pro-

---

[37] Schenk, *Der Philipperbrief*, S. 335f: „Tatsächlich ergibt sich aus diesem Zusammenhang nur der gleiche Absendeort, während ein epistolischer Zusammenhang durch die Art der Erwähnung nicht gegeben ist." Vgl. zu diesem Problem auch die Überlegungen von Müller, *Der Brief des Paulus an die Philipper*, S. 210.

[38] Die Bestreitung durch Bornkamm („Philipper," S. 197, Anm.11) kann nicht überzeugen. Weder ist zu erkennen, daß 4,4f in den „eschatologischen Zusammenhang" in 3,10f.12-14.20f gehört, noch ist der intuitiven Argumentation (man müsse es nur einmal laut lesen) zu folgen, mit der Bornkamm zu begründen versucht, warum 4,4 nicht auf 3,1 folgen könne.

[39] Gnilka, *Der Philipperbrief*, S. 9; Becker, *Paulus*, S. 327.

[40] Vielhauer (*Geschichte der urchristlichen Literatur*, S. 160): „Die Ketzerpolemik zerreißt den literarischen Zusammenhang von 3,1 und 4,4." Schmithals („Irrlehrer," S. 303f) bringt für die Zuordnung 4,2f zu 4,1 kein Argument, sondern verläßt sich ganz auf die enge Zusammengehörigkeit von 3,1 und 4,4. Allerdings erlaubt er sich (S. 338), die Verse 4,2f intensiv als Illustrierung von Kap. 3 auszuwerten. Er vermutet, daß die beiden Frauen „vielleicht als Vorsteherinnen von Hausgemeinden - den Gnostikern ihre Versammlungen öffneten."

blem.[41] Er sieht den engen Bezug von 4,1 auf 3,2ff einerseits und auf 4,8f andrerseits. Trotzdem hält er an der Zusammengehörigkeit von 4,2+3 mit dem Kampfesbrief fest. Einleuchtender erscheint dagegen die Sicht von Gnilka, Becker, Collange und Beare, die - allerdings aufgrund unterschiedlicher Überlegungen - zu dem Ergebnis kommen, 4,2f zu 4,4-7 bzw. zu 1,1-3,1 zu ziehen.

Die Zuweisung zu einem bestimmten Briefteil kann sich auf einige Argumente stützen: 1.) der freundliche Schluß in 4,4-7 paßt besser zum insgesamt freundschaftlichen Brief B; 2.) in 4,2+3 ist im Gegensatz zu Briefteil C, der einer Gefährdung der Gemeinde von außen wehren will, die Einheit innerhalb der Gemeinde thematisiert; 3.) der Freudenaufruf 4,4 nimmt 3,1 wieder auf; 4.) das Verb συναθλέω (4,3) und der Begriff τὸ αὐτὸ φρονεῖν (4,2) sind auch im Briefteil B zu finden (in 1,27 bzw. 2,2), was von besonderer Bedeutung ist, da sie beide situativ orientiert sind und συναθλέω im NT überhaupt nur an diesen beiden Stellen des Phil vorkommt. Eine wie in Kap. 3 dargestellte Situation verlangt auch andere Begriffe. Die Verse 4,2-7 schließlich bilden einen Zusammenhang, der nicht zerrissen werden darf, und sind zu dem Briefteil 1,1-3,1 zuzuordnen. Diese Überlegungen führen zu einer neuen Teilungshypothese, die aber außer der Interpretation von Phil 4,10-20 als eigenständiges Schreiben und der Zuordnung von 3,1b mit Gnilka und Becker übereinstimmt: Brief A = 4,10-20 + 4,21-23; Brief B = 1,1-3,1 + 4,2-7; Brief C = 3,2-4,1 + 4,8f.

3. Die Chronologie der Ereignisse

Eine Chronologie der Beziehungen zwischen Paulus und der Philippergemeinde ist wesentlich von der Entscheidung über die Einheitlichkeit des Philipperbriefes bestimmt. Im folgenden wird die oben begründete chronologische Reihenfolge von Phil A (4,10-20) vor Phil B (1,1-3,1) zugrundegelegt. Das Gerüst der Chronologie wird aus den für die Ereignisfolge verwertbaren Aussagen der Philipperkorrespondenz und der anderen Paulusbriefe erstellt. Die entsprechenden Passagen von Act werden nur ergänzend ausgewertet. Diese Entscheidung führt notwendigerweise zum Verzicht auf die Einordnung in eine absolute Chronologie, da nur die Apostelgeschichte die Geschichte des Urchristentums mit datierbaren Ereignissen der (Welt-geschichte in Beziehung setzt bzw. selbst Datierungen im Stil der hellenistisch-römischen Welt anhand der Amtsperioden von Amtsinhabern (Kaiser, Statthalter usw.) bietet.[42] In den paulinischen Briefen finden sich solche

---

[41] Schenk, *Der Philipperbrief*, S. 269-74.
[42] Act 11,28; 13,7; 18,2; 18,12 u.ö.

Hinweise nicht. Die Auswertung der zahlreichen Aussagen über Reisepläne, die Kollekte und andere Umstände (Gefangenschaft, Brief, Entsendung von Mitarbeitern) und deren Inbeziehungsetzung ermöglichen aber die Erstellung einer relativen Chronologie.

Die Arbeiten zur paulinischen Chronologie bleiben aufgrund dieser Umstände in vielen Einzelheiten, aber auch in den Grundfragen (etwa das chronologische Verhältnis des sogenannten Apostelkonventes zur Abfassung des I Thess und damit zur paulinischen Griechenlandmission) divergent.[43] Konsensfähige Ansätze werden durch neuere methodische Zugänge immer wieder in Frage gestellt. Die Offenheit für neue Einschätzungen sollte unbedingt erhalten bleiben, da weder methodisch noch sachlich auch nur ein vorläufig endgültiges Ergebnis in Sicht ist. Allerdings sollte in der Diskussion neuer methodischer Zugänge beachtet werden, daß neue Ansätze nicht nur neue Erkenntnisse, sondern oft auch neue Probleme bringen, die bisweilen über ihre konstruktiven Leistungen hinausgehen.

Literarkritische Operationen am Phil, II Kor und Röm machen die Situation nicht übersichtlicher. Sie verstärken zugegebenermaßen den hypothetischen Charakter. Ebenso deutlich ist allerdings, daß eine plausible Interpretation des Phil, II Kor und Röm (bezüglich Kap. 16) in sich, ohne Erklärung der sachlichen und formalen Brüche im Text, nicht möglich ist. Wer sich überhaupt auf eine Teilung der Briefe einläßt, kann sich dann nicht grundsätzlich gegen komplexere Teilungshypothesen sperren oder aufgrund scheinbarer Einfachheit bestimmten Teilungshypothesen den Vorzug geben, wie das bisweilen als Argument in der Entscheidungsfindung zwischen den verschiedenen Teilungshypothesen angeführt wird.[44]

Grundlage der Rekonstruktion der Ereignisse um Philippi sind die verschiedenen Fragmente der Philipperkorrespondenz in der chronologischen Folge Phil A (4,10-20) vor Phil B (1,1-3,1).[45]

In Phil 4,15f erwähnt Paulus seinen ersten Aufenthalt in Philippi:

> (15) Ihr wißt aber auch, Philipper, daß am Anfang des Evangeliums, als ich wegging von Makedonien, keine Gemeinde mit mir Gemeinschaft auf Abrechnung von Geben und Nehmen hielt außer euch alleine, (16) so daß ihr mir auch nach Thessalonike mehrmals (etwas) in meiner Mangelsituation schicktet.

---

[43] Neben den Einleitungen bes. Suhl, *Paulus*; Lüdemann, *Paulus*; Jewett, *Chronologie*; Georgi, *Die Kollekte*; Schnelle, *Wandlungen*; Becker, *Paulus*; Bornkamm, *Paulus*; Riesner, *Die Frühzeit des Apostels Paulus*.

[44] Zunehmend wird für den II Kor und den Phil das Argument der Einfachheit einer Zweiteilungshypothese gegenüber differenzierteren Vorschlägen angeführt. Dies wäre nur statthaft, wenn tatsächlich, wie von Trobisch (*Die Entstehung der Paulusbriefsammlung*) behauptet, eine bestimmte Methodik der Briefkompilation für Briefsammlungen nachweisbar wäre.

[45] Phil C (3,2-4,1) bleibt für die Rekonstruktion der Beziehungen weitgehend außer acht.

Schon nach seinem ersten Aufenthalt hat das Verhältnis des Paulus zu Philippi eine feste Form und ist durch die Formel εἰς λόγον δόσεως καὶ λήμψεως gekennzeichnet. In Thessalonike, seiner ersten Missionsstation nach dem Verlassen Philippis,[46] versorgten die Philipper ihn einige Male. In I Thess 2,9 berichtet Paulus, er habe den Thessalonichern nicht zur Last fallen wollen und habe für seinen Lebensunterhalt Tag und Nacht gearbeitet. In dieser Situation wird eine Hilfestellung aus Philippi willkommen gewesen sein. Die materielle Unterstützung zielt nicht auf Paulus persönlich bzw. auf ihn als einen herausgehobenen Amtsträger, sondern ist in der Bemühung um die gemeinsame Sache, die Evangeliumsverkündigung, begründet.[47]

Paulus hat Philippi unter mißlichen Umständen verlassen müssen. Dazu muß man sich nicht auf den Bericht in Act 16 berufen, der ohnehin die Abreise des Paulus mit deutlich apologetischer Tendenz als freiwillig, wenn auch von der Obrigkeit gewünscht, darstellt (Act 16,38-40). In I Thess 2,2 finden wir einen direkten Hinweis auf seine Erfahrungen mit Philippi. Dort erwähnt Paulus den Thessalonichern gegenüber seine Erlebnisse in Philippi:

> Obwohl wir vorher gelitten und Gewalt ertragen hatten in Philippi, wie ihr wißt, traten wir in voller Redefreiheit durch unseren Gott auf, bei euch das Evangelium Gottes in viel Kampf (ἀγών) zu verkünden.[48]

Der Abschied des Paulus und eine geraume Zeit seines Aufenthaltes in Philippi standen unter schweren Bedrängnissen. Paulus war in Philippi Angriffen ausgesetzt, dennoch nimmt er in Thessalonike, dem Sitz des römischen Provinzstatthalters, die volle Freiheit der öffentlichen Verkündigung in Anspruch. Er stellt Unterdrückung (ὑβρίζω) in Philippi und Redefreiheit (παρρησία) rhetorisch gegenüber. Die Kontrastierung der παρρησία legt es nahe, die in Philippi erfahrene Unterdrückung als eine Unterdrückung durch die Öffentlichkeit bzw. die Obrigkeit zu verstehen und nicht als Folge innergemeindlicher Auseinandersetzungen. Dafür spricht natürlich auch, daß Paulus, trotz der massiven Konflikte um seinen Aufenthalt, von Philippi aus für seine Mission in Thessalonike unterstützt wurde (Phil 4,16). Die Philippergemeinde steht nach dem Verlassen der Stadt weiter hinter

---

[46] Nach dem *Itinerarium Antonini* beträgt die Entfernung zwischen Thessalonike und Philippi auf der *Via Egnatia* 100 *milia passum*, etwa 148 km. Vgl. Oberhummer, „Art. Egnatia via," Sp. 1989-91.

[47] Paulus verzichtet gegenüber den Thessalonichern und den Korinthern auf Ansprüche aus seinem apostolischen Amt (I Thess 2,7-9; I Kor 9,1-12). Seine Hinweise auf Unterstützung durch andere Gemeinden müssen aber genau gelesen werden. Sie beruhen nicht auf dem apostolischen Prinzip des Austausches geistlicher gegen sarkische Gaben, das Paulus für sich *faktisch* nie in Anspruch nimmt (nur für die Kollekte vgl. Röm 15,27), sondern auf dem Willen zur gemeinsamen Evangeliumsverkündigung (II Kor 11,7-9 u. 12,13).

[48] ὑβρίζω nach Bauer (*WbNT*, Sp. 1645): „mißhandeln", und προπάσχω nach Bauer (*WbNT*, Sp. 1406): „vorher leiden".

Paulus und seinen missionarischen Plänen, die von ihr intensiv gefördert werden. Weder teilt sie die massiv ablehnende und zu drastischen Interventionen neigende Haltung ihrer städtischen Obrigkeit, noch ist sie bereit, sich anzupassen. Die dadurch entstehenden Spannungen zu ihrer Umwelt nimmt sie in Kauf.

Das nächste aus dem Phil zu erschließende Datum ist die in 4,10 geschilderte Situation, daß Paulus schon länger auf ein Zeichen aus Philippi wartet. Zwischen ihr und der Vertreibung aus Philippi liegen eine Reihe weiterer Ereignisse, die durch Notizen aus dem I Thess bekannt sind. Paulus zieht nach I Thess 3,1 von Thessalonike nach Athen und begibt sich von dort nach Korinth. Die weitere Entwicklung ist nun aus den Paulusbriefen alleine nicht mehr zu rekonstruieren.

Die Untersuchungen zur paulinischen Chronologie kommen aufgrund unterschiedlicher methodischer Ansätze und durch die divergierende Bewertung der historischen Zuverlässigkeit der Act nicht zu einheitlichen Ergebnissen bei der Rekonstruktion der weiteren Ereignisse. Die Diskussion dieser Probleme müßte ausführlicher geführt werden, als es für den vorliegenden Zusammenhang notwendig ist. Die wahrscheinlichste Entwicklung sei kurz skizziert: Paulus verläßt nach kurzem Aufenthalt Thessalonike, zieht über Athen (I Thess 3,1) nach Korinth, verweilt dort längere Zeit und setzt dann nach Ephesus (I Kor 16,8) über, wo er in Gefangenschaft gerät (vgl. II Kor 1,8-11). Dort schreibt er u.a. Phil A und B. Nachdem er aus der Gefangenschaft entlassen worden ist, zieht er über Troas und Philippi nach Thessalonike, wo er auf Titus, der gute Nachrichten aus Korinth bringt, trifft (II Kor 2,13 und 7,5). Dorthin begibt er sich, um sein Kollektenwerk weiter voranzutreiben. Er schreibt den Römerbrief, dessen Kapitel 15 weitere Auskunft über seine Pläne gibt.[49]

In Phil 4,10 äußert Paulus, daß er schon längst eine Unterstützung der Philipper erwartet habe ($\mathring{\eta}\delta\eta$ $\pi o\tau\acute{\epsilon}$). Die Gemeinde war durch uns unbekannte Umstände daran gehindert ($\mathring{\eta}\kappa\alpha\iota\rho\epsilon\hat{\iota}\sigma\theta\epsilon$). Die Überbringung der Gabe durch Epaphroditus (4,18) beendet die Wartezeit und schließt diese erste

---

[49] Diese Sicht teilen Becker (*Paulus*, S. 134f.154.160-66.169f.271f.275f), Georgi (*Die Kollekte*, S. 46f.50-52.79f), ähnlich mit stärkerer Heranziehung der Act auch Bornkamm (*Paulus*, S. 78-103), Vielhauer (*Geschichte der urchristlichen Literatur*, S. 79-81); anders aufgrund abweichender methodischer Ansätze: Lüdemann (*Paulus*) und Jewett (*Chronologie*). Ein weiteres Problem stellt die Einordnung des Brieffragmentes C in die Chronologie dar. Mit einiger Sicherheit ist das Fragment erst nach Phil A und Phil B verfaßt. Ob es aber, wie Georgi (*Die Kollekte*, S. 50) meint, kurz nach Phil B noch aus der ephesinischen Gefangenschaft mit einem angesichts des möglichen Todesurteiles testamentarischen Charakter abgefaßt ist, oder wie Becker (*Paulus*, S. 325-32) vorschlägt, zwischen Gal und Röm in Korinth kurz vor der Abfahrt nach Jerusalem zur Kollektenüberbringung geschrieben wurde, muß offenbleiben. Der testamentarische Charakter von Phil 3 läßt sich sowohl mit der Situation vor der Jerusalemreise (Röm 15,31) als auch mit den Erfahrungen in Ephesus (II Kor 1,8-11) erklären.

Phase zwischen der Erstmission Philippis durch Paulus und der Abfassung von Phil A ab. Über die Situation des Paulus zur Zeit der Abfassung läßt sich aus Phil A entnehmen, daß er sich in einer Mangelsituation befindet (χρεία), die durch die überreichliche Gabe (πεπλήρωμαι 4,18) der Philipper beendet ist. Das Verhältnis auf Geben und Nehmen um des Evangeliums willen hat sich wieder bewährt. Paulus hat also nach seinem ersten Auftreten in Philippi intensiven Kontakt und Austausch mit der Philippergemeinde, die durch die belastenden Ereignisse in Philippi selbst nicht gestört sind.

Jetzt muß ein Problem erörtert werden, das aus einer Eigenart paulinischer Ausdrucksweise resultiert. Paulus wählt häufig den Provinznamen zur Kennzeichnung der Herkunft von Schwestern und Brüdern der Gemeinden (II Kor 11,9) oder als Sammelbegriff für die Gemeinden dieser Provinz (II Kor 8,1). Leider ist dadurch nicht eindeutig, ob er genau eine, mehrere oder tatsächlich alle Gemeinden, die innerhalb der Provinz liegen, meint. Es ist also jeweils im einzelnen zu erwägen, ob die Philipper unter den Sammelbegriff fallen oder nicht. Im Zusammenhang mit der Kollekte ist die Gemeinde von Philippi mitangesprochen, denn die Kollektenorganisation wird von den Gemeinden Makedoniens in Zusammenarbeit geleistet, wie II Kor 8,1 in Verbindung mit II Kor 8,18f belegt. Die Kollekte ist ein Werk der Gemeinden Makedoniens (8,1), die sich in einem institutionellen Vorgang auf einen gemeinsamen Beauftragten zur Begleitung des Paulus verständigt haben.[50] Hier können wir eine Mitbeteiligung der Philipper voraussetzen. Gleichzeitig ist mit II Kor 8,18f, wie auch mit I Thess 1,7f und 4,10, eine von Paulus unabhängige, zwischengemeindliche Kommunikation belegt, die sich vor allem im Zusammenhang der Kollekte in Makedonien bewährt hat.[51] Aus diesem Grund ist sicher, daß auch in II Kor 9,2.4 die philippische Gemeinde mitgemeint ist.

Die Bezeichnung οἱ ἀδελφοὶ ἐλθόντες ἀπὸ Μακεδονίας ist nicht zwingend auf philippische Gemeindeglieder bezogen (II Kor 11,9). Es spricht einiges für ein solches Verständnis der Textstelle. Die Aussage des Paulus in Phil 4,15 in Verbindung mit I Thess 2,9 weist in diese Richtung. Paulus hat zum Zeitpunkt seines ersten Aufenthaltes in Korinth, wenn man Phil 4,15 eng interpretiert (οὐδεμία μοι ἐκκλησία ἐκοινώνησεν), nur aus Philippi Unterstützung zu erwarten. Die in II Kor 11,9 erwähnten Geschwister aus Makedonien sind mit aller Wahrscheinlichkeit Philipper.

---

[50] χειροτονέω ist hier ganz wörtlich als Abstimmung, die in mindestens zwei Gemeinden erfolgt ist, zu verstehen. Vgl. Georgi, *Die Kollekte*, S. 54; Windisch, *Der zweite Korintherbrief*, S. 263.

[51] I Thess 1,7f und 4,10 sprechen von missionarischen und kommunikativen Beziehungen zwischen Thessalonike und anderen Gemeinden Makedoniens. Phil 4,3 erwähnt die von Philippi ausgehende Gemeindemission.

Größere Unsicherheit besteht in den Fällen, in denen Paulus Makedonia als Gebietsbezeichnung ohne nähere Präzisierung im Rahmen seiner Reise- und Kollektenpläne erwähnt (Röm 15,26; I Kor 16,5; II Kor 1,16f; 2,13; 7,5; I Thess 1,7f; 4,10). Die Beteiligung der philippischen Gemeinde bzw. ein Besuch in Philippi kann nicht als selbstverständlich unterstellt werden. Es ist immer auch mit einer Verschlechterung des Verhältnisses zu rechnen, wie es z.b. aus den beiden Korintherbriefen und dem Gal für diese beiden Gemeinden belegt ist. Phil C (3,1-20) spiegelt eine Reihe von Konfliktpunkten, die zu einem solchen Zerwürfnis geführt haben könnten, ohne daß schon von einer aktuellen Spannung gesprochen werden muß.[52] Paulus könnte von Makedonien gesprochen haben, ohne Philippi mitzumeinen. In einzelnen gilt aber, daß in I Kor 16,5 ein Besuch in Philippi von Paulus sicher geplant wird (die Kollekte ist noch im Vorbereitungsstadium, II Kor 8 noch nicht geschrieben und dort sind die Philipper noch miteinbezogen). II Kor 2,13 und 7,5 berichten von der Durchführung dieser Reisepläne und II Kor 1,16f von verworfenen Plänen, die Paulus zwischen der Abfassung von I Kor 16,5 und II Kor 2,13 und 7,5 neu geplant hatte. Aus II Kor 2,13 und 7,5 können wir demnach auf einen weiteren, uns in der Philipperkorrespondenz selbst nicht genannten Besuch des Paulus in Philippi schließen. Es handelt sich mit einiger Wahrscheinlichkeit um den in Phil 2,24 angekündigten Besuch. I Kor 16,5 spricht von der Absicht des Paulus, durch diese Gemeinden ohne längeren Aufenthalt durchzureisen. In II Kor 7,5-7 sagt Paulus, daß er schon vor Titus in Makedonien angekommen ist. Nehmen wir an, er habe an seiner Absicht des Durchreisens festgehalten, dann ist es wahrscheinlich, daß das Zusammentreffen mit Titus in Thessalonike stattfand und nicht in Philippi.[53]

Aus Phil B erfahren wir dann weiteres über den Charakter dieser Gabe und den Verlauf der Interaktionen zwischen Paulus und den Philippern. Auch Phil B verweist auf die gute Gemeinschaft von Anfang an bis zur Abfassung dieses Briefteiles (Phil 1,5). Daran hat sich also nichts geändert. Zwischen Brief A und Brief B liegen eine ganze Reihe von Ereignissen. Epaphroditus hat die Gabe der Philipper an Paulus übergeben. Dieser bedankt sich mit Phil A (Briefeingang und Schluß vermutlich verloren, wenn nicht in 4,21-23 erhalten). Epaphroditus, der als Bruder (ἀδελφός),

---

[52] Paulus wendet sich in Phil C nicht gegen die Gemeinde, sondern gegen die Intentionen einiger von außen an die Gemeinde herangetretener Missionare, deren Verkündigung er scharf ablehnt. Philippi ist diesen noch nicht erlegen, bzw. Paulus weiß über konkrete Vorgänge dort nur wenig Bescheid. Phil C ist zu grundsätzlich abgefaßt, als daß aus ihm das Profil von Gegnern des Paulus zu gewinnen wäre.

[53] II Kor 7,5 spricht deutlich aus, daß Paulus in Makedonien mobil bleiben mußte: „...in Makedonien fanden wir keine Ruhe, sondern überall [ἐν παντί ist lokal zu verstehen im Sinne von ἐν παντὶ τόπῳ] waren wir bedrängt...“

Mitarbeiter (συνεργός) und Mitstreiter (συστρατιώτης) des Paulus empfangen wird, kommt als Apostel der Gemeinde und als von der Gemeinde beauftragter Helfer (λειτουγός) gegen die Not des Paulus (2,25). Epaphroditus erfüllt ausdrücklich einen Gemeindeauftrag, den Paulus auch anerkennt. Dieser Auftrag bewirkt nicht die Unterordnung des Epaphroditus unter Paulus. Paulus macht das durch die paritätischen Bezeichnungen ἀδελφός, συνεργός und συστρατιώτης deutlich. Er ist nicht, wie Ollrog meint,[54] von der Gemeinde Paulus zu Diensten abgeordnet, um deren Verpflichtungen gegenüber Paulus zu erfüllen,[55] sondern tritt als gleichberechtigter Partner in der Mission, beauftragt durch eine Gemeinde, auf. Seinen Auftrag kann er allerdings, durch eine schwere Krankheit gehindert, nicht ausführen. Von dieser Krankheit erfährt die Gemeinde vielleicht durch die Überbringer des Briefes Phil A. Epaphroditus wäre dann kurz nach seiner Ankunft erkrankt. Wahrscheinlicher ist es deswegen, daß zwischen Brief A und Brief B mehrfach über verschiedene Wege Informationen zwischen Paulus und den Philippern ausgetauscht wurden. Nicht zuletzt der Philipperbrief selbst bestätigt das.

In Phil 4,21-23 erwähnt Paulus nicht nur Grüße der Gemeinde, sondern auch Grüße einer bestimmten durch ihre soziale Stellung charakterisierte Gruppe, nämlich „die aus dem Haus(halt) des Caesar" (οἱ ἐκ τῆς Καίσαρος οἰκίας). Hier fällt ein Licht auf die von den gemeindebezogenen zu unterscheidenden sozialen Beziehungen, die nur an wenigen Stellen der Paulusbriefe ausdrücklich erwähnt werden, aber in ihrer Bedeutung für den kommunikativen Zusammenhalt der paulinischen Mission nicht unterschätzt werden dürfen (hierzu zählt auch die Berufstätigkeit des Paulus). Diese Kommunikation muß nicht nur über Gemeindemitglieder abgewickelt worden sein. Es ist durchaus in Rechnung zu stellen, wenn nicht gar aufgrund der Informationsdichte in den Interaktionen, die in der Philipper-, aber auch in der Korintherkorrespondenz und im I Thess zutagetritt, zwingend, daß ein Teil der Korrespondenz bzw. des Informationsaustausches über dritte, d.h. über Personen, die keiner Gemeinde angehören, abgewickelt wurde. Es gibt innerhalb der Papyrusbriefe aus dem Nildelta viele Beispiele einer solchen Übermittlung. Frauen und Männer, die unterwegs waren oder eine Reise planten, werden für einen geringen Lohn um die Übermittlung von Briefen und Nachrichten gebeten.[56]

---

[54] Ollrog, *Paulus und seine Mitarbeiter*, S. 98f.

[55] Ebd., S. 95-108.

[56] Eines der bekanntesten Beispiele für diesen Sachverhalt ist der Brief des Flottensoldaten Apion aus Rom an seinen Vater (Deissmann, *Licht vom Osten*, S. 146 bis 148; White, *Light from Ancient Letters*, S. 159). Dieses Schreiben ging durch mehrere Hände. Man muß sich auch klarmachen, daß nicht alle Informationen in schriftlicher Form weitergegeben worden sein müssen. Vgl. auch die Belege bei Epp, „New Testament Papyrus Manuscripts," S. 43-55.

Paulus weiß nicht nur von der Übermittlung dieser Information, sondern auch von ihrer Aufnahme bei den Philippern. Dort herrscht Sorge um Epaphroditus, wie Paulus beim Schreiben der Verse Phil 2,25-30 weiß. Diese Sorge gilt es zu zerstreuen. Epaphroditus ist wieder wohlauf. Diese Nachricht ist Paulus mehr als einen Hinweis wert. Er interpretiert die Krankheit und Gesundung als Werk Christi (Phil 2,30).[57]

Die Interaktionen zwischen Paulus und den Philippern lassen sich untergliedern in: 1. Besuche des Paulus in Philippi, 2. Entsendungen eines oder mehrerer paulinischer Mitarbeiter, 3. Gesandtschaften der Philipper zur Unterstützung und Aufrechterhaltung der Missionstätigkeit des Paulus, 4. Kontakte im Rahmen des Kollektenwerkes und 5. Informationskontakte mündlicher oder schriftlicher Art.

Zu 1): Erstaunlicherweise lassen sich aus den paulinischen Briefen nur zwei Besuche des Paulus in Philippi belegen. Neben der Erstmission ist nur die späte Durchwanderung Makedoniens nach II Kor 7,5-7 zu nennen. Act berichtet von einem dritten Besuch in Philippi, der nach der Abreise des Paulus aus Korinth und damit nach der Abfassung des Röm, mit dem die paulinischen Selbstzeugnisse chronologisch gesehen abschließen, stattgefunden habe (Act 20,3-6). Dies ist nicht völlig auszuschließen. Die Reisepläne des Paulus in Röm 15,29-33 lassen es allerdings unwahrscheinlich erscheinen, daß Paulus nach Ankunft der Kollektenbeauftragten aus Makedonien wieder auf dem zeitraubenden Landweg nach Norden gezogen sein soll.[58]

Zu 2): Paulus hält über seine Mitarbeiter Kontakt mit den Philippern. Dies geschieht im Kontext der Kollekte (II Kor 8), aber auch in davon unabhängigen Zusammenhängen (Phil 2,24-29). Phil 2,19-24 zeigen, daß für Paulus die Entsendung eines engen Mitarbeiters, in diesem Falle des Timotheus, einen ähnlich hohen Stellenwert wie ein eigener Besuch hat.

---

[57] Epaphroditus war durch die Krankheit gehindert, seinen Auftrag in ganzer Breite auszuführen. Aber dies ist das Werk Christi und beseitigt eine Schuld, die die Gemeinde bei Paulus hat. Paulus arbeitet dem Mißverständnis entgegen, daß in der Krankheit des Epaphroditus fremde Kräfte gewirkt hätten. Er versucht dieser religionsgeschichtlich häufig belegten Verbindung von Krankheit und Dämonie entgegenzutreten, um das Ansehen des Epaphroditus in der Gemeinde zu retten. Epaphroditus war zwar sterbenskrank, aber auch die Krankheit war Werk Christi, und Epaphroditus blieb auch in der Phase sein Mittel. Sicher spielen hier seine persönlichen Erfahrungen mit Krankheit eine Rolle (vgl. Gal 4,13f und II Kor 12,7). In den Kommentaren wird diese Tiefendimension von Krankheit und Tod im Falle des Epaphroditus zu wenig beachtet. Paulus reflektiert im Phil drei unterschiedliche Konfrontationen mit dem Tod: in Phil 1,19-24 seinen eigenen Tod, in 2,5-11 den Tod Christi und in 2,25-30 die Todeskrankheit des Epaphroditus.

[58] Act nennt als Begründung für diesen Umweg einen Anschlag, der von Juden auf Paulus geplant gewesen sein soll (Act 20,3). Diese Nachricht klingt zunächst glaubwürdig, da sie auch die ursprüngliche Absicht des Paulus wiedergibt, er habe direkt von Griechenland nach Syrien aufbrechen wollen (seinen Plänen in Röm 15 entsprechend). Andererseits benötigt Lukas diesen abschließenden Weg durch die Gemeinden des paulinischen Missionsbezirkes, um noch eine Anzahl von Legenden und die wichtige Abschiedsrede des Paulus in Milet unterzubringen.

Zu 3): Paulus hinterläßt nach seinem Erstaufenthalt eine Gemeinde, die sich bald eine solide und von ihm unabhängige Gemeindeorganisation zu schaffen wußte. Wichtigster Teil seiner Beziehung zu dieser Gemeinde sind die Kontakte im Rahmen der gemeinsamen Mission. Paulus erhält ca. fünfmal materielle Unterstützung von den Philippern (mehrmals in Thessalonike, mindestens einmal in Korinth und einmal in seiner Gefangenschaft, vermutlich in Ephesus).

Zu 4): Die Philipper sind zuverlässige und engagierte Beteiligte an dem Kollektenwerk für Jerusalem.

Zu 5): Nicht zu unterschätzen, wenn auch im Falle der Philippergemeinde weniger zentral als für die Korinther, ist die Bedeutung des Briefverkehrs. In der Philipperkorrespondenz finden wir zwar keine Antworten des Paulus auf aus der Gemeinde gestellte Fragen, aber das Bemühen um möglichst konkrete Stellungnahmen zu Vorgängen, die ihm bekannt geworden sind, ist zu spüren. Nicht weniger wichtig werden die nicht schriftlich dokumentierten Gespräche bei der Übergabe der Hilfslieferungen, der Briefe oder im allgemeinen Informationsaustausch gewesen sein. Diese Nebenkontakte sind im Zusammenhang der Erkrankung des Epaphroditus und in den Grüßen derer aus dem Haus Caesars erkennbar.

KAPITEL 6

DIE BEZIEHUNGEN ZWISCHEN PAULUS UND DER PHILIPPER-GEMEINDE NACH DEM PHILIPPERBRIEF

1. Einführung

Der Abschnitt Phil 4,10-20 ist die älteste uns überlieferte authentische Quelle zum Verhältnis zwischen Paulus und der Gemeinde in Philippi. Er stammt aus einem Stadium der Beziehung, das noch ungetrübt ist von direkter äußerer Einflußnahme auf die Gemeinde durch konkurrierende Missionarinnen und Missionare (vgl. Phil 3); aber auch dieser kurze Brief steht nicht am Anfang der Beziehung des Paulus zu den Philippern. Ihm geht schon eine längere Vorgeschichte voraus, über die wir durch Phil 4,10.14-17 informiert sind. Die Verkündigung des Evangeliums in Makedonien hat in Philippi begonnen (4,15).[1] Die Philipper haben Paulus mehrmals, nicht nur in der Nachbarstadt Thessalonike, sondern auch andernorts mit Spenden, vermutlich Geld, unterstützt (4,16). Paulus kann sich auf die Bereitschaft der Philipper, seine Mission zu unterstützen, verlassen. Diese Bereitschaft hat sich aber aufgrund der Umstände für eine unbestimmt bleibende Frist nicht umsetzen lassen, so daß die hier von Paulus quittierte Gabe die Wiederaufnahme dieses Aspektes der Beziehung zwischen Philippi und Paulus markiert (V.10).

Für das Verständnis der hinter der Philipperkorrespondenz stehenden Beziehung zwischen Paulus und der Gemeinde ist die Beantwortung folgender Fragen wesentlich: 1) Welchen Stellenwert nimmt die materielle Seite der Beziehung ein?[2] 2) Welche Interpretation erfährt sie durch Paulus? 3) Wie wurde sie von den Philippern verstanden? Die Antworten auf diese Fragen sind von der Entscheidung über die Einheitlichkeit des Phil beeinflußt. Unter der Annahme seiner Einheitlichkeit bzw. der Zweiteilung des Briefes muß Phil 4,10-20 als Teil eines umfangreicheren Briefes verstanden werden, und die Erörterung der Gabe der Philipper erscheint als ein Teil des Schlußabschnittes, eingeschoben zwischen Grüßen und Segenswünschen. Schoon-Janßen, der die Einheitlichkeit des Phil vertritt, meint, Paulus habe

---

[1] Capper („Paul's Dispute," S. 204f) meint, daß die Formulierung ἐν ἀρχῇ τοῦ εὐαγγελίου den Beginn der zwischen den Philippern und Paulus vereinbarten Mission bezeichne.

[2] Die Quantität der Kontakte ist oben S. 125f erörtert worden. Paulus hat mindestens vier- bis fünfmal eine materielle Unterstützung von den Philippern erhalten. S. Reumann, „Contributions," S. 439-42.

in der Darstellung der Ereignisse in Phil 2,25-30, einem Abschnitt, der
dann Teil des gleichen Schreibens wäre, bewußt auf eine Würdigung der
Gabe der Philipper verzichtet, um dieses Thema am Schluß im Sinne eines
Postskriptum zu erwähnen. Die Erörterung der Unterstützung, die Paulus
von den Philippern erfährt, sei bewußt an das Endes des Briefes gesetzt, um
damit ihre geringe sachliche Bedeutung zu betonen.[3]

Unter Voraussetzung der Selbständigkeit des Briefes Phil 4,10-20 eröffnen sich vielschichtigere Interpretationsmöglichkeiten. Wird der Brief in
seiner Gestalt als Kompilation aus drei eigenständigen Briefen ernstgenom-
men, muß die Auswertung auf zwei Ebenen erfolgen. Zunächst ist sein
Charakter als Briefkompilation zu interpretieren, d.h. Aussageabsicht und
Intention der Zusammenstellung der Philipperkorrespondenz sind zu erheben. Wenn diese Redaktionarbeit in Philippi durchgeführt wurde, dann ist
auch die Briefkompilation als solche Teil der Auseinandersetzung der
Philipper mit Paulus. Die in ihr zutage tretende Intention der Redaktion
wird zu einem Teil Ergebnis der Verarbeitung der Erfahrungen mit der
paulinischen Verkündigung sein. In ihr spiegelt sich die Entwicklung von
der direkten, wenn auch zu einem bedeutenden Teil über Briefe und Gesandtschaften abgewickelten Auseinandersetzung mit Paulus hin zur Traditionsbildung durch die Zusammenstellung der Brieffragmente und der
Herausgabe paulinischer Briefe.

In einem zweiten Schritt wird der Brief Phil 4,10-20, der sogenannte
Dankesbrief, unter Anerkennung seiner Selbständigkeit als Schlüssel zum
Verständnis der Beziehung zwischen Paulus und der Gemeinde in Philippi
interpretiert.

2. DIE REDAKTION

Zur Charakterisierung der Redaktion der Paulusbriefe hat Trobisch die
These von der „Autorenrezension" in die Diskussion gebracht. Autorenrezension meint im Falle des *Corpus Paulinum*, Paulus selbst habe durch

---

[3] Schoon-Janßen (*Umstrittene Apologien*, S. 157f) meint, Paulus kämpfe geradezu gegen das
Mißverständnis der Philipper an, ihre Spenden hätten irgendeinen theologischen Rang. Paulus
fürchte das falsche Leidensverständnis der Philipper, die nicht erkennen wollten, daß er
(Paulus) das Leiden positiv interpretiere und „Freude *gerade* angesichts des Leides, analog der
Selbstentblößung Jesu Christi, etwas zutiefst Christliches sei". Sie gefährdeten diesen theologischen Gedanken, indem sie das Leid mit ihrer materiellen Hilfe linderten. Nicht so extrem
spiritualisierend, aber mit ähnlicher, den konkreten Vorgang abwertender Interpretation
kennzeichnet Gnilka den Duktus dieses Dankschreibens als „apostolische Sachlichkeit" (ders.,
Der Philipperbrief, S. 172). Paulus betone, daß es ihm „nicht auf die materielle Gabe, sondern
den geistigen Gewinn" (ebd., S. 179) ankomme. Müller (*Der Brief des Paulus an die Philipper*, S. 207) meint in Phil 4,10-20 „dominiert das theologisch motivierte Lob, das Paulus als
Apostel der Gemeinde spendet".

Streichungen und Überarbeitungen die Briefe in ihre jetzige Form gebracht und zur Veröffentlichung freigegeben.[4] Trobisch läßt offen, ob er mit der Zusammenstellung verschiedener Briefe zum jetzigen Philipperbrief rechnet, nach seiner Terminologie wäre das eine „implizite Briefsammlung",[5] oder ob er die Überarbeitung eines ursprünglich einheitlichen, situativ ausgerichteten Schreibens zu einer für eine breitere Öffentlichkeit gedachten Schrift annimmt.[6] Trobisch meint seine Hypothese über den Charakter der Paulusbriefe als Autorenrezensionen und implizite Briefsammlungen auf alle Paulusbriefe ausdehnen zu können:

> Auch bei den Paulusbriefen halte ich die älteste Form des Röm, I Kor, II Kor, Phil und I Thess für das Ergebnis einer Autorenrezension.[7]

Folgt man Trobisch, so müßte der Phil, wenn er denn als Briefsammlung verstanden werden soll, aus chronologisch geordneten Briefteilen bestehen. Dies wiederum machte die Teilungshypothese, die eine Zusammenstellung aus drei Briefteilen vorschlägt (Bornkamm, Schenk, Köster u.a.), unmöglich, da für die These von der Selbständigkeit des Teiles 4,10-20 die chronologische und sachliche Inkonsequenz zwischen 2,25-30 und 4,10-20 das entscheidende Argument liefert. Es könnte auf dem Hintergrund der Hypothese von der Autorenrezension und der durchgängigen Befolgung einer chronologischen Anordnung noch nicht einmal die Zweiteilung des Briefes, wie sie Gnilka, Friedrich, Suhl und Becker vorschlagen, in ihrer jetzigen Form aufrechterhalten werden, da auch die Zweiteilungsthese nicht mit der chronologischen Anordnung der Briefteile rechnet, sondern die Einschaltung eines eigenständigen, wenn auch mehr oder weniger gekürzten Briefes (Phil 3) annimmt. Trobischs Hypothese über die Entstehung der jetzigen Form der Paulusbriefe führt im Falle des Phil entweder zur Einheitlichkeit des Briefes oder zu einer neuen Teilungshypothese mit chronologischer Ordnung der Briefteile. Trobisch verkennt diese Konsequenzen seiner These, die er nur am II Kor erprobt.[8] Der Exegese des Phil hilft dieser Neuansatz nicht weiter, deswegen muß auf ältere Arbeiten zur Redaktion der Paulusbriefe und speziell des Phil zurückgegriffen werden.

Die Überlegungen Alands zur Entstehung der Paulusbriefsammlung sollen herangezogen werden, da sie die Zeitspanne eingrenzen, in der die

---

[4] Trobisch, *Die Entstehung der Paulusbriefsammlung*, S. 119-23.
[5] Ebd., S. 121.
[6] Ebd., S. 130.
[7] Ebd., S. 119.
[8] Trobisch (*a.a.O.*, S. 123-28) entwickelt eine neue Teilungshypothese zum II Kor bzw. eine neue Rekonstruktion der Vorgänge zwischen Paulus und Korinth. Er teilt den II Kor in vier Briefe (1,3-2,11; 2,14-7,3; 7,4-9,15; 10,1-13,10) und sieht in 2,12f eine redaktionelle Einfügung des Paulus.

Redaktion des Phil durchgeführt wurde, denn die redaktionelle Überarbeitung des Phil muß vor der Entstehung der Paulusbriefsammlung(en) durchgeführt worden sein, da die Handschriften in der Frage der Einheitlichkeit eindeutig sind, d.h. es gibt keine Handschriften, die mehrere eigenständige Philipperbriefe enthalten.[9] Ist die Frage nach der Zeit der Entstehung der Paulusbriefsammlung hinreichend sicher entschieden, kann damit ein *terminus ad quem* für die Redaktion des Phil angegeben werden. Im nächsten Schritt ist dann der Entstehungsort der Redaktion der Philipperkorrespondenz zu diskutieren.

Aland[10] setzt sich mit den älteren Überlegungen Lietzmanns[11] und den neueren Arbeiten von Schmithals[12] und Frede[13] auseinander. Bei der Untersuchung der Textüberlieferung der einzelnen Paulusbriefe stellt er fest, daß innerhalb der Handschriften die Abweichungen der Textüberlieferung einzelner Briefe vom Mehrheitstext unterschiedlich häufig sind. Er schließt daraus, daß mehrere in Reihenfolge und Anzahl der Briefe differierende größere Sammlungen der Paulusbriefe im Umlauf waren. Ihnen gingen kleinere Sammlungen voraus, die nach Aland im Austausch zwischen den Gemeinden (Kol 4,16) entstanden sind.[14] Die Zusammenstellung kleinerer Sammlungen müßte in der Konsequenz der Überlegungen Alands praktisch zu Lebzeiten des Paulus begonnen haben, da der Austausch der Briefe in einem sehr frühen Stadium anzusetzen ist.[15] Umfangreichere Paulusbriefsammlungen müssen demnach etwa um 90 entstanden sein.

An die Arbeit Alands knüpft Trobisch an. Er meint, die Vorgeschichte des *Corpus Paulinum* auf zwei Sammlungen von allerdings beträchtlichem Umfang reduzieren zu können.[16] Auf die Datierungsfrage geht Trobisch nicht ein. Da beide Sammlungen jeweils relativ spät anzusetzende Briefe enthalten (Sammlung 1: Tim, Tit; Sammlung 2: Hebr), kommen wir mit diesem neuen Vorschlag für die Datierung größerer Sammlungen frühestens in das letzte Jahrzehnt des 1. Jahrhunderts. Aland und Trobisch stimmen methodisch darin überein, daß von den vorliegenden Handschriften und Kanonlisten auszugehen ist, um die Entstehung der Paulusbriefsammlung zu

---

[9] Sellew („Laodiceans and the Philippians Fragments Hypothesis," S. 10f) deutet an, daß immerhin Kanonlisten existieren, die mehr als einen Philipperbrief erwähnen.

[10] „Die Entstehung des Corpus Paulinum".

[11] Lietzmann, *An die Römer*, S. 1-21.

[12] Schmithals, „Zur Abfassung".

[13] Frede, „Einleitung," S. 290-303.

[14] Aland, „Die Entstehung des Corpus Paulinum," S. 333-36 und S. 343.

[15] Jedenfalls nach Alands Interpretation von Kol 4,16.

[16] Trobisch, *Die Entstehung der Paulusbriefsammlung*, S. 61, Sammlung 1: Röm, Kor, Gal, Eph, Phil, Kol, Thess, Tim, Tit, Phlm; Sammlung 2: Röm, Hebr, I Kor, Eph. Trobisch gewinnt dieses Ergebnis aufgrund formal-logischer Schlüsse, die das Problem der fragmentarischen Überlieferung nicht in Rechnung stellen.

rekonstruieren.[17] Sie wählen damit eine Position als Ausgangspunkt ihrer
Überlegungen, die selbst schon Ergebnis eines historischen Entwicklungs-
prozesses ist, dessen Eigentümlichkeiten wenigstens kritisch in Rechnung zu
stellen sind, d.h. 1. der fragmentarische Charakter der Überlieferung ist
ernstzunehmen (Zufallsprinzip), 2. die theologischen Kriterien der Samm-
lungsprozesse, die *per se* immer auch Ausschlußvorgänge darstellen, sind zu
reflektieren (Auswahlprinzip), und das heißt 3., der gesamte Vorgang ist
innerhalb der historisch und theologisch zu erörternden Kanonfrage zu
verhandeln. Die Fülle des Materials, d.h. die Anzahl der Handschriften,
darf nicht die Einsicht in die sachliche Enge verdecken, aus der heraus das
historische Phänomen der Paulusbriefe in den Blick genommen wird, wenn
man den Ausgangspunkt bei den Handschriften und Kanonlisten wählt.

Abgesehen von diesen methodisch-theoretischen Gesichtspunkten sollte
allein schon die geringe Reichweite der formalkritisch-empiristischen Argumentation in dieser Frage zu einer Ergänzung durch eine die historischen
und theologischen Gesichtspunkte wahrnehmende Interpretation der Texte
und der Geschichte des frühen Christentums führen. Kann man Vorgänge
innerhalb einer marginalen Kleingruppe des sechsten Jahrzehnts des ersten
Jahrhunderts mit Material aus dem dritten, bestenfalls dem zweiten Jahrhundert erhellen, das zu dieser Zeit als Produkt einer bedeutenden internationalen Bewegung anzusehen ist?[18] Diese nicht nur zeitlich-quantitativ, sondern
auch historisch-qualitativ bedeutende Lücke zwischen der Entstehung der
paulinischen Briefe, ihrer ersten Zusammenfassung in Sammlungen und
wiederum der Entstehungszeit der ersten erhaltenen Handschriften muß
ernst genommen werden. Es ist also von den paulinischen Schriften selbst
und von der Geschichte und Nachgeschichte der paulinischen Mission
auszugehen. Charakter und Tendenz der Redaktion eines Briefes sind aus
ihm selbst herauszuarbeiten und in die Entwicklungslinien des frühesten
Christentums einzuordnen. Die historische und theologische Arbeit bewegt
sich dabei in einem hermeneutischen Zirkel zwischen textimmanenter
Auslegung und historischer Einordnung, der im Gegensatz zur linearen
Denkweise empiristisch-formalen Arbeitens Ergebnisse in Beziehung setzen
kann, die historisch in Beziehung stehen. Während Charakter und Eigenart
der paulinischen Mission, seiner Gemeinden und die Tendenzen frühchristli-

---

[17] Programmatisch von Trobisch (*Die Entstehung der Paulusbriefsammlung*, S. 11) erläutert.
Dort kündigt er als Zentrum seiner Arbeit „die Interpretation des wechselnden Umfanges und
der veränderten Reihenfolge der Briefe in den alten Paulusausgaben" an. Eine Interpretation
im Sinne einer historisch und theologisch begründeten Deutung und Auswertung erfolgt nicht.
[18] Vgl. schon Plinius (*ep.* X 96,9) um 110 über die Ausbreitung des Christentums in seiner
Provinz: „neque civitate tantum, sed vicos etiam atque agros superstitionis istius contagio
pervagata est." (Nicht nur in der Stadt, sondern auch in die Dörfer und das flache Land hat
sich der verderbliche Einfluß dieses Wahns verbreitet.)

cher Redaktionsarbeit in einem Wirkungszusammenhang stehen, liegt uns z.B. in P46, der ältesten umfangreicheren Handschrift der Paulusbriefe, ein Produkt vor, das Ergebnis eines völlig anderen historischen Kontextes ist und nur in einem sehr mittelbaren Verhältnis zur Situation des Urchristentums steht.

Diesen Anforderungen werden auf verschiedene Weise die Arbeiten von Schmithals und Bornkamm gerecht.[19] Sie gehen von einer Analyse der Paulusbriefe und der Geschichte der paulinischen Mission aus, um mit den so gewonnenen Einsichten die Entstehung einer paulinischen Briefsammlung zu erklären. Schmithals entwickelt aufgrund einer stark differenzierenden Analyse der Paulusbriefe[20] und einer etwas schematischen Sicht von der Geschichte der paulinischen Mission[21] ein alle Mosaiksteine vereinigendes, imponierend geschlossenes Bild. Bornkamm betont dagegen die Unterschiedlichkeit der jeweiligen Problemkonstellationen (die Gegner sind jeweils von anderer Herkunft und Überzeugung). Gegenüber dem großen synthetisierenden Entwurf von Schmithals hält er an der Differenz des historisch und theologisch Unterschiedlichen fest - und das zu recht.

Schmithals meint, daß die Redaktion der sieben Hauptbriefe des Paulus von einer Hand, mit antignostischer Tendenz und damit an einem Ort und zu einer bestimmten Zeit in der Entwicklung des Christentums vorgenommen worden sei.[22] Die Fragwürdigkeiten in seinem Argumentationsgang, soweit er die Kanonlisten bzw. Handschriften betrifft, hat Aland benannt.[23] Uns interessiert der Vorschlag zur Redaktion des Phil, den Schmithals macht. Schmithals bemüht sich, Gemeinsamkeiten zwischen der Redaktion des Phil und der Korintherbriefe nachzuweisen, findet jedoch außer einer Reihe von Parallelen in der paulinischen Diktion nicht viel Vergleichbares.[24] Die Gründe für die Art und Weise, in der die Redaktion des Phil vorgenommen wurde, kann er nicht nennen. Allein die Tendenz der Redaktion ist ihm überdeutlich: die katholisierende Tendenz des Redaktors. Diese erklärt aber in keiner Weise die spezielle Art und Weise der Zusammen-

---

[19] Schmithals, „Zur Abfassung und ältesten Sammlung der paulinischen Hauptbriefe"; ders., „Die Irrlehrer des Philipperbriefes"; Bornkamm, „Zur Vorgeschichte des 2.Kor"; ders., „Der Philipperbrief als paulinische Briefsammlung."

[20] Vgl. seine Teilungshypothesen zum I und II Kor, Röm und I Thess in ihren neuesten Versionen: ders., *Die Briefe des Paulus in ihrer ursprünglichen Form*, Gütersloh 1984.

[21] Schmithals („Die Irrlehrer," S. 297) versucht in selbstgewählter Jüngerschaft zu F.C. Baur an der These von der einheitlichen Gegnerfront festzuhalten. Paulus kämpfe immer gegen die gleichen gnostischen Gegner. Die Paulusbriefsammlung sei eine Zusammenstellung mit antignostischer Zielrichtung. Vgl. zu dieser einseitigen Adaption der Baurschen Arbeiten die grundsätzliche Kritik von Georgi, *Die Gegner*, S. 9.

[22] Schmithals, „Zur Abfassung".

[23] Aland, „Die Entstehung des Corpus Paulinum," S. 316-20.

[24] Schmithals, „Zur Abfassung," S. 228 und 234f.

stellung der Brieffragmente. Die dürftigen Bemerkungen,[25] die er zu dieser Frage macht, zeigen das Unverständnis, das Schmithals ihrer Bedeutung entgegenbringt: Er nimmt den Phil nur als Teil der von ihm postulierten Gesamtredaktion der Paulusbriefe wahr und gibt sich nicht die Mühe, im einzelnen die Redaktion zu untersuchen. Diese wenig differenzierte Sichtweise wird in der späteren Arbeit zur paulinischen Briefsammlung beibehalten. Dort wird als einzige Begründung für die Zusammenstellung des nach Schmithals extrem fragmentierten Materials der Wunsch des Redaktors, die Paulusbriefe auf eine symbolisch verstandene Siebenzahl zu reduzieren, genannt.[26] Schmithals zieht auch hier wieder Überlegungen heran, die nicht aus dem Phil selbst entwickelt sind. Sie hätten wenigstens an ihm überprüft werden müssen, zumal Schmithals selbst mit seiner Teilungshypothese die Grundlage für eine Erarbeitung der redaktionellen Absicht gelegt hat.

An diesem Problem setzen die Überlegungen Bornkamms an. Er stellt sich der Aufgabe, die Redaktion des Philipperbriefes zunächst für sich bzw. im Vergleich zum II Kor zu verstehen. Da er darauf verzichtet, eine bestimmte Sicht der Entstehung des *Corpus Paulinum* vorauszusetzen, ist er überhaupt erst in der Lage, Besonderheiten der Redaktion des Phil wahrzunehmen. Bornkamm bestreitet mit dem Hinweis auf die späte Bezeugung des II Kor im Gegensatz zur vergleichsweise frühen Benutzung des I Kor und auch des Phil (in Polyk und I Klem) sowohl die gemeinsame Redaktion der Korintherbriefe als auch die Identität des Redaktors von II Kor und Phil. Polyk 3,2 gebe einen,[27] wenn auch undeutlichen Hinweis auf eine frühe Philipperbriefsammlung. Die Absicht der Redaktion werde in der Stellung des Briefteiles A, des Dankschreibens, deutlich. Die Gemeinde wolle sich „ein schönes Denkmal"[28] setzen. Die Redaktion der Philipperbriefe müsse zu einer Zeit erfolgt sein, in der noch keine Paulusbriefsammlung im Umlauf gewesen sei, also recht bald nach ihrer Abfassung. Bornkamm spricht es nicht aus, aber sein Argumentationsgang zielt auf den Entstehungsort Philippi.[29]

Für eine Redaktion in der Gemeinde lassen sich noch weitere Gesichtspunkte geltend machen. Polykarp weiß vom besonderen Stellenwert, den die Korrespondenz des Paulus für das Selbstverständnis der Gemeinde ein-

---

[25] Schmithals, „Irrlehrer," S. 306f, Anm. 1c.

[26] Schmithals, „Zur Abfassung," S. 240f bes. Anm. 53,1c.

[27] Polyk 3,2: „ὃς καὶ ἀπὼν ὑμῖν ἔγραψεν ἐπιστολάς."

[28] Bornkamm, „Der Philipperbrief," S. 203.

[29] Ähnlich Gnilka (*Der Philipperbrief*, S. 17f). Er vermutet als *terminus ad quem* das letzte Jahrzehnt des 1. Jahrhunderts, da zu diesem Zeitpunkt die ersten Paulusbriefsammlungen im Umlauf gewesen seien und die Redaktion des Phil mit Bornkamm („Philipper," S. 200f) gegen Schmithals („Zur Abfassung") vor der ersten Paulusbriefsammlung erfolgt sei.

nimmt. Er erwähnt nicht nur Briefe des Paulus an die Philipper (Polyk 3,2) und fordert die Gemeinde zu deren Lektüre auf, sondern erinnert sie an diese die Gemeinde ehrende Tradition.[30] Neben die rein pragmatische Erwägung, daß mehrere an die gleiche Adresse gerichtete Briefe am ehesten von ihren Empfängern zusammengestellt worden sind,[31] tritt die inhaltliche Überlegung, daß die Gemeinde dieser Stadt ganz besonders mit dem Schrifttum des Paulus verbunden gewesen ist, wie der Polyk belegt.[32] Aus literarkritischer Sicht ist „der Phil viel lockerer und schlichter als der 2.Kor zusammengefügt",[33] aber gelten diese Attribute auch für die mit der Zusammenstellung der Briefteile umgesetzte theologische Intention? Nach Bornkamm haben die vermutlich in Philippi zu suchenden Briefkompilatoren den Abschnitt 4,10-20 als den Höhepunkt der die Gemeinde ehrenden Leistungen verstanden.[34] Der theologische Hintergrund dieser Vorstellung kann noch klarer herausgearbeitet werden. Bornkamm hat an anderer Stelle auf ein „formgeschichtliches Gesetz" verwiesen, nach dem:

> die Ankündigung von Pseudopropheten und Irrlehrern und die Warnung vor ihnen sehr häufig am Ende einzelner Schriften und Schriftabschnitte begegnet.[35]

Für den Phil stellt er fest, daß in 3,2ff eine solche Polemik zwar nicht direkt am Schluß, aber „unmittelbar vor der letzten Ankündigung der Parusie des Herrn" (Phil 4,4f) stehe.[36] Marxsen ergänzt diese Überlegung, indem er darauf hinweist, daß mit der Stellung von 4,10-20 am Schluß des Phil die Bewährung gegenüber den Irrlehrern dokumentiert werden solle.[37] Diese Beobachtungen können noch weitergeführt werden, indem das Augenmerk auf den eschatologischen Aspekt dieses Abschnittes gelegt wird, den

---

[30] Polyk 3,2; vgl. Polyk 11,3: „qui estis in principio epistulae eius."
[31] Ein regelmäßiger Briefeschreiber konnte seine Korrespondenz auf einem Blatt in Abschrift archivieren, aber bei diesem Verfahren wurde die Korrespondenz des Verfassers chronologisch geordnet, so daß Briefe an unterschiedliche Adressaten aufeinander folgten. S. White, *Light from Ancient Letters*, S. 28-30.
[32] Polyk 3,2; 11,3; in 12,1 zitiert Polykarp Eph 4,26 als heilige Schrift (in sacris literis).
[33] Bornkamm, „Der Philipperbrief," S. 202.
[34] Ebd., S. 203; dagegen sieht Gnilka (*Der Philipperbrief*, S. 17) die Intention der Redaktion ganz einseitig in der Verehrung des Paulus und seiner Botschaft. Das ist zum Teil durch seine Zweiteilungshypothese bedingt, zu einem anderen, wesentlicheren Teil beruht es auf einem Vorurteil über die Absichten der frühen Gemeinden, als hätten sie keine anderen Gedanken gehabt, als die Überlieferung der ersten Missionare zu konservieren. Die theologische Kreativität, die sich im nahen Umfeld des Paulus hat entfalten können, zeigen die Deuteropaulinen und die Pastoralbriefe (trotz ihrer Pseudonymität). Die Eigenständigkeit und Lebendigkeit der theologischen Reflexion in späterer Zeit belegen die Schriften des Klemens und des Ignatius.
[35] Bornkamm, „Die Vorgeschichte," S. 180-82.
[36] Alle Zitate: ebd., S. 180.
[37] Marxsen, *Einleitung*, S. 64f.

er durch die Arbeit der Redaktoren hinzugewinnt. In Phil 4,10-20 ist die Fähigkeit des Paulus, sich in allen Lebenslagen behaupten zu können (4,10-13), und die enge Verbindung der Gemeinde mit dieser herausragenden Persönlichkeit (4,14-16), aus der der Gemeinde unter der von Paulus betonten Beziehung auf Geben und Nehmen noch etwas zusteht (4,17f), dokumentiert.

Die Erfüllung des noch ausstehenden Ausgleichs der Leistungen der Philipper wird von Paulus in einer Gebetsbitte (Phil 4,19) ausgesprochen. In ihrem ursprünglichen Sinn im Rahmen der lebendigen Beziehung zwischen Paulus und der Gemeinde war an einen konkreten Ausgleich gedacht, vermutlich in der Weise, daß Paulus wieder nach Philippi kommt oder einen seiner engen Mitarbeiter entsendet, was beides dann ja eingetreten ist (Phil 2,19 und II Kor 2,12f; 7,5). Im Rahmen der nun vorliegenden Briefkompilation, die sachlich und chronologisch den Tod des Paulus voraussetzt, und vor dem Hintergrund des von Bornkamm genannten „Formgesetzes" gewinnt diese Schlußbitte einen anderen Sinn. In Erwartung des Tages Christi und des damit verbundenen Gerichtes kann die Gemeinde zuversichtlich auf ihre Bewährung gegenüber den Irrlehrern und auf ihre Leistungen zur Unterstützung des Paulus vertrauen. Letzteres ist ihnen in einer von Paulus ausgestellten Quittung verbürgt und in der Gebetsbitte des Paulus zur Begleichung an Gott selbst verwiesen. Die Gemeinde hat ein gut gefülltes eschatologisches Konto und kann den Tag Christi mit Selbstbewußtsein erwarten. Lohmeyer sieht diese Anschauung schon bei Paulus selbst:

> So gehört denn eine Gabe zu den 'Werken der Gerechtigkeit', von denen Paulus die Gemeinde der Philipper am Ende der Tage erfüllt wünscht. Er führt, um im Bilde zu bleiben, das Konto der Gemeinde für diesen Tag, trägt darein die Gaben ein, die sie ihm gesandt haben, und weiß zu sagen, daß diese Gaben dann ein 'großer Posten' sein werden. Schärfer als in diesen geschäftlichen Wendungen läßt sich die religiöse Mittlerstellung des Apostels kaum bezeichnen.[38]

Hier steht die These Lohmeyers im Hintergrund, im Phil sei die Grundlage für die spätere Märtyrertheologie der frühen Kirche gelegt. Um Phil 4,10-20 im Zusammenhang mit einer von Paulus begründeten Märtyrertheologie zu sehen, ist an der Einheitlichkeit des Briefes festzuhalten, denn in diesem Abschnitt selbst fehlt jeglicher Bezug zu Tod und Sterben. Aber auch wenn man an der Einheitlichkeit des Philipperbriefes festhält, läßt sich die Märtyrerthese Lohmeyers, besonders seine Rede von der „Mittlergestalt",[39] nicht halten, da sie den religionsgeschichtlichen Zusammenhängen des paulinischen Redens von Tod, Auferstehung und Gericht in der jüdischen Apoka-

---

[38] Lohmeyer, *Die Briefe an die Philipper, an die Kolosser*, S. 186.
[39] Ebd.

lyptik nicht gerecht wird. Der von Lohmeyer paraphrasierte Gedankengang ist dem paulinischen Denken nicht völlig fremd. Paulus kann durchaus neben der bei ihm dominierenden Vorstellung eines Vernichtungsgerichtes, aus dem der Kyrios die Seinen rettet (z.b. I Thess 1,9f), von einem Gericht nach Werken (Röm 2,5-11) sprechen, wobei die Folgen des Tuns als An-häufung (θησαυρίζω) von Zorn (Röm 2,5) für das Gericht verstanden wer-den. Der naheliegende komplementäre Gedanke von der Anhäufung des Guten durch das Tun fehlt aber bei Paulus im Kontext der Gerichtsaussagen und klingt in anderen Zusammenhängen (z.B. Phil 1,11) nur an. Es ist ganz unwahrscheinlich, daß Paulus die Philipper in der Vorstellung einer Bewäh-rung vor dem Gericht aufgrund vorher erbrachter Leistungen bestätigt haben könnte.[40] Paulus hat so nicht gedacht,[41] aber die Zusammenstellung der Briefteile zur jetzigen Form ist von diesem Gedanken geleitet.

Die wahrscheinlich in Philippi vorgenommene Kompilation und Redak-tion der Philipperkorrespondenz ist eine eigenständige editorische und theologische Leistung der philippischen Gemeinde. Sie zeigt die Eigen-ständigkeit und Kreativität der Gemeinde, die nicht allein Paulus und die Wahrung der paulinischen Tradition in den Mittelpunkt des Briefes stellt, sondern mit Selbstbewußtsein auf ihre eigene Geschichte zurückblickt.[42]

3. DER DANKESBRIEF PHIL 4,10-20 ALS SCHLÜSSEL ZUM VERSTÄNDNIS DER BEZIEHUNG ZWISCHEN PAULUS UND DER PHILIPPERGEMEINDE

Im folgenden soll der Dankesbrief, Phil 4,10-20, konsequent unter Beach-tung seiner Einheitlichkeit und seines Kontextes, der Austauschbeziehung des Paulus mit den Philippern, interpretiert werden. So können die Schwie-rigkeiten im Verständnis dieses Briefes bewältigt werden, die die Exegese zum Ausdruck bringt, indem sie immer wieder die Formulierung vom 'danklosen Dank' aufgreift, um die Grundintention dieses Abschnittes zu erfassen.[43]

---

[40] Vgl. Brandenburger, „Art. Gericht Gottes," S. 475-78; gegen Conzelmann, „Art. Gericht Gottes," Sp. 1421.

[41] Die Vorstellung von der Berufung auf ethische Leistungen als ein sich dem positiven Ergehen im Gericht versicherndes Selbstbewußtsein findet sich auch in I Kor 3,8-15 nicht. Erst das Gericht selbst offenbart das endzeitliche Ergehen, das Paulus in I Kor 3 mit der Metapho-rik des Gerichtes nach Werken schildert. Vgl. Brandenburger, „Art. Gericht Gottes," S. 477f.

[42] Dieses Selbstbewußtsein der Gemeinde zeigt sich noch in der Achtung, die Polykarp ihr gegenüber zum Ausdruck bringt: Polyk 1,2; 3,1f; 11,3; 12,1.

[43] Mengel (*Studien*, S. 283) führt diese inzwischen verselbständigte Formel (vgl. Gnilka, *Der Brief an die Phlipper*, S. 173) zurück auf C. Holsten, *Der Brief an die Philipper: eine exegetisch-kritische Studie II. II-IV*, Jahrbücher für protestantische Theologie 2 (1875) S. 164.

Mit dieser Formulierung werden die erstaunliche Tatsache, daß Paulus keinen ausdrücklichen Dank sagt,[44] und die Distanz zum Ausdruck gebracht, die Paulus von der Gabe der Philipper einnimmt, indem er ihre Notwendigkeit scheinbar relativiert (4,11-13) und die Wechselbeziehung zwischen sich und der Gemeinde um die Gottesbeziehung als Schlußpunkt seiner Überlegungen erweitert (4,13 u. 19f). Die Formulierung vom 'danklosen Dank' ist allerdings wenig hilfreich, um die Intention der Reaktion des Paulus genauer in den Blick zu bekommen. Mit ihr ist eine kluge Beobachtung geistreich formuliert,[45] aber noch nicht erklärt, warum Paulus so merkwürdig reagiert.

Nimmt man die Eigenständigkeit des Schreibens Phil 4,10-20 ernst, scheiden Erklärungen aus, die ihre Argumente aus der heute vorliegenden Gestalt der Philipperkorrespondenz ziehen. Die Auslegung hat sich auf Phil 4,10-20 zu konzentrieren und damit auf die Angelegenheit, die im Mittelpunkt dieses Briefes steht: die materielle Unterstützung, die Paulus von den Philippern erhalten hat. Paulus sieht sich genötigt, sein Verhältnis zu dieser Gabe der Philipper, die Rechte, die die Philipper aus ihr ableiten dürfen, und die Art der Beziehung zwischen sich und der Gemeinde zu klären. Er tut dies nicht allgemein und grundsätzlich, indem er auf Regeln der apostolischen Mission verweist, wie etwa in I Kor 9,1-12, sondern er spricht in die philippische Situation hinein und setzt sich mit dem Verständnis, das die Philipper von der Gabe an den Apostel haben, auseinander. Dabei stehen drei Probleme im Vordergrund, die eng aufeinander bezogen sind: a) die Unabhängigkeit des Apostels (V.11-13), b) die bisherige Entwicklung und die derzeitige Situation der Beziehung zwischen Paulus und den Philippern als Austauschbeziehung (V.10.14-16), c) die Bedeutung der Gabe der Philipper (V.17-20).

---

[44] Anders aber Schenk (*Der Philipperbrief*, S. 43), der mit καλῶς ἐποιήσατε (V.14) „ganz direkt 'Danke schön' gesagt" sieht; ähnlich Lohmeyer, S. 183, Anm. 1; Petermann („Thankless Thanks," S. 270) versucht zu belegen, daß dieser 'danklose Dank' einer sozialen Konvention der hellenistisch-griechischen Welt in der Korrespondenz zwischen miteinander sehr vertrauten Menschen entspricht, Paulus also hier nicht die Gemeinde von Philippi tadelt, sondern im Gegenteil mit dieser Form des danklosen Erwähnens der Gabe der Philipper seine enge Vertrautheit mit dieser Gemeinde ausdrückt. Petermann geht aber nicht auf den Textzusammenhang von Phil 4,10-20 ein, der nicht nur durch den fehlenden oder nach Petermann doch implizit enthaltenen Dank bestimmt ist, sondern der durch die Betonung der Verzögerung in V.10 und der paulinischen Antwort in 4,11-13 aufmerken läßt. Um von einer „'thankless thanks' convention" zu sprechen, sind die gebrachten Beispiele in ihrer situativen und beziehungsmäßigen Einbindung nicht transparent genug. Die von Petermann angekündigte Dissertation konnte mir nicht zugänglich gemacht werden: *Social Reciprocity in Paul. Aspects of Graeco-Roman Social Conventions in Selected Texts*, Ph.D. King's College, London.

[45] Schenk (*Der Philipperbrief*, S. 43) nennt die Formulierung ein Oxymoron, womit ihr ambivalenter Charakter gut erfaßt ist.

a) Die Unabhängigkeit des Apostels

Paulus ehrt die Philipper mit überschwenglich freundlichen Worten.[46] Die
Pointe dieses Verses liegt nicht darin, daß er die Gesinnung ($\tau\grave{o}$ $\phi\rho o\nu\epsilon\hat{\iota}\nu$) der
Philipper lobt,[47] sondern im 'Aufsprossen'[48] dieser Gesinnung, d.h. daß
die Gemeinde endlich Gelegenheit gefunden hat, ihr gutes Verhältnis zu
Paulus in Taten umzusetzen, nachdem einige Zeit ($\eta\kappa\alpha\iota\rho\epsilon\hat{\iota}\sigma\theta\epsilon$) keine Mög-
lichkeit dazu war.[49] Mit V.10 steht gleich die Gabe der Philipper zur De-
batte, die Paulus unzweideutig positiv wertet. Um so erstaunlicher ist seine
Selbstdarstellung in V.11-13. Scheinbar unvermittelt betont Paulus seine
Unabhängigkeit von dieser, wie auch im Grunde von jeder anderen Unterstützung. Er greift dazu bemerkenswerterweise auf geformte Wendungen
(V.11b-13) zurück. Diese Redeweise betont zusätzlich zur inhaltlichen auch
eine stilistische Distanz zum direkten Kontext in den Versen 10 und 14, in
denen Paulus in unauffälliger Prosa schreibt und die Gabe der Philipper
uneingeschränkt begrüßt.[50]

In der Auslegung dieser Verse wird der Bruch zum Kontext oder zu-
mindest die sachliche Spannung zwischen Dankbarkeit und Betonung der
Unabhängigkeit meist eingestanden.[51] Die Anstößigkeit der Aussage von
V. 11b-13, die in der brüsken Zurückweisung der Notwendigkeit der philip-

---

[46] $\dot{\epsilon}\chi\acute{\alpha}\rho\eta\nu$ $\mu\epsilon\gamma\acute{\alpha}\lambda\omega\varsigma$ (V.10) ist Hapaxlegomenon im NT. Schenk (*Der Philipperbrief*, S. 67)
übersetzt: „Ich habe mich nun wieder einmal riesig gefreut ...".

[47] Wie meist ausgelegt wird, z.B. Gnilka, *Der Philipperbrief*, S. 173f; Lohmeyer, *Die
Briefe an die Philipper, an die Kolosser*, S. 179.

[48] $\dot{\alpha}\nu\alpha\theta\acute{\alpha}\lambda\lambda\omega$ ist Hapaxlegomenon im NT. Bauer (*WbNT*, Sp. 107) meint, in Phil 4,10 sei
sowohl eine intransitive („ihr seid wieder aufgeblüht, was eure Fürsorge für mich betrifft") als
auch eine faktitive Übersetzung („ihr habt eure Fürsorge für mich wieder aufblühen lassen")
möglich. Die wesentliche Bedeutungsnuance ist aber nicht von der Entscheidung über faktitiv
oder intransitiv abhängig (so auch Lohmeyer, *Die Briefe an die Philipper, an die Kolosser*,
S. 178f). Die Formulierung ist bildhafte Sprache. Paulus gebraucht eine Metapher, die auf ein
tertium comparationis zielt. Das 'Aufsprossen' bringt Frucht (so Sir 50,10: $\dot{\alpha}\nu\alpha\theta\acute{\alpha}\lambda\lambda\omega$ mit
$\kappa\alpha\rho\pi\acute{o}\varsigma$), so wie das 'Aufsprossen' der Gesinnung der Philipper Frucht (vgl. V.17), nämlich
die Gabe für Paulus hervorbringt. Auf diese Gabe zielt die Spitze dieses Verses und nicht auf
ein Lob der Gesinnung unter Absehung der Ergebnisse, die sie hervorbringen mag.

[49] $\eta\kappa\alpha\iota\rho\epsilon\hat{\iota}\sigma\theta\epsilon$ von $\dot{\alpha}\kappa\alpha\iota\rho\acute{\epsilon}o\mu\alpha\iota$ nach Bauer, *WbNT*, Sp. 57: „keine Zeit, keine (günstige)
Gelegenheit haben."

[50] Lohmeyer (*Die Briefe an die Philipper, an die Kolosser*, S. 180) sieht in 4,12f einen
„kleinen Hymnus". Ihm schließen sich u.a. Gnilka (*Der Philipperbrief*, S. 173) und Barth (*Der
Brief an die Philipper*, S. 76) an. Schenk (*Der Philipperbrief*, S. 32) dagegen stellt nach
eingehender Untersuchung fest, daß von einem Gedicht keine Rede sein könne, vielmehr
handele es sich um eine „hervorgehobene Prosastelle", die sich durch die „syntaktische
Konzentration auf den reinen Ich-Stil" vom Kontext abhebe. Deswegen zieht er zu recht auch
V. 11b zu 12f, um der Strukturierung des Textsegmentes durch die Verben der 1.Pers Sg
gerecht zu werden. Ähnlich Müller, *Der Brief des Paulus an die Philipper*, S. 203: „geho-
bene(r) Prosastil"

[51] Gnilka, *Der Philipperbrief*, S. 172f; Lohmeyer, *Die Briefe an die Philipper, an die
Kolosser*, S. 179f.

pischen Gabe und im Gebrauch der Terminologie hellenistischer religiöser Propaganda gegeben ist, wird harmonistisch interpretiert.[52] Paulus habe seine Unabhängigkeit gegenüber der materiellen Unterstützung der Philipper zu belegen, um nicht in den Ruf zu kommen, von materiellen Interessen geleitet zu sein.[53] Der Gebrauch der religiös-propagandistischen Terminologie wird entweder schlichtweg geleugnet oder aber als abgeflachter Gebrauch entschärft.[54] Die Identität des Ichs der Verse 11b-13 mit Paulus wird nicht in Frage gestellt, teilweise sogar dessen autobiographischer Charakter betont.[55]

Im Gegensatz zu der harmonisierenden Tendenz in der Auslegung sollen die Anfragen, die sich aus Form und Inhalt dieses Abschnittes ergeben, verschärft werden. Die Aussagen in Phil 4,11-13 werden nicht in der Perspektive einer allgemeinen Vorstellung des paulinischen Apostolates gesehen. Der Ausgangspunkt der Argumentationen wird nicht in einer konstruktiven Synthese gewählt, sondern in den Besonderheiten des Textes. Allerdings werden andere paulinische Texte herangezogen, um die Konturen des Philippertextes schärfer hervortreten zu lassen.

Form und Inhalt der in V.11-13 gewählten Selbstdarstellung des Paulus ziehen noch mehr Aufmerksamkeit auf sich, wenn man sie mit thematisch ähnlichen Aussagen in den paulinischen Briefen vergleicht. Dazu sollen Texte herangezogen werden, die in Form und Thematik eine gewisse Nähe zu Phil 4,11b-13 aufweisen. Die Form von Phil 4,11b-13 ist oben unter sprachlichen Gesichtspunkten kurz angedeutet worden. Es handelt sich um geformte Sprache, in der Lohmeyer (für 4,12f) ein Gedicht aus der Feder des Paulus erkennt und der Schenk (für 4,11b-13) zumindest den Willen zur rhetorischen Stilisierung zugesteht. Über diese stilistischen Gesichtspunkte hinaus läßt sich die Form im Sinne der formgeschichtlichen Fragestellung

---

[52] Lohmeyer (*Die Briefe an die Philipper, an die Kolosser*, S. 183) läßt alle Gegensätze im Märtyrerbewußtsein des Paulus aufgehoben sein.

[53] Gnilka, *Der Philipperbrief*, S. 174f; Barth, *Der Brief an die Philipper*, S. 76; Müller, *Der Brief des Paulus an die Philipper*, S. 202.

[54] Lohmeyer (*Die Briefe an die Philipper, an die Kolosser*, S. 180-82) interpretiert den Gebrauch dieser Begriffe im Rahmen seiner These vom bewußten Martyrium des Paulus. Z.B. S. 182: „Das Wort 'eingeweiht sein', das nur hier im NT begegnet, ist wohl in dem Kreise antiker Mysterien heimisch. Aber auch kaum ein Bild ist dem religiösen Gehalt des Martyriums angemessener als eben dieses der Weihe...". Ähnlich zu αὐτάρκης auf S. 179f. Gnilka (*Der Philipperbrief*, S. 176) betont „die Kluft, die zwischen dem Apostel und zeitgenössischer Moralphilosophie trotz terminologischen Anschlusses klafft." Müller (*Der Brief des Paulus an die Philipper*, S. 203) meint, Paulus knüpfe an philosophische Vorstellungen an, wohingegen der ursprüngliche Sinn des Begriffes aus der Mysteriensprache allenfalls nachklinge.

[55] Gnilka, *Der Philipperbrief*, S. 176: „Die umfängliche Skala seiner Lebens- und Berufserfahrungen (ἐν παντὶ καὶ ἐν πᾶσιν) umschreibt er mit dem die Mysteriensprache beherrschenden Begriff des Eingeweihtseins, was aber nicht bedeutet, daß eine bewußte Analogiebildung vorliegt."

nach den in literarischen Texten aufbewahrten Formen der mündlichen Überlieferung näher bestimmen. Phil 4,11b-13 enthält eine Reihe von Elementen des Peristasenkataloges, wie wir ihn aus der stoisch-kynischen Diatribe kennen.[56] Im Peristasenkatalog stilisiert der Redner seine eigene Persönlichkeit mit dem rühmenden Verweis auf durchstandene, außergewöhnliche Herausforderungen und beweist mit ihnen seine Leistungsfähigkeit und seine Distanz vom Geschick der Welt. Diese beiden Eigenschaften sind die Kriterien für seine Glaubwürdigkeit und seine Außerordentlichkeit.[57] Phil 4,11-13 entspricht dem kynisch-stoischen Peristasenkatalogen in Stil (antithetischer Aufbau) und Intention.[58] Um die besondere Intention, die Paulus an dieser Stelle mit dem Mittel des Peristasenkataloges verfolgt, zu verdeutlichen, sollen die anderen paulinischen Peristasenkataloge zu einem konturierenden Vergleich herangezogen werden.

α) *Die Peristasenkataloge*
In den paulinischen Peristasenkatalogen[59] stehen die schmerzlichen Erfahrungen im Mittelpunkt, die das Leben der Apostel (außer in II Kor 11,23-33 Wir-Stil) prägen. Diese Erfahrungen werden als Kennzeichen des apostolischen Dienstes interpretiert. Sie resultieren nicht aus vermeidbaren, auf

---

[56] Bultmann (*Der Stil der paulinischen Predigt*, S. 19) definiert den Peristasenkatalog als spezielle Form des Tugend- und Lasterkataloges: „Endlich ist noch ein besonderer Fall solcher Aufzählungen zu nennen, nämlich wenn der Redner die verschiedenen Fügungen des Geschicks, die περιστάσεις, aufzählt, denen gegenüber er sich als Überwinder rühmt." Ebner (*Leidenslisten und Apostelbrief*, S. 18) formuliert zunächst als „Arbeitsdefinition" im Anschluß an Bultmann: „Ein 'Peristasenkatalog' ist eine Auflistung meist negativer Widerfahrnisse, die das Leben des Menschen betreffen". Ebner rückt von der formgeschichtlichen Pointe (Sitz im Leben der Peristasenkataloge ist das Rühmen des Redners), die Bultmann formuliert hat, und konzentriert sich auf eine zunächst inhaltliche Beschreibung der Peristasen, die er in seiner weiteren Arbeit nach geistesgeschichtlichen und stilistischen Gesichtspunkten differenziert. Die Funktion der Peristasenkataloge als Gattung bezeichnet er als „Profilierung" (ebd. S. 394-99), ohne diese Überlegung zu vertiefen. Die Frage nach den in diesen literarischen Texten aufbewahrten Formen mündlicher Überlieferung und deren „Sitz im Leben" verfolgt er nicht weiter. Die Bedeutung der Peristasenkataloge im Leben einer philosophisch oder religiös orientierten Gruppe, nämlich die demonstrative Verkündigung der Überwindung und des Bestehens der Herausforderungen des Lebens durch eine sich darin selbst darstellende Figur, die so ihre Glaubwürdigkeit und Überlegenheit unter Beweis stellt, bleibt außerhalb dieser Sichtweise. Vgl. Malherbe, „Hellenistic Moralists," S. 325, Anm. 280.
[57] Vgl. Malherbe, *Paul and the Popular Philosophers*, S. 17-20.
[58] Ebner (*Leidenslisten und Apostelbrief*, S. 343f) ordnet Phil 4,12 der „stoischen bzw. aristotelisch-epikureischen Richtung" zu. Vgl. Schieffer Ferrari, *Die Sprache des Leides*, S. 271-281.
[59] Paulinische Peristasenkataloge finden sich in I Kor 4,9-13 (bes. 11-13), II Kor 4,8-10; 6,3-10; 11,23-33; auch II Kor 12,1-10 enthält in V.10 Elemente eines Peristasenkataloges. Dieser ist aber in Form und Inhalt eng mit dem nahen Kontext verwoben. Zur genaueren Abgrenzung der Peristasenkataloge im engeren Sinne s. Bultmann, *Der zweite Brief an die Korinther*, S. 115-22. 169-76. 217-20 und 230-2. Vgl. zum religionsgeschichtlichen Hintergrund der Peristasenkataloge Georgi, *Die Gegner*, S. 194-96; Bultmann, *Der Stil der paulinischen Predigt*, S. 19; ders., *Der zweite Brief an die Korinther*, S. 230-32.

widrigen Umständen beruhenden Ereignissen, sondern sie sind der Beleg für die Glaubwürdigkeit der Apostel und die Wahrheit ihres Evangeliums. Von Erfolgen oder Phasen des Wohlergehens ist da nur in spezifisch paulinischer Dialektik die Rede.[60] Sie sind, auch wenn es sie gegeben haben wird, für die Selbstdarstellung des apostolischen Dienstes nicht relevant.

Die Form des Peristasenkatalogs ist aus der hellenistischen Popularphilosophie übernommen. Wir finden sie in den Texten der stoisch-kynischen Diatribe.[61] Die dort überlieferten Peristasenkataloge betonen genausowenig wie die paulinischen die Widrigkeit äußerer Umstände als kontingente Ereignisse, sondern die Verführung zur Anpassung des Philosophen an die Bedingungen der Welt und damit an die Forderungen des äußeren Menschen, die grundsätzlich von ihr ausgehen.[62] Solche Verführungen bestehen in negativen Erfahrungen aufgrund von Konflikten mit der Umwelt, aber auch in Verlockungen des etablierten Lebens, wie Besitz, Ruhm, Sexualität u.ä.[63] Die Qualität des Philosophen zeigt sich in dem Maß seiner Unabhängigkeit ($\alpha\dot{\upsilon}\tau\acute{\alpha}\rho\kappa\epsilon\iota\alpha$) von den Angeboten des Lebens, seien es materielle Güter oder menschliche Bindungen. In den paulinischen Peristasenkatalogen spielt die Verführung durch positive Gaben und Reize der Welt keine Rolle,[64] das Bestehen von sehr konkreten Gefahrensituationen und Belastungen steht ganz im Vordergrund. Diese werden bisweilen mit Kreuz und Leiden Christi in Verbindung gebracht. Der christologische Bezug ist aber für die paulinischen Peristasenkataloge nicht konstitutiv, auch wenn er von Paulus oft hergestellt wird.[65]

Für einen Vergleich mit Phil 4,11b-13 ist der Peristasenkatalog in II Kor 11,23-33 besonders wichtig, da Paulus dort im Gegensatz zu den anderen Stellen im Ich-Stil wie in Phil 4,11b-13 spricht. Der Ich-Stil und der dramatische Kontext des II Kor 10-13 bedingen eine inhaltliche Zuspitzung der Aussagen des Paulus, die einen tieferen Blick in sein Selbstverständnis erlauben, als ihn die anderen Peristasenkataloge eröffnen. Eine Auffälligkeit ist für uns besonders interessant. Paulus fügt in diesem Kontext auch konkrete, persönliche Lebenserfahrungen ein, insbesondere in V. 24-25.28.32f.

---

[60] Vgl. besonders II Kor 6,3-10.
[61] Stellen bei Bultmann, *Der Stil der paulinischen Predigt*, S. 19; Malherbe, „Hellenistic Moralists," S.326, Anm. 280.
[62] Berger („Hellenistische Gattungen," S. 1355f) charakterisiert die hellenistischen Peristasenkataloge nicht richtig, wenn er behauptet, daß sie am Leiden orientiert seien. Die Leidenserfahrungen sind nur eine der möglichen Verführungen, denen sich der Popularphilosoph ausgesetzt sieht, und noch nicht einmal die wichtigste. Die Beeinträchtigungen seiner $\alpha\dot{\upsilon}\tau\acute{\alpha}\rho$-$\kappa\epsilon\iota\alpha$ durch menschliche Bindungen oder materielle Verführungen, also durch die äußere Welt überhaupt, spielen eine wesentlich größere Rolle.
[63] Vgl. Epikt. *Diss.* I 18,22.
[64] Bestenfalls in II Kor 6,6-10.
[65] Der christologische Bezug fehlt z.B. in II Kor 6,3-10.

Der Ich-Stil ist hier eindeutig biographisch gemeint, auch wenn Teile des Textes formelhaft wirken. In den anderen Fällen[66] bieten die Peristasenkataloge keine konkreten Widerfahrnisse. Die Leidenserfahrungen sind stilisiert und werden summarisch zusammengestellt. Der dort gebrauchte Wir-Stil erweckt den Eindruck von einer Gruppe von Personen, zu der sich Paulus zählt. Es geht nicht um Paulus als Apostel mit einer bestimmten Biographie. Der Peristasenkatalog in II Kor 11,23-33 dagegen gewinnt durch die Einfügung konkreter Ereignisse eine augenfällige Authentizität, so daß er autobiographischen Charakter annimmt.

In II Kor 12,1-10 finden wir einen weiteren Text, in dem Paulus im Ich-Stil über sein Selbstbild Auskunft gibt. Dieser Abschnitt aus dem II Kor ist nicht insgesamt als Peristasenkatalog zu verstehen, mündet aber in V. 10 in einen solchen. Paulus reflektiert die Schwachheit (ἀσθένεια) seines Auftretens. Er stellt sie in den Mittelpunkt seines Selbstverständnisses und sieht in ihr das durch Christus bestätigte Kennzeichen seines Apostolates.[67] Bultmann fragt anhand von II Kor 12,1-10, welche Funktion die Peristasenkataloge, die von ihrer Intention her Leistungen des Apostels dokumentieren sollen, im Kontext des paulinischen Denkens erfüllen. Er versucht, das durch Abgrenzung von der Funktion der Peristasen in der Stoa zu präzisieren. Bultmann sieht zwischen Stoa und Paulus zwei wesentliche Differenzen: a) In der Stoa werden die Beeinträchtigungen der äußeren Existenz bzw. die Leiden als etwas eingestuft, das den Menschen in seinem „eigentlichen Sein" gar nicht treffen könne, denn das „eigentliche Sein" sei von den äußeren Umständen völlig unabhängig. Paulus dagegen sehe das „eigentliche Sein" des Menschen gerade von der ἀσθένεια gekennzeichnet. b) Die Kräfte, mit denen der Mensch der ἀσθένεια begegnen könne, seien in der Stoa als dem Menschen naturhaft innewohnend gedacht. Sie gingen zwar letztlich auf Gott zurück. Dieser habe sie aber dem Menschen zum Gebrauch in voller Freiheit überantwortet. Sie stehen ihm zur Verfügung. Deswegen kenne die Stoa den Gedanken der Askese als Erziehung bzw. Selbsterziehung der menschlichen Kräfte. Paulus dagegen sehe die Kraft (δύναμις) des Menschen gleichzeitig und wesentlich als Geschenk der göttlichen Gnade (χάρις). Bei ihm stehe an Stelle der Selbsterziehung durch Askese die Begnadung, die zur Bewährung in der jeweiligen historischen Situation befähige, aber nie in die Verfügungsgewalt des Menschen stehe.[68]

Vergleichen wir nun Phil 4,11-13 mit den oben kurz charakterisierten paulinischen Texten. Phil 4,11f konzentriert sich im Gegensatz zu den

---

[66] S.o. Anm. 59.
[67] Vgl. I Kor 2,1-5.
[68] Bultmann, *Der zweite Brief an die Korinther*, S. 231.

Peristasenkatalogen nicht nur auf die Erfahrungen von ἀσθένεια. Man kann sogar fragen, ob überhaupt an Schwachheit gedacht ist, wenn Paulus von ταπεινοῦσθαι, πεινᾶν und ὑστερεῖσθαι spricht. Diese bezeichnenderweise mit Verben ausgedrückten Zustände des Mangels werden ja geradezu als Leistungen oder Fähigkeiten dargestellt und nicht als zu überwindende oder zu bestehende Krisensituationen. Jedenfalls finden auch positive Zustände Erwähnung wie περισσεύειν und χορτάζεσθαι. Das gibt es in den anderen paulinischen Peristasenkatalogen nicht. Autobiographische Reflexionen, wie sie die Peristasenkataloge im Ich-Stil bzw. ihr Kontext bringen (II Kor 11,23-33 und 12, 1-10), finden sich ebensowenig. Paulus konstruiert in Phil 4,11-13 rhetorisch geschickt Gegensätze, ohne konkrete Erfahrungen ansprechen zu wollen. Besonders auffällig ist, daß seine gegenwärtige Situation (vermutlich Gefangenschaft) nicht erwähnt wird. Phil 4,11b-13 geben keinen direkten Hinweis, daß sie autobiographisch verstanden sein wollen. Sie berichten von Zuständen bzw. Fähigkeiten, aber nicht von Ereignissen.

Die Gedankenfolge in Phil 4,11b-13 ist geprägt von den tragenden Verben ἔμαθον, οἶδα, μεμύημαι und ἰσχύω, die eine aufsteigende Linie bilden: Das *Ich* hat gelernt, es weiß jetzt und ist eingeweiht, nun ist es zu allem befähigt. Beide von Bultmann genannten Unterscheidungskriterien zwischen Paulus und der Stoa, die Unberührbarkeit durch äußere Lebensverhältnisse *versus* ἀσθένεια und der Gedanke der Selbsterziehung der dem Menschen innewohnenden göttlichen Kräfte durch Askese *versus* χάρις, versagen. Das *Ich* in Phil 4,11b-13 spricht von äußeren Bedingungen (hungern - satt sein, Überfluß - Mangel haben), die es im Grunde nicht bedrängen. Es braucht keine Hilfe, da es durch Belehrung (ἔμαθον) zum Wissen (οἶδα), ja sogar zu geheimnisvollen Wissen (μεμύημαι) gelangt sei. Gemessen an den Kriterien Bultmanns gehört also das Gedankengut in Phil 4,11b-13 in die stoische Tradition, von der sich Paulus an eindeutig authentisch und autobiographisch gesprochenen Stellen wie II Kor 11,23-33 und 12,1-10 deutlich abgrenzt. Folgen wir Bultmann in der Meinung, daß Paulus sonst den Gedanken der Kräftigung der menschlichen δύναμις durch Askese ablehnt und stattdessen von der Begnadung durch die göttliche χάρις spricht, verstärkt sich der Eindruck der Fremdheit von Phil 4,11b-13 im paulinischen Gedankengut.

Phil 4,11b-13 steht nicht nur formal (sprachliche Gestaltung), sondern auch inhaltlich in Spannung zum direkten (V.10 und 14) und weiteren Kontext der paulinischen Aussagen. Diese Beobachtungen sollen mit einer Präzisierung des religionsgeschichtlichen Vorstellungshintergrundes vertieft werden.

β) Der religionsgeschichtliche Hintergrund[69]

In seinem „Gedicht", Phil 4,11-13, schildert Paulus die Haltung einer religiös und ethisch herausragenden Persönlichkeit, die über außerordentliche asketische Fähigkeiten verfügt. Er gebraucht dabei Formulierungen, die sowohl in den Bereich der stoischen Philosophie gehören (αὐτάρκεια)[70] als auch in den der Mysterien (μυέω).[71] Paulus schlüpft in die Rolle des stoischen Popularphilosophen, der sich über alle materiellen Bindungen erhaben wähnt. Aber gleichzeitig erscheint er als ein in großartige und allumfassende Mysterien eingeweihter Myste. Zu der Stilisierung als Myste will nicht ganz passen, daß dieser Myste nicht in tiefe göttliche Geheimnisse eingeführt wird und bewegende Erfahrungen zu schildern hat, sondern zu asketischen Leistungen befähigt wird.[72] Die Benennung der Quelle, aus der die Kräfte für diese Haltung geschöpft werden, könnte auf die individuelle Besonderheit des Paulus hinweisen. Er spricht auch aus, daß er Unterstützung erhält, die ihn zu allem (πάντα) befähigt (V.13). Aber Paulus nutzt nicht die naheliegende Möglichkeit der Abgrenzung. Er nennt erstaunlicherweise keinen Namen oder eine andere Charakterisierung dieser Kraftquelle, was eine ganze Reihe Handschriften zu Ergänzungen veranlaßt.[73] Paulus verzichtet auf den christologischen Bezug, der sich an dieser Stelle hätte aufdrängen müssen, wenn er eine authentisch-autobiographische Rede intendiert hätte. Er verweist auf göttliche oder himmlische Unterstützung,

---

[69] Leider gehen Betz (*Lukian von Samosata*) und Petzke (*Die Traditionen des Apollonius*) in ihren Arbeiten zum hellenistischen Umfeld des Neuen Testamentes überhaupt nicht auf Phil 4,11-13 ein, obwohl die Begrifflichkeit und die Form des Abschnittes in diesen Kontext gehören.

[70] Vgl. Bultmann, *Das Urchristentum*, S. 130 und 173; Kittel, „Art. αὐτάρκεια," S. 466f; Bauer, *WbNT*, Sp. 243; Schenk, *Der Philipperbrief*, S. 35-38. Trotz eines häufig belegten abgeflachten Gebrauches ist anzunehmen, daß Paulus hier im Gegensatz zu II Kor 9,8 das Wort in seinem philosophisch-weltanschaulichen Sinn heranzieht, da er einen Typos mit ihm bezeichnen will. Mit Autarkie wäre dann die besonders in der Stoa hervorgehobene Haltung der Unabhängigkeit durch Selbstbescheidung gemeint. Ein Element dieser Selbstbescheidung ist die Zurückhaltung gegenüber materiellen Gütern, wie Wohnung, Kleidung usw. Ein anderer ebenso wichtiger Gesichtspunkt ist die Abstinenz gegenüber menschlichen Bindungen, wie Freundschaft, Ehe und Familie. Vgl. dazu bes. Epikt. *Diss.* III 22,62-72.

[71] Ein term. techn. der Mysterien = eingeweiht sein, Hapaxlegomenon im NT. Vgl. Bauer, *WbNT*, Sp. 1046. Auch bei diesem Wort wird ein abgeflachter Gebrauch in Erwägung gezogen (z.B. Müller, *Der Brief des Paulus an die Philipper*, S. 203). Dies leuchtet aber nicht ein, da deutlich von etwas Außerordentlichem, nämlich der Einweihung in alles und jedes, bzw. in die Extreme „satt sein" und „hungern", „Überfluß haben" und „Mangel leiden", die Rede ist.

[72] Vgl. Burkert, *Antike Mysterien*, S. 75f. Askese dient häufig zur Vorbereitung auf ein Einweihungsritual (Apul. *met.* XI 21,9; 32,2). Sie ist aber nicht das Ziel des Rituals, das in der Regel auf eine Begegnung mit göttlichen Kräften ausgerichtet ist (Apul. *met.* XI 23,7). In der stoisch-kynischen Diatribe dagegen ist Askese das äußerliche Kennzeichen des Philosophen und Richtlinie seiner persönlichen Lebensführung.

[73] Χριστῷ wird von einigen Handschriften scheinbar präzisierend ergänzt. Auch wenn die Kommentare sich unter textkritischen Gesichtspunkten gegen diese Lesart entscheiden, interpretieren sie diese Stelle sachlich überwiegend, als stände hier Χριστῷ zu lesen.

die das Ich der Verse 11b-13 erhält, ohne sie genauer zu bestimmen. In diesem allgemein gehaltenen Hinweis auf göttliche Hilfe sieht Bultmann den Unterschied zwischen den Aussagen des Paulus und der kynisch-stoischen Diatribe. Der Stoiker berufe sich ausschließlich auf die Vernunft als Macht, die ihn von den Widrigkeiten des Lebens befreie, während Paulus auf die Gnade Gottes vertraue.[74] Dagegen wendet sich Schenk.[75] Er bringt Beispiele aus der Stoa, die den Gedanken des Empfangens der eigenen Kraft als göttliches Geschenk enthalten, und widerlegt damit die ältere Anschauung von Bultmann.[76] Nicht die Tatsache des Verweises auf eine transzendente Kraftquelle schafft die Abgrenzung zur Stoa, sondern erst die differierende Benennung der Kraftquelle brächte die nötige Klarheit, die Paulus offensichtlich hier nicht anstrebt. Die transzendente Kraftquelle soll unspezifiziert bleiben, weil Paulus mit seinen Äußerungen in Phil 4,11-13 im allgemein religiösen Kontext verbleiben will. Er nutzt mit der Betonung herausragender Fähigkeiten die in der religiösen Propaganda üblichen Mittel, mit denen das Bild einer über den Durchschnitt erhabenen Persönlichkeit gezeichnet werden. Er tut dies, indem er Begriffe aus dem religiös-philosophischen Wettbewerb aufgreift. Das 'Ich' in Phil 4,11b-13 ist autark, es ist Myste, es ist vollendeter Asket und zu all dem durch göttliche Kräfte befähigt. Wie weit ist das 'Ich' in diesen Versen von den paulinischen Selbstcharakterisierungen z.B. im I Kor 2,1-5; 4,9-13; II Kor 4,7-10; 6,3-10; 11,23-33 entfernt! Die Gabe der Philipper kann gegenüber einer solchen Leistungspersönlichkeit keinen wirklichen Wert haben. Die Persönlichkeit verfügt über Eigenschaften und Fähigkeiten, die sie von jeder menschlichen Bindung und Unterstützung unabhängig machen. Wenn sie trotzdem etwas annimmt, dann tut sie dies, ohne Verpflichtungen zu einzugehen. Die von Paulus charakterisierte Persönlichkeit geht keine Verbindlichkeiten ein. Ihre Unabhängigkeit ist geradezu eine Beziehungslosigkeit.

In der kynischen Philosophie spielt die Unabhängigkeit, die Freiheit des wahren Kynikers als Bote (ἄγγελος) oder Kundschafter (κατάσκοπος) Gottes eine große Rolle. Als Garant dieser Unabhängigkeit gilt die Fähigkeit zur Bescheidung, eben auch zur Askese.[77] Der Gedanke der Souveränität gegenüber materiellen Vorteilen ist auch außerhalb der Literatur der stoisch-

---

[74] Bultmann, *Das Urchristentum*, S. 173. Ähnlich Gnilka, *Der Philipperbrief*, S. 176; Ebner, *Leidenslisten und Apostelbrief*, S. 344.

[75] Schenk (*Der Philipperbrief*, S. 36f) nennt u.a. Epikt. *Diss.* I 6,37. Diese Parallele diskutiert Bultmann interessanterweise in seinem Kommentar zum II Kor (ders., *Der zweite Brief an die Korinther*, S. 232), allerdings, dem Charakter dieses aus einem Vorlesungsmanuskript entnommenen Werkes entsprechend, äußerst fragmentarisch.

[76] Bultmann, *Das Urchristentum*, S. 173.

[77] Epikt. *Diss.* III 22. Vgl. die Darstellung des Kynikers Demetrios von Sunion bei Lukian *Toxaris* 27-34 (bes. 34).

kynischen Diatribe aufgenommen worden. Eine schöne formgeschichtliche und sachliche Parallele bietet ein Abschnitt aus den *Sermones* des Horaz. Horaz erlaubt seinem Sklaven Davus, die durch die Saturnalien gegebene Redefreiheit (*libertas decembri*) zu einem offenen Wort zu nutzen. Davus gibt die stoische Erkenntnis weiter, daß wirklich frei nur der sei, der voll und ganz durch die Vernunft geleitet sei. Insofern sei sein Herr, Horaz, zwar rechtlich frei, aber, da er äußeren Einflüssen und inneren Begierden nachgebe, in seiner Freiheit ebenso beeinträchtigt wie er selbst als Sklave. Diese spöttischen Bemerkungen gipfeln im Ausruf:

> quisnam igitur liber? sapiens, sibi qui imperiosus,
> quem neque pauperies neque mors neque vincula terrent,
> responsare cupidinibus, contemnere honores
> fortis, et in se ipso totus, teres atque rotundus,
> externi nequid valeat per leve morari,
> in quem manca ruit semper fortuna.
>
> (Wer denn nun ist also frei? Nur der Weise, der selber beherrscht sich,
> den weder Armut noch Tod, noch der Kerker in Schrecken versetzen,
> stark, den Begierden ein Wort zu entgegnen, niedrig zu werten
> Ehren, sowie in sich selbst ein Ganzes, gedrechselt, gerundet,
> auf daß nichts Äußeres die Kraft hat, am Glatten zu haften,
> einer, auf den das Geschick nur lahm sich zu stürzen vermag stets.)[78]

In rhetorischer Antithetik werden Gefahren für die Freiheit aufgelistet, die sowohl von negativen Lebenssituationen (Armut, Tod, Gefangenschaft) wie auch Verführungen (Leidenschaft, Ehrungen) ausgehen. Der von allen diesen Einflüssen unberührte *sapiens* ist der eigentlich Freie, ungeachtet seines personenrechtlichen Status als freier Bürger oder Sklave. Er ist das Vorbild für eine von den materiellen und emotionalen Schwankungen des Lebens unabhängige Existenz.

Dieter Georgi hat darauf aufmerksam gemacht, daß sich in einem der beiden Traktate Plutarchs mit dem Titel *De Alexandri Magni fortuna aut virtute* eine Parallele zu Phil 4,11-13 findet.[79] Sie ist hier von Bedeutung, da sie wie Phil 4,11f die Spannung zwischen der Unabhängigkeit des Empfängers und der Annahme eines Geldgeschenkes thematisiert.

> Ξενοκράτην, πεντήκοντα τάλαντα δωρεὰν Ἀλεξάνδρου πέμψαντος, ὅτι οὐκ ἔλαβε θαυμάζομεν τὸ δὲ δοῦναι, οὔ; ἢ οὐχ ὁμοίως καταφρονεῖν χρημάτων δοκοῦμεν τὸν μὴ προσιέμενον καὶ τὸν χαριζόμενον; οὐκ ἐδεῖτο πλούτου Ξενοκράτης διὰ φιλοσοφίαν, Ἀλεξάνδρος δ᾽ ἐδεῖτο διὰ φιλοσοφίαν, ἵνα τοιούτοις χαρίζηται.[80]

---

[78] Hor. *sat.* 2,7, Z. 83-88 (Übers. Büchner).
[79] Die beiden gleichnamigen Traktate finden sich in Plut. *mor.* 326-333C und 333D-345B; Georgi, „Reflections," S. 34.
[80] Plut. *mor.* 333 B.

(Wir bewundern Xenokrates, weil er er die fünfzig Talente, die ihm Alexander geschickt hatte, nicht annahm, das Geben aber [bewundern wir] nicht? Oder sollten wir nicht meinen, daß der, der nicht annimmt, und der, der freimütig gibt, in gleicher Weise die materiellen Güter geringschätzen? Xenokrates bedurfte wegen der Philosophie des Reichtums nicht, Alexander aber bedurfte wegen der Philosophie seiner, damit er solchen Menschen Wohltaten erweisen könnte.)

Plutarch formuliert in einer rhetorischen Frage, daß die Ablehnung eines bedeutenden Geldgeschenkes Alexanders durch Xenokrates trotz eigener Bedürftigkeit große Bewunderung hervorgerufen habe.[81] Aber, so fragt Plutarch, verdient nicht Alexander gleiche Bewunderung für seine Bereitwilligkeit, das Geld zu verschenken? Die Unabhängigkeit von Geld wird hier nicht nur asketisch verstanden (Xenokrates), sondern als eine ethische Disposition (Alexander) gegenüber Geld, die von der faktischen Situation des Habens oder Nichthabens nicht berührt wird. Plutarch stellt in diesem Traktat insgesamt Alexander als ethisches Vorbild dar, obwohl er nicht im Sinne der kynischen Philosophie gelebt hat.[82] Seine Unabhängigkeit von Besitz, Macht und Ruhm bei gleichzeitiger Verfügungsmöglichkeit ist in den Augen Plutarchs dem asketischen Weg des Xenokrates und der Kyniker überhaupt in ethischer Hinsicht gleichzusetzen, wenn nicht gar vorzuziehen.

Wenn Paulus in Phil 4,11f bzw. im ganzen Dankesbrief 4,10-20 die Berechtigung der Annahme einer finanziellen Unterstützung bzw. ihre Folgen für das Ansehen und die Glaubwürdigkeit einer Persönlichkeit mit Vorbildfunktion reflektiert, dann beteiligt er sich an einem ethischen Diskurs, der in der hellenistischen Moralphilosophie an prominenten Beispielen (Alexander, Xenokrates, Diogenes u.a.) geführt wurde. Während der Inhalt der Diskussion, die Frage der Annahme des Geldes, sehr breit und allgemein erörtert wurde, stammt die Form, in der Paulus sich hier äußert, der Peristasenkatalog, aus den rhetorischen Mitteln der stoisch-kynischen Diatribe, wie die Beispiele aus Epiktet und Horaz zeigen.[83] Inhaltlich steht der Plutarchtext dem paulinischen Text in Phil 4,11b-13 näher als die Passagen aus Epiktet und Horaz, da sie sowohl Besitz als auch Nichtbesitz, im paulinischen Duktus darben ($\tau\alpha\pi\epsilon\iota\nu o\hat{\upsilon}\sigma\theta\alpha\iota$) und Überfluß haben ($\pi\epsilon\rho\iota\sigma\sigma\epsilon\acute{\upsilon}\epsilon\iota\nu$), satt sein und hungern, umspannen,[84] während die stoisch-kynische Überlegung in Richtung des Verzichtes orientiert ist.

---

[81] Das Geldgeschenk Alexanders an Xenokrates wird bei Plutarch mehrfach (*mor.* 181 E, 331 E u.ö.) erwähnt und kann in der Antike als allgemein bekannt vorausgesetzt werden. Hahn, *Der Philosoph und die Gesellschaft*, S. 180.
[82] Vgl. bes. Plut. *mor.* 331F-332A.
[83] Hahn, *Der Philosoph und die Gesellschaft*, S. 179-181.
[84] Vgl. Gnilka, *Der Philipperbrief*, S. 175f. Dagegen Lohmeyer (*Die Briefe an die Philipper, an die Kolosser*, S. 181), der meint, es handele sich im Überfluß um „religiöse Güter".

Beide Vorstellungen, die aufgrund asketischer Leistung erworbene und die aus innerer Unabhängigkeit resultierende Freiheit von materiellen Bindungen, können sich zu einer Negierung der Notwendigkeit menschlicher Bindungen, sei es Familie, Freundeskreis oder Anhängerschaft, entwickeln. Sie führen in der stoisch-kynischen Diatribe zu einer Kritik jeglicher bindenden oder gar verpflichtenden Beziehung.[85] Der Ablehnung materieller Unterstützung, speziell der daraus erwachsenden Abhängigkeit, korrespondiert die Ablehung jeglicher sonstigen menschlichen Bindung, die Verantwortlichkeiten mit sich bringt. Der popularphilosophisch gebildete und erzogene Wanderprediger strebt eine grundsätzliche Beziehungslosigkeit an. Die Praxis mag anders ausgesehen haben.[86] Sie mußte sich aber immer an diesem Anspruch messen lassen.[87]

Die strukturelle Beziehungslosigkeit, die in der hellenistischen Popularphilosophie kynisch-stoischer Prägung gefordert wird, ist ein wichtiger Hinweis auf die Herkunft des Modells der autarken Persönlichkeit, das Paulus in Phil 4,11f entwickelt. Es verweist auf einen Ort der religiösen Propaganda, in dem es nicht um Gemeindebildung geht, jedenfalls nicht in dem Sinne, daß eine Gemeinde der religiös herausragenden Persönlichkeit gegenüber ein eigenes Gewicht aufgrund eigener Organisation gewinnt, wie es für die christlichen nach dem Vorbild der jüdischen Diasporagemeinde organisierten Gruppen gilt. Ein Verhältnis auf Dauer, das dem Gegenüber eigene Rechte und Funktionen zugesteht, ist nicht intendiert. Die herausragende Persönlichkeit läßt sich, gestärkt durch das Bewußtsein der Überlegenheit, durchaus durch eine *ad hoc* entstandene Gruppe verehren und nimmt Entgelt an, aber die Bildung einer Gemeinde ist nicht beabsichtigt, bestenfalls ein Jüngerkreis entsteht, der sich um die Einzelpersönlichkeit schart und von ihr zu profitieren versucht.

Einige Beispiele aus der religiösen Propaganda mögen diesen organisationstheoretischen Aspekt noch vertiefen: Apuleius belegt die Praxis der Annahme von Entgelt für vielfältige religiös-ekstatische Darbietungen durch

---

[85] Vgl. Epikt. *Diss.* III 22.

[86] Stowers („Social Status", S. 63) meint eine scharfe Trennlinie zwischen den als Lehrern und Rhetoren wirkenden kynisch-stoischen Philosophen, die den literarischen Stil der Diatribe kultivierten, und den umherziehenden Kynikern, deren Methode das agressiv-witzig geführte Gespräch auf der Straße gewesen sei (ebd., S. 78f), ziehen zu können. Bei der Charakterisierung letztgenannter Gruppe, von deren Praktiken er die Missionstätigkeit des Paulus abgrenzt, greift er auf die verbreiteten Polemiken gegen Kyniker zurück, wie z.B. das Bild des falschen Kynikers bei Epiktet (*Diss.* III 22,9-12) im Kontrast zum wahren Kyniker (ebd. 22,23: „τὸν ταῖς ἀληθείαις Κυνικόν"), ohne die Tendenz dieser Quellen zu reflektieren. Ihm folgt Stegemann, „Zwei sozialgeschichtliche Anfragen," S. 488; differenzierter Hahn, *Der Philosoph und die Gesellschaft*, S. 172-81, der feststellt (S. 181), daß Epiktet hier „sein Konzept des Idealkynikers" entwirft.

[87] Hahn, *Der Philosoph und die Gesellschaft*, S.179.

umherziehende Priester der syrischen Göttin, ohne daß eine auf Dauer angelegte, organisierte Anhängerschaft intendiert ist.[88] Apuleius zeichnet die Anhänger der syrischen Göttin als Scharlatane, die nach dem Kassieren das Weite suchen. In Lukians *Peregrinus Proteus* spielen in der Darstellung der christlichen Periode seines religösen βίος die christlichen Gemeinden und ihre Organisationsleistungen eine große Rolle und werden als Charakteristikum für diese Religion gesehen, während in seiner popularphilosophischen Periode als Kyniker der Bezug zu einer eigenständig organisierten Gruppe nicht erwähnt wird. Peregrinus bewegt sich in der Menge, bestenfalls unter Kollegen und Jüngern, aber nicht in Gemeinden.[89] Epiktet polemisiert gegen den 'falschen Kyniker', indem er ihm die folgenden, wohl nicht ganz aus der Luft gegriffenen Worte in den Mund legt:

> Den Reisesack werde ich an mich nehmen und einen Stock, und wenn ich umherziehe, werde ich anfangen, diejenigen, die mir begegnen, anzubetteln und zu schmähen.[90]

Wahrlich kein gemeindebildendes Verhalten! Aber auch der „wahre Kyniker" bei Epiktet bildet keine Gemeinde, sondern wirkt auf die Öffentlichkeit;[91] er ist ohne Freunde.[92] Eine ganz ähnliche Orientierung des öffentlichen Auftretens finden wir bei dem Pythagoreer Apollonius von Tyana in der Darstellung des Flavius Philostratus. Er hat zwar Jünger (ὁμιληταί)[93] bzw. Schüler (der von Apollonius lernende Assyrer)[94], bildet aber keine Gemeinde im Sinne einer strukturierten Anhängerschaft. Ähnliches gilt selbst für die stärker institutionell gefestigten Mysterienkulte. Keine der fünf sogenannten klassischen Mysterien (Eleusis, Dionysos/Bakchos, Meter, Isis und Mithras) haben Gemeinden im Sinne theologisch und organisatorisch stabiler Gemeinschaften gebildet.[95] In den Mysterien entstehen zwar Kultgemeinschaften, aber für über die Ausübung des gemeinsamen Kultes in weitere Lebensbereiche wirkende Organisationsformen und Ethiken finden sich im Gegensatz zu Judentum und Christentum keine Belege.

Man wird den Versen 11b-13 am ehesten gerecht, wenn man sie als eine rhetorische Parenthese des Paulus interpretiert, in der er sich gleichsam eine

---

[88] Apul. *met.* VIII 28f und IX 8.
[89] Lukian *De morte Peregrini* 13 und 16.
[90] Epikt. *Diss.* III 22,10: πηρίδιον προσλήψομαι καὶ ξύλον καὶ περιερχόμενος αἰτεῖν ἄρξομαι τοὺς ἀπαντῶντας, λοιδορεῖν.
[91] Epikt. *Diss.* III 22,52.
[92] Ebd., III 22,62-66. Malherbe (*Paul and Popular Philosophers*, S. 16-22) sieht im zweiten Jahrhundert neben den „misanthropic Cynics" auch eine Gruppe von „mild Cynics", die durchaus freundschaftliche Gemeinschaftsformen entwickelten.
[93] Philostratus *Vita Apollonii* I 18.
[94] Ebd., I 19.
[95] Burkert, *Antike Mysterien*, S. 51-55.

fremde Maske über das Gesicht zieht. Er schlüpft in die Rolle eines kynischen Wanderphilosophen und integriert Elemente der hellenistischen Philosophie und der Mysterien (Autarkie, Einweihung, Askese, göttliche Befähigung, Einzelpersönlichkeit). Eine eindeutige Zuordnung hat Paulus offensichtlich nicht intendiert. Hat Paulus sich mit dieser Figur und den damit verbundenen ethischen Positionen identifiziert? Die Kommentare zum Philipperbrief versuchen das angestrengt nachzuweisen, indem sie das „spezifisch Paulinische"[96] in diesen Versen suchen, das meist in V.13 entdeckt wird. Bultmann sieht die Besonderheit des Paulus gegenüber der Stoa darin, daß Paulus überhaupt auf die Abhängigkeit von göttlichen Kräften (Phil 4,13: ἐνδυναμοῦντι) verweist.[97] Diese Sicht läßt sich nicht halten.[98] Sie nimmt immerhin ernst, daß Paulus in 4,13 das Partizip ἐνδυναμοῦντι eben nicht mit Christus präzisiert hat, und verzichtet auf die harmonisierende Konjektur.

Im Gegensatz dazu verlegt sich die neuere Exegese auf das textexterne Argument, in ἐνδυναμοῦντι sei Christus genannt.[99] Erstaunlicherweise macht der Auslegung die überzogene Selbstdarstellung des Paulus, die in Widerspruch zu seinem sonstigen Äußerungen und zum direkten Kontext, Phil 4,10-20, steht, keinerlei Schwierigkeiten.[100] Der Textbefund sowie die stilistische und inhaltliche Distanz zum paulinischen Denken bei gleichzeitiger Nähe zu hellenistisch popularphilosophischen Anschauungen belegen, daß Paulus hier nicht, wie sonst interpretiert, sich als in die Mysterien über alles und jedes eingeweihte, autarke, durch göttliche Kräfte wunderbar befähigte Persönlichkeit versteht, sondern angesichts seiner traurigen Realität, die von Bedrängnissen vielfältigster Art geprägt ist,[101] eine Bemerkung einschiebt, mit der er in die Rolle des religiösen Helden schlüpft und sich gleichzeitig, indem er die Rolle überzieht, von ihr distanziert.[102] Er nimmt die Verhaltens- und Interpretationsmöglichkeit, die der Kynismus für

---

[96] Schenk, *Der Philipperbrief*, S. 37.

[97] Bultmann, *Das Urchristentum*, S. 173.

[98] S.o.S. 145.

[99] Lohmeyer, *Die Briefe an die Philipper, an die Kolosser*, S. 180; Gnilka, *Der Philipperbrief*, S. 176; Barth, *Der Brief an die Philipper*, S. 77; Müller, *Der Brief des Paulus an die Philipper*, S. 204; Merk, *Handeln aus Glauben*, S. 199: „Χριστῷ ist sachlich das Richtige".

[100] Extrem bei Lohmeyer, der für Paulus anstelle der stoischen Unberührbarkeit die Allberührbarkeit behauptet; ähnlich Barth, *Der Brief an die Philipper*, S. 77f. Etwas anders Schenk (*Der Philipperbrief*, S. 33f), der ἐνδυναμοῦντι auf den Schöpfergott bezieht.

[101] Vgl. θλῖψις in V.14 und die Peristasenkataloge.

[102] Im paulinischen Denken ist die Anerkennung der Schwachheit des Menschen als anthropologische Existenzbedingung betont. Diese wird von Paulus an der eigenen Existenz konkretisiert und stellt den Mittelpunkt seiner Selbstcharakterisierung dar. Auf diese Dialektik verzichtet Paulus in Phil 4,11-13 völlig. Erst der Kontext in Phil 4,10 und 14ff und die damit angesprochene bedrückende Situation, in der er sich befindet, deutet wieder auf die paulinische Dialektik von Schwachheit und Stärke.

seine Situation zur Verfügung stellt, nicht an. Aber er spürt, daß sein Verhalten gegenüber Geld in Philippi an den Maßstäben der hellenistischen Philosophie gemessen wird und stellt sich dieser Auseinandersetzung. Die Funktion, die die Verse 11f in diesem Zusammenhang zu erfüllen haben, ist in der Problematik der Austauschbeziehung zu suchen. Sie muß im speziellen Kontext der Beziehung zwischen Paulus und den Philippern interpretiert werden.

b) Entwicklung und Situation der Austauschbeziehung

Vielleicht kann schon der Verweis auf so profane Dinge wie „satt sein" (χορτάζεσθαι) und „hungern" (πεινᾶν) innerhalb der heroischen Selbststilisierung als Ironie verstanden werden. In V.14 jedenfalls wird der triumphalistische Tonfall endgültig kontrapunktiert. Paulus bekennt sich zu den Schwierigkeiten, in denen er steckt (θλῖψις) und in denen er Unterstützung gebrauchen kann.[103] Er erinnert an die längere gemeinsame Vergangenheit, die ihn und die Philipper in besonderer Weise verbindet. Jetzt schildert er im scharfen Kontrast zu den Versen 11-13 sein Verhältnis zu den Philippern als Gemeinschaft (συγκοινωνέω; κοινωνέω), die auf einem ganz anderen Prinzip beruht als das Modell der religiös-ethisch herausragenden Persönlichkeit, nämlich auf einem echten Austausch des Gebens und Nehmens (ἐκοινώνησεν εἰς λόγον δόσεως καὶ λήμψεως).[104] Nach Georgi argumentiert Paulus in diesem Abschnitt mit dem Modell des Pneumatikers, der für seine pneumatischen Leistungen materielle Unterstützung von der Gemeinde verlangen darf,[105] wie in I Kor 9,11:

> Wenn wir euch geistliche Gaben (τὰ πνευματικά) gesät haben, was ist es da besonderes, wenn wir eure fleischlichen Güter (τὰ σαρκικά) ernten?[106]

Die Wertschätzung des Pneumatikers durch seine Gemeinde ist prekär. Er muß sie sich mit Leistungen verdienen, sie bestätigen und die Anerkennung dieser Leistungen als Erfüllung der gegenseitigen Verpflichtung immer wieder einfordern. Allzu leicht gerät ein Verhältnis auf Geben und Nehmen in ein Ungleichgewicht, da die zu verrechnenden Leistungen von völlig

---

[103] συγκοινωνέω findet sich nur hier bei Paulus und meint „zusammen Anteil haben an". Bauer, *WbNT*, Sp. 1533.
[104] Hainz (*Koinonia*) entwirft mit Hilfe einer begriffsgeschichtlichen Untersuchung zu κοινωνία, κοινωνέω ein paulinisches Gemeinde- und Kirchenkonzept, das wesentlich als gemeinschaftsgründendes Stiftungs- und Schuldverhältnis gedacht ist. Er versucht aber an keiner Stelle über die rein begriffsgeschichtlich-exegetische Untersuchung hinaus eine religionsgeschichtliche oder sozialgeschichtliche Einordnung dieses paulinischen Modells. Zusammengefaßt in ders., „Art. κοινωνία," Sp. 749-55. Die grundlegenden Gedanken finden sich auch in Hainz, *Ekklesia*, S. 354-58.
[105] Vgl. Georgi, *Die Kollekte*, S. 47 und 83.
[106] Vgl. Röm 15,27.

unterschiedlicher Qualität sind. Es stehen keine objektiven Bewertungs-
kriterien zur Verfügung, so daß ihre Beurteilung eine Sache der Interpretation ist, die auf der Seite des Gebers und des Nehmers unterschiedlich
ausfallen mag. Zudem kann eine der beiden Seiten am Austausch gehindert
sein. Diese Phänomene sind in den Korintherbriefen belegt. Die Gemeinde
wird unzufrieden mit den Leistungen des Paulus[107] und wendet sich ein-
drucksvolleren „Überaposteln" zu,[108] die die Leistungen ihrer Konkurrenz
verächtlich machen, sich zu Herren über die von ihnen abhängig gewordene
Gemeinde aufwerfen und sie ausnutzen (II Kor 11,20).

Ob Paulus in Phil 4,10-20 sein Verhältnis zur Gemeinde tatsächlich im
gleichen Horizont wie in I Kor 9 interpretiert, soll zunächst offenbleiben
und erst in einem späteren Abschnitt beantwortet werden. Der Vergleich
macht aber zumindest deutlich, daß die Verhältnisse des Paulus zu seinen
Gemeinden anfällig für Störungen waren, die sich aus der möglicherweise
unterschiedlichen Intepretation über den Stand der Beziehungen ergaben.
Eine wesentliche, wenn auch nicht objektivierbare Kategorie der Beurteilung
bildet dabei der Ausgleich im Sinne angemessener Reziprozität der Beziehungen.[109] Mit den Problemen, die diese Art der intensiven gegenseitigen
Verpflichtung mit sich bringen, mußte Paulus sich während seiner Missionstätigkeit ständig auseinandersetzen. Starre Prinzipien waren angesichts der
unterschiedlichen Gemeindesituationen nicht angebracht. Paulus mußte in
der Lage sein, zu jeder Gemeinde ein besonderes Verhältnis einzugehen. So
nahm er von den Korinthern keine Unterstützung an und ließ sie gleichzeitig
wissen, daß er aus Makedonien (also wohl aus Philippi) versorgt wurde
(II Kor 11,9). In Phil 4,15 betont er das Besondere des Verhältnisses
(οὐδεμία μοι ἐκκλησία ἐκοινώνησεν) zu den Philippern, dort in Abgrenzung
zu den anderen makedonischen Gemeinden (Thessalonike).

Vor diesem Hintergrund ist es nicht verwunderlich, daß Paulus häufig
zur Darstellung der Beziehungen und des Austausches mit den Gemeinden
auf Kaufmannssprache zurückgreift. In Phil 4,15-18 bedient sich Paulus
ungeniert kaufmännischer Termini, um die Reziprozität der Beziehung
auszudrücken. Es handelt sich nicht um eine erstaunliche Ausnahme. Im
Gegenteil, die Wirtschaftssprache erscheint besonders angemessen, um sich

---

[107] Vgl. die Kritik an Paulus II Kor 10,1f.10.

[108] II Kor 11,5.

[109] Vgl. Georgi, *Die Gegner*, S. 108-12. 188. 234-41; ders., *Die Kollekte*, S. 83f. Dort
verdeutlicht er in der Auslegung von Röm 15,25-28 die Flexibilität, mit der Paulus dieses
Prinzip anwendet.

über die momentane Situation der Wechselbeziehungen zu verständigen.[110] Mit ihren Worten beschreibt Paulus den Stand der Austauschbeziehung mit den Philippern. Die Philipper haben Rechte an ihn, die er ausdrücklich anerkennt und hervorhebt. Sie kommen ihnen aufgrund ihres materiellen Engagements zu, denn sie haben Paulus von Anfang an unterstützt (V.15) und auch jetzt wieder eine Gabe geschickt. Werden diese konkreten Zusammenhänge aber nicht durch einen terminologischen Wechsel von der Kaufmannsprache zu theologisierender Rede auf eine religiöse Ebene gehoben, wird also nicht „eigentlich" die Gottesbeziehung thematisiert?

c) Die Bedeutung der Gabe der Philipper

Meist wird dieser Wechsel schon in V.17 gesehen, wo Paulus die 'Frucht' ($\kappa\alpha\rho\pi\acute{o}\varsigma$) auf der Seite der Philipper durch ihr Engagement für ihn wachsen sieht. Meint Paulus, daß die Philipper sich durch ihre Gabe ihr Konto bei Gott mit $\kappa\alpha\rho\pi\acute{o}\varsigma$ füllen, oder handelt es sich um ein Guthaben bei ihm selbst? Ersteres würde bedeuten, daß Paulus die Gemeinde animiert, ihn zu unterstützen, damit sie dadurch bei Gott Guthaben sammle, die ihr im Gericht Vorteile erbrächten.[111] Die zweite Bedeutung würde den Austausch des Gebens und Nehmens zunächst auf Paulus und die Gemeinde beschränken. Die Gemeinde gewinnt Guthaben bei Paulus und mehrt so die zu erwartenden Zinsen.

Gnilka plädiert für einen eschatologischen Sinn von $\kappa\alpha\rho\pi\acute{o}\varsigma$ als Frucht, die am „Jüngsten Tag" - das meint wohl im Gericht - ihre positive Wirkung entfaltet. Er schwächt aber den Gedanken, daß die materielle Gabe der Philipper diese 'Frucht' bewirke, ebenso unbegründet wie forsch ab, indem er behauptet:

> Natürlich bringt nicht die materielle Gabe geistliche Frucht, aber das christlich-brüderliche $\phi\rho o\nu\epsilon\hat{\iota}\nu$, aus dem die Gabe hervorkommt.[112]

Er weicht einer Konsequenz der eigenen Interpretation aus, ohne dafür einen Textanhalt zu haben. Das in V.10 wichtige $\phi\rho o\nu\epsilon\hat{\iota}\nu$ leidet gerade darunter, daß es sich bislang nicht verwirklichen konnte. Es bleibt so lange defizitär, bis es sich in konkreter Aktion materialisiert. Erst die faktische

---

[110] Vgl. Schenk, Der Philipperbrief, S. 45f; Gnilka, Der Philipperbrief, S. 179. Paulus gebraucht häufig term. techn. aus der Geschäftssprache, z.B. Röm 15,28; II Kor 8 und 9. Anders Müller, Der Brief des Paulus an die Philipper, S. 206: die Geschäftssprache diene der Beschreibung des Verhältnisses von gegenwärtiger Leistung und eschatologischer Verheißung und bezeichne den „eschatologischen Gewinn, den die Philipper ihrerseits machen, wenn sie ihn (Paulus) unterstützt haben."

[111] So etwa Lohmeyer, Die Briefe an die Philipper, an die Kolosser, S. 186 und Müller, Der Brief des Paulus an die Philipper, S. 206.

[112] Gnilka, Der Philipperbrief, S. 179.

Gabe bewirkt diese 'Frucht', wie denn auch in den Versen 15-18 von
φρονεῖν überhaupt nicht die Rede ist. Versteht man καρπός in V.17 wie
Gnilka eschatologisch, führt an zwei theologisch problematischen Gedanken
kein Weg vorbei: 1. die materielle Gabe verschafft eschatologische Vorteile,
2. diese eschatologischen Vorteile nennt Paulus in kaufmännischer Sprache
εἰς λόγον, zur Verrechnung bzw. Kontoguthaben.[113] Paulus sähe demnach
in der Unterstützung seiner Person durch die Philipper einen Weg, bei Gott
eschatologische Schätze zu sammeln. Seine Rede vom Verhältnis auf Geben
und Nehmen wäre insofern uneigentliche Rede, als der Partner des Gebens
und Nehmens für die Gemeinde nicht Paulus selbst wäre, sondern Gott. Die
Austauschbeziehung zwischen Paulus und der Gemeinde würde nur über
Gott funktionieren (Philipper - Paulus - Gott - Philipper). Paulus wäre
Mittlergestalt, wenn auch nur in eine Richtung. Lohmeyer spricht diese
Konsequenz offen aus.[114]

Diese Sicht führt allerdings nicht nur zu fragwürdigen Konsequenzen für
das apostolische Selbstverständnis des Paulus, sondern hat auch im Text nur
eine dürftige Basis. Dreh- und Angelpunkt der Argumentation ist der eschatologische Sinn von καρπός, der zwar bei Gnilka und Lohmeyer bezeichnenderweise recht undeutlich bleibt, aber wohl eine rechtfertigende Funktion
des καρπός im Vernichtungsgericht oder im Gericht nach Taten meinen
soll. Lohmeyer schreibt:

> Aber sie [die Abwehr der Vermutung, Paulus könne nach einer weiteren
> Gabe trachten] verbindet sie (die geschäftlichen Wendungen) mit dem Worte
> 'Frucht', das immer im NT eschatologische Bedeutung hat.[115]

Ein Blick in die Konkordanz bzw. in den entsprechenden Artikel des
ThWNT[116] genügt, um das zu widerlegen. Selbst bei Paulus findet sich
καρπός im eigentlichen Sinne, z.B. in I Kor 9,7; und an den anderen
paulinischen Stellen ist ein eschatologischer Bezug nicht ohne weiteres zu
erkennen. Καρπός steht bei Paulus durchweg in ethisch-paränetischen
Zusammenhängen. Der Bezug zur Gerichtsvorstellung ist locker und nie
ausgearbeitet. Am engsten ist er in Phil 1,11, wo καρπός zwar im Kontext
des Tages Christi steht, aber als Resultat dieses Tages und nicht als Vorleistung für ihn verstanden wird.[117] Die eschatologische Bedeutung in
Phil 1,11 wird durch die Genetivverbindung mit δικαιοσύνη eingetragen,

---

[113] Müller interpretiert konsequent in diese Richtung, s.o. Anm. 110.
[114] Lohmeyer, *Die Briefe an die Philipper, an die Kolosser*, S. 186. Ähnlich Georgi (*Die
Kollekte*, S. 49), der in Phil 4 die von ihm in II Kor 8 und 9 belegte Vorstellung vom Kreislauf
angedeutet sieht.
[115] Lohmeyer, *Die Briefe an die Philipper, an die Kolosser*, S. 186.
[116] Hauck, „Art. καρπός," S. 617.
[117] Schenk, *Der Philipperbrief*, S. 121f.

nicht durch das Wort καρπός selbst, wie überhaupt festzustellen ist, daß
καρπός seine begriffliche Bestimmung erst durch ein Attribut oder durch
den Kontext erhält. In Röm 6,21f wird καρπός im Sinn von 'Folge des
Tuns' im Rahmen weisheitlicher Gerichtstradition, die vom Tun-Ergehens-
zusammenhang geprägt ist, gebraucht. Das Tun bringt Frucht, gute wie
schlechte. Dieses Fruchtbringen ist aber ausdrücklich nicht als futurisch-
eschatologisches Ereignis am Ende der Zeiten verstanden. Der Begriff ist
bei Paulus nicht mit der Vorstellung vom Weltende verknüpft. Er stammt in
seinem ethisch-paränetischen Gebrauch nicht aus der jüdisch-apokalypti-
schen, sondern aus der weisheitlichen Tradition. Er meint schlicht die Folge
des Tuns als Ergebnis, Gewinn, Zugewinn bis hin zur Bedeutung
„Zins“.[118] Er steht in Konkurrenz zur Gerichtsvorstellung, die besagt, daß
das Handeln erst im Gericht bewertet werden wird, und damit die Bedeutung der innerweltlichen Folgen des Tuns, seien sie gut oder schlecht,
zurückdrängt.

Καρπός kann bestenfalls im Sinne Käsemanns eschatologisch verstanden
werden, für den „christliche 'Ethik' in Wirklichkeit gelebte Eschatologie
ist.“[119] Καρπός ist dann verstanden als Lebensäußerung eschatologischer
Existenz. Es bezeichnet die Folgen des ethischen Handelns, sowohl reflexiv
auf den Akteur bezogen als auch für die Objekte des Handelns. Ergebnis
und Gewinn der ethischen Handlung sind innerweltlich zu beschreiben und
sind nicht Teil eines futurisch-eschatologisch gedachten Weltendes. Das
bestätigen auch die anderen paulinischen Stellen: In Röm 1,13 und Phil 1,22
meint καρπός das Ergebnis der Bemühungen des Paulus; Röm 15,28 steht
καρπός für die Kollekte für Jerusalem, die Paulus bei der Überbringung
gegenzeichnet.[120]

Auch wenn zuzugestehen ist, daß Paulus mit der Reflexion über die
'Frucht' und damit über das Ergebnis des Tuns der Philipper von der
materiellen Seite der Gabe abrückt, so lenkt er damit den Blick noch lange
nicht auf „die Ernte des Jüngsten Tages“, wie Gnilka meint.[121] Paulus
kennzeichnet mit der Gegenüberstellung von ἐπιζητῶ τὸ δόμα und ἐπιζητῶ
τὸν καρπὸν ... εἰς λόγον ὑμῶν (4,17) sowohl die Lauterkeit seiner Gesinnung, was die materielle Beziehung betrifft, als auch seine volle Anerkennung der Leistung der Philipper. Er sieht sich in einem Schuldverhältnis zu
den Philippern und erkennt dies ausdrücklich an. Hebt Paulus aber nicht
doch schließlich in V.18 die materielle Austauschbeziehung auf die „Ebene

---

[118] Hauck, „Art. καρπός.“
[119] Käsemann, *An die Römer*, S. 175.
[120] Vgl. ebd., S. 383f.
[121] Gnilka, *Der Philipperbrief*, S. 179.

des Sakralen"?[122] Paulus greift dort in V.18 auf die aus der weisheitlichen Tradition stammende spiritualisierte Opferterminologie zurück. Das weisheitliche Denken hat schon lange vor der ntl. Zeit die Begriffe aus dem kultischen Bereich, besonders aus dem Zusammenhang der Opferpraxis, ethisiert. Das Gebet, der fromme Wandel und die gute Tat werden als gottwohlgefälliges Opfer bezeichnet. Dieser Gebrauch ist zu Zeiten des Paulus gerade im Diasporajudentum, das keinen direkten Bezug zur Jerusalemer Opferpraxis mehr hat, der dominierende geworden. Diese Entwicklung wird durch ähnliche Tendenzen der Opferkritik im Hellenismus verstärkt.[123] Die Bedeutung des assoziativen Hintergrundes der Opferpraxis muß aber mitbedacht werden. Der ethisierte Gebrauch der Kultterminologie geschieht in direkter zeitlicher und räumlicher Nachbarschaft zu einer völlig intakten Kultpraxis. Die Distanz zur realen Opferpraxis sollte nicht überschätzt werden.[124]

Paulus nennt die aus den Händen des Epaphroditus empfangene Gabe einen Wohlgeruch, ein rechtes/korrektes Opfer, Gott genehm. Georgi sieht in diesen Formulierungen „die Klimax des Gedankenganges - eigentlich gilt die Gabe gar nicht ihm (Paulus), sondern Gott".[125] Syntaktisch läßt sich diese verbreitete Behauptung nicht verifizieren. Paulus ist eindeutig der Empfänger ($\delta\epsilon\xi\acute{\alpha}\mu\epsilon\nu o\varsigma$). Die Wendungen $\dot{o}\sigma\mu\acute{\eta}$, $\theta v\sigma\acute{\iota}\alpha$ $\delta\epsilon\kappa\tau\acute{\eta}$ und $\epsilon\dot{v}\acute{\alpha}\rho\epsilon\sigma\tau o\varsigma$ $\tau\tilde{\omega}$ $\theta\epsilon\tilde{\omega}$ stehen attributiv zu $\tau\grave{\alpha}$ $\pi\alpha\rho$' $\dot{v}\mu\tilde{\omega}\nu$.[126] Die Behauptung, daß Gott der eigentliche Empfänger sei, wird auf der syntaktischen Ebene erhoben, aber inhaltlich begründet. Der terminologische Wechsel zur Opfersprache bewirke die Wendung der Orientierung von Paulus zu Gott.

> Es war ein geistiges Opfer, das sie im Grunde genommen Gott dargebracht haben. Das wollen die drei der Sakralsprache entnommenen Wendungen besagen und gleichzeitig versichern, daß es Gott wohlgefällig war.[127]

Die Formulierungen „eigentlich" und „im Grunde genommen" weisen auf die Unsicherheit dieser Auslegung hin. Deswegen sollen die drei zur Debatte stehenden Wendungen ($\dot{o}\sigma\mu\acute{\eta}$, $\theta v\sigma\acute{\iota}\alpha$ $\delta\epsilon\kappa\tau\acute{\eta}$ und $\epsilon\dot{v}\acute{\alpha}\rho\epsilon\sigma\tau o\varsigma$ $\tau\tilde{\omega}$ $\theta\epsilon\tilde{\omega}$) auf ihre Bedeutung untersucht werden, um die Frage nach dem Empfänger zu beantworten und den Grad der Theologisierung oder Sakralisierung zu bestimmen, der durch sie in das Dankschreiben des Paulus eingebracht wird.

---

[122] Ebd.
[123] Wenschkewitz, *Die Spiritualisierung der Kultusbegriffe*, S.15-45 und 67-87.
[124] Schenk (*Der Philipperbrief*, S. 47f) geht da recht weit.
[125] Georgi, *Die Kollekte*, S. 47f; ähnlich Gnilka, *Der Philipperbrief*, S. 179.
[126] Schenk, *Der Philipperbrief*, S. 47; Gnilka, *Der Philipperbrief*, S. 179, Anm. 154; dagegen Lohmeyer (*Die Briefe an die Philipper, an die Kolosser*, S. 187f), der in der Auslegung dieser Stelle stark von seiner Märtyrerthese beeinflußt ist.
[127] Gnilka, *Der Philipperbrief*, S. 179. Schenk dagegen relativiert zu recht, indem er auf den metaphorischen Charakter der Opfersprache verweist (*Der Philipperbrief*, S. 48f).

ὀσμή: Paulus nennt die Gabe der Philipper in V.18 „Wohlgeruch" (ὀσμή
εὐωδίας) und „rechtes Opfer" (θυσία δεκτή). Beide Formulierungen sind bei
Paulus nicht allein auf Gott orientiert. In II Kor 2,14f gebraucht Paulus
ὀσμή und εὐωδία synonym. Die ὀσμή wird von Gott offenbart und durch die
im Triumphzug mitgeführten Christen oder Apostel an jedem Ort den
Menschen zugänglich gemacht. Die Christen oder Apostel sind der „Wohlgeruch Christi für Gott" (Χριστοῦ εὐωδία ἐσμεν τῷ θεῷ), der als gegen-
wärtig sich vollziehendes Gericht sowohl Leben als auch Tod bringt. Auch
hier sind die Menschen Empfänger dieser ὀσμή, die nur noch in einem sehr
lockeren Beziehung zur Opferhandlung steht, wie er in LXX Gen 8,21
vorliegt.[128]

θυσία δεκτή: Die Formulierung θυσία δεκτή ist scheinbar ungewöhnlich,
zumindest findet sie sich im NT nur im Phil.[129] Ihre eigentliche Bedeutung ist: kultisch-korrektes Opfer, ein Opfer, das den kultischen Bestim-
mungen gerecht wird. Diese Vorstellung ist in der Antike natürlich nicht auf
das Judentum beschränkt, sondern auch für die pagane Opferpraxis grundlegend. Deswegen sollte der Bedeutungshintergrund nicht auf den Jerusalemer Tempel eingeengt werden, wie auch die Spiritualisierung der Opferterminologie ein allgemeines Phänomen der Antike ist.[130] Die synoptischen
Evangelien gebrauchen θυσία durchweg im eigentlichen Sinn, den Paulus
nur in I Kor 10,18 aufgreift, bezeichnendernweise in einem polemischen
Kontext. Er kann ihn vielfältig im übertragenen Sinn gebrauchen: in Röm
12,1 für den ethischen Wandel, als Hingabe der σώματα der Christen als
lebendiges, heiliges Opfer wohlgefällig für Gott (εὐάρεστος τῷ θεῷ); für
den Tod des Paulus Phil 2,17 und schließlich in 4,18 für die Gabe der
Philipper.

Der Bezug zu Gott verändert sich durch die Spiritualisierung bzw. den
Gebrauch im übertragenen Sinne. In Röm 12,1 werden die Christen nicht
aufgefordert, sich für Gott zu opfern, sondern ihr Opfer besteht in der
Hingabe an eine bestimmte ethische Haltung, die Gott „gefällt". Ebenso ist
in Phil 2,17 der mögliche Tod des Paulus nicht Opfer für Gott,[131] sondern
für den Glauben (πίστις) der Philipper. Nun könnte man meinen, daß die
Formulierung θυσία δεκτή, kultisch-korrektes Opfer, allein in der Gottesbeziehung zu denken ist.[132] Aber der übertragene Gebrauch ist so weit
fortgeschritten, daß hier Paulus als Prüfer der Korrektheit des Opfers
auftritt. Das wird nicht nur durch die syntaktische Verklammerung, sondern

---

[128] Vgl. die anderen Stellen bei Bauer, *WbNT*, Sp. 1162.
[129] Vgl. Did 14: θυσία καθαρά.
[130] Behm, „Art. θύω," S. 186-88.
[131] Gegen Lohmeyer, *Die Briefe an die Philipper, an die Kolosser*, S. 187f.
[132] Lohmeyer, *Die Briefe an die Philipper, an die Kolosser*, S. 187f.

auch durch den weiteren Kontext gestützt. Paulus hat in den Versen 10-17 eine angemessene Interpretation der materiellen Beziehung zwischen sich und den Philippern geleistet. Ihre Gabe ist korrekt eingeordnet, Mißverständnissen ist gewehrt. Nun stellt er fest: Ich habe es angenommen... ein korrektes Opfer (δεξάμενος ... θυσίαν δεκτήν). Scheiden diese beiden Begriffe als Belege für die Ausrichtung der Gabe der Philipper auf Gott aus, so rückt die scheinbar eindeutigere Formulierung εὐάρεστος τῷ θεῷ in den Mittelpunkt der Argumentation.

εὐάρεστος τῷ θεῷ bezeichnet weder im NT noch in der Weisheit Salomos ein direkt auf Gott gerichtetes Handeln als den Empfänger eines Opfers, einer Spende u.ä., sondern setzt die ethische Komponente innerweltlichen Handelns in eine positive Beziehung zu Gott.[133] Ein wichtiger Beleg aus den paulinischen Briefen für die im wesentlichen ethische Orientierung dieses V.18 ist Röm 12,2. Dort ist in kultischen Termini (u.a. θυσία und εὐάρεστος τῷ θεῷ) die ethische Forderung nach einem christlichen Wandel ausgedrückt. Dieser orientiert sich an der erneuernden Kraft des kommenden Äon, vollzieht sich aber ganz in der Gegenwart und unter ihren Bedingungen. Der in Röm 12,1f entfaltete Gedanke vom „Gottesdienst im Alltag der Welt"[134] ist in Phil 4,18 zwar (noch) nicht explizit formuliert, er bildet aber eine wichtige Verstehenshilfe für unseren Text. Der Rückgriff auf Opfertermini erfolgt nicht, um die Verwandlung ethischer Leistungen in futurisch-eschatologische Guthaben auszudrücken, sondern er markiert die theologische Interpretation der ethischen Praxis der Philipper durch Paulus. Er will den Philippern die theologische Bedeutung ihres Tuns verdeutlichen. Indem sie als Gemeinde zur Unterstützung der Evangeliumsverkündigung eine so profane Leistung wie die Geldsammlung erbringen, bewegen sie sich in einem Bereich, der sich ähnlich direkt zu Gott verhält, wie es die kultische Praxis für sich beansprucht.

Paulus interpretiert im Dankesbrief die Bedeutung seiner Annahme der Gabe der Philipper. Er bewegt sich in seiner Deutung zwischen drei Modellen, die wir als Interpretationsmöglichkeiten kennengelernt haben. Die erste Möglichkeit ist die Interpretation, die die Redaktion der Philipperkorrespondenz vertritt, daß nämlich ein Einsatz für Paulus einen eschatologischen Schatz der Gemeinde produziere. Dieser werde der Gemeinde im Gericht am jüngsten Tag zur Rechtfertigung dienen. Wir haben oben gezeigt, daß Paulus so nicht gedacht hat und daß insbesondere eine solche Interpretation von καρπός nicht haltbar ist.

Das zweite Modell ist uns aus I Kor 9,11ff (und Röm 15,27) bekannt. Dort wird der Austausch zwischen Apostel und Gemeinde als Recht des

---

[133] Vgl. auch den ethischen Kontext von „καὶ πᾶν ὃ μὴ ἀρεστὸν τῷ κυρίῳ" in Did 4,12.

[134] Käsemann, „Gottesdienst im Alltag der Welt," S. 198.

Apostels auf sarkische Unterstützung durch die Gemeinde für seine erbrachten pneumatischen Leistungen verstanden. Die Gegenüberstellung von sarkischer und pneumatischer Leistung und ihre Zuordnung zum Apostel (pneumatisch) bzw. zu der ihm verbundenen Gemeinde (sarkisch) kommt im Dankesbrief überhaupt nicht vor, noch nicht einmal der Austausch auf zwei qualitativ unterschiedlichen Ebenen klingt an. Paulus verweist weder auf vergangene noch auf zukünftige pneumatische Leistungen. Der Austausch zwischen Paulus und der Gemeinde wird weder auf der Ebene sarkisch-/pneumatisch noch unter Zuhilfenahme eschatologischer Schuldkonten zum Ausgleich gebracht.

Die materielle Leistung der Gemeinde wird als ethische Leistung verstanden. Paulus muß offensichtlich die Gabe der Philipper annehmen, ohne daß er eine Gegenleistung anbieten kann. In dieser Situation ist die so wichtige Parität der Beziehung gefährdet. Paulus steht damit faktisch wie ein kynisch-stoischer Wanderphilosoph da, der nimmt, ohne Verbindlichkeiten zu akzeptieren. Von diesem dritten Interpretationsmodell, dem er den Tatsachen nach entspricht, möchte er sich durch die Parenthese in 4,11-13 distanzieren, indem er es ironisch überzeichnet. Die Zurückweisung der Gabe kommt aufgrund der Umstände nicht in Frage, eine angemessene Revanche ist nicht möglich. Paulus muß damit rechnen, daß ihn die Philipper mit dieser Art der religiösen Propaganda in Verbindung bringen, ohne daß er sich diesem Vorwurf entziehen kann.

Er nähert sich der Beschreibung der materiellen Seite der Beziehung zu den Philippern zunächst mit einer Abgrenzung von einem Modell, mit dem die Philipper sein Verhalten hätten falsch deuten können. Er zeichnet sich scheinbar (Ich-Stil) mit den Konturen dieses Modells, der Kontext in 4,10 und 4,14ff sowie die faktische Situation der Annahme einer Unterstützung in bedrängter Zeit machen aber deutlich, daß er in Bedrängnissen auf Mitstreiter ($\sigma\upsilon\gamma\kappa\omega\iota\nu\omega\nu\acute{\eta}\sigma\alpha\nu\tau\epsilon\varsigma$ V.14) angewiesen bleibt. Im Gegensatz zu dem von ihm gezeichneten autarken Religionsheros geht er auf die Verbindlichkeit ein, die ihm durch die Unterstützung der Gemeinde erwächst. Sie ist Teil der längeren Austauschbeziehung auf Geben und Nehmen, an deren Aufrechterhaltung die Philipper einst gehindert waren (V.10) und nun Paulus selbst gehindert ist.

Paulus überspielt nicht seine momentane Unfähigkeit, die er aufgrund seiner Haftsituation sogar als endgültig empfinden mag. Er deutet das Tun der Philipper nicht als Opfergabe an Gott, die ihnen Gewinn ($\kappa\alpha\rho\pi\acute{o}\varsigma$) bei Gott verspricht. Er selbst ist Empfänger dieser Gabe und Profiteur ihres korrekten Einsatzes und verweist auf den Gewinn, der den Philippern selbst daraus erwächst. Sie haben etwas gut, aber nicht bei Gott, wie in der Auslegung dieses Textes oft behauptet, sondern bei Paulus. Das erstere Mißverständnis wehrt Paulus ab, indem er Gott nur als Empfänger seiner

Gebetsbitte miteinbezieht. Den zweiten Gedanken, daß nämlich die Philipper
bei ihm ein Guthaben haben, muß er akzeptieren und tut es auch, indem er
die Rechte der Philipper quittiert. Indem sie aber Paulus unterstützen,
erbringen die Philipper eine ethische Leistung, die sie in Beziehung zu Gott
bringt. Die Unterstützung des Paulus bewegt auch Gott, das soll die terminologische Anlehnung an die Kultpraxis sagen. So wie die Götter durch
Opferhandlungen an die Menschen gebunden werden, so läßt sich der Gott
des Paulus (ὁ δὲ θεός μου) durch die Geldspende der Philipper in die gemeinsame Beziehung so involvieren, daß er beizeiten für die Aufrechterhaltung der Parität durch die Erfüllung des Mangels der Philipper eintreten
wird (V.19 Gebetsbitte bzw. futurische Aussage).[135] Gerade die materielle
Beziehung, die konkrete Hilfeleistung der Philipper, wird zu einem Angelpunkt der Beziehung zwischen den Philippern und Paulus. Ihrer Interpretation in einer schwierigen Situation dient das Dankschreiben des Paulus, das
uns in Phil 4,10-20 erhalten ist.

---

[135] Vgl. II Kor 9,12-15.

KAPITEL 7

DIE BEZIEHUNGEN ZWISCHEN PAULUS UND DER PHILIPPER-GEMEINDE IM SPIEGEL HELLENISTISCH-RÖMISCHER SOZIALER KONVENTIONEN

1. BEOBACHTUNGEN

Schon die grundsätzlichen Überlegungen zu den Briefen des Paulus sollten deutlich machen, daß es verfehlt wäre, sie im Kontext einer autoritären Beziehung mit einseitigem Machtgefälle oder mit einem einseitigen Machtanspruch zu interpretieren.[1] Paulus tritt nicht als der mit Gewalt über seine Gemeinden bevollmächtigte Leiter auf, sondern als der mit der Verkündigung des Evangeliums beauftragte Apostel. Selbst der Apostelbegriff wird von ihm überwiegend in Konfliktsituationen bemüht. Im Philipperbrief hingegen kann er auf ihn verzichten. Hier bezeichnet er sich und Timotheus als δοῦλοι Χριστοῦ. Die Beziehung zu seinen, und das heißt zu den von ihm gegründeten Gemeinden, bringt es mit sich, daß Paulus als kompetenter Gesprächspartner in Fragen der Gemeindeorganisation und damit auch der Machtverteilung angesprochen wird.[2] Das spiegelt sich besonders im I Kor wider, wo Paulus offensichtlich auf Fragen der Gemeinde Antworten zu geben sucht. Die Spaltungen in dieser Gemeinde bedingen, daß Paulus aufgrund der Sachlage unvermeidlich Partei wird, auch wenn er dies lieber vermieden hätte. Ein individueller Machtanspruch ist aber nicht festzustellen.[3]

Die Austauschbeziehung mit den Philippern hebt sich von Beziehungen, die Paulus zu anderen Gemeinden hat, ab. Paulus deutet das in Phil 4,15 an, indem er sagt, keine andere Gemeinde habe mit ihm Gemeinschaft auf Geben und Nehmen gehabt, als er von Makedonien wegging. Dieser Zeitpunkt liegt noch vor der Gründung der Gemeinde in Korinth, aber nach der

---

[1] S.o. S. 107.

[2] Holmberg (*Paul and Power*, S. 196-202) verkennt völlig, daß den in den paulinischen Briefen erkennbaren Diskussionen, die als Auseinandersetzungen um Macht und Autorität verstanden werden können, keine entsprechende reale Machtstruktur oder Institutionalisierung von Macht gegenübersteht. Seine Behauptung (S. 202): „here as always legitimation follows the facts, explaining, justifying, modifying and endorsing them," stellt die paulinischen Verhältnisse auf den Kopf.

[3] Macht ist hier im Sinne Max Webers verstanden, als die Fähigkeit, gegen den ausgesprochenen Willen eines Gegenübers seine Absichten durchsetzen zu können. Weber, *Wirtschaft und Gesellschaft*, S. 28: „Macht bedeutet jede Chance, innerhalb einer sozialen Beziehung den eigenen Willen gegen Widerstreben durchzusetzen, gleichviel worauf diese Chance besteht."

Gründung der Gemeinde in Thessalonike und vielleicht Beröa (Act 17,10-
15). Paulus unterhält demnach zu den einzelnen von ihm gegründeten
Gemeinden unterschiedliche Beziehungen, die nicht erst durch sich ergeben-
de Konflikte, sondern schon von Anbeginn Besonderheiten beinhalten.[4]

Paulus hat mit den Philippern eine Gemeinschaft auf Geben und Nehmen. Der Dankesbrief gibt über den Gegenstand des Austausches nur
bezüglich der philippischen Gabe genauere Hinweise. Es handelt sich um
eine Gabe, die Paulus εἰς τὴν χρείαν μοι erreicht,[5] zu einem Zeitpunkt des
Mangels bzw. für den Bedarf, der aus einem Mangel resultiert.[6] Die Fortführung dieses Gedankens in 4,17, insbesondere der Begriff δόμα belegen,
daß es sich um eine Geldzahlung gehandelt haben muß, was sich ja auch
schon aus rein praktischen Gesichtspunkten nahelegt.[7] Die Gegen- bzw.
Vorleistung des Paulus wird nicht genannt. Meist werden die in I Kor 9
dargestellten Verhältnisse in diese Situation eingetragen. Paulus rechne hier
die sarkischen Leistungen der Gemeinde auf, die dafür pneumatische erhalten habe oder werde.[8] Der Text selbst gibt nur Auskunft darüber, daß
Paulus auch bei den Philippern χρεία sieht, deren Behebung er in einer
Gebetsbitte Gott anheimstellt (4,19). Zeichnet man streng am Text von Phil
4,10-20 orientiert die Austauschbeziehung nach, wird deutlich, daß es sich
nicht um das Modell aus I Kor 9 handeln kann.

Die Situation der Philipper und des Paulus wird mit den gleichen Begriffen gekennzeichnet. Sie befinden sich in einer Situation des Mangels
(χρεία). Der Vorgang der Behebung dieses Mangels wird ebenso mit dem
gleichen Begriff bezeichnet. Bei Paulus ist der Mangel behoben. Πεπλήρωμαι (V.17) ruft Paulus aus. Bei den Philippern steht das noch aus, wird
aber genau parallel vorgestellt: πληρώσει πᾶσαν χρείαν ὑμῶν (V.19).
Ursache des Austausches ist eine jeweilige Notlage oder Mangelsituation.
Auf Seiten des Paulus deutlich eine finanzielle Notlage, bei den Philippern
wird sie nicht genauer gekennzeichnet. Das eröffnet die in der Auslegung
häufig gewählte Möglichkeit, die Situation der Philipper als geistlich-pneu-
matische Notlage zu interpretieren. Der Text ist dafür scheinbar offen. Es
gibt aber einige Argumente aus dem Text selbst, die für eine materielle
Notlage der Philipper sprechen. In 4,10 stellt Paulus fest, daß die Philipper
gehindert gewesen seien, für Paulus mit einer Geldsendung einzutreten. Die
Hinderungsgründe mögen vielfältig gewesen sein, aber aus II Kor 8,1f

---

[4] Damit ist nicht gesagt, daß Philippi die einzige Gemeinde geblieben sei, die ihn unterstützt
hätte. S. Reumann, „Contributions," S. 439f; Holmberg, *Paul and Power*, S. 94.
[5] Lohmeyer übersetzt: „in der Not".
[6] Deissmann, *Bibelstudien*, S. 113-15.
[7] Gnilka, *Der Philipperbrief*, S. 179.
[8] Gnilka, ebd.; Georgi, *Die Kollekte*, S. 47.

wissen wir von der Armut der makedonischen Christen. Der Begriff χρεία läßt nur scheinbar offen, worin der Mangel besteht. Im paulinischen Schrifttum bezeichnet er an den Stellen, an denen er nicht im Rahmen der häufigen Redewendungen χρείαν ἔχειν und χρεία ἐστίν gebraucht wird, eine materielle Notlage (Röm 12,13; Phil 2,25).[9] Wir können damit eine volle Parallelität der Situation (χρεία: Mangelsituation), des Vorgangs der Behebung (πληρόω : anfüllen) und des Mittels der Behebung der Notlage (Geld oder äquivalente Güter) zwischen Paulus und den Philippern feststellen. Während aber das Subjekt der Handlung zur Beseitigung der paulinischen Mangelsituation die philippische Gemeinde ist, tritt als Subjekt der Behebung der Notlage der philippischen Gemeinde nicht Paulus auf, wie nach 4,15 („auf Geben und Nehmen") zu erwarten wäre, sondern diese Rolle wird Gott in Form einer Gebetsbitte bzw. futurischen Aussage angetragen (V.19). Die Austauschbeziehung des Gebens und Nehmens ist ins Stocken geraten. Paulus kann nicht reagieren. Deswegen bittet er zum einen die Philipper, es nun genug sein zu lassen (V.18), und zum anderen Gott, Sorge zu tragen, daß die Bedürfnisse der Philipper erfüllt werden (4,19).

Die Diskussion des Textes von Phil 4,10-20 und die Erörterung seines religionsgeschichtlichen Hintergrundes zeigen, daß ein Verständnis des Textes und der in ihm reflektierten Hintergründe nicht allein auf dieser Ebene zu erreichen ist. Modelle aus dem religiösen Wettbewerb spielen eine bedeutende Rolle im Rahmen der Interpretation, die Paulus den Vorgängen zu geben versucht. Paulus gebraucht in Phil 4,10-20 offensichtlich eine ganze Reihe religiöser und ethischer Begriffe, um seine Position verständlich zu machen. Gleichzeitig muß er sich aber im Rahmen sozialer Konventionen bewegen, die in der Antike als Themen praktischer Philosophie verstanden werden. Die Auseinandersetzung mit antiken sozialen Konventionen ermöglicht es, die andere Seite der Beziehung, die Philippergemeinde, stärker in die Überlegungen miteinzubeziehen, da die Geltung sozialer Beziehungsmuster für die Gemeinde sicherer vermutet werden kann als bestimmte religiöse Anschauungen. Wie die Erarbeitung der sozialen und religionsgeschichtlichen Situation der Stadt Philippi verhilft die Einbettung der Beziehungen zwischen Paulus und der Gemeinde in Philippi in den Kontext antiker sozialer Konventionen zu einem Perspektivenwechsel, der notwendig ist, um das Bild von der Kirche der Frühzeit zu bereichern. Die Geschichte wird nicht mehr allein aus der Perspektive des Paulus und nicht mehr ausschließlich im Gegenüber zu Paulus oder den anderen uns bekann-

---

[9] Vgl. *EWNT*² 3 (1992) Sp. 1133-35. Marshall (*Enmity at Corinth*, S. 164, Anm. 151) charakterisiert den allgemeinen Sprachgebrauch: „The phrase, πληρώσει πᾶσαν χρείαν ὑμῶν (V.19), refers primarily in the context to the meeting of material needs (...) although the provision of their spiritual needs and ultimate reward cannot be excluded from the scope of reciprocity."

ten Aposteln beschrieben. Wird die Existenz der Gemeinde im Verhältnis zu ihrer Umwelt und deren sozialen Bedingungen in den Blick gerückt, wird die Eigenständigkeit, das Selbstbewußtsein und die Selbstbehauptung einer Gemeinde unumgänglich zum Gegenstand des Fragens.[10]

Die Darstellung des sozialen und politischen Umfeldes im Teil I dieser Arbeit verhilft zu einer historisch differenzierteren Betrachtungsweise. Der römisch geprägte Kontext soll auch für die Erarbeitung der sozialen Beziehungen beachtet werden. Im folgenden sollen nun ausgehend von der Textinterpretation von Phil 4,10-20 die sozialen Konventionen und Beziehungsmuster, die in der hellenistisch-römischen Welt, besonders aber in einer römischen Kolonie vorausgesetzt werden können, auf das Verhältnis zwischen Paulus und der Philippergemeinde als reziprokes Unterstützungsverhältnis bezogen werden. Das Ziel kann nicht die volle Identifikation, aber doch eine kritische Abwägung der Übereinstimmungen und Divergenzen sein. Es sollen soziale Konventionen bzw. ethische Paradigmen diskutiert werden, die zur Klärung des Verhältnisses des Paulus zur Philippergemeinde beitragen können.[11] Dazu zählen 1. Die hellenistische $\phi\iota\lambda\iota\alpha$-Konzeption (Freundschaftsbeziehung), 2. das hellenistisch-römische Beneficialwesen, wie es in Senecas Schrift *De beneficiis* dargestellt ist, 3. die römische konsensuale *societas* und schließlich 4. das römische Patronatsbzw. Klientelverhältnis.

2. DIE ΦΙΛΙΑ-KONZEPTION

Marshall[12] interpretiert das Verhältnis auf Geben und Nehmen, das Paulus mit den Philippern hat, im Rahmen der sozialen Konventionen, die in der Antike mit dem Phänomen der Freundschaft ($\phi\iota\lambda\iota\alpha$) verbunden sind. Nach Marshall vollzieht sich die antike Freundschaftsbeziehung wesentlich im Austausch von Geschenken bzw. Gaben. Die Gewährung, die Annahme bzw. die Zurückweisung dieser Gaben gehöre zu den die Freundschaft

---

[10] Reumann („Contributions," S. 438f) bringt wichtige Gesichtspunkte für einen solchen Perspektivenwechsel. Seine anregenden Überlegungen ließen sich durch die stärkere Berücksichtigung des hier behandelten Kontextes an einigen Stellen vertiefen, z.B. ebd. S. 446, 450 und 454. Der von Reumann angemahnte Perspektivenwechsel ist erst dann konsequent vollzogen, wenn man die Gemeinde in ihrem Verhältnis zu ihrer Umwelt sieht und die Beziehungen zwischen Paulus und der Gemeinde in die dominierendere Lebenswirklichkeit der Gemeinde, nämlich in die Existenz in römischer Umwelt ohne dauernde Anwesenheit des Apostels, einordnet.

[11] Auch wenn hier der religionsgeschichtliche Vergleich im eigentlichen Sinne verlassen wird und allgemeine ethische, soziale und juristische Rahmenbedingungen der hellenistisch-römischen Welt herangezogen werden, müssen auch diese immer im Rückbezug auf die religiösen Vorstellungen interpretiert werden.

[12] Marshall, *Enmity at Corinth*, Tübingen 1987.

prägendsten Interaktionen.[13] Die zentrale Formulierung, mit der Paulus seine Beziehung zu den Philippern beschreibt, εἰς λόγον δόσεως καὶ λήμψεως, werde in antiken Texten zur Kennzeichnung der Freundschaftsbeziehung gebraucht.[14] In diesem Kontext sei auch Phil 4,15-19 zu interpretieren. Dort sei dokumentiert, daß Paulus sein Verhältnis zu dieser Gemeinde als Freundschaft verstehe. Die antike Vorstellung von Freundschaft wird zum Interpretationsmuster der Interaktionen und Konflikte zwischen Paulus und seinen Gemeinden, wobei sich Marshall in seiner Arbeit auf die Beziehung zur korinthischen Gemeinde konzentriert.

Obwohl sich der Begriff der φιλία im paulinischen Schrifttum nicht findet und im NT überhaupt nur in Jak 4,4 vorkommt,[15] identifiziert Marshall eine Vielzahl von Begriffen und Interaktionen in den paulinischen Briefen, die vor dem Hintergrund der φιλία zu interpretieren seien. In Phil 4,15 werde mit dem Verhältnis auf Geben und Nehmen eine Interaktion beschrieben, die essentiell für eine Freundschaftsbeziehung sei.[16] Daß hier und im Kontext Begriffe aus Handel und Wirtschaft verwandt werden, verwundere nicht, da auch z.B. Aristoteles, Cicero und Seneca auf den Sprachgebrauch des Handels und der Wirtschaft zurückgriffen, wenn sie Freundschaftsbeziehungen beschrieben.[17] Geben und Nehmen oder, abstrakt formuliert, ein reziprokes Verhältnis halte die Freundschaft nicht nur aufrecht, sondern mache sie geradezu aus. Der Austausch beschränke sich nicht auf Geschenke und Dienste, sondern könne auch Ehrungen beinhalten. In diese Kategorie der immateriellen Werte kann Marshall schließlich auch den Austausch von sarkischen gegen pneumatische Gaben miteinbeziehen.

---

[13] Ebd., S. 1-18.

[14] Ebd., S. 158-63.

[15] Auch das Wort φίλος gebraucht Paulus in seinen Briefen nicht, während es im übrigen NT nicht selten ist. Vgl. Stählin, Art. φιλέω.

[16] Marshall, *Enmity at Corinth*, S. 160f.

[17] Marshall (a.a.O., S. 161f.) führt im wesentlichen Senecas Schrift, *De benificiis*, und Cicero, *Laelius de amicitia*, an. Für Aristoteles sind die Bücher VIII und IX der Nikomachischen Ethik zu nennen. Diese drei Schriften liegen zeitlich als auch sachlich weit auseinander. Der φιλία-Begriff des Aristoteles ist sehr weit gefaßt und kann im Grunde jede positive Beziehung zwischen verschiedenen Partnern meinen (Freunde, Einzelpersonen zu Gruppen, aber auch Einzelpersonen zu Institutionen), zur Beschreibung der sozialen Institution Freundschaft trägt er wenig bei. Die *amicitia*, wie sie Cicero versteht, hat dagegen ein aristokratisches Phänomen im Blick: die Freundschaft innerhalb der römischen Elite. In Senecas Schrift *De beneficiis* geht es nur an einigen Stellen ausdrücklich um Freundschaft. Das Gewähren von Wohltaten ist bei ihm nur am Rande als Teil der Freundschaftsbeziehung erwähnt. Für Seneca haben echte Freunde sowieso allen Besitz gemeinsam, so daß bei ihnen das Erweisen von Geschenken völlig unproblematisch sein müßte. Der sorgfältigen Abwägung bedarf dagegen die Gewährung von Wohltaten außerhalb der Freundschaftsbeziehung. Die genannten Schriften haben eine Gemeinsamkeit, die den direkten Schluß von ihren Aussagen auf soziale Konventionen verbietet. Sie streben danach, das an der Tugend orientierte Ideal der Freundschaft bzw. der Gewährung von Wohltaten zu beschreiben. Sie wollen aber nicht die soziale Realität darstellen. Alle drei Autoren verstehen ihre Schriften als praktische Philosophie.

Paulus revanchiere sich mit „spiritual goods".[18] Diese werden nicht religionsgeschichtlich, sondern im Rahmen sozialer Konventionen erklärt.

Marshall übersieht allerdings eine problematische Konsequenz, die sich aus der Übertragung der Freundschaftskonzeption ergibt. Sowohl Cicero als auch Aristoteles gehen davon aus, daß der Empfänger einer Wohltat auf diese mindestens gleichwertig, besser noch mit einem Zuschlag, zu reagieren habe.[19] Ist er nicht dazu in der Lage, sich auf der gleichen Ebene zu revanchieren, dann und erst dann ist er gehalten, wenigstens mit der Erweisung von Ehre, also mit immateriellen Werten, zu denen Marshall auch die „spiritual goods" zählt, so gut er eben kann, die Reziprozität der Freundschaftsbeziehung aufrecht zu erhalten.[20] Paulus gerät bei einer Interpretation im Rahmen einer so verstandenen φιλία-Konzeption in die Rolle des Schuldners. Seine pneumatischen Leistungen werden zur geschuldeten Replik. Eine konsequente Interpretation des Austausches von sarkischen und pneumatischen Gütern im Rahmen des φιλία-Konzeptes müßte sich auch dieser Spannung stellen und die Problematik des Austausches solch qualitativ unterschiedlicher Gaben reflektieren.

Ähnliche Überlegungen speziell zum Phil, die mit dem Begriff der φιλία arbeiten, stellen Schenk und White an.[21] Die Beziehungen und Interaktionen zwischen Paulus und seinen Gemeinden werden auf dem Hintergrund der hellenistischen φιλία interpretiert. Die Arbeit Whites soll hier genauer ausgewertet werden.

White geht von der Zusammengehörigkeit zumindest von Phil 1,1-2,30 und 4,2-23 aus.[22] Er muß deswegen den sogenannten Dankesbrief im Zusammenhang der weiteren Passagen des Phil interpretieren. Er sieht die Freundschaft nur am Rande als Sozialbeziehung und versucht, das moralische Paradigma der φιλία als Grundstruktur des Philipperbriefes zu erweisen. Die im Hellenismus mit der Tugend der φιλία verbundenen Werte bilden seines Erachtens den angemessenen Kontext zur Interpretation des Philipperhymnus und des gesamten Philipperbriefes:

> It is this underlying social convention [friendship/φιλία] that serves as the key moral paradigm for understanding both the hymn and its context in the Philippian letter.[23]

Für uns ist die viel und anhaltend diskutierte Frage nach der ethischen oder soteriologischen Bedeutung des Philipperhymnus im Rahmen des Philipper-

---

[18] Marshall, *Enmity at Corinth*, S. 163, Anm. 149.
[19] Aristot. *NE* 8.1162b31-1163b; Cic. *Lael.* 58.
[20] Aristot. *NE* 8.1163a2 und 8.1163b13-15.
[21] Schenk, *Der Philipperbrief*, S. 62-65; White, „Morality between two worlds".
[22] White, „Morality between two worlds," S. 206, Anm. 21.
[23] Ebd., S. 211.

briefes nicht von Bedeutung. Wichtig ist nur, daß White in seiner Auslegung die Ansicht vertritt, der gesamte Philipperbrief, mit Ausnahme des
polemischen Kapitels 3, sei vom hellenistischen Freundschaftskonzept her
zu interpretieren:

> Paul takes the ideal of a Greek virtue [φιλία] and applies it directly to the
> social life of the Philippian community and to his dealings with them.[24]

Nach White ist der Philipperhymnus die Exemplifizierung einer hellenistischen Tugend am Schicksal des Christus.[25] Dieses wiederum soll beispiel-

---

[24] Ebd., S. 214.

[25] Zu dieser Interpretation gelangt White durch die unangemessene Dehnung des Phänomens der φιλία bzw. der *amicitia*. Sowohl für die hellenistische φιλία als auch für die römische *amicitia* ist eine weitgehende Statusgleichheit bzw. ein nicht allzugroßer Statusunterschied Bedingung. Cicero (*Lael.* 69) kann zwar fordern, daß man sich in der Freundschaft dem niedrigerstehenden gleichstellt. Dabei diskutiert er allerdings das Verhältnis zwischen Scipio und seinen Freunden, die immerhin das Konsulat erreicht haben. Eine Freundschaft unter zu verschiedenen Menschen hält er für unmöglich (*Lael.* 74): *dissimilitudo dissociat amicitiam*. Ähnlich Aristot. *NE* 8.1158b29-a5. Vgl. Alföldy, Sozialgeschichte, S. 89; Marshall, *Enmity at Corinth*, S. 12f und 18f mit weiteren Quellenangaben. Whites Belege für den Statusverzicht als vornehmsten Beweis wahrer Freundschaft überzeugen nicht:
1. Die Aussage des Aristoteles in der nikomachischen Ethik (*NE* 9.1169a) geht von einer bestehenden Freundschaft (Statusgleichheit) aus. In dieser Freundschaft bewährt sich der tugendhafte Partner, indem er sein Leben für den anderen einsetzt. White interpretiert nun den Tod in dieser Situation als höchsten Statusverzicht. Dies ist aber ein moderner Gedanke. Die Antike diskutiert die Frage nach der Bedeutung des Todes in völlig anderen Kategorien. So kann der Tod, in einer würdevollen, furchtlosen Weise erlitten, Ruhm und Ehre erwirken (Cic. *Tusc.* I; oder auch über den Tod des Scipio: Cic. *Lael.* 11f). Der freiwillige bzw. bewußt in Kauf genommene Tod ist mitnichten höchster Verzicht, sondern kann höchsten Gewinn bedeuten (vgl. die von White angeführte Stelle Aristot. *NE* 9.1169a25f: „τοῖς δ' ὑπεραποθνῄσκουσι τοῦτ' ἴσως συμβαίνει, αἱροῦνται δὴ μέγα καλὸν ἑαυτοῖς." [So widerfährt es denen, die für andere sterben: sie wählen für sich mehr Ehre.]) Aristoteles selbst reflektiert die Frage nach dem Sterben für andere im Kontext seiner Feststellung, daß der Tugendhafte Eigenliebe haben soll. Der Tugendhafte soll aber nicht in einem vordergründigen Sinne eigenliebend sein, sondern indem er für sich die tugendhafte Handlung (z.B. das Sterben für andere) wählt, gewinnt er darin „für sich selbst mehr Ehre". Mit Statusverzicht hat diese Form des Sterbens für andere nichts zu tun. White führt noch Aristot. *EE* 7.1245b an. An dieser Stelle handelt Aristoteles allerdings nicht vom Sterben für eine Sache und schon gar nicht vom Statusverzicht, sondern vom Wunsch der Freunde nach einem gemeinsamen Ende als Höhepunkt des gemeinsamen Lebens.
2. Der Beleg aus Lukian (*Toxaris* 29-34) ist bei White entstellt wiedergegeben. (Die Darstellung Whites weicht weit von den von mir benutzten Ausgaben [s. Literaturverzeichnis] ab. Leider ist aus den Anmerkungen Whites kein Rückschluß auf den von ihm benutzten Text möglich.) Die Geschichte der Freundschaft zwischen Demetrios und Antiphilos ist die Geschichte zwischen einem schulmäßig philosophisch gebildeten Kyniker (verm. Demetrios von Sunion, einem „Philosoph vom alten Schlag, den Kynikern zugehörig". Anm. zur Stelle von Erwin Steindl) und einem akademisch gebildeten Mediziner. Der in der Geschichte auftretende Sklave ist alles andere als Partner in der Freundschaft. Er wird in einen Tempelraub verwickelt, versteckt das Diebesgut im Zimmer seines Herrn Antiphilos und wird beim Verkauf der Hehlerware ertappt. Als das Diebesgut sich bei Antiphilos findet, wird dieser festgenommen und gerät im Gegensatz zu dem zu Recht verhafteten Sklaven unverschuldet ins Gefängnis. Der Sklave wird schließlich vor Gericht gegeißelt. Sein weiteres Schicksal nach dem

gebend für alle sozialen Beziehungen innerhalb der philippischen Gemeinde
sein:

> The same humility that is exemplified in Christ's 'emptying' himself to take
> 'the form of a slave' (2:8) is also the proper disposition to be maintained in
> all Christian relationships (2:3; cf. 3:10,21).[26]

Aus dieser Perspektive erscheint dann natürlich der Dankesbrief in Spannung zum Gesamtduktus des Philipperbriefes. Die Annahme des Geldes
bereitet Paulus offensichtlich erhebliche Schwierigkeiten, die er gerade nicht
im Rahmen einer φιλία-Vorstellung diskutiert, sondern im Kontext antiker
religiöser Propaganda.[27] Die Konzeptionen des Aristoteles, des Cicero und
des Zeitgenossen des Paulus, Seneca, rechtfertigen die Annahme von
Freundschaftsgaben bzw. *beneficia* durch Personen, die zu einer gleich-
artigen Revanche nicht fähig sind.[28] Das heißt, Paulus hätte im Rahmen
einer Beziehung, die der hellenistischen Freundschaftskonzeption entspricht,
die Möglichkeit, die Gabe der Philipper ungeniert anzunehmen und dies
auch so zu formulieren. Offensichtlich muß er sich aber wie oben gezeigt
gegen eine mißverständliche Interpretation seines Verhaltens schützen.
White weicht dieser Spannung aus, indem er für Phil 4,10-20 eine Krise der
Freundschaftsbeziehung vermutet, für die er die beiden im Phil namentlich
genannten Frauen, Euodia und Syntyche, verantwortlich macht.[29] Diese

---

Schuldeingeständnis bleibt unerwähnt. Der Leser ergänzt selbstverständlich, daß er seine
verdiente Strafe erhalten haben wird. Die von White (a.a.O., Anm. 56) behauptete Freilassung
ist nirgends erwähnt. Für das Verständnis des Einsatzes des Demetrios für seinen Freund
Antiphilos ist wiederum sein Kynismus entscheidend. Lukian zeichnet ihn bewußt als Kyniker
(*Toxaris* 27 und 34), von daher ist sein merkwürdiger Freundschaftsbegriff zu verstehen. Von
ihm heißt es nach erfolgter Rehabilitierung nur: „zu Antiphilos sagte er nur, man werde es
offenbar wohl für verzeihlich finden, wenn er ihn jetzt verlasse: denn weder brauche er selber
Geldmittel, da er, solange er lebe, sich mit so wenigem, als es auch sei, begnügen könne, noch
bedürfe jener mehr eines Freundes, nachdem sich für ihn seine Lebensumstände so bequem
gestaltet hätten" (Übers. Steindl). In dieser Geschichte ist eher von der Bewährung eines echten
Kynikers die Rede, als daß ein allgemein-hellenistisches Verständnis von Freundschaft entfaltet
wird. Demetrios soll nicht Vorbild sein, sondern typischer Vertreter einer bestimmten philosophischen Richtung.
  Schließlich äußert sich auch noch Toxaris in seiner Gegenrede verächtlich über solcherlei
Freundschaftsdienste (*Toxaris* 36). White (S. 213) behauptet, Antiphilos sei Sklave des
Demetrios, und will damit zum einen die Möglichkeit der Freundschaftsbeziehung zwischen
von Status her extrem Ungleichen belegen und zum anderen die Selbstentäußerung Christi zum
δοῦλος als im hellenistischen Ideal der Freundschaft vorgezeichnet finden. Beides ist weder mit
dieser noch mit den übrigen Episoden aus Lukians *Toxaris* zu belegen.
[26] White, „Morality between two worlds," S. 214.
[27] Vgl.o. S. 150.
[28] Für Cicero wäre dieser Fall eine Prüfung des Wertes einer Freundschaft (*Lael.* 63 und
84). Aristot. *NE* 9.1164a33-b5, 9.1169b13-15 u. 9.1171a21-24. Die Verpflichtung, sich durch
anderweitige Taten erkenntlich zu zeigen, bleibt aber bestehen. So auch Xen. *mem.* II 6,23
(mitabgedruckt in der Ausgabe von Cicero, *Laelius*, von Hans Färber und Max Faltner).
[29] White, „Morality between two worlds," S. 214, Anm. 59.

Lösung ist spekulativ und widerspricht der einleitungswissenschaftlichen Vorentscheidung, die White mit seiner Annahme der Zusammengehörigkeit von Phil 1-3,1 und Kp. 4 trifft. Innerhalb eines Schreibens würden dann unterschiedliche Verhältnisse zwischen Paulus und den Philippern angenommen: für den Briefteil bis 3,1 eine positive Freundschaftsbeziehung und in 4,1-23 eine Krise dieser Freundschaft.

Indem nun White darauf verzichtet, das Spezifische dieser paulinischen φιλία, unter Umständen sogar die implizite Kritik des Paulus an der hellenistischen φιλία-Vorstellung zu entfalten, gerät er zusehends in Schwierigkeiten, den Dankesbrief auszulegen. Spätestens an dieser Stelle wäre dann auch die paulinische Rezeption des φιλία-Gedankens zu erarbeiten, die dann als kritische Antwort an die hellenistische Ethik zu rekonstruieren ist. Dem stellt sich White allerdings nicht. Paulus wird zu einem Missionar, der die hellenistische Ethik religiös sanktioniert.[30]

White läßt dadurch eine Chance ungenutzt, die durch den in Phil 4,10-20 vorliegenden Konflikt bzw. die Spannungen in der Beziehung zwischen Paulus und den Philippern gegeben ist. Soziale Beziehungen werden in Konflikten transparent, da durch sie unausgesprochene Regeln, Konventionen, Argumentationen und Herrschaftsverhältnisse offenbar werden.[31] Damit ist dann die Möglichkeit gegeben, die sozialen Beziehungen und deren ethische Implikationen genauer zu erfassen. Gerade die Problematisierung der Annahme der Gabe in Phil 4,11-13 müßte bei der Stimmigkeit der Übertragung des φιλία-Konzeptes auf die Beziehung zwischen Paulus und seiner Gemeinde in Philippi verständlich werden. Die Auslegung von Phil 4,11-13 wird so zum Prüfstein dieser Interpretation, die zeigen müßte, daß das φιλία-Konzept auch die Konfliktsituation, in der sich Paulus und die Gemeinde von Philippi offensichtlich befinden, transparent macht. Man kann dann Phil 4,11-13 bestenfalls als kritische Rezeption des φιλία-Konzeptes durch Paulus verstehen, in der das herkömmliche Verhältnis von Geben und Nehmen neu interpretiert ist.

Die Kritik an der Anwendung des hellenistischen Freundschaftsgedankens auf die Beziehung zwischen Paulus und seiner Gemeinde und insbesondere auf den Philipperhymnus kann noch grundsätzlicher formuliert werden. Natürlich lassen sich Redewendungen finden, die im Zusammenhang mit der Darstellung von Freundschaftsbeziehungen auch oder sogar gehäuft vorkommen. Von höflicher oder freundschaftlicher Rede bzw. von der Aufnahme bestimmter Topoi, die auch in der Beschreibung der Freund-

---

[30] White, „Morality between two worlds," S. 215: „By grounding the Greek virtue in the divine will, through the soteriological drama of Christ's humility and exaltation, Paul created a moral paradigm for understanding the world of the Philippians".

[31] Ähnlich Theißen, „Die soziologische Auswertung religiöser Überlieferungen," S. 40f.

schaftsbeziehung vorkommen (z.B. die Kaufmannsprache), ist aber nicht
ohne weiteres auf diese spezielle Form der Sozialbeziehung zu schließen.[32]
    Diese Skepsis gegenüber dem Schluß vom Gebrauch der traditionellen
Begrifflichkeit der hellenistischen Diskussion der Freundschaft auf die reale
Bedeutung dieser Sozialbeziehung für die paulinischen Gemeinden wird
durch das Fehlen der Worte φιλία und φίλος bei Paulus verstärkt. Dieser
erstaunliche Befund hat eine einfache Ursache. Die Freundschaftsbeziehung
als soziale Institution ist in ihrem Vorbildcharakter immer als Paarbeziehung
zweier statusgleicher Männer gedacht, die sich in Krisenzeiten selbstlos zur
Seite stehen.[33] Eine solche Beziehung zu einem offenen Verhältnis zwischen einer Einzelperson (Paulus) und einer Gruppe (Gemeinde), deren
Zusammensetzung ohne Einfluß des Partners wechselt, zu erweitern, verändert ihren Charakter so grundlegend, daß von einer Freundschaftsbeziehung nicht mehr die Rede sein kann. Genausowenig lassen sich die inner-
gemeindlichen Beziehungen als Freundschaftsbeziehung im Sinne der antiken Vorbilder bei Cicero, Seneca und Lukian gestalten.
    Die paulinischen Gemeinden sind gemischtgeschlechtlich, ihre Mitglieder
sind statusungleich und stammen aus unterschiedlichen ethnischen Gruppen
(Gal 3,28 u.ö.). Sie organisieren sich in Untergruppen, die durch andere
soziale Bindungen (οἶκος, Berufsausübung) miteinander in Kontakt stehen.
Die Freundschaftsbeziehung der obengenannten Literatur dagegen ist ein
eindeutig geschlechtlich und sozial festgelegtes Oberschichtsphänomen.
Über entsprechende materielle Mittel zur Bewährung der Freundschaftsbeziehung zu verfügen, ist sowohl bei Lukian (das gilt für alle fünf Beispiele des Dialogs *Toxaris* 12-34) als auch bei Cicero selbstverständliche
Voraussetzung. Die mit dieser Sozialbeziehung verbundenen Tugenden
bilden keine gemeinschaftsorientierte Ethik, wie sie für die paulinischen
Gemeinden charakteristisch ist, sondern orientieren sich am Individuum
bzw. an der Freundschaftsbeziehung zweier männlicher Individuen. Die
Unterstützung der Philipper für Paulus und die sozialen Beziehungen in den
paulinischen Gemeinden beruhen weder auf der sozialen Institution der
Freundschaft noch greift ihre ethische und theologische Reflexion auf das
hellenistische Freundschaftsideal oder den hellenistischen Tugendbegriff
zurück.

---

[32] Vgl. Malherbe, *Moral Exhortation*, S. 144f; ders., „Hellenistic Moralists," S. 324f.
[33] Xen. *mem.* II 2 (abgedruckt in der Ausgabe von Cicero, *Laelius de amicitia*, von Hans
Färber und Max Faltner).

3. DAS BENEFICIALWESEN NACH SENECAS *DE BENEFICIIS*

Senecas Schrift *De beneficiis* wird von Marshall und White in gleicher Weise wie die Nikomachische Ethik des Aristoteles und Ciceros *Laelius de amicitia* als Quelle zur Darstellung der φιλία/*amicitia* herangezogen. Eine genauere Betrachtung dieser philosophisch-ethischen Arbeit Senecas läßt eine solche Verwertung als fragwürdig erscheinen. Steht in den Büchern VIII und IX der NE die φιλία ganz im Mittelpunkt und wendet sich Cicero in *Laelius de amicitia* der *amicitia*/Freundschaft in der Hauptsache zu, so kann von einer solchen Stellung der *amicitia* bei Seneca keine Rede sein. Seneca versucht, eine der stoischen Ethik gerechtwerdende Haltung zur Gewährung und Annahme von Wohltaten (*beneficia*) zu erarbeiten. Im Mittelpunkt dieser im übrigen recht weitschweifigen und unstrukturierten Abhandlung steht die praktisch-ethische Frage, unter welchen Bedingungen Wohltaten erwiesen werden sollen und wie man als Empfänger darauf zu reagieren habe.[34] Dabei werden besonders die aus der Wohltat erwachsenen Verpflichtungen, die Abstattung des angemessenen Dankes und die Revanche bedacht. Der Vorgang selbst wird aber nur am Rande in Hinsicht auf eine Freundschaftsbeziehung reflektiert. Seneca behandelt im wesentlichen die Bedeutung des *beneficium* außerhalb der Freundschaft, in der Hauptsache zwischen einander unverbundenen Personen, aber dann auch im Rahmen bestehender Bindungen wie zwischen Söhnen und Vätern, den Göttern und Menschen, Sklaven und ihren Herren, Ärzten und deren Patienten u.a.

Seneca ist der Ansicht, daß aus dem Austausch von Wohltaten Freundschaft erwachsen kann bzw. sich Freundschaft bestätigt;[35] aber dies ist ein Spezialfall der vielen verschiedenen Möglichkeiten, die mit dem Erweis von Wohltaten gegeben sind.[36] Die Randstellung der Freundschaft im Rahmen

---

[34] Vgl. Ernst Günther Schmidt, „Art. L. Annaeus Seneca," Sp. 113.

[35] Sen. *benef.* II, XVIII, 5. Alle Übersetzungen von Sen. *benef.* von Rosenbach.

[36] Seneca zitiert die Ansicht, daß Wohltaten eine Sache unter Fremden seien, im Unterschied zu Verpflichtungen (*officia*) unter Menschen, die schon in einer benennbaren Beziehung stehen und Diensten (*ministeria*), die sich aus Befehlen ergeben (ebd., III, XVIII.1: „beneficium esse, quod alienus det (...); officium esse fili, uxoris, earum personarum, quas necessitudo suscitat et ferre opem iubet; ministerium esse servi, quem condicio sua eo loco posuit, ut nihil eorum, quae praestat, inputet superiori praeterea." (Eine Wohltat sei, was ein Fremder gibt (...); um eine Verpflichtung handle es sich bei einem Sohn, bei der Gattin, bei den Personen, die das Band der Verwandtschaft zur Tat ermuntert und Hilfe zu bringen heißt; um eine Dienstleistung handle es sich beim Sklaven, den seine Aufgabe auf einen solchen Platz gestellt hat, so daß er nichts von dem, was er leistet, einem an Rang Höheren darüber hinaus als Verdienst in Rechnung setzt). Diese Meinung bestreitet er. Seneca meint, eine Tat messe sich allein an ihrem sittlichen Gehalt und nicht an der sozialen Beziehung, innerhalb derer sie vollzogen werde. Bedingungen einer wahren Wohltat sind die innere Freiheit des Handelnden, die Seneca als Stoiker auch dem Sklaven zuerkennt, und die Sittlichkeit der Tat an sich.

dieser Überlegungen hat über den Gesichtspunkt hinaus, daß es sich um eine von vielen verschiedenen Beziehungsformen handelt, innerhalb derer *beneficia* eine Rolle spielen, noch einen besonderen Grund, der aus ihrem sittlichen Charakter erwächst. Innerhalb einer Freundschaft kann die Annahme und die Gewährung von Wohltaten nicht zum ernsten Problem werden, da in der wahren Freundschaft keine Unstimmigkeiten entstehen.[37] In der Freundschaft sind die Regeln der philosophischen Klugheit durch die Tiefe des gegenseitigen Wohlwollens der Freunde aufgehoben. Die Frage nach dem angemessenen Dank und der Erwiderung von empfangenen Wohltaten werden ganz vom Zentrum der Freundschaftsbeziehung her, dem gegenseitigen und uneingeschränkten Wohlwollen, reflektiert. Die Wohltat an sich wird dadurch zur sittlichen Tat, daß sie um ihrer selbst willen gegeben wird und nicht aufgrund der Spekulation auf die daraus erwachsenden Vorteile.[38]

In der Freundschaft ist nicht die Wohltat, sondern die Freundschaft selbst der sittliche Wert (*honestum*), um dessentwillen alle anderen Taten der Freunde geschehen. Die Freundschaft als die höhere Tugend gegenüber der Wohltat nimmt die ethischen Bindungen, die aus der Wohltat erwachsen, in die umfassenderen Verpflichtungen, die sich aus ihr selbst ergeben, auf. Der Umgang mit einer Wohltat versteht sich dann nicht aufgrund von Überlegungen über ihr Wesen, sondern wird von ihrer Bedeutung innerhalb der Freundschaftsbeziehung bestimmt.[39] Unter diesen Voraussetzungen ist es verständlich, daß Seneca der Meinung ist, daß unter wahren Freunden durch Wohltaten keine Unstimmigkeiten auftreten, denn in der Freundschaft geht

---

[37] Vgl. Senecas Unterscheidung des wahren Freundes (*verus amicus*) von den in Klassen eingeteilten bittstellenden und aufwartenden Freunden (*amicus primus et amicus secundus*) ebd., VI, XXXIV. Überhaupt geht Seneca erst im Buch VI genauer auf die Freundschaft und ihre Auswirkungen auf die Gewährung von Wohltaten ein (bes. ebd., XXXIIIf.; XXXIX-XLI). Diese Überlegungen bilden einen wichtigen Zwischenschritt von den in Buch I bis VI erörterten Gesichtspunkten der Erweisung von Wohltaten zwischen Menschen (in Buch IV behandelt Seneca die Wohltaten der Götter als ethische Vorbilder), die in den verschiedensten Beziehungen stehen und dem abschließenden Buch VII, das sich der Haltung des stoischen Weisen als der höchsten Stufe der Tugendhaftigkeit zuwendet.

[38] Ebd., IV, I.3. Wohltaten und der Dank für sie rechtfertigen sich wie alle sittlichen Taten allein aus sich: „Si honestum per se expetendum est, beneficium autem honestum est, non potest alia eius condicio esse, cum eadem natura sit. Per se autem expetendum esse honestum" (Wenn das Sittliche um seiner selbst willen zu erstreben ist, eine Wohltat aber sittlich ist, kann es dafür keine andere Bedingung geben, weil ihr Wesen das gleiche ist. Um seiner selbst willen muß aber erstrebt werden das Sittliche).

[39] Z.B. wendet sich Seneca (ebd., VI, XLI.2) gegen eine prompte Revanche auf eine erwiesene Wohltat unter Freunden, denn: „Quanto melius ac iustius in promptu habere merita amicorum et offerre, non ingerere, nec obaeratum se iudicare, quoniam beneficium commune vinculum est et inter se duos alligat!" (Wieviel besser und angemessener ist es, im Bewußtsein zu haben die Verdienste der Freunde und anzubieten, nicht aufzudrängen, und nicht sich in seiner Schuld zu fühlen, da ja eine Wohltat ein Band auf Gegenseitigkeit ist und zwei Menschen miteinander verbindet).

es nicht um die Wohltat, ihren Erfolg und ihre Angemessenheit, sondern die Freundschaft selbst ist Ursache und Ziel des Handelns. Weder aus der Unfähigkeit zur Vergeltung noch aus der fehlenden Möglichkeit zur Erweisung einer Wohltat kann Verdruß entstehen.

Wenn wir die Überlegungen Senecas in *De beneficiis* auf die Gabe der Philipper und ihre Aufnahme durch Paulus beziehen, muß sorgfältig beachtet werden, daß Seneca eine philosophisch-ethische Abhandlung über den ethisch richtigen Umgang mit Wohltaten bzw. in Buch VI über die wahre Freundschaft schreibt. In ihr spiegeln sich auch soziale Konventionen, aber mit Sicherheit viel eher in den zitierten und kritisierten Anschauungen als in ihren eigentlichen Aussagen und Weisungen. So wie die wahren Freunde selten sind, so ist auch der Weise, der eigentlich erst die rechte Haltung zur Welt und damit auch zur Frage der *beneficia* einnimmt, eine Ausnahmeerscheinung. Die Erziehung zu einer solchen tugendhaften Haltung ist möglich, wird aber nur in wenigen Fällen angestrebt und kommt in noch geringerem Maße zum Erfolg, wie auch Seneca bitter am Fehlschlag seiner Erziehung des Nero erfahren mußte.[40]

Die Beschäftigung mit Senecas Schrift bringt einen wichtigen Gesichtspunkt zur Beurteilung des Austausches von Wohltaten ein. Die Gewährung von Wohltaten, wie sie auch in Phil 4,10-20 erwähnt ist, bedarf durchaus nicht der Freundschaftsbeziehung als sozialen bzw. interpretativen Hintergrund. Das *beneficium* ist in allen zwischenmenschlichen Beziehungen, sogar zwischen Sklave und Herr, eine mögliche Form der gegenseitigen Zuwendung.[41] Eine Orientierung an Senecas Darstellung des *beneficium* ist der Auslegung von Phil 4,10-20 förderlicher als die Interpretation im Rahmen der φιλία-Konzeption, die für diesen Teil des Phil nicht zu einsichtigen Ergebnissen kommt - schon gar nicht bei Zugrundelegung der Zweiteilungshypothese oder der Einheitlichkeit.[42] Die Diskussion der philippischen Gabe in 4,10-20 gehört sachlich in den Bereich der Reflexionen über die mit der Gewährung und Annahme einer Wohltat verbundenen ethischen Bedingungen und sozialen Folgen.

Die Grundstruktur kann stichwortartig[43] in die Gabe selbst, die Gewährung, die Annahme oder den Empfang, die Erwiderung oder die Reziprozi-

---

[40] Vgl. seine an Nero gerichtete Schrift, *De clementia*, und deren Wirkungslosigkeit.
[41] Sen. *benef.* III, XVIII-XX.
[42] S.o.S. 168.
[43] Es würde hier zu weit führen, allen Feinheiten, die Seneca zu diesem Thema erörtert, nachzugehen. Etwa die Frage, ob man eine weitere Wohltat erst erweisen dürfe, wenn der Dank für die vorherige schon abgestattet sei (ebd, I, IV); oder, ob man jede Wohltat annehmen müsse (ebd., II, XVIII); oder, ob man von einem Sklaven eine Wohltat annehmen dürfe (ebd., III, XVIII) u.v.a. Weitere Gesichtspunkte werden im Vergleich mit Phil 4,10-20 angeführt werden.

tät unterteilt werden. Die Gabe selbst kann aus den verschiedensten Vorteilen bestehen. Geld, Land, Naturalien, alle Formen von Geschenken,
Ämtern, Einkunftsmöglichkeiten und andere Hilfestellungen kommen in
Betracht. Um als *beneficium* gelten zu können, dürfen sie aber nicht auf
Rechtsansprüchen beruhen, sondern müssen in voller Freiheit gegeben
werden.[44] Die Gabe selbst soll zwar nützlich sein, zu einem echten *beneficium* wird sie aber erst, wenn ihre Bedeutung über die pure Nützlichkeit
hinausgeht.[45] Der Geber hat die Würdigkeit des Empfängers gewissenhaft
zu prüfen, denn seine Wohltat ist erst dann eine sittliche Tat, wenn auch der
Beschenkte eine tugendhafte Persönlichkeit ist.[46] Wer eine Wohltat gewährt, rechnet immer mit einer Erwiderung, auch wenn es sich aus sittlichen Gründen verbietet, auf sie zu spekulieren.[47] Der Empfänger soll auf
sie mit sofortigem und angemessenem Dank reagieren.[48] Vom spontan und
ungezwungen zu erweisenden Dank ist aber die Erwiderung der Wohltat zu
unterscheiden, zu der der Empfänger der Wohltat grundsätzlich verpflichtet
ist. Sie sollte nicht allein aus Pflichtgefühl oder sozialen Gründen erfolgen.
Der Schuldiger sollte geduldig die Gelegenheit zu einer angemessenen und
möglichst die empfangene Gabe übertreffenden Revanche erwarten können.[49] Die Undankbarkeit ist ein verachtungswürdiges Verhalten. Sie beruht auf einem tiefen charakterlichen Mangel des Empfängers.[50] Im normalen menschlichen Umgang wird der Austausch von *beneficia* sicher stärker
von der individuellen und durch die öffentliche Aufmerksamkeit angesta-
chelten Eitelkeit geprägt gewesen sein, denn sowohl der Dank als auch die
Gabe haben bis auf wenige Ausnahmefälle öffentlich zu erfolgen. Nur im
Falle einer den Empfänger erniedrigenden Situation soll die Gabe diskret
überreicht werden.[51]

---

[44] Ebd., III, XIX.1 „Beneficium enim id est, quod quis dedit, cum illi liceret et non dare"
(Denn eine Wohltat ist das, was einer gegeben hat, obwohl ihm freistand, es auch nicht zu
geben). Zur Unterstreichung der Bedeutung der Unabhängigkeit von Rechtsansprüchen sei auf
die juristische Definition des *benificium* hingewiesen, Leonhard, Art. *beneficium*, Sp. 272:
„Beneficium ist nämlich zumeist ein solcher Vorteil, der nicht auf einer allgemeinen Rechts-
regel beruht, sondern auf einem Ausnahmesatze oder einer Regel, die für einen beschränkten
Kreis bestimmt ist." Diese Distanz von einklagbaren Rechten und der Ausnahmecharakter ist
auch im Begriff bei Seneca mitzuhören.
[45] Ebd., IV, XXIX.2
[46] Ebd., IV, XXIX.3.
[47] Vgl. ebd., I, I.9: „Dignus est decipi, qui de recipiendo cogitavit, cum daret" (Wert ist,
enttäuscht zu werden, wer an das Wiederbekommen dachte, während er gab).
[48] Über die dankbare und freudige Annahme: ebd., II, XXII-XXXV; II,XXII.1: „Qui grate
beneficium accipit, primam eius pensionem solvit" (Wer eine Wohltat dankbar annimmt, zahlt
die erste Rückzahlungsrate für sie).
[49] Zur Verpflichtung, mehr zurückzuerstatten: ebd., II, XVIII.5. Zur Geduld bei der
Erwiderung: ebd., VI, XLI.1.
[50] Ebd., II, XXVI.
[51] Ebd., II, IX.1 und XXIII.

Es ist interessant, die Gabe bzw. den Austausch der Gaben zwischen Paulus und den Philippern einmal in den Kontext der Aussagen Senecas zu stellen. Eine ganze Reihe von Überlegungen lassen sich direkt zu dem in Phil 4,10-20 geschilderten Vorgang in Beziehung setzen. Dabei ist in jedem Einzelfall zu unterscheiden zwischen der oft ethisch maximalen Forderung des Seneca und der hinter dieser Forderung stehenden sozialen Praxis. Ebenso ist bei der Gabe der Philipper die ihr zugrundeliegende soziale Beziehung, innerhalb derer sich diese Wohltat vollzieht, und die Interpretation, die ihr in Phil 4,10-20 von Paulus gegeben wird, auseinanderzuhalten. Der Text *De beneficiis* ermöglicht darüber hinaus den Zugriff auf Anschauungen, die denen des Seneca widersprechen, da er einige Partien als Dialog gestaltet und eine ganze Reihe von Einwänden und Überlegungen anderer Philosophen zitiert.[52] Die kritische Lektüre dieser Schrift Senecas ist hilfreich für die Einordnung des reziproken Austauschverhältnisses zwischen Paulus und seiner Gemeinde in Philippi, weil sich auf ihrem Hintergrund die Konturen dieser sozialen Beziehung genauer abzeichnen.[53] Der Vergleich orientiert sich an der oben skizzierten Grundstruktur.

a) Die Gabe und ihre Gewährung

Handelt es sich bei der Gabe der Philipper überhaupt um ein *beneficium*? Es geht hier natürlich nicht um eine exklusive Definition, als ob es einen exakt umschreibbaren Vorgang gäbe, der als *beneficium* und als sonst nichts anderes zu bezeichnen wäre. Dazu sind die Begrifflichkeiten, die ja soziale Realitäten erfassen wollen, zu unscharf bzw., positiv formuliert, zu offen. Dennoch leistet Seneca eine Begriffsklärung, die verschiedene Phänomene voneinander zu unterscheiden sucht. Ein *beneficium* ist jede Wohltat, die der

---

[52] Zuvor soll erneut auf ein notwendig kritisches Vorverständnis gegenüber diesen Texten hingewiesen werden. Neben ihrer philosophischen Orientierung am 'wahren' Gehalt eines Problems, und das heißt in der antiken Philosophie hellenistischer Tradition am sittlich Guten, sind die Schriften Ciceros und ganz besonders des Seneca ein eindeutiges Phänomen der Oberschicht. Die stoische *liberalitas* bzw. αὐτάρκεια/ἐλευθερία, wie sie von Seneca verstanden wird, nämlich als Konzentration auf die innere Tat zugrundeliegenden Gesinnung (*in animo*, *in mente*) als ihres wesentlichen Gehaltes ist als soziale Konvention nur auf dem Hintergrund einer fast unbegrenzten Verfügungsmöglichkeit über Geld und gesellschaftlichen Einfluß denkbar. Der von Seneca vorgestellte Wettstreit der Wohltaten, das sich Übertreffen in Großzügigkeiten im Sinne von Absichtslosigkeiten, kann, wenn überhaupt, nur innerhalb einer privilegierten Elite stattfinden, zu der Seneca natürlich gehört. Selbstverständlich tun wir der römischen Elite zu Zeiten des Nero bei weitem zu viel Ehre an, wenn wir davon ausgehen, daß dort auch nur ansatzweise die edle stoische Gesinnung handlungsorientierende Funktion gehabt habe. Der unermeßlich reiche, philosophisch gebildete Seneca unterstützte schließlich Nero bei der Rechtfertigung der Ermordung seiner Mutter, um nur eine bekannte Facette der praktischen Politik dieser schillerndsten Persönlichkeit des ersten Jahrhunderts zu benennen.
[53] Zum Problem des Verhältnisses des paulinischen Denkens und der Philosophie Senecas s. Malherbe, *Hellenistic Moralists*, S. 277f; Sevenster, *Paul and Seneca*.

Geber aus innerer Freiheit leistet und die einzig auf das Wohl des Empfängers gerichtet ist.[54]

Es könnte der Einwand geltend gemacht werden, die von Paulus gegründete Philippergemeinde sei zu dieser Unterstützung verpflichtet gewesen.[55]
Sie sei ein vom Apostel einklagbarer Dienst der Gemeinde. Die Gabe der
Philipper würde dann nach den Senecaschen Distinktionen als *officium*,
wenn nicht gar *ministerium* zu verstehen sein.[56] In Phil 4,10-20 wird zwar
deutlich, daß Paulus die Gabe erwartet hat, aber er spricht nicht von einer
Verpflichtung. Er ist vom Umfang der Gabe überrascht und ihr Erhalt ist
für ihn nicht selbstverständlich, sondern fordert eine interpretierende Auseinandersetzung heraus, wie sie ein auf einer festen Rechtsgrundlage stehendes *officium* oder *ministerium* nicht provoziert hätte. Seneca grenzt das
beneficium vom *officium* oder *ministerium* ab, indem er das Kriterium der
Freiheit einführt.: „Beneficium enim id est, quod quis dedit, cum illi liceret
et non dare."[57]

Diese Freiheit des Tuns und Unterlassens hat auch die Gemeinde in
Philippi - allerdings vor einem völlig anderen materiellen Hintergrund als
Seneca. Die Grenzen des Leistungsvermögens der Philippergemeinde sind
sicher viel enger gezogen als die des Seneca oder anderer Mitglieder der
römischen Nobilität. Das ἠκαιρεῖσθε in 4,10 bringt zum Ausdruck, daß eine
frühzeitigere Unterstützung durch unbekannte Umstände verhindert war. Die
Gabe der Philipper kann aufgrund der Freiwilligkeit und der lauteren Absichten der Geber ein *beneficium* genannt werden. Erfüllt sie aber auch die
zwei Forderungen, die Seneca an die sittlich gute Wohltat stellt: die Absichtslosigkeit hinsichtlich einer Vergeltung und die Ausrichtung auf das
Wohl des Empfängers?[58] Beide Forderungen werfen in ihrer Anwendung
auf die philippische Situation aus unterschiedlichen Gründen Probleme auf.
Die erste ist nicht einfach zu handhaben, da die Absichtslosigkeit auf dem
Hintergrund der Selbstverständlichkeit einer Vergeltung gefordert ist.
Seneca läßt an keiner Stelle Zweifel daran, daß es sich gehört, eine Wohltat
zu erwidern. Nur dürfte die gewährte Wohltat nicht auf eine solche Erwide-
rung gerichtet sein, sondern in lauterer Gesinnung einzig auf das Wohl des
Empfängers. Diese Absichtslosigkeit ist nur als Gesinnung (*in mente*, *in
animo*) zu erfassen und damit schwer zu belegen. Für die Beurteilung einer

---

[54] Vgl.o.S. 171, Anm. 36.
[55] Ollrog, *Paulus und seine Mitarbeiter*, S. 98f.
[56] Sen. *benef*. III, XVIII.1.
[57] Ebd., III, XIX.1.: „Denn eine Wohltat ist das, was einer gegeben hat, obwohl ihm
freistand, es auch nicht zu geben."
[58] Eine weitere für Seneca (ebd., IV, XI.1) zentrale Bedingung, daß es sich in dem Empfänger um eine die Wohltat verdienende, also sittlich gute Person handeln soll, muß hier nicht
erörtert werden, da Paulus für die Philipper zweifelsohne eine unterstützenswerte Person ist.

sozialen Konvention ist zudem die Geltung ihrer moralischen Interpretation weniger bedeutsam als ihr faktischer Vollzug. Der historische Abstand und das Schweigen der Quellen erschweren die Einschätzung der Intentionen, die die Philipper mit der Gabe verbunden haben mögen, soweit sie über den aus Phil 4,16 und 18 zu erschließenden Wunsch nach Beendigung einer Mangelsituation bei Paulus hinausgehen. Diese Absicht der Philipper ist zum Erfolg gekommen. 4,18 weist darauf hin, daß sie sogar im Übermaß erfolgreich war. Der Umfang der Gabe übersteigt im Gegensatz zum bisherigen Austausch, der an der χρεία des Paulus orientiert war (4,16), das notwendige Maß. Sie wird darin der Forderung Senecas gerecht, daß ein *beneficium* über das Nützliche allein hinausgehen müsse.[59]

b) Die Annahme

Die Großzügigkeit der Gabe bringt Paulus in Verlegenheiten, die ihn nötigen, sein Verhältnis zu materiellen Gütern (Phil 4,11-13) und zur Gemeinde (Phil 4,14-20) zu klären. Bei Seneca fände das Verhalten der Philipper Anerkennung, denn eine Wohltat soll sich zwar am Notwendigen und Nützlichen orientieren, müsse aber darüberhinausgehen, um wahre Wohltat zu sein.[60] Vorbild sind die Götter, die nicht nur das Nötige (*necessitas*), sondern Überfülle bis hin zur Verwöhnung (*delicia*) gewähren.[61] Gerade dieses Übermaß scheint die Ursache für Mißverständnisse zu sein, denen Paulus begegnen möchte und die ihn, gemessen an den Vorstellungen Senecas, an die Grenze des guten Benehmens stoßen lassen. Der Empfänger einer Wohltat soll sofort und ohne Hintergedanken für eine Gabe danken, wenn er sich zu ihrer Annahme entschließt. Sein Dank soll Freude (*gaudium*) zum Ausdruck bringen und den Geber damit anstecken. Paulus bemüht sich auch, diesen von Freude geprägten Dank in 4,10 (ἐχάρην μεγάλως) und 4,14 (καλῶς ἐποιήσατε) zu formulieren. Aber sowohl der freudige Einsatz in 4,10 als auch sein „Danke schön" in 4,14 werden durch Vorbehalte eingeschränkt.[62]

Paulus schreibt nicht einfach einen netten Dankbrief, sondern erörtert die Gabe der Philipper im Rahmen des Verhältnisses, in dem sie zu ihm stehen und das durch die erneute Gabe verändert wird. Die Verse 10 und 14 enthalten durchaus übliche Höflichkeiten, wenn auch in einem etwas verhaltenen Ton. Dagegen zeigen die Verse 11-13 und 15ff die Auseinandersetzung des Paulus mit der Angemessenheit der Gabe. Paulus sieht sich mit der Großzügigkeit der Philipper konfrontiert und muß auf sie reagieren. Er

---

[59] Ebd., IV, XXIX.2.
[60] Ebd.
[61] Ebd., IV, V.1.
[62] In Phil 4,10 durch das ἤδη ποτὲ und ἠκαιρεῖσθε, in 4,14 durch den Kontext in 11-13.

greift in 11-13 auf die Form des Peristasenkataloges zurück, was die Gabe der Philipper in einen überraschenden Kontext rückt: die Wohltat, die Paulus von ihnen erfährt, ruft nicht nur freudigen Dank hervor, sondern bringt ihn in eine Situation, die er als Bewährung versteht.[63] Paulus entscheidet sich angesichts dieser Herausforderung zu einer dankbaren Annahme der Gabe. Er will dabei aber deutlich machen, daß in ihr sein Selbstverständnis berührt ist und er sie nur mit einer bestimmten Interpretation akzeptieren kann. Er nimmt sie nur unter Vorbehalt an und nähert sich damit einem von Seneca getadelten Verhalten.

Seneca verurteilt die widerwillige Annahme einer Wohltat aufs schärfste.[64] Er zitiert ein Wort, in dem ein Empfänger seinen Unwillen gegenüber einem Geschenk formuliert. Wir finden in ihm eine große sachliche Nähe zu den paulinischen Äußerungen in 4,11-13: „Non quidem mi opus est, sed quia tam valde vis, faciam tibi mei potestatem."[65] Seneca empfiehlt dagegen jede Dankesrede mit den Worten zu beschließen:

> nescis, quid mihi praestiteris, sed scire te oportet, quanto plus sit, quam existimas, ..., numquam tibi referre gratiam potero; illut certe non desinam ubique confiteri me referre non posse.[66]

Zwischen dieser von Seneca vorgeschlagenen Standarddanksagung und den Äußerungen des Paulus liegen Welten. Der Empfang der Gabe ist für Paulus eine persönliche und theologische Herausforderung, die sich nicht mehr mit der Einhaltung sozialer Konventionen des Dankes bewältigen läßt. Soziale Konvention und hellenistische Tugend geben Paulus nicht die Antworten auf die Fragen, die die Gabe der Philipper ihm stellt.

c) Die Reziprozität

Für Seneca ist die ausgewogene Reziprozität einer Beziehung ein wichtiges Kriterium ihrer ethischen Beurteilung. Die Partner sollen sich zwar nicht ständig um sofortigen Ausgleich ihrer Dankesschuld bemühen, aber sie dürfen ebensowenig entstandene Verpflichtungen vernachlässigen und mit einem solchen Verhalten die ausgewogenen Wechselseitigkeit der Beziehung gefährden. Das gilt für die Freundschaft wie für die durch ein *beneficium* hergestellte oder fortgeführte Beziehung. Sie bildet auch das Prinzip der

---

[63] Vgl.o. S. 141 zur Bedeutung der Verführung durch materielle Güter in den Peristasenkatalogen der kynisch-stoischen Diatribe.

[64] Ebd., II, XXIV-XXX.

[65] Ebd., II, XXIV.3: „Ich habe es zwar nicht nötig, aber weil du es so sehr willst, will ich mich zur Verfügung stellen."

[66] Ebd., II, XXIV.4: „Du weißt gar nicht, was du mir gewährt hast, aber wissen mußt du, wieviel mehr es ist als du meinst, ..., niemals werde ich dir Dank abstatten können; das jedenfalls überall zu bekunden werde ich nicht ablassen: 'Dank abstatten kann ich nicht'."

Austauschbeziehung zwischen Paulus und den Philippern (4,15: εἰς λόγον δόσεως καὶ λήμψεως). Die Reziprozität wird bei Seneca allerdings in ein kritisches Licht gerückt. Sie darf nur als das selbstverständliche Ergebnis des Aufeinanderwirkens zweier tugendhafter Wohltäter in Erscheinung treten, keinesfalls darf sie die intendierte Absicht einer Wohltat sein, denn zielte der Wohltäter auf die Revanche oder gar auf Gewinn, dann wäre die Gewährung eines *beneficium* nichts anderes als ein Kreditgeschäft - und davon solle es sich unbedingt unterscheiden. Man kann also nicht einfach sagen, daß die Wirtschaftssprache selbstverständliche Terminologie zur Darstellung von Freundschaftsbeziehungen sei.[67] Sie wird tatsächlich herangezogen, aber nicht in der Absicht, das Wesen der Freundschaft zu beschreiben, sondern um deren Praxis, die eine Folge der Beziehung zweier von sittlichen Erwägungen geleiteter Partner ist, zu charakterisieren. Seneca grenzt die durch ein *beneficium* konstituierte Beziehung deutlich von einem Geschäft ab.[68]

In Phil 4,10-20 ist eine solche Abgrenzung nicht zu finden. Paulus arbeitet mit dem in Phil 4,15 eingeführten Bild der Rechnung auf Geben und Nehmen auch in 4,17 weiter. Er rechnet seine durch die Gabe der Philipper entstandenen Verpflichtungen als Haben auf dem Konto der Philipper an. Der Gedanke bewegt sich ganz in der Logik der Geldwirtschaft. Paulus strebt nicht das Geschenk als solches an, sondern betont durch die Annahme des Geschenkes das Ansteigen des Guthabens der Philipper. Καρπός kann hier als Zins übersetzt werden. Seneca hätte das etwas vornehmer formulieren können, z.B. mit dem Hinweis, daß es kein Zeichen niederer Gesinnung sei, eine Wohltat zu schulden,[69] denn diese Schuld sei in den Händen des Wohltäters einem verborgenen Schatz gleich, der ihm Sicherheit für schlechte Zeiten gebe.[70]

Paulus wie Seneca kennen die Möglichkeit, die Reziprozität der Beziehung über die göttliche Sphäre aufrechtzuerhalten. Seneca berichtet von Wohltaten, die an Menschen erwiesen werden, die zu einer Erwiderung nicht in der Lage sein werden, z.B. soll derjenige, der einem unbekannten Schiffbrüchigen ein Schiff baut, auf dem dieser heimkehren kann, nicht mit der Erwiderung seiner Wohltat rechnen. Der Schiffbrüchige aber habe die Götter zu bitten, an seiner Statt Dank abzustatten.[71] Nichts anderes tut Paulus in einer Situation, die ihm die Revanche unmöglich macht: er bittet

---

[67] Vgl. Marshall, *Enmity at Corinth*, S. 160.
[68] Sen. *benef.* I, II.3.
[69] Ebd., VI, XLIII.1: „non minoris est animi beneficium debere quam dare" (Nicht ist es ein Zeichen geringerer Gesinnung, eine Wohltat zu schulden als zu erweisen).
[70] Ebd., VI, XLIII.3.
[71] Ebd., IV, XI.3.

Gott um Vergeltung (Phil 4,19f). Paulus übergibt die Vergeltung der Leistungen der Philipper, die Erfüllung ihrer χρεία, an Gott. Es ist nicht ganz eindeutig, ob 4,19 eine Gebetsbitte[72] oder einfach eine definitive futurische Aussage ist (πληρώσει). Jedenfalls erwartet Paulus die Aufhebung der Not der Philipper durch ein Handeln Gottes und nicht durch sein eigenes Tun. Die Ausführungen bei Seneca zeigen,[73] daß es sich um eine allgemein hellenistische Anschauung handelt, deren sich Paulus bedient, wenn er Gott um die Vergeltung der Wohltat der Philipper bittet. Ihn hier als priesterliche Mittlergestalt hochzustilisieren, die ihre besondere Beziehung zu Gott zugunsten der Philipper aufgrund ihres Einsatzes für ihn aktiviert,[74] ist unangemessen.

Unter diesen ersten drei Gesichtspunkten (die Gabe, ihre Annahme, die Reziprozität) deuten sich Differenzen zwischen Phil 4,10-20 und Senecas Schrift *De beneficiis* zunächst nur an. Aufmerksamkeit ziehen aber gerade vor dem Hintergrund einer grundsätzlichen Nähe die Abweichungen vom bei Seneca vorgeführten „guten Ton" auf sich. Der Dank des Paulus klingt verhalten und die Annahme der Gabe der Philipper erfolgt unter einem Vorbehalt.[75] Ein Verhalten, das Seneca als unmoralisch verurteilt. Die Gegensätze werden schließlich in der Deutung der Wohltat offensichtlich. Paulus meint, der Gabe der Philipper nur mit einer theologischen Deutung gerecht werden zu können. Er thematisiert ihre Beziehung zur göttlichen Sphäre. Paulus erhebt die materielle Leistung der Philipper - aller Wahrscheinlichkeit nach ein Geldbetrag, was für die Interpretation nicht unerheblich ist - in den Rang einer religiösen Leistung. Die Gabe der Philipper ist ein korrektes, Gott wohlgefälliges Opfer, das sich mit einem kultischen Opfer messen kann. Eine solche Interpretation steht dem strikt innerweltlich denkenden Seneca nicht zur Verfügung. Er rechnet zwar mit der Reaktion der Götter auf an sie gerichtete Gebete und Opfer.[76] Er kann auch den Gedanken des Paulus (4,19f) teilen, daß eine Wohltat, die unter Menschen unvergolten bleiben muß, durch die Götter belohnt wird, jedenfalls dann, wenn der Schuldner, weil er die menschliche Beziehung nicht mehr aus eigener Kraft aufrechterhalten kann, die Götter im Gebet anruft.[77] Die Identifikation eines *beneficium* unter Menschen, noch dazu wenn es sich um etwas rein Nützliches wie Geld handelt, mit einem kultischen Opfer oder einer religiösen Leistung ist bei ihm an keiner Stelle zu finden. Wenn sich

---

[72] Schenk, *Der Philipperbrief*, S. 52.
[73] Sen. *benef.* IV, XI.3
[74] Lohmeyer, *Die Briefe an die Philipper, an die Kolosser*, S. 186.
[75] Phil 4,11: „οὐχ ὅτι καθ' ὑστέρησιν;" vgl. Sen. *benef.* II, XXIV.3: „non quidem mi opus est."
[76] Ebd., IV, IV.
[77] Ebd., IV, XI.3.

Menschen *beneficia* gewähren, ist das für die Götter irrelevant. Die Beziehungen Mensch-Mensch und Mensch-Gott bleiben im Rahmen ethischer Überlegungen grundsätzlich getrennt.[78]

Der Vergleich hat zu einem wichtigen Ergebnis geführt. Paulus bewegt sich in seinem Umgang mit der philippischen Spende im Rahmen der Möglichkeiten, die die hellenistische Ethik in der Institution des *beneficium* zur Verfügung stellt. Auffällig ist die Ambivalenz, mit der er reagiert. Seine theologische Interpretation verläßt sowohl den Boden zeitgenössischer praktischer Philosophie als auch den sozialer Konventionen, indem sie die Geldspende der Philipper einem über ihre Nützlichkeit hinausgehenden oder besser in ihrer Nützlichkeit enthaltenen theologischen Sinn gibt. Das, was die Philipper tun, bringt Gott ins Spiel, und von daher wird auch das Übermaß ihrer Gabe erträglich: denn Gott wird auch aus der Fülle seines Reichtums den Philippern vergelten.[79]

4. DIE KONSENSUALE *SOCIETAS*

Paul Sampley versucht, die Formen der christlichen Gemeinschaft, wie sie sich in den Paulusbriefen widerspiegeln, in den Horizont römischer Rechtstraditionen einzuordnen. In seiner Monographie aus dem Jahre 1980 greift er auf schon früher angestellte Überlegungen zurück und rundet sie zu einem beeindruckenden Gesamtbild ab.[80] Die Hauptthese, die in seinen Arbeiten belegt werden soll, besagt, daß Paulus seine Beziehungen zu seinen Gemeinden und zur Jerusalemer Urgemeinde in der römischen Rechtsform der konsensualen *societas* zu gestalten versucht habe, und daß er nur gegenüber solchen Gemeinden von seinem Konzept abgewichen sei, bei denen die Basis für eine solche Gemeinsamkeit gefehlt habe. Diese Organisationsform bestimmte nach Sampley auch die inneren Strukturen der Gemeinden, deren Gemeindeglieder sich untereinander als *socii* verstanden hätten.

Sampley umreißt zunächst die konsensuale *societas* mit Hilfe juristischer und literarischer Quellen. Sie wird mit oder ohne schriftlichen Vertrag zwischen Partnern (*socii*) gebildet, die sich zu einem gemeinsamen Zweck

---

[78] Zu den grundsätzlichen Differenzen zwischen philosophischer und christlicher Ethik in neutestamentlicher Zeit Malherbe, *Moral Exhortation*, S. 15: „The major differences between the philosophers and Christians therefore reside in the way religion was thought to be related to ethics and in the different views of human nature that they held." Das paulinische Denken grenzt Malherbe („Hellenistic Moralists," S. 277f; *Paul and the Popular Philosophers*, S. 67-77) nicht so stark von den Themen und Argumentationen der hellenistischen Philosophie ab.

[79] Phil 4,20; vgl. Sen. *benef.* IV, V.1 zur Überfülle der göttlichen Wohltaten in der *Natur*.

[80] Sampley, *Pauline Partnership in Christ*, 1980; „Societas Christi," 1977.

zusammenschließen, um diese Absicht zu verwirklichen.[81] Die Partnerschaft ist von diesem gemeinsamen Zweck geprägt, und die Beziehungen
untereinander orientieren sich an seiner Verfolgung. Jeder Partner bringt
das in die *societas* mit ein, was dem gemeinsamen Ziel förderlich ist. Dies
kann sehr unterschiedlich sein (Geld, Arbeit, Fähigkeiten usw.).

Sampley geht über diese Interpretation der *societas* hinaus, die den wirtschaftlichen Charakter betont, und ergänzt sie mit zwei Aspekten. Er behauptet, daß die konsensuale *societas* die einzige Rechtsbeziehung sei, die
es Freien und Sklaven erlaube, gleichberechtigte Partner zu werden.[82]
Zudem meint er, die inneren Verhältnisse als bruderschaftlich bezeichnen zu
können, womit eine über die zur Verfolgung des gemeinsamen Zweckes
vereinbarten Leistungen der Partner hinausgehende ethische Bindung charakterisiert sein soll.[83]

In der Geschichte des frühen Christentums sieht er im Jerusalemer
Abkommen nach Gal 2,9f ein Beispiel für den Gebrauch dieser römischen
Rechtsform. Die Formulierung δεξιὰς ἔδωκαν ἐμοὶ καὶ Βαρναβᾷ κοινωνίας
berichte von der Bildung einer konsensualen *societas*. Κοινωνία sei das griechische Synonym zum lateinischen Begriff *societas*,[84] der Handschlag die
Besiegelung eines Vertrages über die gemeinsame Mission.[85] Die Vereinbarung enthalte die Aufteilung der Missionsbereiche und die Verpflichtung der paulinischen Gemeinden zur Unterstützung der Jerusalemer Armen.
Barnabas, Jakobus, Johannes, Petrus und Paulus seien *socii* dieser *societas*
mit dem Zweck der gemeinsamen Evangeliumsverkündigung in unterschiedlichen Bereichen und mit verschiedenen Auflagen für ihre Durchführung.[86]

Diese Form der *societas* findet Sampley auch in Philippi. Der römische
Hintergrund der Gemeinde mache die Anwendung des römischen Rechts-
instituts besonders wahrscheinlich.[87] Der Begriff κοινωνία und seine Deri-
vate (συγκοινωνέω, κοινωνέω) erschienen im Phil besonders häufig.[88] Die
reziproke Austauschbeziehung sei ein deutlicher Hinweis auf die Existenz
und die Weise der Ausgestaltung der *societas*.[89] Die Gemeinde in Philippi

---

[81] Sampley, *Pauline Partnership*, S. 13: „At the turn of the eras consensual *societas* was
prevalent as a legally binding, reciprocal partnership or association, freely entered upon
between one person and one or more other persons regarding a particular goal or shared
concern. The shared goal - ... - was the focal point."
[82] Ebd., S. 17.
[83] Ebd.: „a quasi-brotherly relationship was understood to exist among partners no matter
what their social standing might be."
[84] Ebd., S. 12.
[85] Ebd., S. 29.
[86] Ebd., S. 30.
[87] Ebd., S. 51.
[88] Ebd., S. 60f.
[89] Ebd., S. 71.

bilde gemeinsam mit Paulus eine *societas* Christi.[90] Diese Perspektive auf die Christengemeinden in paulinischer Zeit beeindruckt, da sie mit Ernst und Konsequenz der sozialen und rechtlichen Einbindung der frühen Christen in ihre Umwelt nachgeht und einen konkreten Vorschlag zu deren Verständnis macht. Der Vergleich mit einer konkreten, d.h. in Quellen belegbaren Rechtsinstitution verdeutlicht den historischen Kontext, in dem sich die Geschichte der paulinischen Mission vollzieht und konturiert den Hintergrund der sozialen Vorgänge, die sich in ihrem Rahmen ereignen. Ob und in welchem Umfang der Vorschlag der konsensualen *societas* als innergemeindliches und zwischengemeindliches Organisationsprinzip („*societas* Christi") überzeugen kann, soll nun überprüft werden.[91]

Im folgenden erörtere ich Sampleys Thesen unter drei Gesichtspunkten: a) Sampleys Darstellung der konsensualen *societas*, b) die innere Organisation der Gemeinde als *societas* Christi, c) die Regelung der zwischengemeindlichen Beziehungen, insbesondere zwischen dem Apostel und der Gemeinde, als konsensuale *societas*.

a) Sampleys Darstellung der konsensualen *societas* und sein Versuch, eine Gemeinschaft, wie sie zwischen Paulus und seinen Gemeinden und innerhalb der Gemeinden bestanden hat, mit ihr zu identifizieren, erstaunt angesichts der in den römischen Quellen belegten Formen. Michael Wegner hat im Jahre 1968 eine das Material des *Thesaurus Linguae Latinae* ver-

---

[90] Ebd., S. 51-72.

[91] Wire („Rez. zu J.P. Sampley: Pauline Partnership") nennt in ihrer Rezension des Buches von Sampley zwei Einwände, die Sampley's Arbeit nicht im Detail widerlegen, sondern grundsätzlich die Möglichkeit der Identifizierung der sich in den paulinischen Briefen widerspiegelnden Verhältnisse in Frage stellen. 1.) Die Formen informeller Vertragsgestaltung im Osten des römischen Reiches könnten ganz andere Gestalt als die der *societas* gehabt haben und seien vielleicht von lokalen kleinasiatischen oder syrischen Traditionen abhängig. Ebenso müsse der Einfluß jüdischen Rechtes auf hellenistische Juden in Rechnung gestellt werden (ebd., S. 468). 2.) Die Aussagen des Paulus in seinen Briefen seien stärker, als es Sampley tue, von ihrer rhetorischen Funktion des Überzeugenwollens her zu verstehen. Die konsensuale *societas* sei eher ein rhetorisches Element als eine historische Tatsache (ebd., S. 469: „the consensual contract may function in Paul's letter more as an element of rhetoric than as an event one can date."). Beide Einwände sind nur zum Teil berechtigt. Der erste Einwand erinnert an die soziokulturelle Vielfalt des Ostens, aber, konsequent weitergedacht, auch an die schwierige Quellenlage für diesen Bereich. Eine konkrete Alternative zur konsensualen *societas* vermag Wire nicht zu nennen. Der zweite Einwand geht von einer streng rhetorischen Interpretation der paulinischen Briefe aus, die besonders den Galaterbrief als ein Dokument der polemischen Auseinandersetzung versteht, das im Grunde nicht für eine historische Rekonstruktion von Vorgängen, die Gegenstand der Auseinandersetzung sind, tauge. Selbst die in Gal 1,13-2,14 von Paulus durch Schwur (1,20) bekräftigte Erzählung seines Werdeganges, erscheint in dieser Perspektive als verzerrte Darstellung und der in Gal 2,9 erwähnte Handschlag wird zu einer rhetorischen Figur. Eine so weit getriebene rhetorische Interpretation der paulinischen Briefe entzieht einer historischen, insbesondere einer sozialgeschichtlichen Analyse der paulinischen Gemeinden jegliche Grundlage. Vgl. die Kritik von Scroggs, „Rez. zu A.C.Wire, The Corinthian Women Prophets," S. 547f.

arbeitende Untersuchung zu den lateinischen Begriffen *socius* und *societas* vorgelegt. In dieser Arbeit werden alle zugänglichen Quellen berücksichtigt und eine am Begriffsfeld orientierte Definition versucht. Gegenüber der Darstellung Sampleys fallen einige Divergenzen auf, die Sampleys Ausgangsbasis in Frage stellen.

Nach Wegner bezeichnet der Begriff *societas* im weitesten Sinne ein interpersonales Verhältnis, das „immer dann festgestellt werden kann, wenn Personen in gleicher Weise auf irgendein Objekt gerichtet sind."[92] Die Beziehung unter den *socii* sei geprägt von den gleichen Rechten, mit denen sie gegenüber der Außenwelt bezüglich der gemeinsam zu verfolgenden Sache auftreten.[93] In diesem Zusammenhang betont Wegner den Unterschied zwischen den inneren Bindungsverhältnissen der *societas* und anderen Beziehungsformen wie Freundschaft, Klientel und Familie, deren innere Beziehungen vorgegeben sind und die Ausgestaltung prägen. Die inneren Beziehungen der *societas* dagegen bestimme sich von der gemeinsamen Sache her und nicht aus sich selbst. Die innerhalb einer *societas* sich entwickelnden Bindungen bleiben im wesentlichen auf die gemeinsame Sache bezogen und weiten sich nicht, wie etwa in den Handwerkskollegien, zu dauerhaften, sich auch auf das Privatleben erstreckenden Bindungen aus.

Die Formulierung *in eodem sensu*, die Sampley anführt, um die innere Übereinstimmung der *socii* als die Bedingung der *societas* zu belegen, bezieht sich nur auf den gemeinsamen Zweck und meint keine grundsätzliche Übereinstimmung etwa in politischen, religiösen oder ethischen Fragen. Soll die Gemeinde bzw. die Apostel-Gemeinde-Beziehung als *societas* gekennzeichnet werden, müßte auch die gemeinsame Sache (etwa: Verehrung des Christus in einer bestimmten Kultform, oder etwas ähnlich Konkretes) enger eingegrenzt und an den Texten belegt werden.

Sampley arbeitet nicht mit diesem weiten Begriff der *societas*, sondern möchte die konsensuale *societas* als das den paulinischen Gemeinden zugrundeliegende Modell belegen. Hier werden die Einschränkungen, die sich durch die Arbeit Wegners ergeben, noch deutlicher. Zwar gibt Manigk an, daß sich die konsensuale *societas* auch auf „ideelle Tätigkeiten" beziehen könne,[94] aber er meint damit, wie sein Beispiel der zum Zwecke des gemeinsamen Sprachunterrichtes gebildeten *societas* zeigt, die wirtschaftliche Verwertung ideeller Fähigkeiten.[95] Das von Wegner vorgelegte Material belegt die konsensuale *societas* ebenfalls nur für den Bereich des Erwerbs-

---

[92] Wegner, *Untersuchungen*, S. 38.
[93] Ebd.
[94] Manigk, „Art. societas," Sp. 776.
[95] Ebd. In diesem Sinne wäre die Ausbeutung der Wahrsagerin von Philippi (Act 16,16-19) ein Beispiel für eine solche *societas*, die sich „ideellen Tätigkeiten" widmet.

lebens. Die moralischen Verpflichtungen, die den *socii* aus ihrem Zusammenschluß zur Verfolgung eines gemeinsamen Zweckes erwachsen, beziehen sich ausschließlich auf diesen eingeschränkten Bereich und umfassen darüber hinaus keine weiteren Gebiete des sozialen Lebens.[96] Sampleys Behauptung eines bruderschaftlichen Charakters der *societas* weckt Assoziationen, die durch das Institut der konsensualen *societas* nicht gedeckt sind.

b) Die in a) aufgezeigte Überinterpretation des *in eodem sensu* und die in den Quellen nicht belegte Interpretation der konsensualen *societas* als Bruderschaft ermöglicht es Sampley, die Christengemeinde in diese Institution des römischen Rechtes einzuordnen. Mit der Widerlegung dieser zwei Eigenschaften der konsensualen *societas* fällt auch die wesentliche Stütze für die Identifikation der inneren Verhältnisse einer paulinischen Gemeinde mit der konsensualen *societas*. *Socii* sind eben keine ἀδελφοί, die sich in Liebe verbunden wissen, sondern Partner, die in einem genau abgegrenzten Bereich eine gemeinsame Sache betreiben. Die Erfordernisse aus dieser *societas* haben je nach ihrer inhaltlichen Füllung auch Rückwirkungen auf andere Lebensbereiche, aber nicht in der Weise, wie es in der Christengemeinde geschieht, mit Auswirkungen auf Sexualität, Religion und Ethik.

c) Am überzeugendsten wirkt die Anwendung des Modells *societas* auf die Beziehungen der Gemeinden bzw. des Apostels zu anderen Gemeinden bzw. Aposteln. Das Jerusalemer Abkommen hat Vertragscharakter, und die Heranziehung einer in den Quellen belegten zeitgenössischen Vertragsform mag hilfreich zu seinem Verständnis sein. Ebenso bietet die Kollekte des Paulus eine Reihe von Beispielen von vertragsähnlichen Vereinbarungen, die Paulus trifft. Zeitlich und sachlich eingeschränkte Vereinbarungen, die im frühen Christentum getroffen werden, wie etwa die Einigung zwischen Paulus und Barnabas auf der einen Seite und den Säulen der Jerusalemer Gemeinde auf der anderen (Gal 2,9f), können am ehesten als konsensuale *societas* verstanden werden.[97] Brian Capper knüpft mit Recht an diesem dritten möglichen Bereich an, in dem die mit der konsensualen *societas* verbundenen Vorstellungen von Bedeutung sein könnten. Er meint:

> Paul saw the contract as significant *intra muros* of his own relations with the Philippians and the circle of churches which acknowledged his apostleship, and which wished to maintain good standing with him, and perhaps even within the sphere of all Christian congregations.[98]

Capper versteht diese Beziehungen unter Hinweis auf I Kor 5-6 als einen zwischen Apostel und Gemeinde verbindlich gestalteten Vertrag, der aber

---

[96] Wegner, *Untersuchungen*, S. 60 und S. 106.
[97] Auch hier stellen sich allerdings einige ungeklärte Fragen: Tritt die Gemeinde als Ganzes als *socius* auf oder alle ihre Mitglieder?
[98] Capper, „Paul's Dispute," S. 194.

im wesentlichen von der apostolischen Autorität des Paulus geprägt sei.[99]
Er bringt die paulinische Argumentation in Phil 1-2 mit dem Briefteil 4,10-
20 in Verbindung, um die These Sampleys in dem obengenannten eingeschränkten Sinne zu stützen. Paulus habe mit der philippischen Gemeinde
eine ähnliche Vereinbarung wie mit den Jerusalemern geschlossen.[100] Die
Philippergemeinde und Paulus hätten sich vertraglich auf eine partnerschaft-
liche Durchführung der Mission geeinigt. Paulus habe das Evangelium
außerhalb Makedoniens zu verkünden, während die Philipper für ihre eigene
Provinz zuständig seien.[101] Auf diesen Vertrag beziehe sich die gesamte
Argumentation des Paulus in Phil 1-2 und 4,10-20. Die Philipper hätten
wegen der Inhaftierung des Paulus die Unterstützung eingestellt, da dieser
seiner vertraglichen Pflicht zur Mission nicht mehr nachkommen könne.
Dies spiegele sich in 4,10.[102] Paulus wehre sich gegen den Vorwurf des
Vertragsbruches, indem er nachzuweisen suche, daß er die Vereinbarung
zur Mission gerade auch durch seine Haft erfülle (Phil 1,12-14). Von dieser
Spannung her verstehen sich auch die Reflexionen des Paulus über seinen
Tod[103] und der Philipperhymnus[104]. Paulus unterstreiche dort, daß der
Missionsvertrag auch in der Gefangenschaft und sogar durch seinen Tod
erfüllt werde.

Capper sieht richtig, daß die organisatorische Seite der Mission, der
Kollekte und der Beziehungen zwischen Apostel und Gemeinden tragfähiger
Regelungen bedurfte, die wegen der anzustrebenden Verbindlichkeit für
beide Seiten zu juristischen Formulierungen bis hin zur vertraglichen Fixierung tendieren konnte. Es ist aber zu legalistisch gedacht, wenn er unterstellt, die Philipper hätten ihre Unterstützung angesichts der Haft des Paulus
eingestellt, da er nicht mehr zur Vertragserfüllung in der Lage gewesen sei.
Über die Hintergründe der in Phil 4,10 angedeuteten Verzögerung wissen
wir nichts. Falls es der von Capper vermutete Grund sein sollte, stände dies
zu dem positiven Verhältnis zwischen Paulus und den Philippern im Widerspruch. Es würde ein merkwürdiges Licht auf diese Christengemeinde
werfen, die aus freiwilligem Antrieb den Anschluß an die Kollekte für
Jerusalem sucht (II Kor 8,3-6) und die von Paulus als im gleichen Kampfe
stehend charakterisiert wird (Phil 1,30: τὸν αὐτὸν ἀγῶνα ἔχοντες).

---

[99] Ebd. S. 194-96.
[100] In der Frage der Einheitlichkeit des Phil bleibt er unentschieden (ebd. S. 200): „As
regards the integrity of Phil, for my purpose is only necessary to view chapters 1-2 along with
4,10-20 as two closely related pieces of correspondence, if not as two parts of a single letter
which provided the framework for our present letter."
[101] Ebd. S.204-6.
[102] Ebd. S. 208f.
[103] Ebd. S. 209-11.
[104] Ebd., S. 211-13.

I Thess 2,2 und Phil 4,15f zeigen, daß die Philippergemeinde von Anfang an miterlebte, daß die paulinische Mission in schwierige Situationen geraten konnte und vielleicht sogar mußte. Die Behauptung Cappers, die Philipper hätten bei der Inhaftierung des Paulus das Empfinden gehabt, auf das falsche Pferd gesetzt zu haben,[105] ist völlig unwahrscheinlich. Ebenso verwunderlich wäre die geradezu subtile Reaktion des Paulus auf diese Vorwürfe in Phil 1-2, wo er doch an anderer Stelle durchaus unbefangen Unterhaltsfragen diskutieren kann (I Kor 9).

Die Unterstützung, die Paulus von den Philippern erhält, hilft ihm gerade in Mangelsituationen wie in Thessalonike und in der Haft, was nicht nur Phil 4,10-20, sondern auch Phil 2,25-30 zeigen. Diese Fehleinschätzungen Cappers gehen weniger auf den Begriff der konsensualen *societas* als auf einen übersteigerten Apostelbegriff zurück, mit dem Capper arbeitet. Nach seiner Sicht entscheidet innerhalb der Kirche allein das apostolische Wort des Paulus.[106] Seine Vereinbarungen mit den Gemeinden seien „nascent canon law, grounded in the binding authority of Paul's apostleship."[107] Diese Form von Autorität muß in Krisen notwendig zusammenbrechen, insbesondere dann, wenn die Autoritätsfigur vor dem Scheitern steht und ihr Amt nicht mehr ausüben kann. Capper kann gar nicht wahrnehmen,[108] daß sich eigenständig agierende Partner gegenüberstehen, die durch das gemeinsame Ziel, nicht durch vertragliche Regelungen verbunden sind. Die Beziehungen zwischen Paulus und den Philippern gestalten sich wesentlich flexibler und offener als es ein legalistisch verstandenes Vertragsverständnis zulassen würde. Weder die verschiedenen Hilfeleistungen der Philipper noch die Missionsaktivitäten des Paulus verstehen sich als einklagbare Vertragsgegenstände, deren Nichterfüllung mit Sanktionen belegt wird.

5. DAS PATRONATS- BZW. KLIENTELVERHÄLTNIS

Das römische Patronatsverhältnis bzw. das Klientelwesen ist die grundlegende Rechts- und Sozialbeziehung zwischen sozial, rechtlich, materiell oder in anderer Hinsicht Ungleichen im römischen Kulturkreis.[109] Die Begriffe

---

[105] Ebd. S. 209: „Is it not possible that the Philippians, who had invested so much in Paul's mission thus far, were not actually grumbling that they had 'backed a bad horse', who, far from preaching far and wide, was tied down to the spot by the Roman authorities and unable to preach at all? I suggest that this was so, ..."

[106] Ebd. S. 193-95.

[107] Ebd. S. 196.

[108] Vgl. Reumann, „Contributions," S. 439.

[109] Badian (*Foreign Clientelae*, S. 11) faßt zusammen: „The various classes of clientela are united by the fact that they comprise relationships admittedly between superior and inferior. Not so hospitium and amicitia, typical relationships between equals."

wechseln, je nachdem aus welcher der Perspektiven der beiden Seiten das Phänomen betrachtet wird. Wir verfügen leider über keine Quellen der Antike, die sich explizit und ausführlich mit dem Patronatsverhältnis beschäftigen. Die Vielzahl der Anspielungen und Verweise, die sich in den verschiedensten Zusammenhängen finden lassen, zeigen allerdings, daß es zu den als selbstverständlich betrachteten und deswegen nur selten ausdrücklich thematisierten sozialen Beziehungen des römischen Lebens gehört.

Benner stellt fest, daß bei antiken Autoren nicht mit einem starren Gebrauch der Begriffe *patronus*, *patronatus*, *cliens*, *clientela* zu rechnen sei.[110] Er nennt deswegen eine wichtige methodische Einsicht, die auch für die Analyse des Philipperbriefes von Bedeutung ist: Er schlägt vor, die Texte auf die in ihnen zum Ausdruck kommenden Abhängigkeitsverhältnisse und sozialen Beziehungen zu befragen, ohne auf den Gebrauch obengenannter Termini fixiert zu bleiben. Das Ergebnis einer solchen Analyse kann den verschiedenen, bekannten sozialen Bezugssystemen zugeordnet werden.[111]

Die Bedeutung dieser Einsicht verstärkt sich, wenn man die Sicht der neueren Forschung teilt, daß das Klientelverhältnis sich von seinen Anfängen als Rechtsbeziehung zu einer Sozialbeziehung in der späten römischen Republik gewandelt hat,[112] denn dann ist es einsichtig, daß mit der juristischen auch die terminologische Fixierung zurücktritt. Benner geht so weit, daß er sagt:

> Man ist vielmehr gezwungen, da dieses Beziehungsverhältnis der sozialen Sphäre angehört und auf einem Denken beruht, das an Sozial-, nicht aber an Rechtsnormen gebunden ist, das Handeln und Verhalten der jeweiligen Sozialpartner richtig zu analysieren; diese sind ein sicherer Gradmesser für die Existenz bzw. Nichtexistenz eines Bindungsverhältnisses und nur zu erarbeiten, wenn man von starren Begriffsdefinitionen abgeht; alle Handlungsweisen, die sich in einer 'öffentlichen' Gesellschaft, wie es die römische war, finden, haben nämlich ihre soziale Ursache und sind deshalb auf das interpersonale Beziehungssystem, die Clientelbindung, zurückzuführen.[113]

Das Hauptaugenmerk ist demnach nicht auf die Suche nach der Terminologie des Klientelwesens zu legen, sondern auf die Analyse sozialer Beziehungen. Dies ist eine für die Auslegung des Philipperbriefes wichtige Anregung, die weiter unten aufgenommen wird. Zunächst soll das Klientel- bzw. Patronatsverhältnis in seinen vielfältigen Ausprägungen dargestellt werden.

Die Bedeutung des Klientelwesens geht weit über seinen Ursprung im Verhältnis zwischen Großbauer und Kleinbauer bzw. Pächter hinaus. Das

---

[110] Benner, *Die Politik des P. Clodius Pulcher*, S. 15f.
[111] Ebd.
[112] Premerstein, „Art. clientes," Sp. 52; Benner, *Die Politik des P. Clodius Pulcher*, S. 13-16; Bleicken, *Verfassungs- und Sozialgeschichte I*, S. 49.
[113] Benner, *Die Politik des P. Clodius Pulcher*, S. 16.

Patronatsverhältnis wird in der späten Republik und im frühen Prinzipat zu einem flexiblen Sozialverhältnis, das sowohl zwischen Einzelpersonen, zwischen Einzelpersonen und Gruppen (Familien u.ä.) und zwischen Einzelpersonen und Städten und sogar Provinzen eingegangen werden konnte.[114] Für das Verständnis seiner inneren Struktur ist der Begriff *fides* zentral. Patron und Klient verpflichten sich gegenseitig, die *fides* zu wahren, d.h. ihren Verpflichtungen nachzukommen. Im Agrarbereich waren dies auf Seiten des Klienten wirtschaftliche Dienstleistungen und Ehrendienste, auf Seiten des Patrons die Gewährung von Land und Schutz.[115] Die *fides* wird verletzt, wenn man seinen Pflichten nicht nachkommt; sie wird gebrochen, wenn ein Partner seinen Pflichten entgegenhandelt.[116] Wie sehr diese Bindung als Vertragsverhältnis im juristischen Sinne verstanden wurde, ob also die Rechte gegenseitig einklagbar waren oder nur sozial sanktioniert waren, ist bis heute umstritten.[117] In der bäuerlichen Welt der römischen Königszeit und der frühen Republik waren Rechte, Pflichten und deren Einhaltung noch leicht überschaubar. Das gegenseitige Aufeinanderangewiesensein in diesem elementaren Lebensbereich stabilisierte diese Rechts- und Sozialform über Generationen hinweg, zumal das Patronatsverhältnis vererbt wurde.[118] Die sozialen Umbrüche, denen sich Rom in den verschiedenen Phasen seiner Entwicklung ausgesetzt sah, brachten nicht nur den Wandel des Patronatsverhältnisses mit sich, sondern bewirkten auch dessen Übertragung auf Lebensbereiche außerhalb des Agrarbereiches.

Das Klientelverhältnis als Rechtsbeziehung zwischen Großbauern und Pächtern konnte in gewandelter Form aufrechterhalten bleiben, wenn sich der Pächter oder Kleinbauer von seinem Land trennte, um in der *urbs* sein Auskommen zu finden. Entweder blieb er im Klientelverhältnis zu seinem vormaligen Patron, oder er begab sich in ein neues. Die Rechtsbeziehung wurde zur Sozialbeziehung zwischen Patrizier und Stadtbewohner.[119]

Eine weitere Möglichkeit zur Ergänzung der Klientel war die *manumissio* (die Freilassung eines Sklaven). Ein Sklave konnte hoffen, nach Jahren des treuen Dienstes oder auch aufgrund einer besonderen Tat mit der Freilassung belohnt zu werden.[120] So wenig die Freigelassenen (*libertini*) in der

---

[114] Premerstein, „Art. clientes," Sp. 51f.
[115] Alföldy, *Römische Sozialgeschichte*, S. 9.
[116] Vgl. Heinze, „Fides," S. 68-70.
[117] Zu den gegensätzlichen Grundpositionen von Premerstein und Heinze vgl. Badian, *Foreign Clientelae*, S. 1-13.
[118] Suet. *Aug.* 17,2 und *Tib.* 6,2.
[119] Bleicken, *Verfassungs- und Sozialgeschichte I*, S. 49.
[120] Vgl. Benner, *Die Politik des P. Clodius Pulcher*, S. 120, Anm. 492. Es muß aber ergänzt werden, daß Freilassungen oft genug aus wirtschaftlichen Erwägungen der Besitzer erfolgten. Je nachdem welche Versorgungspolitik in Rom betrieben wurde, konnte es sich lohnen, Sklaven freizulassen, um nicht mehr für ihre Ernährung aufkommen zu müssen; denn

römischen Gesellschaft gleichberechtigt waren oder auch nur als gleichwertig von den Freigeborenen (*ingenui*) anerkannt wurden, so wenig unabhängig waren sie nach der Freilassung von ihren vormaligen Besitzern. Sie gingen direkt in deren Klientel über und waren damit zwar in ein neues, aber nicht immer günstigeres Abhängigkeitsverhältnis getreten. Die Freigelassenen verblieben in einem je nach den Umständen verschieden engen Verhältnis zu ihren ehemaligen Besitzern, behielten bisweilen sogar die vormaligen Funktionen unter anderen Rahmenbedingungen bei.[121]

Größe und Aktivität der Klientel erhöhten das Ansehen der Familie des Patrons. Die Klientel unterstützte den Patron in der Öffentlichkeit, etwa vor Gericht, bei Stadtgängen und ähnlichen Gelegenheiten, demonstrativ und bisweilen lautstark. Die Patrone setzten ihre Klientel als politisches Machtinstrument im Streit um Einfluß und Ämter ein. Für diese gesellschaftliche und politische Unterstützung zeigte sich der Patron auf verschiedene Weise erkenntlich. Aus der frühen Kaiserzeit ist schließlich die Zahlung eines Kostgeldes von 6 1/4 HS belegt.[122]

Das Prinzip der Gegenseitigkeit blieb bestehen, auch wenn es seine Formen aus der bäuerlichen Welt den Gegebenheiten des Großstadtlebens anpaßte. Die Klientel als wirksames politisches Mittel blieb weitgehend den patrizischen Familien, die auf eine lange Tradition des Patronates zurückblicken konnten, vorbehalten, so daß die nach Macht strebenden *homines novi* sich nach anderen Mitteln umsehen mußten. Eine solche Möglichkeit erkannte der viel geschmähte *Clodius Pulcher* in der Schaffung einer politisierten Klientel. Der aus der alten patrizischen Familie der Claudier stammende P. Clodius Pulcher war im Jahre 59 v.Chr. durch Adoption zur Plebs übergetreten.[123] Er organisierte seine politische Gefolgschaft als Klientel, ohne daß er im herkömmlichen Sinne als deren Patron auftreten konnte. Er gewährleistete nicht als vermögender Privatmann die soziale Sicherheit seiner Klientel, sondern richtete den gemeinsamen Kampf auf die Erringung von Vorteilen in der politischen Sphäre (bes. im Kampf um Getreidegesetze). Waren die üblichen Klientelverhältnisse auch trotz ihrer politischen Bedeutung immer noch in erster Linie personale Beziehungen

---

von der öffentlichen Getreideverteilung profitierten nur die in den Tribuslisten eingetragenen freien römischen Bürger. Gerade die Schwankungen in der Politik der Getreideverteilung zwischen unentgeltlicher Abgabe, der Abgabe gegen einen erniedrigten Preis und der Einstellung der öffentlichen Fürsorge und dazu komplementär die Erhöhung bzw. Senkung der bei der Freilassung zu zahlenden Gebühren, hatten direkte Auswirkungen auf Umfang und Motivation der Freilassungen.

[121] Premerstein, „Art. clientes," Sp. 29-32. Wenn in Phil 4,22 Grüße der οἱ ἐκ τῆς Καίσαρος οἰκίας bestellt werden, dann kann es sich sowohl um Kaisersklaven als auch um Freigelassene der kaiserlichen Familie handeln.

[122] Premerstein, „Art. clientes," Sp. 54.

[123] Suet. *Iul.* 20; *Tib.* 2.

und keine programmatisch orientierten Zusammenschlüsse, so verband die Klientel des Clodius das gemeinsame (sozial-)politische Interesse. Benner bezeichnet diese vom traditionellen Vorbild abweichende Klientelform als „denaturiertes Klientelverhältnis".[124] In diesem Begriff soll die Aufweichung des traditionellen Klientelwesens in Rom zum Ausdruck kommen, die Benner als Ergebnis der Politisierung der wirtschaftlichen Probleme durch die popularen Reformpolitiker im 1.Jh. v.Chr. sieht.[125] Die Folge dieser Politik, die staatliche Getreideversorgung der Bevölkerung, minderte die Bedeutung des herkömmlichen Klientelverhältnisses, da sie den „Patronen eines ihrer traditionellen Mittel, mit dem sie ihre Verantwortlichkeit und ihr Pflichtbewußtsein gegenüber ihren Clienten unter Beweis stellen konnten", aus der Hand nahm.[126]

Die neue Klientel scharte sich um einen Politiker, der nun nicht in erster Linie aus eigener Kraft ihre Versorgung sicherte, sondern der versuchte, durch seinen politischen Einsatz die gemeinsamen Interessen über den Weg der staatlichen Gesetzgebung zu wahren. Konkret hieß das meist, die möglichst kostengünstige und ausreichende Getreideversorgung zu sichern. Das Klientelverhältnis blieb zwar weiterhin eine personale Bindung, aber mit der Tendenz zu einer politisierten Interessengemeinschaft, die durch den Einsatz für die gemeinsame Sache zusammengehalten wurde. Der Patron kommt den Erwartungen seiner Klienten nach, indem er ihre Forderungen auf gesetzlichem Wege vom Staat befriedigen läßt. So sichert der berüchtigte Clodius Pulcher die Nahrungsmittelversorgung durch die *leges frumentariae*, er ermöglicht seiner Klientel den Theaterbesuch während seiner Aedilität, fördert das Bestattungswesen durch Engagement in den Bestattungsvereinen, von den ungesetzlichen, ausschließlich auf der Macht der Straße beruhenden populistischen Untaten ganz zu schweigen.[127] Der Patron neuen Typs ist ein politischer Führer, der die Fürsorgeverpflichtungen durch sein politisches Wirken absichert. Auf der Seite der Klientel wandeln sich die dem Patron geschuldeten *opera* oder *officia* in die Unterstützung seiner politischen Absichten durch Wahlverhalten, öffentliches Auftreten und ein breites Spektrum von Gewaltmaßnahmen zu seiner Unterstützung.[128]

Die innerhalb einer privat-personalen Beziehung zu erfüllenden Verpflichtungen eines Klienten werden zu politischen Aktionen, deren Ursache gemeinsame politische Interessen sind. In seiner Kritik der Bennerschen Arbeit wendet Briscoe ein, daß es Politiker, die die Interessen der unteren

---

[124] Benner, *Die Politik des P. Clodius Pulcher*, S. 71-83 und 150.
[125] Ebd., S. 30.
[126] Ebd., S. 31, ähnlich S. 59.
[127] Ebd., S. 122-24.
[128] Ebd., S. 102-8.

Volksschichten vertraten und damit deren Unterstützung gewannen, auch
außerhalb des römischen Staates mit seinem Klientelwesen gegeben habe,
dieses also nicht signifikant für die Gefolgschaft eines populistischen Politi-
kers sei.[129]

Dennoch ist im Rahmen der politischen Auseinandersetzungen der späten
römischen Republik das Bemühen um eine möglichst große und einflußreiche Klientel eine wesentliche Basis der Macht besonders der Politiker,
denen der Zugang zu den Magistraten oder einer Heeresklientel verschlossen ist. Dieses Potential konnte allerdings nur wirkungsvoll eingesetzt
werden, wenn es über eine effektive Binnenorganisation verfügte, also nicht
einfach eine von Fall zu Fall aufzuwiegelnde amorphe Masse darstellte,
sondern durch Untergliederungen, Führungspersönlichkeiten und Kom-
munikationsstränge handlungsfähig gehalten wurde. Benner zeigt dies an der
Clodianischen Klientel, die er als „paramilitärische Organisation", unter-
gliedert in Centurien und Decurien, versehen mit einem differenzierten
System von Führern und Unterführern, verknüpft mit anderen stadtteilbezo-
genen (*vici*) und funktionsbezogenen (*collegia*) Organisationsformen der
plebs urbana beschreibt.[130] Die politische Entwicklung ging nach dem
Tode des Clodius (53 v.Chr.) zwar über diesen Teil der römischen Bevölkerung hinweg, aber der Kern ihrer gemeinsamen Interessen mußte dauerhaft
berücksichtigt werden: die Gewährleistung der öffentlichen Getreideever-
sorgung, deren Bedeutung durch die zunächst zeitlich begrenzte, später
unbegrenzte Übernahme durch den jeweiligen Prinzeps deutlich wird.

Die andere, historisch gesehen erfolgreichere Möglichkeit der Macht-
bildung bot die Heeresklientel, wie sie von Marius, Sulla und Pompejus
geformt wurde.[131] Die Heeresreform des Marius brachte nicht nur den
Übergang vom Bürgerheer zum Söldnerheer, sondern auch eine Bindung
des Heeres an seinen jeweiligen Feldherrn, die über das bisher übliche
Treueverhältnis hinausging. Der Feldherr tritt in ein persönliches Loyalitätsverhältnis zu seinen Mannschaften und umgekehrt. Beide Partner gehen
gegenseitig Verpflichtungen ein. Die Soldaten sind zum persönlichen Gehorsam verpflichtet, während der Feldherr neben einer geschickten Kriegsführung auch den Sold und die Veteranenversorgung zu garantieren hat. Diese
Form der sogenannten Heeresklientel gewann in den Bürgerkriegen der
Jahre 48 bis 30 v.Chr. große Bedeutung, da sie trotz unklarer Rechtsverhältnisse im staatlichen Bereich den Gehorsam der Soldaten sicherte. Ein
wesentlicher Pfeiler der Macht Oktavians bzw. des Augustus war die Konzentration der Heeresklientel auf seine Person. Er sicherte damit sich und

---

[129] Briscoe, „Rez. zu Benner (Die Politik)," S. 659.
[130] Benner, *Die Politik des P. Clodius Pulcher*, S. 61-81.
[131] Christ, *Geschichte der römsichen Kaiserzeit*, S. 121.

seinen Nachfolgern im Prinzipat das alleinige 'Patronat' über das römische Heer. Die alte Form des Treueverhältnisses zum eigentlichen militärischen Führer wurde damit zum Staatsverbrechen, und alle Heerführer, auch Drusus und Germanicus, mußten peinlich darauf achten, daß die neu gezogene Grenze nicht überschritten wurde.[132]

Es ist nicht ganz eindeutig, ob mit dem Prinzipat die Vorstellung des Gesamtpatronates des Prinzeps über die gesamte römische Reichsbevölkerung als Klientel verbunden war. Die Verleihung des Titels *pater patriae* an Augustus weist ebenso in diese Richtung,[133] wie die Ablehnung dieses Titels durch den die republikanischen Formen achtenden Tiberius.[134] Der in einigen Exemplaren belegte Kaisereid wird oft auch in dieser Sichtweise interpretiert, obwohl Herrmann richtig feststellt, daß in den Quellen keine Eidesleistung zur Herstellung eines Klientelverhältnisses belegt sei und somit der Kaisereid als solches nicht „eine bis zu letzter Konsequenz, d.h. der Ausweitung auf die gesamte Reichsbevölkerung, entwickelte Form eines Klienteleides darstellen kann."[135] Bleicken hingegen interpretiert den Prinzipat als kaiserliches Gesamtpatronat und verweist dazu auf die Übernahme der Getreideversorgung für die Stadtbevölkerung u.a.[136] Ziel der kaiserlichen Politik sei es gewesen, den „Kaiser als Patron der Massen der römischen Bürger und Peregrinen" zu etablieren. Auch wenn der Kaisereid traditionsgeschichtlich nicht aus einem Klienteleid hervorgegangen ist, so kann er doch als ein Element in der Herausbildung eines Gesamtpatronates des Prinzeps über die Reichsbevölkerung verstanden werden.[137]

Neben diesen Massenphänomenen, der Heeresklientel und der Reichsklientel, bestanden im Prinzipat weiterhin bäuerliche und städtische individuelle Klientelverhältnisse. Auf die Situation der im Prinzipat entpolitisierten städtischen Klientelverhältnisse werfen die Klagen des Dichters Martial ein bezeichnendes Licht. Der Klient ist zu einer Reihe von Ehrendiensten verpflichtet, für die er, sei es durch Kost oder geringe Bezahlung, entlohnt wird. Die Höhe des Lohnes 6 1/4 HS entspricht natürlich nicht den Vorstellungen des Dichters, der seinen Patron an den Taten des Maecenas mißt, der 'seine' Dichter Vergil und Horaz mit Landgütern versorgt und sie nicht in täglicher Abhängigkeit gehalten habe.[138] Zu den erniedrigenden Klienteldiensten gehörte die morgendliche Aufwartung (*salutatio*), das Tragen der

---

[132] Tac. *ann.* I 35 und 52; ebd., II 22.
[133] Bleicken, *Verfassungs- und Sozialgeschichte I*, S. 47.
[134] Suet. *Tib.* 26 und 67. Vgl. Kornemann, *Der Prinzipat des Tiberius*, S. 3-10, bes. S. 7.
[135] Herrmann, *Der römische Kaisereid*, S. 117.
[136] Bleicken, *Verfassungs- und Sozialgeschichte I*, S. 48-57.
[137] Bleicken, *Verfassungs- und Sozialgeschichte I*, S. 56f und S. 206-8; Christ, *Geschichte der römischen Kaiserzeit*, S. 121; Alföldy, *Römische Sozialgeschichte*, S. 89f.
[138] Mart. *epigr.* I 107.

Sänfte, die Begleitung bei Stadtgängen und vor Gericht, die Teilnahme an
oder auch nur Anwesenheit bei den Mahlzeiten und wahrscheinlich die eine
oder andere Verpflichtung mehr.[139]

Eine besondere und für Philippi bedeutsame Form des Patronats ist das
Patronat über Städte oder gar Provinzen.[140] Es entsteht als Folge der römischen Expansionspolitik gemäß dem Grundsatz, den Cicero anführt:

> Nicht nur jenen, die du mit Gewalt besiegt hast, muß Entgegenkommen ge-
> zeigt werden, sondern auch jenen, die nach Niederlegung der Waffen zur
> *fides* des Feldherrn fliehen, auch wenn der Sturmbock schon gegen die Mauer
> geschlagen hat. Bei unseren Vorfahren ist die Gerechtigkeit so sorgfältig
> beachtet worden, daß jene, die im Krieg besiegte Städte oder Nationen in
> *fides* aufgenommen hatten, deren Patrone gemäß dem Recht der Alten gewor-
> den sind.[141]

Das Patronatsverhältnis erstreckt sich damit auch auf eine im Krieg entstandene Treueverpflichtung zwischen Feldherrn und den unterworfenen
oder sich freiwillig ergebenden Gegnern, seien es Städte oder Völker. Auch
hier handelt es sich um eine personale Beziehung, insofern nicht der Senat
und das Volk Roms Patron wird, sondern der jeweilige Feldherr, der nun
aufgrund der eingegangenen *fides* zum Fürsprecher dieser Stadt oder des
Volkes gegenüber Rom bzw. dem Senat wird. Selbst in dieser extrem
ungleichgewichtigen Situation zwischen Sieger und Besiegten bleibt das
Element der Reziprozität aufrechterhalten. Durch die Unterwerfung kann
der Feldherr geradezu zu einem Patronatsverhältnis genötigt werden. Ihm
und seiner Familie ergibt sich daraus ein persönlicher Machtzuwachs, aber
auch eine Verpflichtung gegenüber der Klientel.[142] Ein harmloses Beispiel
für eine solche Verpflichtung schildert *Plinius*:

> In der Nähe meiner dortigen Güter liegt eine Stadt (...), die mich beinahe
> schon als Kind zu ihrem Schutzherrn (patronum) erkoren hat, gut gemeint,
> aber unüberlegt. Mein Kommen ist jedesmal ein Fest für sie, mein Gehen ein
> Schmerz, meine Ehren eine Freude. Dort habe ich, um mich dankbar zu
> erweisen (...), auf meine Kosten einen Tempel errichten lassen; der ist nun
> fertig, und da wäre es unehrerbietig, seine Weihung länger aufzuschieben.[143]

---

[139] Mart. *epigr.* II 51; III 36; III 46; III 60 u.ö.; vgl. Premerstein, „Art. Clientes," Sp. 53f.
Eine bissige Darstellung der Abhängigkeiten und Erniedrigungen, die es in dieser Form des
Klientelverhältnisses gegeben hat, bietet die fünfte Satire Juvenals (Iuv. 5).
[140] Premerstein, „Art. Clientes," Sp. 26-28 und 34; Alföldy, *Römische Sozialgeschichte*,
S. 40f; Bleicken, *Verfassungs- und Sozialgeschichte I*, S. 55f; Badian, *Foreign Clientelae*.
[141] Cic. *off.* 1,11,35: „Et cum iis, quos vi deviceris, consulendum est, tum ii, qui armis
positis ad imperatorum fidem confugient, quamvis murum aries percusserit, recipiendi. In quo
tantopere apud nostros iustitia culta est, ut ii, qui civitates aut nationes devictas bello in fidem
recepissent, earum patroni essent more maiorum."
[142] Vgl. Badian, *Foreign Clientelae*.
[143] Übers. Kasten. Plin. *ep.* IV 1: Oppidum est praediis nostris vicinum (...), quod me
paene adhuc puerum patronum cooptavit tanto maiore studio quanto minore iudicio. adventus

Weniger harmlos ist die Ehreninschrift für *Aulus Pompeius*, den Patron der Stadt *Interamna Nahars* aus der Bürgerkriegszeit: „... weil durch dessen Werke das gesamte Munizipium aus höchsten Gefahren und Bedrängnissen gerettet und bewahrt wurde ...".[144]

Neben dem militärischen Ursprung eines Patronates über eine Stadt gibt es auch einen zivilen. Die Magistrate, die das Gesetz zur Gründung einer *colonia* oder eines *municipium* einbrachten, wurden regelmäßig zu deren Patronen ernannt. Auch Philippi stand in einem solchen Patronatsverhältnis, zunächst zu seinem Gründer Antonius, dann, nach Aktium, zu Augustus. Zum Verständnis dieser Form des Patronatsverhältnisses ist eine Vorschrift aus der *Lex Coloniae Genetivae* bedeutsam. Die cäsarische Politik der Koloniegründung und in ihrem Gefolge die des Augustus versuchte das Nebeneinander verschiedener Patronatsverhältnisse zu verhindern.

Der Abschnitt 97 dieser Munizipalverfassung bestimmt, daß keine Person außer dem Koloniegründer und seinen Kindern und Nachkommen zum Patron kooptiert werden dürfe, es sei denn, ein bestimmtes erschwertes Wahlverfahren werde eingehalten. Ein Vergehen gegen diese Regelung solle mit 5000 HS geahndet werden. Die Bedeutung dieser Regelung wird sichtbar, wenn man deren verschärfte Version gegenüber Senatoren und ihren Nachkommen in Abschnitt 130 der gleichen *lex* heranzieht. Dort ist geregelt, daß ein städtischer Magistrat für den Versuch, einen Stadtverordnetenbeschluß zur Antragung des Patronats an einen Senator oder einen Senatorensohn herbeizuführen, mit einer Strafe von 100.000 HS rechnen müsse. Von der Strafe bleibe er nur verschont, wenn ein Votum von 3/4 der Dekurionen vorliege und der Senator ohne *imperium* (Amtsgewalt) sei.[145]

Hier tritt die machtpolitische Bedeutung des Patronats über Städte deutlich hervor. Anderen als dem Prinzeps, insbesondere potentiellen Konkurrenten um die Macht, sollte die Entfaltung einer persönlichen internationalen Machtstellung durch die Möglichkeiten, die das Patronatssystem bot, vorenthalten bleiben. Die Sicherung einer möglichst großen Anzahl von Patronaten für Caesar und dann für Augustus war ein wesentliches politisches Instrument zur Bündelung politischer Macht. Es ist für den Prozeß der Herausbildung des Prinzipates bezeichnend, wie eine alte, in republikani-

---

meos celebrat, profectionibus angitur, honoribus gaudet. in hoc ego, ut referrem gratiam (...), templum pecunia mea exstruxi, cuius dedicationem, cum sit paratum, differre longius inreligiosum est.

[144] Schumacher, *Römische Inschriften*, S. 177: „... quod eius opera universum municipium ex summis periculeis et difficultatibus expeditum et conservatum est ..." Vgl. auch den Beschluß des Stadtrates von Pisa *CIL* XI 1421; Freis, *Historische Inschriften*, S. 21f. In ihm wird die herausragende Bedeutung des Patronates des Lucius Caesar für die Stadt deutlich.

[145] *Lex Coloniae Genetivae* 131, wendet sich gegen die Verleihung des *hospitium* (Gastrechtes) an Senatoren.

scher Zeit verankerte Institution von Caesar und Augustus aufgegriffen und
zu einem Element dynastischer Herrschaft gewandelt wird.[146]

Ein Beleg für die Einbindung des Patronatsverhältnisses in die Entwicklung der dynastischen Herrschaftsform finden wir in einem Stadtratsbeschluß der Dekurionen von Pisa aus dem Jahre 4 n.Chr. In ihm werden
die Trauerfeierlichkeiten der Kolonie als Reaktion auf das Ableben ihres
Patrons Lucius Caesar und seines kurz nach ihm verstorbenen Bruders
Caius Caesar, auf den die Patronatsrechte bzw. -pflichten übergegangen
waren, geregelt. Dieser schwere Schicksalsschlag für das Haus des Prinzeps
wird in der seinem Patronat unterstellten Kolonie Pisa mit Bestürzung
aufgenommen. Die Dekurionen beschließen eine umfassende öffentliche
Trauer für alle Einwohner der Stadt und die Einsetzung eines Trauertages
am Todestag beider Söhne des Augustus. Die ergriffenen Maßnahmen sollen
dem Prinzeps durch einen *flamen Augustalis* in einem Schreiben überbracht
werden.[147]

Hier wird die enge Verbindung von Patronat, Augustusverehrung und
Stadtpolitik deutlich, die in vergleichbarer Weise für Philippi anzunehmen
ist. In einem solchen Patronatsverhältnis zum julisch-claudischen Haus stand
seit der Neugründung durch Augustus auch Philippi. Das Patronatsverhältnis
selbst war zwar nicht juristisch fixiert, aber durch die einschlägigen Bestim-
mungen im Gründungsrecht der Kolonie waren seine Rahmenbedingungen
festgelegt. Entsprechend finden sich für Philippi keine Belege für einen
patronus in julisch-claudischer Zeit. Erst später ist der Titel eines Patrons
über Philippi belegt:[148]

---

[146] Vittinghoff, *Römische Kolonisation*, S. 51f. Auch Suet. *Aug.* 17,2 zeigt die politische
Bindung, die mit einem Patronatsverhältnis verbunden ist. Augustus erließ den Einwohnern von
Bononia (Bologna) die Vereidigung, die er vor Aktium allen Bewohnern Italiens abverlangt
hatte, mit der Begründung, diese seien von alters her der Klientel der Antonier zugehörig.

[147] Beschluß der Dekurionen von Pisa *CIL* XI 1421, übersetzt in Freis, *Historische Inschriften*, S. 21-23. U.a. heißt es dort: „Angesichts der Größe eines so schweren und un-
vorhergesehenen Unglücks müßten alle vom Tage, an dem sein Ableben gemeldet wurde, bis
zu dem Tage, an dem seine Gebeine heimgeführt, bestattet und die Begräbniszeremonien für
seine Totengeister vollzogen seien, Trauerkleidung anziehen, die Tempel der unsterblichen
Götter, die öffentlichen Bäder und alle Geschäfte müßten geschlossen bleiben, alle müßten auf
Gastmähler verzichten und die Ehefrauen in unserer Kolonie müßten trauern. Der Tag, an dem
C(aius) Caesar starb, ..., müsse als Trauertag in die Geschichte eingehen .... Man müsse dafür
Sorge tragen, daß weder ein öffentliches Opfer noch Bittgebete noch Hochzeitsfeiern noch
öffentliche Gastmähler später für diesen Tag ..., ..., stattfänden, geplant oder angezeigt
würden, noch daß Theater und Zirkusvorstellungen abgehalten oder besucht würden. Alljähr-
lich solle an demselben Tag seinen Totengeistern durch die Beamten oder die Personen, die in Pisa
die Rechtsprechung ausüben werden, an demselben Platz und auf dieselbe Weise ein Toten-
opfer dargebracht werden, wie man es für L(ucius) Caesar beschloß ...." Es folgen noch
weitere öffentliche Ehrungen (Triumphbogen, vergoldete Statuen u.a.).

[148] *CIL* III 7340; s.o. S. 43. Die Inschrift kann mit einiger Sicherheit zeitlich eingeordnet
werden. Eine Ehreninschrift für *Faustina Augusta* (entweder die Frau des Mark Aurel aus den
Jahren 138-140 oder die des Antoninus Pius von 147 bis 175), von *C. Oppius Montanus Iunior*

[C(aius) Oppius] / Montanus / patronus col(oniae) / [et f]lam(en) divi Aug(usti).

Die Entwicklung des Klientelverhältnisses, besonders der Übergang von einer Rechtsbeziehung zu einer Sozialbeziehung brachte eine Flexibilisierung mit sich, die eine variable Ausgestaltung ermöglichte. Der Versuch, den Prinzipat als Gesamtpatronat über die Reichsbevölkerung zu etablieren, und das spezielle Patronat des julisch-claudischen Hauses über Philippi sind für das Verständnis der Kolonie Philippi bedeutsam. Es liegt nahe, auch für die inneren Strukturen Philippis das Klientelwesen als soziales Paradigma heranzuziehen. Zum einen haben wir direkte Belege für die Bedeutung des Klientelwesens, die aus Philippi selbst stammen, zum anderen erlaubt der Charakter der Stadt als römische Kolonie, kontrollierbare Analogieschlüsse zu ziehen.

Mit welchem Recht und in welchem Umfang können wir die in der *urbs* festgestellte Bedeutung des Klientelwesens auf die römische Kolonie Philippi übertragen? Die römischen Kolonien werden als „Rome en miniature" oder als „ein Stück Rom in der Fremde" bezeichnet.[149] Damit soll zum Ausdruck kommen, daß sich die wesentlichen politischen, religiösen und sozialen Strukturen Roms auch in der römischen Bürgerkolonie wiederfinden. So korrespondiert dem Konsulat das Duovirat, dem Senat die Dekurionenversammlung, um nur die zwei bedeutendsten Institutionen zu nennen. Im Bereich der Religion findet sich das griechisch-römische Pantheon und die sich auch in Rom etablierenden kleinasiatischen und ägyptischen Kulte wieder.[150]

Im sozialen Bereich kann man gleichfalls ähnliche Schichtungen wie in Rom vermuten, allerdings muß man Modifikationen in Rechnung stellen, die durch die landsmannschaftlich fremde Umwelt bedingt sind. Der Führungsschicht der Dekurionen, die aufgrund eines *census* immer auch zu den wirtschaftlich Privilegierten der Kolonie gehörten, standen zunächst die einfachen römischen Bürger gegenüber, die gleichfalls durch Deduktion in den Besitz von Land gekommen waren.[151] Je nachdem wie wohlhabend der Besitzer und wie umfangreich der Landbesitz waren, kam eine Bewirtschaftung durch Sklaven (eine recht kostspielige Form) bzw. die Verpachtung in Betracht. Sie bildete die Grundlage für die traditionell-agrarische Ausprägung des Klientelverhältnisses. Daneben ist mit der Institution der

---

gestiftet, gibt uns einen Hinweis. Zwar steht der Beiname *Iunior* einer direkte Identifikation mit dem *patronus* im Wege, aber die Datierung der Patronatsinschrift ins zweite Jahrhundert wird dadurch zu einer erlaubten Vermutung. Vgl. *BCH* 57 (1933) S. 341, Anm. 5.

[149] Medicus, „Art. Coloniae,", Sp. 1248-50.

[150] Vgl.o. Kap. 3.

[151] Vgl.o. S. 23f.

manumissio auch in Philippi zu rechnen. Tatsächlich ist eine große Anzahl Freigelassener in Philippi belegt und somit auch diese Quelle des Klientelwesens in Rechnung zu stellen.[152]

Zur inneren Organisation der Klientel in Philippi und zur Frage, ob es überhaupt irgendwelche Strukturen über das je einzelne Patron-Klient-Verhältnis hinaus gegeben haben mag, läßt sich anhand der Quellen aus Philippi einiges beitragen. Wir finden in Philippi eine Inschrift, die über eine Organisationsform von Freigelassenen Auskunft gibt.[153]

> A[...] / Ti(berius) C[aesa]r Divi Augusti F(ilius) / Divi [Juli] N(epos) Trib (uniciae) Potes[t(atis)] XXXIIX / Dru[sus] Caesar Ti(berii) Aug(usti) F(ilius) / Divi [Aug(usti) N(epos)] Divi Juli Pro[n(epos)] / Tri(buniciae) Pot(estatis) II / Cad[.]us Atimetus Marti[alis?] / C(ai) Juli [A]ugusti liberti Mo[---]
> (A[...] Tiberius Caesar, Sohn des göttlichen Augustus, Enkel des göttlichen Julius, zur Zeit seiner 38sten tribunizischen Gewalt, Drusus Caesar, Sohn des Tiberius Augustus, Enkel des göttlichen Augustus, Urenkel des göttlichen Julius, zur Zeit seiner zweiten tribunizischen Gewalt. Cad( )us, Atimetus, Martial, Freigelassene des Gaius Julius Augustus.)

Hier sind drei ehemalige Kaisersklaven, also Mitglieder der *familia Caesaris*, erwähnt, die nun als Freigelassene des Augustus zu dessen Klientel zählen. Diese lassen gemeinschaftlich eine Inschrift herstellen, bzw. treten gemeinsam unter dem Sammelbegriff der *Augusti liberti* auf, hier in der ausführlichen Form *C(ai) Juli Augusti liberti*. Leider ist der Inschrift nicht viel mehr zu entnehmen, vor allem ihr Zweck oder ihr Anlaß bleiben dunkel. Die Kaisertitulatur ist recht ausführlich geraten, dient hier aber sehr wahrscheinlich nur zur chronologischen Fixierung des uns unbekannt bleibenden eigentlichen Anliegens der Inschrift. Die Inschrift stammt aus der Zeit nach der 38. Bestätigung der tribunizischen Gewalt des Tiberius. Das Datum der Herstellung der Inschrift liegt demnach zwischen dem 1. Juli 36 und dem Tod des Tiberius am 16. März 37.[154]

Wir haben also im Abstand von etwa zwei Jahrzehnten zum Wirken des Paulus in Philippi den Beleg für eine Gruppe aus drei kaiserlichen Freigelassenen, die sich zur Erstellung einer Inschrift zusammenschließen. Bringt

---

[152] Z.B.: *BCH* 56 (1932) S. 228-30, Nr. 20: C(aius) S]empr[ro/ni]us Fru[ctus?] / C(ai) lib(ertus) pat[ris? / Eu]tychian[us ...; *BCH* 58 (1934) S. 449-54, Nr. 1: ...Cad[.]us Atimetus Marti[alis?] / C(ai) Juli [A]ugusti liberti Mo[---]; *BCH* 58 (1934) S. 466-71, Nr. 7: M(arcus) V]elleius M(arci) l(ibertus) [.../ dendrop]horus Aug(ustalis) an(norum) L /...; *BCH* 58 (1934) S. 477, Nr. 17: ...M(anio)] Cassio M(anii) l(iberto) S(ecundo)...; *BCH* 61 (1937) S. 415f, Nr. 9: ...Vivia T(iti) l(iberta) Hilara...; Samsaris, „Une inscription," S. 461: Gamicu[s] / conduct[or] / an(nis) X / lib(ertus) Pont[i] / Novi SC [...]; Banti, „Incrizioni di Filippi," S. 218: Flavius Socrates an(norum)... m(ensium) II h(ic) s(itus) e(st). C(aius) Oppius C(ai) lib(ertus) Philippus. Die Augustalenbruderschaften (s.o.S. 45), die für Philippi belegt sind, setzten sich aus Freigelassenen zusammen.
[153] *BCH* 58 (1934) S. 449-54, Nr. 1.
[154] *BCH* 58 (1934) S. 451.

man diese Information mit dem Gruß der Kaiserklientel aus Phil 4,22 (οἱ ἐκ τῆς Καίσαρος οἰκίας) in Zusammenhang, wird ein weiteres Element der Klientelorganisation für Philippi faßbar: die überörtlichen Bindungen und Beziehungen. Die auswärtige Mitglieder der *familia Caesaris* (vermutlich aus Ephesus) bestellen Grüße nach Philippi. Die ausdrückliche Nennung der kaiserlichen Herkunft der grüßenden Gemeindeglieder weist darauf hin, daß hier außergemeindlich verankerte Sozialbeziehungen für die Entwicklung der Gemeinden dienstbar gemacht werden.[155] Die überlokalen Verbindungen der Klientelen, auf die uns Phil 4,22 hinweist, haben in Philippi sicher eine große Intensität, da Philippi als Verkehrsknotenpunkt in hohem Maße von auswärtigen Beziehungen geprägt gewesen ist.

In Philippi sind die wesentlichen Variationen des Klientelwesens bzw. des Patronatsverhältnisses bekannt und von Bedeutung: 1. Die Kolonie selbst steht unter dem Patronat des julisch-claudischen Hauses; 2. die Einwohner verstehen sich, soweit sie Veteranen des kaiserlichen Heeres sind, als Teil der Heeresklientel des Prinzeps, der durch die Ansiedlung in Philippi und die Zuweisung von Land seiner Fürsorgepflicht nachgekommen ist; 3. die Bürgerschaft insgesamt ist Teil der Reichsklientel des Prinzeps und bestätigt diese Bindung unter anderem im Kaisereid; 4. innerhalb der Stadt liegen die beiden wesentlichen Formen zur Bildung eines Klientelverhältnisses vor: die Freilassung von Sklaven und die Verpachtung von Ackerland; 5. der von Benner als „denaturierte Klientel" bezeichnete interessengeleiteten Zusammenschluss nach dem Vorbild der persönlichen Klientel, aber mit sachbezogenen Organisationsformen ist nicht quellenmäßig zu belegen, muß aber als Erfahrungshorizont für die Bildung von Gemeinschaften in Rechnung gestellt werden. Der Nachweis der Organisation von Freigelassenen des Augustus (*Augusti liberti*) zeigt zumindest, daß neben den *Seviri Augustales* im religiösen Bereich auch im profanen Raum zweckgebundene Zusammenschlüsse von Freigelassenen erfolgt sind.

Mit diesen Überlegungen ist die Bedeutung des Patronatsverhältnisses für die Kolonie Philippi in ihren äußeren Strukturen bestimmt. Über das innere Selbstverständnis einer Klientel, ihrer Beziehung zu Politik und Religion gab es schon erste Hinweise. Sie lassen sich aber noch mit der Diskussion eines Textes aus augusteischer Zeit vertiefen, der eine engere Inbeziehung-

---

[155] Meeks (*The first urban Christians*, S. 76) ordnet die *clientela* unkorrekt in die oikos-Struktur ein und reduziert das Phänomen damit erheblich. Die *clientela* wird als Teil der „internal ties" des Haushaltes verstanden, während für die „external ties" Abstrakta wie „ties of friendship and perhaps occupation" herangezogen werden. Das Klientelverhältnis läßt sich sozial und räumlich nicht so einfach zuordnen und bewegt sich je nach konkreter Ausformung auf der Scheidelinie zwischen externen und internen Bindungen des Haushaltes. Der Gruß der Kaiserklientel aus vermutlich Ephesus nach Philippi (Phil 4,22) belegt das. Die sogenannte denaturierte Klientel, die Heeres- und Reichsklientel schließlich sind eindeutig Phänomene jenseits des Haushaltes.

setzung zum paulinischen Philipperbrief ermöglicht. Wenden wir uns einem
der wenigen Texte zu, die sich mit dem Selbstverständnis und der inneren
Beziehungsstruktur eines Klientelverhältnisses befassen, den *Antiquitates
Romanae* des Dionys von Halikarnaß, Buch II, 9-11.

Dionys möchte in diesem im Jahre 7 v.Chr. veröffentlichten Werk im
Sinne der rhetorisch orientierten Geschichtsschreibung an einem großen
Thema (die Frühgeschichte der Stadt Rom) seine literarische Kunstfertigkeit
unter Beweis stellen.[156] Er greift dabei auf Vorlagen, besonders aus der
„jüngeren republicanischen Annalistik",[157] zurück, die er unter rhetorischen Gesichtspunkten überarbeitet und mit selbstkomponierten Reden ergänzt.[158] Da er auf eine eigenständige gedankliche Durchdringung des
Stoffes weitgehend verzichtet, bleibt die Tendenz seiner Vorlagen deutlich
erkennbar. So entstehen Spannungen oder gar Widersprüche zwischen der
Tendenz der Vorlagen aus republikanischer Zeit und den „geistigen Strö-
mungen der augusteischen Epoche,"[159] von denen Dionys beeinflußt ist.

Diese Vorbemerkung ist nötig, um die Notizen des Dionys über die Entstehung des Patronatsverhältnisses einordnen zu können. Sie sind Teil einer
ausführlichen Darstellung der gesetzgeberischen Tätigkeit des Romulus bei
der Gründung Roms (II 7-29). Romulus gründet die Stadt als hellenistische
Kolonie und gibt ihr mit der Gründung ihre Verfassung. Insgesamt handelt
es sich um eine Verherrlichung der monarchischen Verfassung in Abgrenzung von der aristokratischen und demokratischen Staatsform. Innerhalb
einer klar gegliederten Gesellschaft (den Patriziern stehen die Plebejer
gegenüber, die alle gleichzeitig Klienten sind und in einem Verhältnis der
fides zu ihren Patronen stehen) bildet das Patronatsverhältnis das entscheidende Bindeglied zwischen den mit Privilegien ausgestatteten Patriziern,
also der Führungsschicht, und den Plebejern, der großen Masse. Das Patronatsverhältnis sichert die innere Harmonie der Bürgerschaft, die eine wichtige Voraussetzung für die Stärke nach außen ist. Sie wird von Dionys uneingeschränkt positiv dargestellt. Erst die Machenschaften der Gracchen
hätten diese erfolgreiche und für beide Seiten vorteilhafte soziale Bindung
verdorben. Pohlenz stellt fest, daß Dionys hier eine Vorlage benutzt, die
„eine politische Tendenzschrift" sei,[160] in der eine moderate Monarchie
als die Staatsform propagiert werde, die die innere Eintracht der Bürgerschaft sichere und dem Wohl des ganzen Volkes am besten diene. Er versucht, die Herkunft der Schrift noch genauer zu bestimmen und findet in ihr

---

[156] Schwartz, „Art. Dionysios von Halikarnassos," Sp. 934.
[157] Ebd., Sp. 958.
[158] Ebd., Sp. 938.
[159] Ebd., Sp. 957.
[160] Pohlenz, „Eine politische Tendenzschrift," S. 165 und 180f.

eine politische Kampfschrift aus der Feder eines Caesaranhängers der Jahre 46 oder 45. Zu diesem Ergebnis kommt er durch die Rekonstruktion der in Dion. Hal. II 7-29 ausgebreiteten Staatsverfassung. Diese könne auf gar keinen Fall mit der die republikanischen Formen achtenden Politik des Augustus in Einklang gebracht werden, sondern verrate den deutlichen Wunsch nach einer monarchischen Ordnung in der Form des den Römern verhaßten Königtums.[161]

Diese scharfe Trennung zwischen Caesar und Augustus überzeugt nicht. Zum einen war für Dionys die Benutzung dieser monarchischen Streitschrift offensichtlich unproblematisch, obwohl er in augusteischer Zeit schreibt und seit Jahrzehnten in Rom lebt. Wie kann sie dann dem Denken in augusteischer Zeit so stark zuwider gewesen sein? Zum anderen birgt die Verfassung, die Romulus gibt, die wesentlichen partizipatorischen Elemente, die im Prinzipat weiterbestanden. Die monarchische Tendenz ist verhalten. Pohlenz überzeichnet die Divergenzen zwischen der Politik Caesars und der seines Adoptivsohnes und übersieht die Kontinuitäten in den von ihm angesprochenen politischen Bereichen (Bevölkerungspolitik, Kolonisation, Religion, Ehe usw.).[162] Schließlich ist die Identifikation des Augustus mit der Figur des Romulus ausführlich belegt und bildet ein wesentliches Element des augusteischen Selbstverständnisses. Dionys konnte die Streitschrift aus caesarischer Zeit in der augusteischen Epoche zur Vorlage für einen grundlegenden Abschnitt seines Werkes machen, ohne die politischen Spannungen zur augusteischen Prinzipatspolitik empfinden zu müssen.[163]

Die Äußerungen des Dionys zum Klientelwesen müssen mit Vorsicht interpretiert werden. Sie sind keine historischen Informationen über die Entstehung des Klientelwesens zur Zeit der Gründung Roms. Sie beruhen auf einer aus politischen Interessen der caesarisch-augusteischen Epoche erwachsenen Idealisierung des Patronatsverhältnisses. Dort wird behauptet, der Unfriede der die späte Republik prägenden Ständekämpfe habe seine Ursache in der Mißachtung des Klientelverhältnisses, dessen Wiederherstellung als verpflichtendes, von *fides* geprägtes Loyalitätsverhältnis hingegen werde die Verhältnisse zugunsten von innerer Eintracht stabilisieren. Berücksichtigt man diese Tendenzen, so läßt sich die Darstellung, die Dionys vom Klientelwesen gibt, als eine Sichtweise im frühen Prinzipat auswerten.

Dionys beginnt seine Erörterung mit dem Hinweis, daß seit dem politischen Wirken der Gracchen die Einrichtung des Klientelwesens seine bin-

---

[161] Ebd., S. 180-82.
[162] Ebd., S. 182-87.
[163] Vgl. Pohlenz, „Eine politische Tendenzschrift," S. 188.

dende Kraft verloren habe und den Kämpfen um die Macht erlegen sei.[164] Vorher jedoch habe das Patronatsverhältnis sowohl die Freiheit der Plebejer als auch die Machtstellung der Patrizier gesichert. Romulus habe beiden Gruppen die Aufgaben zugeteilt, denen sie am besten gewachsen gewesen seien. Die Patrizier sollten als Priester, Staatsbeamte und Richter an der Seite des Romulus die Geschicke der Gemeinschaft lenken. Die Plebejer blieben auf Ackerbau, Viehzucht und Handwerk beschränkt. Durch diese Aufgabenteilung entstand nach Dionys ein gegenseitiges Aufeinanderangewiesensein, das Spaltungen und Unterdrückung hindern sollte.[165] Die gegenseitige Beziehung wurde durch das Band des Patronats gefestigt.[166] Die Plebejer konnten ihren Patron frei wählen.[167] Dieses Patronat habe einen guten (εὐπρεπής) Namen durch Romulus erhalten und habe in der gegenseitigen Verpflichtung zu Freundschaftsdiensten bestanden. Beide Seiten taten sich gegenseitig nur Gutes an. Die Patrone verlangten keine Prozeßhonorare oder Bestechungsgelder und gewährten den Klienten uneigennützig ihren Schutz. Die Klienten wiederum ermüdeten nicht in der Gewährung von Diensten und Hilfen. Es entstand nach Dionys ein echt hellenistischer Wettkampf der guten Gesinnung (ὅ τε ἀγὼν τῆς εὐνοίας).[168] Das alles endete mit der Zeit der Gracchen.[169]

Diese idealisierende Darstellung des frühen Klientelwesens nimmt sowohl nach ihrem Umfang als auch nach ihrer Funktion innerhalb der Gesamtdarstellung der frühen Verfassung des Romulus einen bedeutenden Platz ein. Sie sicherte nach der Meinung der Vorlage des Dionys über viele Jahrhunderte die innere Einheit Roms, die die Voraussetzung für seinen Aufstieg war. Wird diese Vorstellung in einer politischen Kampfschrift aus caesarischer Zeit so massiv vertreten, dann zeigt das die Bedeutung des Patronatsverhältnisses für die sich herausbildenden monarchischen Verhältnisse, die zum Kompromiß des Prinzipats führten. Dieser Text, sollte er zu Recht als politische Tendenzschrift verstanden werden dürfen, zeigt, daß die Klientelvorstellung in der Auseinandersetzung um die gesellschaftliche Neuformierung Roms eine bedeutende Rolle spielt.

Die Darstellung, die Dionys vom Patronat gibt, ist weder für die Gründungszeit Roms noch für seine eigene Gegenwart eine historisch exakte Beschreibung der Verhältnisse.[170] In ihr werden aber die Grundstrukturen der Klientelbeziehung und die sie legitimierende Argumentation deutlich.

---

[164] Dion. Hal. II 11,3.
[165] Ebd., II 9,1
[166] Ebd., II 9,2.
[167] Ebd.
[168] Ebd., II 10,4.
[169] Ebd., II 11,2f.
[170] Benner, *Die Politik des P. Clodius Pulcher*, S. 21f, Anm. 14.

Beides trägt zum Verständnis des Klientelwesens im frühen Prinzipat bei. In ihrer Auswertung ist die Differenz zwischen einer tendenziösen literarischen Darstellung und den hinter ihr stehenden sozialen Realitäten zu beachten. Von Dionys erhalten wir überwiegend Hinweise auf die mit dem Klientelwesen verbundenen Motivkomplexe und weniger auf die Praxis seiner Gegenwart. Im Philipperbrief spiegelt sich beides, die Legitimation und Interpretation eines konkreten sozialen Vorganges und sein realer Vollzug (Sendung und Empfang einer Geldspende). Es lohnt sich, den Text des Dionys auf seine Darstellung des Patronats und der mit ihm verbundenen Motivkomplexe zu befragen.

1. Nach Dionys standen alle Plebejer in einem Klientelverhältnis. Diese konsequente Zuordnung entsprach der klaren Funktionstrennung zwischen Patriziern und Plebejern. Die ersteren waren für die politischen und religiösen Führungspositionen vorgesehen. Letztere sollten sich auf Ackerbau und Viehzucht beschränken. Dadurch war die Gemeinschaft vor Spaltungen und Aufständen (ἵνα μὴ στασιάζωσιν) geschützt. Die von der Nahrungsmittelproduktion der Plebejer=Klienten abhängigen Patrizier=Patrone konnten sich Überheblichkeit (προπηλακιζόντων) nicht leisten. Die Plebejer=Klienten blieben vom Gefühl des Neides verschont.[171]

2. Die Plebejer hatten das Recht zur freien Wahl des Patrons. Durch diese Regelung waren sie vor der Willkür einzelner Patrone geschützt, wie sie Dionys aus Griechenland kennt.[172]

3. Das vom Gesetzgeber Romulus gewünschte positive Verhältnis sollte durch den gefälligen Begriff πατρωνεία in die richtige Richtung gelenkt werden. Der Schutz der Armen und Niedrigen (τῶν πενήτων καὶ ταπεινῶν) durch die Starken sollte darin zum Ausdruck kommen.[173]

4. Dieses Ziel wurde im wesentlichen durch die Auflage gegenseitiger Wohltaten (τὰ ἔργα χρηστά) erreicht. Daraus erwuchs dann ein positives Verhältnis aller Bürger untereinander, eine philanthropische und politische Kameradschaft (καὶ φιλανθρώπους καὶ πολιτικὰς ἀπεργαζόμενος αὐτῶν τὰς συζυγίας).[174]

5. Dionys nennt als Pflichten der Patrone Rechtsberatung und -schutz (ἐξηγεῖσθαι τὰ δίκαια). Sie sollten sich, ob anwesend oder abwesend, gleich umfassend wie ein Vater für den Sohn um ihre Klienten sorgen (παρόντων τε αὐτῶν καὶ μὴ παρόντων τὸν αὐτὸν ἐπιμελεῖσθαι τρόπον ἅπαντα πράττοντας, ὅσα περὶ παίδων πράττουσι πατέρες). Dies galt auch für finanzielle Fragen jeglicher Art. So waren sie auch zur Unterstützung in

---

[171] Dion. Hal. II 9,1.
[172] Ebd., II 9,2.
[173] Ebd., II 9,3.
[174] Ebd., II 9,3.

Rechtsstreitigkeiten und öffentlichen Angelegenheiten verpflichtet. Sie sollten die Wohlfahrt der Klienten sowohl in privaten wie in öffentlichen Angelegenheiten sichern (πᾶσαν αὐτοῖς εἰρήνην τῶν τε ἰδίων καὶ τῶν κοινῶν πραγμάτων, ..., παρέχειν).[175]

6. Die Pflichten der Klienten bezogen sich in erster Linie auf die Unterstützung des öffentlichen Wirkens des Patrons: Mithilfe bei der Bereitstellung der Mitgift für die Töchter, Lösegeldzahlung bei Entführung des Patrons oder eines Familienangehörigen, Beteiligung an der Zahlung der Steuerverpflichtungen, Mittragen der aus den öffentlichen Ämtern (Magistraturen und Priesterämter) des Patrons erwachsenden finanziellen Belastungen. Alle diese Zahlungen werden von Dionys ethisch überhöht. Sie sind keine Kredite (δανείσματα), sondern Liebes- bzw. Dankesgaben (χάριτες). Die Zahlungen werden geleistet, als ginge es um die eigenen Angelegenheiten der Klienten und nicht um fremde (ὡς τοὺς γένει προσήκοντας μετέχειν).[176]

7. Beiden war es verboten, in Rechtsstreitigkeiten gegeneinander aufzutreten.[177]

8. Die zuverlässige Einhaltung dieser Verpflichtungen wurde religiös sanktioniert. Wer sich nicht dem Patronatsverhältnis gemäß verhielt, wurde dem unterirdischen Jupiter überantwortet.[178]

9. Von diesem Verhalten profitierten beide Seiten. Sie stellten sich in einen Wettkampf des Wohlwollens (ὅ τε ἀγὼν τῆς εὐνοίας). Die Klienten leisteten ihre Dienste so gut, wie sie konnten, und die Patrone vermieden es, Anlaß zu Zerwürfnissen zu geben.[179]

Die von Dionys angeführten Gesichtspunkte lassen sich in zwei Bereiche einteilen. Ein Teil der Aussagen befaßt sich mit den konkreten Formen des Klientelverhältnisses. Die Pflichten der Patrone und der Klienten werden genannt. Daneben stehen Formulierungen, die die Beziehung ethisch, häufig unter Zuhilfenahme von Metaphern, interpretieren. Letztere gipfeln in der Aussage, die Klientelbeziehung sei nicht von τύχη (dem blinden Vertrauen auf glückliches Gelingen), sondern von ἀρετή (der tugendhaften und tatkräftigen Verwirklichung des Guten) geprägt. Die Klientelbeziehung ist sittlich gut, ein Schutz für die Armen und Schwachen. Sie entspricht der andauernden Fürsorge des Vaters für seinen Sohn; in ihr wird der Friede des Gemeinwohls gesichert. Zwischen Klient und Patron herrscht ein Wettkampf der guten Gesinnung, der sich in gegenseitigen Wohltaten ausdrückt.

---

[175] Ebd., II 10,1.
[176] Ebd., II 10,2.
[177] Ebd., II 10,3.
[178] Ebd., II 10,3.
[179] Ebd., II 10,4.

In ihnen handelt es sich nicht um geschuldete Leistungen, sondern um freiwillige Gaben, die dem anderen gegeben werden, als ginge es um eigene Angelegenheiten. Dionys stellt die Klientelbeziehung als Teil der von der Tugend gebotenen Ordnungen dar. Sie ist die Verwirklichung des sittlich Guten und des politisch Vernünftigen. Sie beruht auf den klugen Anordnungen des Stadtgründers Romulus, die die Grundlage für die einträchtige Entwicklung Roms über viele Jahrhunderte bilden.

Die Klientelbeziehung ist nicht nur eine gesellschaftliche Ordnung zur Regelung der Beziehung zwischen den Mächtigen und den von ihnen Abhängigen zum beiderseitigen Vorteil, sondern eine Institution, deren Gestaltung durch familiäre und an der Tugend orientierte Regeln geprägt ist. Trotz aller ethischen Überhöhung der Klientelbeziehung hält Dionys dennoch deutliche Distanz zur Terminologie der hellenistischen φιλία-Konzeption. Das Patronat ist eine Vater-Sohn Beziehung, eine Partnerschaft, keine Bruderschaft oder Freundschaft. Nicht Zuneigung oder gar Liebe sind ihr inneres Band, sondern Humanität und staatsbürgerliche Einsicht (φιλανθρώπους καὶ πολιτικάς). Diese Orientierungen sichern die Eintracht der Römer (ἡ Ῥωμαίων ὁμόνοια).[180]

---

[180] Dion. Hal. II 11,2.

KAPITEL 8

DIE BEDEUTUNG DES PATRONATS- BZW. KLIENTELVERHÄLT-
NISSES FÜR DIE GEMEINDE IN PHILIPPI

1. Die Gemeinde in Philippi als emanzipierte Klientel

Die Untersuchung des sogenannten Dankesbriefes Phil 4,10-20 ergab, daß
in der materiellen Unterstützung, die Paulus erhält, ein zentrales Moment
der Beziehung zwischen Paulus und der Philippergemeinde zum Ausdruck
kommt. Paulus muß sich mit den Erwartungen und Vorstellungen, die die
Philipper mit ihrer Gabe verbinden und die von den sozialen Konventionen
der hellenistisch-römischen Welt geprägt sind, auseinandersetzen. Er versucht das mit einer spannungsreichen Verknüpfung dreier Ebenen, der des
ethisch-philosophischen Diskurses (Phil 4,11-13), der theologischen Interpretation (Phil 4,18) und der Einbettung der konkreten Vorgänge in soziale
Beziehungsmuster und Konventionen der hellenistisch-römischen Welt. Die
sachlichen Unklarheiten in den paulinischen Formulierungen erklären sich
aus den auf sie einwirkenden sozialen Erwartungen. Sie rufen die Unsicherheiten und Brüche hervor, die man in diesem Abschnitt des Philipperbriefes entdeckt.

Um zu einem tieferen Verständnis zu gelangen, war es notwendig, sich
über die gesellschaftliche Situation der Kolonie Philippi ein Bild zu machen,
die religionsgeschichtlichen Hintergründe der Argumentation des Paulus zu
verdeutlichen und im Bereich der sozialen Beziehungen und Konventionen
der hellenistisch-römischen Welt den angemessenen Verstehenshorizont für
die Austauschbeziehung zwischen Paulus und den Philippern zu suchen. Es
wurde die von der Forschung vorgeschlagene hellenistische φιλία-Konzeption dargestellt und diskutiert. Das bisher unter dieser Konzeption subsu-
mierte römische Benefizialwesen mußte als ein eigenständiger, von der
hellenistischen φιλία-Konzeption zu unterscheidender Bereich sozialen
Verhaltens und philosophisch-ethischer Interpretation behandelt werden. Aus
Senecas Schrift *De beneficiis*, die wie der Philipperbrief während des
Prinzipats Neros entstanden ist, konnten wichtige Verstehenshilfen zur
Einordnung des Verhaltens des Paulus und der Philippergemeinde im Um-
feld ihrer Dankesgabe gewonnen werden. Weniger hilfreich war dagegen
die Auseinandersetzung mit der römischen konsensualen *societas*, die von
Sampley als Modell sowohl für die innere Organisation der paulinischen
Gemeinde als auch für die Regelung der Beziehungen zwischen Paulus und
seinen Gemeinden vorgeschlagen wird. Die konsensuale *societas* ist ein-

deutig auf die Verfolgung gemeinsamer Interessen im wirtschaftlichen
Bereich beschränkt und mit der Interpretation als bruderschaftliche Gemeinschaft, wie sie Sampley intendiert, überfordert.

Schließlich wurde die römische Patronats- bzw. Klientelbeziehung als
vielschichtige Sozialbeziehung eingeführt und ihre macht- und sozialpolitische Bedeutung dargestellt. Die Klientelbeziehung entstand in der römischen
Welt als grundlegende Organisationsform zwischen sozial Ungleichen,
entwickelte sich aber zu einer Sozialbeziehung, deren innere Organisation
zu einer selbstbewußten Solidarisierung der Klientel führen konnte. Am
Phänomen der denaturierten Klientel konnte gezeigt werden, daß die Klientel nicht als amorphe Masse der vom Patron abhängigen sozial Minder-
privilegierten verstanden werden darf. Der Patron ist in dieser Form der
Klientelbeziehung nicht für die Sicherung der Lebensverhältnisse der Klienten verantwortlich, sondern verfolgt mit Hilfe der eigenständigen inneren
Organisation der Klientel, die deren Fähigkeit zur Mobilisierung sichert,
gemeinsame Interessen nach außen.

Die idealisierende Darstellung des Patronats bei Dionys belegt, daß die
Klientel als soziale Institution im frühen Prinzipat unter verfassungsrechtlichen und politischen Gesichtspunkten diskutiert und mit ihr die Vorstellung
von der für die Existenz des römischen Reiches unabdingbaren inneren
Übereinstimmung aller verbunden wurde (ἡ Ῥωμαίων ὁμόνοια). Sie ergänzt
das sozialgeschichtliche Bild um die mit der Klientelbeziehung verbundenen
ethischen Implikationen (φιλάνθρωπος, συζυγία, ὁ ἀγὼν τῆς εὐνοίας, τὰ
ἔργα χρηστά, χάριτες, ἀρετή u.a.) und zeigt, daß die Klientelbindung ein
Loyalitätsverhältnis begründen kann, das öffentliche und private Interessen
in Beziehung setzt.

Die Beschäftigung mit Senecas Abhandlung hat gezeigt, daß nach seinem
Verständnis ein *beneficium* nicht unabhängig von seiner sozialen Einbindung
verstanden werden kann. Das *beneficium* und die mit seiner Gewährung
bzw. Annahme verbundenen Verhaltensregeln bestimmen sich aus der Art
der Beziehung, innerhalb derer die Wohltat vollzogen wird. Die Gabe der
Philipper als *beneficium* zu verstehen, legt ihre Eigenart nur insoweit fest,
als damit im Gegensatz zum *officium* ihre Freiwilligkeit betont wird. Der
soziale Kontext, der dem *beneficium* aus Phil 4,10-20 erst sein eigenes
Profil gibt, ist im römischen Klientelwesen zu suchen.

Im nächsten Abschnitt werden zunächst die patronats- bzw. klientelähn-
lichen Strukturen im Philipperbrief herausgearbeitet, um dann zu einer
Gesamteinschätzung der die Beziehung des Paulus zur Philippergemeinde
beeinflussenden sozialen Konventionen voranzuschreiten. Es wird sich
zeigen, daß die Klientel- bzw. Patronatsstruktur politische und religiöse
Implikationen mit sich bringt, die zu einer Neubewertung des Verhältnisses
der Philippergemeinde zu ihrer städtischen Umwelt führen.

In Phil 4,10 (Brief A) spricht Paulus wie selbstverständlich von der
erwarteten Unterstützung. Endlich bringt die gute Gesinnung der Philipper
auch Frucht in der Gestalt eines Geldgeschenkes.[1] Die Sicherheit, mit der
Paulus von dieser Gabe und dem Willen der Philipper, sie zu leisten,
spricht, weist auf eine von beiden Seiten akzeptierte Form der Beziehung
hin, aus der Erwartungen und Ansprüche abgeleitet werden können. Paulus
rechnet mit der Hilfeleistung und deren zeitweiliges Ausbleiben stellt nicht
die Beziehung in Frage, sondern beruht auf unbekannten äußeren Umständen. Paulus bringt zum Ausdruck, daß eine ihn unterstützende Beziehung zu
den Philippern besteht, und rechnet mit der Aufrechterhaltung dieser Form
der Verbundenheit. V.15 beschreibt diese Beziehung als Austauschbeziehung. Die philippische Gemeinde schickt Paulus Unterstützung. Es handelt
sich um ein gegenseitiges Verhältnis auf Geben und Nehmen ($\epsilon\grave{\iota}\varsigma$ $\lambda\acute{o}\gamma o\nu$
$\delta\acute{o}\sigma\epsilon\omega\varsigma$ $\kappa\alpha\grave{\iota}$ $\lambda\acute{\eta}\mu\psi\epsilon\omega\varsigma$). Die Gegenleistung des Paulus bleibt unerwähnt. Von
einem Austausch geistlicher gegen sarkische Gaben ist nicht die Rede. Das
Schweigen über die Art der Gegenleistung des Paulus erklärt sich aus seiner
Situation bei Abfassung des Dankschreibens. Paulus ist noch in Bedrängnis
($\theta\lambda\hat{\iota}\psi\iota\varsigma$ = vermutlich Gefangenschaft) und zu keiner über dieses Schreiben
hinausgehenden Gegenleistung in der Lage. Hier liegt der Schlüssel zum
Verständnis der beiden retardierenden Momente in V.11 und V.17[2] und
seiner Gebetsbitte in 19f, in der er die Erfüllung des Mangels der Philipper
durch Gott erbittet.[3]

Paulus spricht in V.10 ganz selbstverständlich von der Erwartung, daß
die Philipper ihm etwas schicken. Er schränkt dann aber in V.11 ein, daß
er diese Erwartung nicht aus einer durch Not bedingten Bedürftigkeit hegt.
V.11b-13 setzen sich mit den philosophisch-religiösen Implikationen der
Annahme von Geld auseinander. Paulus meint, seine positive Darstellung
der Austauschbeziehung durch die Versicherung, er sage dies nicht, um
weitere Gaben zu erhalten (V.17), ins rechte Licht rücken zu müssen. An
beiden Stellen möchte Paulus Mißverständnissen wehren, die seines Erachtens in der philippischen Gemeinde bezüglich des Charakters der Austauschbeziehung aufkommen könnten. In V.11b-13 weist Paulus nicht die
faktische Notwendigkeit der Gabe zurück, sondern ihre Interpretation als
Unterstützung eines religiösen Heroen. Paulus schlüpft in die Rolle des um
Geld buhlenden, aber sich als vom Geld unabhängig präsentierenden Wanderpredigers, ohne sich biographisch mit dieser Rolle zu identifizieren. In

---

[1] Vgl.o.S. 138.
[2] Paulus wehrt sich gegen das Mißverständnis, er sei an einer Weiterführung oder Ausweitung der materiellen Beziehung zu den Philippern aus eigensüchtigen Motiven interessiert.
In Anschluß an V.10 (die Freude über die Gabe) und V.15f. (die andauernd zuverlässige
Unterstützung durch die Philipper) wäre eigentlich ein Dankeswort zu erwarten gewesen.
[3] Sachlich identisch mit Sen. *benef.* IV, XI.3.

V.14 setzt er neu ein und spricht den Philippern doch Dank und Anerkennung für ihre Gabe aus, um nicht zu sehr die Etikette zu verletzen. Die Philipper werden durch ihre gute Tat zu Helfern bzw. Genossen in der Not. Paulus versucht in V.11b-13 nicht, seine Angewiesenheit auf eine materielle Unterstützung zu bestreiten. Er sagt in den Versen 10-17 etwa: „Ich habe lange gewartet. Ihr habt wahrscheinlich gedacht, ich sei ein asketischer Held. Dabei hatte ich es bitter nötig. Nun ist es aber gut, und ihr habt gezeigt, daß ihr Kameraden in der Not seid. Ich habe schon immer auf euch gebaut." Das Ausbleiben eines dem Gegenstand entsprechenden Dankes[4] und die Ausführungen über die ihm eigenen religiösen und asketischen Qualitäten erklären sich aus der echten θλῖψις, in der er sich befindet.[5]

V.11a ist die ironische Weiterführung der schon im ἤδη ποτέ (V.10) angedeuteten Ungeduld oder lange enttäuschten Erwartung des Paulus. Der äußere Druck, der auf ihm lastet, verschärft die Dringlichkeit. Eine ernste Verstimmung liegt allerdings nicht vor, wie V.14ff zeigt. Die Austauschbeziehung hat sich von Anfang an und über größere Entfernungen als stabil erwiesen.[6] In Thessalonike und in Korinth erhielt Paulus Unterstützung. Sie leistet zunächst der konkreten Not des Paulus Abhilfe. Mit ihr schafft sich gleichzeitig die Philippergemeinde auf dem imaginären Verrechnungskonto ein Guthaben (εἰς λόγον ὑμῶν). Dieses Guthaben, das Paulus bestätigt, soll nun nach seinem Willen nicht weiter wachsen. Paulus stellt fest, er habe alles, mehr benötige er nicht.[7]

Paulus geht schließlich über die korrekt abgewickelte sachliche Seite des Austausches hinaus. Die Aufrechterhaltung der Austauschbeziehung hat eine theologische Dimension, die mit ihrer pragmatischen Seite untrennbar verbunden ist. Der Vollzug des Austausches zwischen ihm und der Gemeinde, zwischen Menschen in bedrängter Lage (θλῖψις) und unter erschwerenden Bedingungen (ἠκαιρεῖσθε), hat eine über Geben und Nehmen hinausgehende Bedeutung. Paulus interpretiert das *beneficium* der Philipper innerhalb von zwei Kontexten als Teil einer verläßlichen Austauschbeziehung zwischen ihm selbst und der Gemeinde und als ein Gott miteinbeziehendes Geschehen. In der theologischen Interpretation der Praxis der Philip-

---

[4] Die Schärfe dieses Affronts wird im Vergleich mit Senecas Anweisungen deutlich; s.o. S. 178.

[5] Will man die Bedeutung von θλῖψις bei Paulus richtig verstehen, darf man nicht den eschatologischen Sinn gegen die konkrete Bedrängnis ausspielen. Die konkrete Bedrängnis, die Paulus erfährt, auch in ihrer erniedrigendsten Form, ist seit den Leiden Christi von eschatologischer Qualität. In Phil 4,14 ist der konkrete Hintergrund ebenso deutlich wie in I Thess 1,6 und 3,3f. Vgl. Heinrich Schlier, „Art. θλίβω, θλῖψις," S. 146f.

[6] So die in ihrem vollen Gehalt nur schwer verständliche Formulierung ἐν ἀρχῇ τοῦ εὐαγγελίου, aber auch Phil 4,15 in Verbindung mit I Thess 2,9 und II Kor 11,9 belegen das sofortige Engagement der Philippergemeinde für Paulus.

[7] Die Ausdrucksweise (πεπλήρωμαι, περισσεύω) meint echten Überfluß.

pergemeinde und deren enger Verbindung mit der transzendenten Sphäre unterscheidet sich Paulus deutlich von dem durch Seneca vorgegebenen Interpretationsrahmen eines *beneficium*. Bei Seneca bleiben göttlicher und menschlicher Bereich getrennt, solange die Menschen noch handlungsfähig sind.[8]

Die Tat der Philipper geht auf eine feste Beziehung zurück, aus der gegenseitige Ansprüche und Erwartungen abgeleitet werden. Sie erschöpft sich aber nicht im zwischenmenschlich korrekten Vollzug, sondern trägt in sich eine geistliche Dimension, die Gott mit ins Spiel bringt. Diesen Gedanken bringt Paulus in V.18 ein, indem er einen fließendem Übergang von der Geschäftssprache zur theologischen Wertung schafft. Die Interpretation der Gabe der Philipper in kultischer Terminologie zeigt, daß die vermeintlich profane Gabe einer Geldspende menschliches Handeln zur göttlichen Sphäre in Beziehung setzen kann.

Das Verhältnis zwischen Paulus und der Philippergemeinde unterscheidet sich von dem des Paulus zu seinen anderen Gemeindegründungen. Dies sieht z.B. auch Sampley. Während Sampley in seinem Rückgriff auf die konsensuale *societas* diese Besonderheit auf die in Philippi auf fruchtbaren Boden gefallene Missionsstrategie des Paulus zurückführt, die sich mindestens seit dem Apostelkonzil an der römischen konsensualen *societas* orientiere, liegt der Umkehrschluß doch wesentlich näher. Die Eigenart der Beziehung, die Paulus selbst in Phil 4,15 ausdrücklich benennt, hat ihre Ursache in der von der Gemeinde in Philippi ausgehenden aktiven Gestaltung ihrer inneren und äußeren Verhältnisse und nicht in der Übernahme eines an der konsensualen *societas* orientierten Gemeindemodells aus den Händen des Paulus.[9]

Für eine in der Gemeinde selbst begründete eigenständige Entwicklung spricht nicht zuletzt die Erwähnung der Diakone und Episkopen in Phil 1,1. Diese Bezeichnungen sind für Gemeindeämter zuvor im Christentum noch nicht belegt. Selbst noch in Act wird der Begriff ἐπίσκοπος (Act 20,28 nur im Plural) synonym für πρεσβύτερος gebraucht und dient nicht zur Bezeichnung eines festen Amtes. Die Offenheit dieser beiden Begriffe weist darauf hin, daß sie eher organisatorische Funktionen als Ämter bezeichnen.[10] Reumann hat mit guten Gründen die Vermutung geäußert, daß mit den Episkopen und Diakonen philippische Gemeindeämter genannt seien, die die Philipper selbst entwickelt hätten. Die Verfestigung dieser Titel zu Ämtern sei eine spätere Entwicklung und von der Philippergemeinde unabhängig

---

[8] S.o. S. 180f.
[9] Vgl. Reumann, „Contributions".
[10] Vgl. die Belege bei Dibelius, *An die Thessalonicher I, II. An die Philipper*, S. 51-53.

erfolgt.[11] Sicher ist, daß die relativ offenen Begriffe Funktionsträger innerhalb einer sozialen Organisation bezeichnen sollen. Reumann plädiert wegen des Plurals und Act 16, dort sind die Häuser der Lydia und des Gefängniswärters erwähnt, für die Hausgemeinden als Orte der Entstehung und Geltung dieser Ämter.[12]

Die philippischen Amtsbezeichnungen lassen keine Abhängigkeit von den Vorstellungen des Ignatius über die Ämtertrias des Bischofs, der Diakonen und der Presbyter erkennen,[13] denn sein getreuer Schüler Polykarp spricht in seinem Brief an die Philipper nur von Presbytern und Diakonen (Polyk 5,2-6,1), den Bischofstitel verwendet er weder für sich (trotz IgnPol prsc.) noch für eine Gruppe der philippischen Gemeinde. Dieser Wechsel in den Amtsbezeichnungen muß nicht die Folge von Veränderungen in der philippischen Gemeinde sein. Es ist vor dem Hintergrund der Auseinandersetzungen um den monarchischen Episkopat wahrscheinlicher, daß Polykarp die gleichen Funktionsträger, die in Phil 1,1 noch unvoreingenommen Episkopen und Diakone genannt werden, gemäß seinem kirchlichen Sprachgebrauch Presbyter und Diakone nennt. Gegenüber ihrer Verortung in Hausgemeinden ist Skepsis angebracht.

Der Bericht von der philippischen Erstmission in Act 16 setzt sich mit dem Vorwurf der unangemessenen öffentlichen Religionsausübung der Apostel auseinander (Act 16,20f). Lukas wendet sich gegen diese in der römischen Welt schwerwiegende Anklage, indem er nur von einem nicht-öffentlichen Wirken des Paulus berichtet: er predigt außerhalb der Stadt (Act 16,13) und tauft das Haus der Lydia (V.15) und des Gefängniswärters (V.32). Der Rückzug der Mission des Paulus in den privaten Bereich entspricht der apologetischen Tendenz des Lukas, der hier zeigen will, Paulus weiß sich auch in einer römischen Kolonie korrekt zu verhalten, d.h. er verzichtet auf die öffentliche Verkündigung innerhalb des *pomerium* Philippis. Dies steht in deutlichem Widerspruch zu den paulinischen Aussagen in Phil 1,12-17 und I Thess 2,2, die von der Öffentlichkeit der paulinischen Verkündigung im römischen Kontext sprechen.

Es gibt keinen zwingenden Grund, die Hausgemeinden als den Wirkungsraum der philippischen Diakone und Episkopen zu bestimmen. Die einzige 'Hausgemeinde', die der Phil selbst nennt, ist die *familia Caesaris* (Phil 4,22: οἱ ἐκ τῆς Καίσαρος οἰκίας), die Klientel des julisch-claudischen Hauses. Vielleicht sind die Episkopen und Diakone in Phil 1,1 Übersetzungen von lateinischen Begriffen, mit denen Funktionen innerhalb ihrer Organisation benannt wurden? Die in der Entwicklung von Phil 1,1 zu Polyk 5,3

---

[11] Reumann, „Contributions," S. 449f.
[12] Ebd., S. 450.
[13] IgnPol 6,1; IgnSm 8,1; IgnPhld 7,1; IgnTrall 2,1-3; 3,1; 7,2; IgnMagn 2; 6,1; 13,1.

erkennbare Flexibilität in der Benennung könnte sich aus dem Umstand
erklären, daß die Worte, die Paulus für die Ämter der Philipper wählt,
griechische Begriffe für in der römischen Kultur entwickelte Institutionen
sind und nicht aus der philippischen Gemeinde stammen.

Einige Elemente der selbstbewußten Aktivität der Philippergemeinde, wie
sie in der Philipperkorrespondenz erkennbar werden, sprechen dafür, daß
die Philippergemeinde sich an den Möglichkeiten orientiert hat, die das
Klientelverhältnis bietet. Die Hilfe, die Paulus nach Phil 2,25-30 und
4,10-20 erhält und auch schon früher erhalten hat, wird nicht *ad hoc* aufgrund der besonderen Notsituation zusammengestellt, sondern ist Teil der
auf die Initiative der Gemeinde zurückgehenden, schon länger währenden
Unterstützung, mit der Paulus fest rechnet.

Paulus weist in seiner Aufnahme von Begriffen aus dem religiös-missio-
narischen Umfeld auf das mögliche Mißverständnis hin.[14] Er schlüpft in
die Rolle des kynisch-stoischen Wanderpredigers, weil ihm die Art der
Unterstützung durch die Philipper in diese Rolle zu drängen scheint. Mit
Ironie wehrt er sich dagegen, aber die Fakten bleiben: er nimmt Geld an.
Den Philippern dagegen scheint diese eigeninitiierte und selbstlose Unterstützung keine Schwierigkeiten zu bereiten, denn Paulus ist in Not, genauer
gesagt in Haft. Er erwartet seinen Prozeß, in dem nicht nur seine Person,
sondern auch die mit den Philippern gemeinsame Sache, das εὐαγγέλιον,
angeklagt ist.

Die Philipper interpretieren diese Situation im Rahmen des Klientelverhältnisses als eine Solidarität herausfordernde gemeinsame Notsituation.
Paulus ist in seiner Funktion als öffentlicher Verkündiger des Evangeliums
in eine Rechtsstreitigkeit geraten. Dieser Prozeß ist damit nicht seine Privat-
sache, sondern wird von den Philippern als eine ihre Zusammengehörigkeit
betreffende Angelegenheit verstanden. Ganz im Sinne der Darstellung des
Dionys verstehen sie die Kosten aus der Ausübung eines öffentlichen Amtes
ihres 'Patrons' Paulus als eigene Kosten.[15] Sie lassen ihm durch eine offizielle Mission ihres Gemeindegliedes Epaphroditus eine Unterstützung
zukommen. Paulus nimmt den Charakter dieser Mission wahr und geht
ausführlich auf die Bedeutung des Epaphroditus als Beauftragten der Gemeinde für sich und die Gemeinde selbst ein. Er sieht Epaphroditus in einer
ihm gleichberechtigten Position (ἀδελφός, συνεργός, συστρατιώτης).[16] Die
Gemeinde versteht ihn als ihren Beauftragten, der für seinen Dienst von ihr
legitimiert ist. Epaphroditus ist ἀπόστολος und λειτουργός der Gemeinde.
Paulus vermeidet die Unterordnung des Epaphroditus unter seine sog.

---

[14] S.o. S. 150.
[15] Dion. Hal. II 10.3; s.o. S. 204, Nr. 6.
[16] Genosse, Kamerad, Mitstreiter.

apostolische Autorität,[17] ein Begriff, der gerade angesichts des Phil fehl am Platze ist, da Paulus den Aposteltitel für sich dort nicht verwendet. Epaphroditus ist nicht Bruder der Gemeinde und Diener des Paulus, wie man erwarten könnte, sondern umgekehrt Diener der Gemeinde und Bruder des Paulus.

Nach Phil 2,25-30 bleibt Epaphroditus einige Zeit bei dem vor Gericht stehenden Paulus. Dieser Aufenthalt war nicht durch die Krankheit verursacht, sondern entsprach ganz der Absicht der Gemeinde. Epaphroditus sollte neben der Überbringung des Geldes eine Verpflichtung gegenüber Paulus erfüllen, was ihm, gehindert durch seine Krankheit, in den Augen der Gemeinde nicht ganz gelungen zu sein scheint.[18] Paulus schickt ihn vorzeitig zurück und bestätigt trotz der schweren Einschränkungen, denen der Aufenthalt des Epaphroditus ausgesetzt war, die Erfüllung der Pflichten, mit denen ihn die Gemeinde beauftragt hatte. Paulus sieht die Angelegenheit als erledigt an und deutet die Krankheit und die Gesundung des Epaphroditus als Werk Christi (2,30). Des Epaphroditus Dienst war nicht mit der Überbringung der Gabe erfüllt. Es ist zu vermuten, daß er Paulus in seinen Prozeßschwierigkeiten behilflich sein sollte. Die Gemeinde von Philippi ließ Paulus vor Gericht nicht allein. Es war ein Prozeß vor einem römischen Gericht (ἐν πραιτωρίῳ), und die Philipper nutzten ihre Beziehungen zu Freigelassenen und Sklaven des kaiserlichen Hauses (4,22).[19] Innerhalb des provinzialrömischen Sozialgefüges handelt es sich bei den kaiserlichen Sklaven oder Freigelassenen um durchaus einflußreiche Persönlichkeiten.[20] Vielleicht versuchten die Philipper mit deren Hilfe auf das Verfahren gegen Paulus Einfluß zu nehmen?

Der Prozeß ist die klassische Situation des Zusammenwirkens von Patron und Klientel. Die Motivation zum gemeinsamen Auftreten ist nicht in erster Linie das Ergebnis der persönlichen Bindung, sondern eine Folge der gemeinsamen Sache, um die es geht. Paulus unterstreicht, daß sein Prozeß

---

[17] Auch in Phil 2,30 ordnet er Epaphroditus nicht unter, sondern spricht vom Dienst der gesamten Gemeinde.

[18] Mayer, „Paulus als Vermittler".

[19] Ähnlich Dibelius, *An die Thessalonicher I, II. An die Philipper*, S. 53.

[20] Christ („Grundfragen der römischen Sozialstruktur") betont die bekannte Tatsache, daß unter Claudius und Nero (zur Zeit der paulinischen Mission) Freigelassene wichtige Leitungsfunktionen übernommen hatten. Von diesen Spitzenphänomenen abgesehen plädiert er gegen Alföldy für die Inrechnungstellung einer breiten Mittelschicht, zu der er u.a. die Veteranen, Prätorianer, Freigelassene im Dienste des Prinzeps und die Sklaven der *familia Caesaris* rechnet (ebd., S. 220). Die Gemeinde in Philippi hat zumindest einige Mitglieder aus diesen Gesellschaftsschichten in ihrer Mitte gehabt. Diese differenzierte Skizze ist im Gegensatz zu der Darstellung Alföldys in der deutschen neutestamentlichen Exegese zu wenig beachtet. Das Unverständnis W. Stegemanns („Rez. zu Schüssler Fiorenza," S. 385f) gegenüber den Begrifflichkeiten bei Schüssler Fiorenza hat u.a. hier seine Ursache. Einen gute Darstellung bietet Malherbe, *Social Aspects*, S. 86-88.

nicht auf einem juristischen Mißverständnis beruht, wie das in den Gerichts-
szenen der Apostelgeschichte dargestellt wird.[21] Für Paulus ist das Evange-
lium selbst Gegenstand des Prozesses.[22] Gerade dieser Umstand fordert die
Beteiligung der Philipper heraus. Interessanterweise erwähnt Paulus die
Hilfe anderer in Brief B nicht. Man kann sogar aus 1,14-17 schließen, daß
Paulus sowohl von Freunden wie Gegnern aus der Gemeinde, in deren
Gebiet er sich befindet, allein gelassen wird. Offensichtlich waren den
Christen vor Ort die Einflußmöglichkeiten verschlossen, die den Philippern
zur Verfügung standen.

Das Verhältnis der Philipper zu Paulus entspricht strukturell der Klientelbeziehung. Der Apostel in der Rolle des Patrons vertritt die gemeinsame
Sache (das Evangelium) nach außen. In normalen Zeiten als Missionar, in
der in Phil A und B vorausgesetzten Situation in besonderer Hinsicht vor
Gericht. Die Klientel kann sich nun nicht um ihn scharen, da der Prozeß in
einer fremden Stadt stattfindet. Sie nutzt aber die ihr gegebenen Möglichkeiten zur Unterstützung und Einflußnahme. Paulus steht nicht für sich persönlich, sondern in Ausübung seines Amtes vor Gericht, deswegen hat er
Anspruch auf die Prozeßhilfe der Philipper. Die Klienten sind gemäß der
Überlegung des Dionys zum Mittragen der aus der Wahrnehmung dieses
Amtes erwachsenen Belastungen verpflichtet.[23]

Die Gegenleistung des Paulus für diesen Dienst klingt im Phil an zwei
Stellen an. Wie bei Plinius und Dionys spielt die Fürsorge trotz Abwesenheit und die Ankündigung eines Besuches eine wichtige Rolle im Verhältnis
zwischen Klient und Patron.[24] Paulus erfüllt seinen Teil durch im wesentlichen zwei Aufgaben: 1. die Verkündigung und Vertretung der gemeinsamen
Sache des Evangeliums und 2. durch regelmäßige Besuche in Philippi. Sein
Erscheinen in Philippi kündigt er in Brief B (Phil 1,26 und 2,24) an. In
1,24-26 spricht Paulus aus, welche hohe Bedeutung er der Aufrechterhaltung des Kontaktes mit den Philippern beimißt. Der Tod brächte ihn mit
Christus zusammen (σὺν Χριστῷ εἶναι), aber sein Verbleib im Leben ist um
der Philipper und ihres Fortschritts im Glauben willen notwendiger. Es ist
zu einseitig, die paulinischen Reflexionen über Leben und Sterben in
1,21-26 als individuellen inneren Kampf zu deuten, denn in der hellenistisch-römischen Welt werden Tod und Sterben in ihrer öffentlichen, über
die jeweilige individuelle Biographie hinausgehenden Bedeutung gewürdigt.
Paulus äußert sich in diesem Brief öffentlich und gibt zu erkennen, daß er
seine Existenz in Hinsicht auf Christus und die philippische Gemeinde

---

[21] Act 17,6-8; 18,14f u.ö.
[22] Phil 1,12f.16.
[23] Dion. Hal. II 10.2.
[24] Plin. *ep*. IV 1; s.o. S. 194.

gleichermaßen durchdenkt[25] Der Stand der gemeinsamen Sache der Philipper und des Paulus läßt ein Ableben des Paulus noch nicht zu.

In 1,26 formuliert er einen Gedanken, der auch im Patronatsdenken verankert ist: sein Besuch in Philippi bringt den Ruhm der Gemeinde vor Christus zum Wachsen; er ist die dem Einsatz der Philipper angemessene Gegenleistung und brächte das Guthaben der Philipper gegenüber Paulus wieder zum Ausgleich, das mit der Geldübergabe kräftig angewachsen ist (4,16). Aber Paulus kann zur Zeit der Abfassung des Dankesbriefes keine angemessenen Gegenleistung in Aussicht stellen. In 4,19f verweist er diese Gegenleistung in Gottes Verantwortung.[26] Gott wird aus der ihm zur Verfügung stehenden Überfülle seiner Herrlichkeit den Dienst der Philipper vergelten.

In Brief B ist die Situation eine andere. Paulus hofft zumindest, schon in Kürze Timotheus entsenden zu können (2,19). Er wird dies aber erst tun, wenn sich seine Lage geklärt hat (2,23). Jetzt wird zunächst Epaphroditus auf den Weg geschickt, der der Überbringer des Briefes B sein wird. Beide Kontaktpersonen entbinden Paulus nicht von der Verpflichtung, in Philippi zu erscheinen (2,24). Er wird bald kommen. Es fällt die Intensität des Kontaktes auf und die Qualität, die ihm beigemessen wird. Der Besuch des Paulus wird den Ruhm der Gemeinde vergrößern, der des Timotheus in Philippi wird Paulus beruhigt über die Verhältnisse in Philippi sein lassen, und Epaphroditus schließlich war als Apostel und Beauftragter der Gemeinde derjenige, der die eine Zeit lang unerfüllt gebliebenen Erwartungen des Paulus an die Philipper befriedigte (2,30). Die persönliche Anwesenheit des Paulus bleibt aber trotz aller Tendenz zur Egalität innerhalb des Mitarbeiter-

---

[25] Die paulinischen Reflexionen über die Bedeutung seines Lebens oder Sterbens für sich und die Mission sind neuerdings im Kontext hellenistischer Vorstellungen von Tod, Sterben und Suizid diskutiert worden (Droge, „MORI LUCRUM: Paul and Ancient Theories of Suicide"; Dailey, „To Live or Die"). Dabei sollte bedacht werden, daß in den Überlegungen zum Tod auch der Zeitpunkt des Sterbens ethisch und lebensgeschichtlich reflektiert wird. Der Tod ist geradezu erstrebenswert, wenn er auf dem Höhepunkt der persönlichen Karriere geschieht (Cic. *Lael.* 11f) oder im Einsatz für das Gemeinwesen erlitten wird (Polyb. VI 55), wobei dieser Höhepunkt nicht ausschließlich und nicht einmal vorwiegend am äußeren Erfolg zu bemessen ist, sondern viel stärker von seiner inneren Sittlichkeit qualifiziert ist. Cic. *tusc.* I 109: „nemo parum diu vixit, qui virtutis perfectae perfecto functus est munere." Übers. Gigon: „Keiner hat zu kurz gelebt, der die Pflicht vollkommener Tugend vollkommen erfüllt hat." Das für Paulus erwünschte σὺν Χριστῷ εἶναι sollte nicht durch die Herausarbeitung einer spezifisch paulinischen Todeserwartung anhand einiger weniger Textstellen, die nur notdürftig in ein Entwicklungsschema zu pressen sind, vom hellenistisch-römischen Denken isoliert werden. Es steht den Aussagen Ciceros zum *cum dis futuri sumus* (Cic. *tusc.* I 76; vgl. auch *rep.* VI 15f), das gerade bei einem Sterben auf dem Höhepunkt der sittlichen Existenz erreicht werden kann, ebenso nahe wie dem Opfertod des römischen Bürgers Horatius Codes für das Vaterland (Polyb. VI 55). Vgl. Cic. *tusc.*, bes. Buch I, in dem Cicero die stoischen Anschauungen seiner Zeit rekapituliert.

[26] Vgl.u. S. 179 Senecas Beispiel vom aufgrund äußerer Umstände nicht zu vergeltenden *beneficium.*

stabes in seiner Bedeutung von deren Besuchen unterschieden.[27] Der Umgang, den Paulus und die Philipper mit den gegenseitigen Ansprüchen pflegen, erscheint nicht nur als geschäftliche Rechnung auf Geben und Nehmen, sondern nimmt den Charakter eines ἀγών τῆς εὐνοίας an.[28] Die Philipper leisten Paulus gegenüber mehr als notwendig. Ihre Gabe sprengt den üblichen Rahmen (4,18). Auch ihre Haltung zur Kollekte zeigt eine erstaunliche Begeisterung und ein eigenständiges Engagement. Ohne von Paulus aufgefordert zu sein, schließen sie sich dem Kollektenwerk an.[29] Der außergewöhnliche Einsatz der Philipper steht in Gefahr, bisweilen über das Ziel hinauszuschießen. Paulus muß der Gemeinde gegenüber betonen, daß Epaphroditus seine Mission erfüllt habe, um etwaiger Kritik aus Philippi vorzubeugen (2,25-30), ebenso hebt er in Phil 4,18 hervor, daß er nun wirklich Überfluß habe.

Paulus kann ein Gemeindeglied mit σύζυγε (4,3) ansprechen. Wie der Gebrauch des Begriffes συζυγία bei Dionys zeigt, muß es sich dabei nicht ausschließlich um eine Paarbeziehung handeln, wie der Artikel von Delling im ThWNT verengt darstellt.[30] Er kann auch für die Bindung innerhalb der Klientelstrukturen gebraucht werden und hat dann die Bedeutung von Genosse oder Kamerad.

Dieses Wechselspiel zwischen Paulus und den Philippern durch Besuche und Überbringung von Gaben geht auf eine Beziehungsform zurück, die feste Strukturen vorgibt, so daß es möglich ist, sich gegenseitig an ihre Einhaltung zu erinnern (ἠκαιρεῖσθε und 2,30). Die Reaktion des Paulus zeigt, daß er den Erwartungen der Philipper entsprechen möchte. Seine Besuche haben einen hohen Stellenwert und eine besondere Dringlichkeit.[31]

Das Klientelverhältnis war dem weitgereisten und mit der Kultur der Mittelmeerwelt vertrauten Paulus bekannt, für die Philipper war es darüberhinaus ein Teil ihrer kulturellen und sozialen Welt. Die Übertragung auf die Verhältnisse der christlichen Gemeinde war ihr eigenständiges Werk des Gemeindeaufbaus. Die philippische Gemeinde greift dabei auf eine

---

[27] Phil 1,16 u. 2,24.

[28] Dion. Hal. II 10,4.

[29] II Kor 8,4; vgl. Georgi, *Die Kollekte*, S. 53. Auch Reumann („Contributions," S. 450-54) sieht II Kor 8,1 und 9,4 als Belege für die Beteiligung der Philipper an der Kollekte. Seine Argumente für die Selbstständigkeit der Philipper ließen sich noch mit dem der Freiwilligkeit ihrer Beteiligung (II Kor 8,3f) ergänzen.

[30] Delling, „Art. σύζυγος," S. 749f. betont einseitig die im Begriff angeblich enthaltene Zweisamkeit. Für συζυγία bringt er nur „Zweigespann, Paar u.ä.". Bei Dion. Hal. dagegen ist die weitere Bedeutung im Sinne von Bindung, Verhältnis, Beziehung erkennbar. Die Zweizahl spielt hier keine Rolle. Durch deren Betonung verengt Delling die Verstehensmöglichkeiten für den unklaren Gebrauch von σύζυγος in Phil 4,3.

[31] Das erklärt den Umweg über Philippi, den Paulus nach II Kor 2,12f und 7,5 auf sich nimmt, um nach Korinth zu gelangen.

Form des Klientelverhältnisses zurück, das die Klientel nicht als eine vom Patron materiell und sozial abhängige Gruppe von je einzelnen versteht, sondern als eine Gemeinschaft, die das Klientelverhältnis aktiv gestaltet, nach innen organisiert und strukturiert und die die Handlungen des Patrons in Hinsicht auf das gemeinsam gesteckte Ziel kritisch begleitet. Um den pejorativen Klang der Bennerschen Formulierung von der „denaturierten Klientel" zu vermeiden, ist es angemessener, von einer *emanzipierten Klientel* zu sprechen.

2. Der Konflikt mit der römischen Umwelt

Trotz der Krise in Korinth und den damit verbundenen Unsicherheiten wählt Paulus den Umweg über Philippi, um von Ephesus nach Korinth zu reisen. Er hält in diesem Falle sein Versprechen, bald zu kommen (Phil 2,24). Was ihn aber in Philippi erwartet, ist wenig erfreulich. In II Kor 7,5f äußert sich Paulus nur recht allgemein über die Schwierigkeiten dort. Es scheint, daß es Konflikte gab, deren Ursache in Spannungen mit der Umwelt bestanden. Falls Paulus Philippi meint (ϵἰς Μακεδονίαν), ist es näherliegend, an Auseinandersetzungen mit der politischen Umwelt zu denken, als an innergemeindliche Kämpfe. Schon I Thess 2,2 nennt die Mühsal des Apostels, die ihm bei seinem ersten Wirken in Philippi bereitet wurde. Das nach diesem ersten Besuch fortdauernd gute Verhältnis zur Gemeinde, die ihn in Thessalonike mehrmals unterstützte (Phil 4,15f), legt nahe, daß es sich um Bedrohungen gehandelt haben muß, die kaum von den vielbeschworenen „Gegnern"[32] aus Phil 3 ausgegangen sein können.[33] Die Verfolgungen und Mißhandlungen, denen Paulus sowohl bei seinem ersten Wirken in Philippi (I Thess 2,2) als auch bei seinen weiteren Besuchen (II Kor 7,5f) ausgesetzt war, gehen vielmehr auf die negative Reaktion der Bewohner und des Magistrates der augusteischen Kolonie Philippi zurück.

Paulus betont sowohl in I Thess 2,2 als auch in Phil 1,20 die Öffentlichkeit seiner Verkündigung (παρρησία). Die sich daraus ergebenden Konflikte für die Gemeinde in Philippi spricht Paulus in Phil 1,27-30 an. Paulus greift an zwei Stellen (1,27 u. 3,20) politische Begriffe auf. In Phil 1,27 fordert er die Philipper auf, des Evangeliums würdig zu agieren. Die häufige Übersetzung des πολιτεύειν im Sinne von περιπατεῖν schwächt die Formulierung des Paulus unangemessen ab und ignoriert den kämpferischen Kontext.[34] Die Philipper stehen als Mitstreiter (συναθλοῦντες) in einem

---

[32] Windisch, *Der zweite Korintherbrief*, S. 226f.
[33] In der Philipperkorrespondenz selbst spricht nichts für einen judenchristlichen Anteil der Gemeinde. Es fehlen alttestamentliche Zitate und Schriftauslegungen.
[34] πολιτεύειν ist Hapaxlegomenon im *Corpus Paulinum*.

Kampf gegen die Feinde (ἀντικείμενοι), der sie über ihr Vertrauen auf Christus zum Leiden um seinetwillen führt. Diese Kampfszene (ἀγών), die sehr anschaulich geschildert wird,[35] ist auch der sachliche Kontext des Philipperhymnus, wie die Aufnahme des Motivs der An- bzw. Abwesenheit des Paulus in Bedrängnissen der Gemeinde (1,27) in 2,12 zeigt. Des Evangeliums würdig zu agieren, heißt für Paulus, als Gemeinschaft (ἐν ἑνὶ πνεύματι) aktiv gestaltend die eigene Sache zu vertreten. Seine Formulierung in 1,30 (τὸν αὐτὸν ἀγῶνα ἔχοντες) in Verbindung mit 1,28 (ἀντικείμενοι) und 2,15 (μέσον γενεᾶς σκολιᾶς) macht deutlich, daß es sich dabei um einen durch die Aktivität der Gemeinde provozierten Konflikt mit ihrer Umwelt handelt, denn der in römischer Gefangenschaft (1,12-14) sitzende Paulus steht im gleichen Kampf wie die Philipper. Paulus und die Philipper („wir") haben den Ort, von dem her sie ihr weltliches Existenzrecht empfangen (πολίτευμα)[36] „in den Himmeln". Von dort erwarten sie den Retter Jesus Christus, der ihre leibliche Existenz zur Existenz in seiner Herrlichkeit wandeln wird mit der Macht, die ihm alles unterordnet.

Im Vergleich zu I Thess 1,9f, einer sehr ähnlichen soteriologischen Formulierung, ist die Parusievorstellung in Phil 3,20f wesentlich politischer. An beiden Stellen wird Jesus in kerygmatischen Formeln als die zu erwartende Retterfigur bekannt. Wird in I Thess 1,9f (und 5,9) die kommende ὀργή als allgemeiner Hintergrund des Rettungshandelns Jesu verstanden, so betont Paulus im Phil die mit dem Kommen Jesu erwartete Unterordnung aller Mächte (Phil 2,10f und 3,21) unter die Macht Jesu. Die Radikalisierung der Parusievorstellung zu einer politischen Christologie zwischen I Thess und Phil erklärt sich aus den unterschiedlichen Kontexten der Korrespondenzen. Während sich I Thess ganz auf in der Gemeinde aufgetretene Fragen konzentrieren kann, ist die Philipperkorrespondenz von den Konflikten des Paulus und der Gemeinde mit der munizipalrömischen Obrigkeit geprägt.

Ein Vergleich vor dem sozialgeschichtlichen Hintergrund des römischen Bürgerrechts und der römischen Prinzipatsideologie ist lohnenswert. Der römische Bürger, ob er nun in der Kolonie Philippi oder in Rom selbst wohnt, ist in eine stadtrömische *tribus* eingeschrieben.[37] In Rom ist sein Name in die Bürgerliste eingetragen und von dort her kann er sich sein Recht immer bestätigen lassen. Von dort erwartet er auch das friedenstiftende und heilbringende Wirken des Patrons von Philippi, des Imperator

---

[35] μὴ πτυρόμενοι; vgl. Plut. *Fab.* 3, dort für das Scheuen des Pferdes.

[36] πολίτευμα als politischer Begriff mit personenrechtlicher Relevanz metaphorisch bei Philo *De opificio mundi* 143f. Vgl. zur Bedeutung für das Diasporajudentum die Stellen bei Hengel, „Proseuche und Synagoge," S. 170f, Anm. 57.

[37] Die römischen Bürger Philippis gehörten z.B. der *tribus Voltinia* an.

Caesar Augustus, aus dessen Händen er sein Land empfangen hat und in dessen Händen das Schicksal der Welt liegt. Die Verehrung eines Gekreuzigten, also eines Verbrechers, widerstreitet ebenso der Staatsräson wie die konkurrierende religiöse Orientierung, die in Phil 2,6-11 und 3,20f zum Ausdruck kommt. Der Philipperhymnus betont in der Aufnahme hellenistisch-jüdischen Traditionsgutes das gegenwärtige Recht der kosmischen Herrschaft Christi, das weder durch seine niedrige soziale Stellung (δοῦλος) noch durch seinen Kreuzestod infragegestellt ist. Gerade diese Attribute werden zur Selbstbezeichnung der Missionare als δοῦλοι Χριστοῦ (Phil 1,1) bei gleichzeitigem Verzicht auf den Apostelbegriff, der nur in Phil 2,25 gebraucht wird und dort eher 'Bote' als 'Verkündiger' meint. Den gleichen Konflikt thematisiert Phil 3,20f als Antwort auf die Feinde des Kreuzes und betont die konkreten rechtlichen Auswirkungen der zukünftigen Herrschaft Christi: die Bedeutungslosigkeit des römischen Bürgerrechts.

Es kann kein Zufall sein, daß Paulus im Phil die Frage nach dem angemessenen Tod in einen politischen und nicht allein religiösen Kontext stellt. Sowohl seine eigene Situation angesichts des Todes als auch die Konfliktsituation der Philipper interpretiert Paulus dabei unter Aufnahme hellenistisch-römischer Motive, für sich in 1,21-26 in der Überlegung, ob nun der rechte Augenblick für einen ruhmvollen Tod gekommen sei, für die Philipper in 2,15 mit einem Motiv der Astralmystik. Die Philipper werden wie die Helden des römischen Staates[38] zu Lichtgestalten im Kosmos. Das πολιτεύειν macht dabei ebenso wie Phil 2,10f und 3,18-21 deutlich, daß die Anfeindung von außen nicht eine auf Mißverständnissen beruhende Überreaktion der römischen Welt ist, wie die späteren Apologeten behaupten werden, sondern in der Sache des Evangeliums begründet ist.[39]

Einen Eindruck von dieser Spannung gibt auch Act 16,10ff. Lukas bemüht sich, den öffentlichen Konflikt wie so oft als Intrige aus niedrigen

---

[38] Suet. *Iul.* 88: „siquidem ludis, quos primos consecrato ei heres Augustus edebat, stella crinita per septem continuos dies fulsit exoriens circa undecimam horam, creditumque est animam esse Caesaris in caelum recepti; et hac de causa simulacro eius in vertice additur stella." Übers. Wittstock: „Denn während der ersten Spiele, die sein Erbe Augustus dem für göttlich erklärten Caesar veranstaltete, leuchtete ein Komet, der gegen die elfte Stunde aufging, sieben Tage lang hintereinander, und man glaubte, dies sei die Seele des in den Himmel aufgenommenen Caesar. Aus diesem Grunde wird seinem Standbild auch ein Stern über dem Scheitel hinzugefügt." Ebenso wird berichtet, daß der Tempel der Venus Genetrix den *sidus Iulium* trägt. Vergil (*Aen.* VIII 611) läßt während der Seeschlacht bei Aktium über Augustus den Stern seines Vaters aufgehen. In den Weissagungen an Aeneas spielt die Sternenmetaphorik eine große Rolle: z.B. *Aen.* I 259.289f; II 695-8; III 158; auch Cic. *rep.* VI 13 (*Somnium Scipionis* 13): „omnibus qui patriam conservaverint adiuverint auxerint, certum esse in caelo definitum locum, ubi beati aevo sempiterno fruantur." Übers. in Anlehnung an Büchner: „Allen, die das Vaterland bewahrt, ihm geholfen, es gefördert haben, ist ein fester Platz im Himmel bestimmt, daß sie dort selig ein ewiges Leben genießen." Vgl. Cic. *Lael.* 11f (über den Tod des Scipio) und o. S. 214.
[39] Phil 1,16: εἰς ἀπολογίαν τοῦ εὐαγγελίου; auch 1,27.

Beweggründen darzustellen. Diesmal nicht als Machenschaft jüdischer Gegner, sondern als verärgerte Reaktion der um ihren Gewinn geprellten Sklavenhalter. Diese verklagen Paulus nach Lukas aber nicht auf Geschäftsschädigung, sondern auf die Verletzung römischer Sitte (Act 16,20f) und die Erregung öffentlichen Aufruhrs.[40] Lukas verharmlost zwar den Konflikt und seinen Hintergrund, aber er kann nicht umhin, die extrem brutalen Umstände zu schildern (Mißhandlung, Ketten, strenge Haft). Sie dienen nicht allein zur Unterstreichung des Wunders, sondern geben auch eine realistische Einschätzung von dem Verlauf eines Konfliktes mit der römischen Obrigkeit wieder. Immerhin verschweigt er auch nicht, daß es sich um einen Konflikt um das römische Selbstverständnis handelt und gibt dem Leser schon in Act 16,12 mit dem für Act ungewöhnlichen Hinweis auf den Status der Stadt eine Vorahnung der Konflikte, die ihn in Philippi erwarten.[41] Act 16,22-24 zeigt die scharfe Gegnerschaft der städtischen Obrigkeit. Die prosopographischen Details von Act 16,10ff sollten nicht als historische Informationen der paulinischen Zeit ausgewertet werden, aber die grundsätzliche Konfliktlinie zwischen der Evangeliumsverkündigung des Paulus und damit auch der Philippergemeinde und der an ihrer römisch-augusteischen Identität festhaltenden Stadt Philippi zeigt sich auch dort.[42] In Philippi wurde das paulinische Evangelium als Kritik am eigenen kulturellen, religiösen und politischen Selbstverständnis aufgefaßt.

Das Phänomen des Patronats des julisch-claudischen Hauses über Philippi gibt der Auseinandersetzung zusätzliche Brisanz. In ihr werden keine Äußerlichkeiten verhandelt, sondern Form ($\pi\alpha\rho\rho\eta\sigma i\alpha$) und Inhalt des paulinischen Evangeliums in Konkurrenz zur augusteischen Prägung der Kolonie stehen zur Debatte. Wir haben gesehen, daß die Patronatsbeziehung Philippis eine ausschließende Tendenz gegenüber anderen vergleichbaren überlokalen Bindungen der Kolonie hat. Die Aufnahme einer so engen wechselseitigen auswärtigen Beziehung, wie sie sich in der Philipperkorrespondenz spiegelt, bewegt sich in einem politisch brisanten Umfeld. Tritt hinzu, daß es sich nicht um eine geschäftliche Beziehung, sondern um eine weltanschauliche, nicht auf gemeinsame Kultpraktiken beschränkte, gut organisierte überörtliche religiöse Bindung handelt, steht die Frage nach der Legalität

---

[40] Der Vorwurf gegen Paulus, er errege öffentlichen Aufruhr, bringt Lukas jeweils gegenüber römischen Rechtsinstanzen: in Philippi und in Thessalonike (Act 17,6). Vgl. Act 24,5.

[41] Nur in Act 16,12 findet sich im lukanischen Schrifttum ein Begriff, der die verfassungsrechtliche Stellung einer Stadt hervorhebt ($\kappa o\lambda\omega\nu i\alpha$; sonst $\pi\delta\lambda\iota\varsigma$ im Sinn von *civitas*).

[42] Vgl. van Unnik („Die Anklage gegen die Apostel in Philippi"), der die in Act 16,20f von Lukas formulierte Anklage in den Kontext des Verhältnisses römischer Kultur zum Judentum stellt. Sein Schluß von der geschichtlichen Plausibilität der Anklage auf die Historizität der lukanischen Szene ist aber unzulässig (ebd. S. 373). Es ist charakteristisch für die lukanische Erzählweise, geschichtliche Plausibilität gerade bei Mangel an historischen Nachrichten herzustellen. Zur lukanischen Tendenz in Act 16 s.o. S. 5-6 und S. 211.

dieser Organisation auf der Tagesordnung der politischen Machthaber und ihrer Organe. Seit dem Bacchanalienskandal (186 v.Chr.) gehört es zu den Aufgaben eines Magistrates, in dieser Hinsicht seine städtischen Verhältnisse unter Kontrolle zu halten.[43]

Dieter Georgi hat in seiner Analyse des Liviusberichtes gezeigt, daß die den Kernbestand des Liviusberichtes ausmachende Novelle mit den Mitteln politischer Propaganda den „Konflikt zwischen verschiedenen Loyalitäten", genauer die „Kollision zwischen religiösem Zugehörigkeitsgefühl und dem 'raison d'état'" für ihre eigene Gegenwart, nämlich den frühen Prinzipat, thematisiert.[44] Der historische Vorgang der Bekämpfung der Bacchanalien durch den Senat von Rom diene der Novelle als Material zur Ausarbeitung einer Hilfestellung für die ethische Entscheidung zwischen der Loyalität gegenüber Göttern und der Loyalität gegenüber dem Staat. Der ethische Rat besage nicht nur, daß die Staatsräson unbedingten Vorrang bis hin zum Verrat eines Kultes verdiene,[45] sondern stelle die weitergehende Behauptung auf, daß eine Religion, die einen Loyalitätskonflikt zwischen Staat und Religion herausfordere, nur eine falsche Religion sein könne, die eben nicht unter dem Schutz der Götter stehe.[46] Wichtige Kriterien, um eine solche das Verhältnis zum Staat belastende Religion zu erkennen, sind im Liviusbericht formuliert und liefern Hinweise auf die mögliche Haltung des philippischen Magistrates: Leitungsfunktion von Frauen, gemeinsame Geldverwaltung, gute innere Organisation und Disziplin, Ämter, gemeinsame Kultpraktiken von Männern und Frauen, Übergriffe in die Privatrechtssphäre ihrer Mitglieder und dadurch Gefährdung der Familien- und Klientelstrukturen, eine überörtliche Organisation.[47]

Die Skepsis des römischen Staates gegenüber eigenständigen Organisationsformen seiner Bürger ist nicht nur im *SC de Bacchanalibus* belegt. Die Existenz bzw. die Gründung von Kollegien war in der späten Republik und unter Caesar und Augustus weiterhin Gegenstand staatlicher Rechtsprechung. Verbote bzw. Einschränkung von Neugründungen wurden mit dem

---

[43] Das *senatus consultum* (SC) *De Bacchanalibus*, in: *CIL* I² 581. Text und Übersetzung in Schumacher, Römische Inschriften, S. 79-83; vgl. Liv. XXXIX 8-19; dazu: Georgi, „Analyse des Liviusberichtes." Die Bronzetafel, auf der uns das *senatus consultum* (*SC de Bacchanalibus*) überliefert ist, ist eine Ausfertigung durch den Magistrat von Teura (verm. Terina, Süditalien), der diesen Senatsbeschluß zur Bekanntmachung in seiner Stadt anbringen mußte. Das SC richtet sich an die mit Rom verbündeten Gemeinwesen und weist deren Behörden und deren Ratsversammlungen bestimmte Aufgaben zu, u.a. die Anbringung des SC auf einer Bronzetafel. Vgl. Schumacher, *Römische Inschriften*, S. 82f. Noch Tertullian (apol. 6,7f) erwähnt es als Gefahr für die Christen und andere religiöse Gemeinschaften.

[44] Georgi, „Analyse des Liviusberichtes," S. 192.

[45] Ebd.

[46] Ebd., S. 204.

[47] Ebd., S. 193-98; Liv. XXXIX 15f.

Verdacht staatsfeindlicher Aktivitäten begründet (*quae adversus rem publi-cam videbantur esse*).[48] Augustus legte schließlich die Rahmenbedingungen für die Zulassung neuer *collegia* fest.[49] Von da an galt, daß *collegia* staat-licher Genehmigung durch Senat und Prinzeps bedurften, die wiederum vom Erweis ihrer Nützlichkeit für den Staat abhängig war (*quae utilitas civitatis desiderasset*).[50]

In diesem staatspolitischen Problemfeld bewegt sich die kleine Gruppe in Philippi, die sich der paulinischen Mission angeschlossen hat. Sie organi-siert sich nach innen durch die Vergabe von Funktionen (διάκονος, ἐπίσκοπος, ἀπόστολος u.a.), steht nach außen in Kontakt mit anderen Gemeinden und deren Repräsentanten (Kollekte, Paulus). Sie bereitet Mis-sionen ihrer Mitglieder vor und unterstützt die Mission anderer, nicht der Gemeinde zugehöriger Personen. Sie schafft dafür gemeinschaftlich die finanziellen und materiellen Voraussetzungen. Sie vergibt Aufträge und sendet Boten bzw. Überbringer aus. Sie führt eine überlokale Korrespon-denz. Frauen nehmen in ihr aktive und leitende Funktionen ein. Diese Aktivitäten konnten in der vergleichsweise übersichtlichen Situation Philip-pis und aufgrund des ausgeprägten missionarischen Interesses der Gemeinde nicht unbemerkt bleiben. Die schwer zu kontrollierende Kontaktaufnahme außerhalb städtischer Grenzen verstärkte den Verdacht auf eine unerlaubte religiös-politische Betätigung, die dem Bestand und dem Ansehen der Kolo-nie Schaden zufügen könnte. Die öffentliche Ordnung ist berührt und eine Prüfung der Verhältnisse notwendig.

Die inhaltliche Prüfung des paulinischen Evangeliums verstärkt die Ver-mutung, daß hier Konkurrenz zum religiös-politischen Programm des Prinzipates im Entstehen ist und von einer *utilitas civitatis* aus der Sicht des Magistrates keine Rede sein kann. Der Begriff εὐαγγέλιον stellt sich neben die εὐαγγέλια der Kaiserproklamationen[51] und tritt damit als Alternative auf. Seine Inhalte, wie sie im Phil zum Ausdruck kommen und damit auch mit großer Wahrscheinlichkeit den Kern des in Philippi verkündeten Evan-geliums widerspiegeln, relativieren die religiöse und politische Macht des

---

[48] Kornemann, „Art. Collegium," Sp. 403-12. Kornemann (ebd., Sp. 405) sieht auch die sachliche Kontinuität zwischen dem Verbot der Kollegien in der späten Republik und im frühen Prinzipat und dem *SC de Bacchanalibus*. Vgl. Benner, *Die Politik des P. Clodius Pulcher*, S. 65-71; Malherbe, *Social Aspects*, S. 86-88.
[49] Vermutlich im Jahr 7 v.Chr. Vgl. Kornemann, „Art. Collegium," Sp. 408.
[50] Kornemann, „Art. Collegium," Sp. 408. Tacitus (*ann*. XIV 17) berichtet vom Verbot der *collegia*, „quae contra leges instituerant", in Pompeji 59 n.Chr.
[51] Strecker, „Art. εὐαγγέλιον," S. 179f. Vgl. zur Bedeutung der εὐαγγέλια in der Reli-gionspolitik des Augustus die *decreta de fastis provincialibus* (sog. Priene-Inschrift) in Sherk, *Roman documents*, S. 328-37, Nr. 65, bes. S. 332, Z. 37 und 40; Harnack, „Als die Zeit erfüllet war".

Prinzeps (Phil 2,5-11) sowohl auf Erden als auch im Himmel[52] und unter-
ziehen sie einer scharfen Kritik.[53] Die politischen Verhältnisse und deren
Gemeinschaftsformen werden als vorläufig verstanden. Aus ihr lassen sich
keine ethischen Regeln für das Zusammenleben und die Existenz der Christen und ihrer Verkündigung entnehmen. Die Philippergemeinde fühlt sich
einer anderen politischen Gemeinschaft angehörig (Phil 3,20). Diese Einschränkung der ethisch-religiösen Bedeutung der Kolonie und ihres Selbstverständnisses bezieht sich nicht nur auf die kleine Schar der Christen,
sondern diese stehen paradigmatisch für das Gesamt der menschlichen
Gemeinschaft der Stadt, wie es Paulus durch seine Anrede Φιλιππήσιοι zum
Ausdruck bringt.[54]

Der Konflikt ist weder in seinem Verlauf noch in seinen Gegenständen
detailliert nachzuzeichnen, aber die grundsätzliche Linie der Auseinandersetzung wird durch den religions-politischen Hintergrund der *Colonia Augusta
Julia Philippensis* faßbar. Die Interpretation der Beziehung des Paulus zur
Philippergemeinde als Klientelbeziehung hat damit nicht nur Bedeutung für
das Verständnis ihrer sozialen Beziehung, sondern reicht weit über den
Bereich des Privaten hinaus. Sie tangiert die öffentlichen Angelegenheiten
der Kolonie Philippi. Die Philipper greifen diese Form der sozialen Organisation auf, in dem sie die der Evangeliumsverkündigung adäquaten Elemente finden: eine in ihrem inneren Aufbau gut organisierte Gemeinschaft von
Männern und Frauen, die zu personellem und materiellem Engagement in
der Lage ist.[55]

---

[52] Die konsekrierten Prinzipes: Julius Caesar, Augustus, Claudius, Vespasian und Titus. Zu
Zeiten des Paulus war die Divinisierung also noch keine Selbstverständlichkeit - sie wurde dem
Tiberius, Gaius und später Nero nicht gewährt. Der Götterhimmel war zur Zeit des Paulus
schon durch Julius Caesar, Augustus und Claudius ergänzt.

[53] Eine Kritik, die wesentlich schärfer und grundsätzlicher ist als die schillernden Äußerungen Senecas in der *Apocolocyntosis* und die seines Neffen Lukan zu Beginn des *bellum civile*
(Lucan. I 41-66). Beide Texte, der eine zu Claudius, der andere zu Nero, sind keine grundsätzliche Kritik der Konsekrierung der verstorbenen Caesaren und schon gar keine Religionskritik
im neuzeitlichen Sinne der Leugnung der Wirklichkeit religiöser Vorgänge. Sie rechnen trotz
des beißenden Spottes mit der grundsätzlichen Möglichkeit und erkennen eines dieses
Vorganges würdigen Caesaren. So auch Schönberger, „Einführung," S. 25: „Seneca ist sogar
ein Anhänger der Apotheose, wenn ein vollkommener Herrscher zum Gott erklärt wird." Vgl.
ebd., S. 31. Ähnlich Dio Cassius (51, 20, 8), der den Bau von Tempeln den Caesaren vor-
behält, die gerecht regiert haben.

[54] Ramsay („The Philippians," S. 116) bezeichnet die paulinische Formulierung als eine
grobe Transkription des lateinischen Philippenses, anstelle eines dem Griechischen angemesse-
neren Φιλιππηνοί oder Φιλιππεῖς. Er ergänzt (ebd.): „St. Paul, therefore, regarded Colonia
Augusta Julia Victrix Philippensium (...) as a Latin town, and marks this by the name, which
implies doubtless that the inhabitants were proud of their ranks". Vgl. Collart, *Philippes*,
S. 303f; Papazoglou, *Les villes de Macédoine*, S. 407.

[55] Der Einsatz des Paulus für die in Gal 2,9f vereinbarte Kollekte zeigt die Bedeutung, die
Paulus dem materiellen Austausch innerhalb einer Gemeinschaft beimißt. Vgl. Georgi, *Remembering the Poor*, S. 141-65.

Die philippische Gemeinschaft wird durch diese äußeren Kennzeichen zu einem mehr als kommunalpolitischen Ärgernis. Offensichtlich verstand sie sich als eine konkurrierende Alternative zur bisherigen offiziellen religiös-politischen Weltanschauung der Philipper und konkretisiert auf diese Weise die Intention der paulinischen Mission im Rahmen ihrer lokalen Umwelt. Die paulinische Mission befindet sich nicht in erster Linie in der Offensive gegen einen wie immer gearteten religiösen Pluralismus.[56] Sie gerät in Konflikt mit der offiziellen, gesellschaftstragenden und herrschaftlegitimie-renden religiös-politischen Ideologie des frühen Prinzipats in der Phase der julisch-claudischen Dynastie.

---

[56] S.o. S. 66f.

LITERATUR- UND QUELLENVERZEICHNIS

Die zahlreichen Artikel und Berichte über die Ausgrabungen, Inschriften und Funde in Philippi des *Bulletin de correspondance hellénique* der École Française d'Athènes (Paris) werden hier nicht im einzelnen aufgelistet. In den Anmerkungen verweise ich in der Regel nur auf die Fundstelle in der Zeitschrift. Deswegen möchte ich, um meinen Respekt vor den Leistungen mehrerer Forschergenerationen zu bekunden, die Namen derjenigen nennen, die für sie verantwortlich zeichnen: Paul Perdrizet, Étienne Lapalus, Paul Collart, Paul Lemerle, Pierre Ducrey, Pierre Aupert, Michel Sève und Patrick Weber.

1. Literatur

Abrahamsen, Valerie Ann. „Bishop Porphyrios and the City of Philippi in the Early Fourth Century." *VigChr* 43 (1989) S. 80-5.
——. *The Rock Reliefs and the Cult of Diana at Philippi*. Cambridge Mass. 1986 (Harvard Univ. Diss. 1986; Ann Arbor, Mich.; University Microfilms, 1986).
——. „Women at Philippi." *JFSR* 3 (1987) S. 17-30.
Aejmelaeus, Lars. *Streit und Versöhnung: Das Problem der Zusammensetzung des 2. Korintherbriefes*. Helsinki 1987 (SESJ 46).
Aland, Kurt. „Der Schluß des Römerbriefes." Ders., *Neutestamentliche Entwürfe*, München 1979 (TB 63), S. 284-301.
—— und Aland, Barbara. *Der Text des NT*. Stuttgart ²1989.
——. „Neutestamentliche Textkritik und Exegese." *Wissenschaft und Kirche. Festschrift für E.Lohse*, hg.v. Kurt Aland u. Siegfried Meurer, Bielefeld 1989 (TAzB 4), S. 132-48.
Alexander, Loveday. „Letter-Forms and the Structure of Philippians." *JSNT* 37 (1989) S. 87-101.
Alföldy, Geza. „Augustalen- und Sevirkörperschaften in Pannonien." *AAH* 6 (1958) S. 177-98.
——. „Die römische Gesellschaft - Struktur und Eigenart." *Gym.* 83 (1976) S. 1-25.
——. *Römische Sozialgeschichte*. Wiesbaden ³1984 (Wissenschaftliche Paperbacks 8).
Atherton, Patrick. „The City in Ancient Religious Experience." *Classical Mediterranean Spirituality* (World Spirituality 15, hg.v. A.H.Armstrong). New York 1986, S. 314-36.
Bachmann, Michael. *Sünder oder Übertreter: Studien zur Argumentation in Gal. 2,15ff.* Tübingen 1992 (WUNT 59).
Badian, Ernst. *Foreign Clientelae (264-70 B.C.)*. Oxford 1958.
Banti, Luisa. „Incrizioni di Filippi copiate da Ciriaco Anconitano nel Codice Vaticano latino 10672." *Annuario della Scuola Archeologica di Atene*, NS 1-2 (1939-1940) S. 213-20.
Barth, Gerhard. *Der Brief an die Philipper*. Zürich 1979 (ZBK NT 9).
Bauer, Walter. *Griechisch-deutsches Wörterbuch zu den Schriften des Neuen Testamentes und der übrigen urchristlichen Literatur*. Berlin u. New York ⁵1971.
Beare, F.W. *A Commentary to the Epistle to the Philippians*. London 1959.
Becker, Carl. „Art. Fides." *RAC* 7 (1969) Sp. 801-39.
Becker, Jürgen. *Paulus: Der Apostel der Völker*. Tübingen 1989.
Behm, Johannes. „Art. θύω, θυσία, θυσιαστήριον." *ThWNT* 3 (1938) S. 180-90.
Bengtson, Hermann. *Grundriß der römischen Geschichte mit Quellenkunde I: Republik und Kaiserzeit bis 284 n.Chr.* München ³1982 (HAW III,5).
Benner, Herbert. *Die Politik des P. Clodius Pulcher: Untersuchungen zur Denaturierung des Clientelwesens*. Stuttgart 1987 (Historia Einzelschriften 50).
Berger, Klaus. „Hellenistische Gattungen im NT." *ANRW* II 25,2 (1984) S. 1031-1432.
Bernhart, Max. *Handbuch der Münzkunde der römischen Kaiserzeit*. 2 Bde., Halle 1926.
Betz, Hans Dieter. *Lukian von Samosata und das Neue Testament*. Berlin 1961 (TU 76).
——. *2. Korinther 8 und 9: Ein Kommentar zu zwei Verwaltungsbriefen des Apostels Paulus*. Gütersloh 1993.

Bieler, Ludwig. *Geschichte der römischen Literatur*. Berlin/New York ⁴1980 (SG 2215).
Bleicken, Jochen. „Der politische Standpunkt Dios gegenüber der Monarchie." *Hermes* 90 (1962) S. 444-67.
———. *Verfassungs- und Sozialgeschichte des Römischen Kaiserreiches*, 2 Bde., Paderborn 1978 (UTB 838f).
Bloomquist, L. Gregory. *The Function of Suffering in Philippians*. Sheffield 1993 (JSNT.Supplement Series 78)
Boismard, M.-E. / Lamouille, A. *Les actes des deux apôtres*. 3 Bde., Paris 1990 (EtB Nouvelle Série 12-14).
Bornkamm, Günter. *Paulus*. Stuttgart u.a.O. ⁶1987 (UB 19).
———. „Der Philipperbrief als paulinische Briefsammlung." *Neotestamentica et Patristica: Festschrift für Oscar Cullmann*, Leiden 1962 (NT.S 6), S. 192-202. Ergänzte Fassung: ders., *Geschichte und Glaube II* (Ges. Aufsätze 4), München 1971 (BevTh 53), S. 195-205.
———. „Die Vorgeschichte des sogenannten Zweiten Korintherbriefes." Ders., *Geschichte und Glaube II* (Ges. Aufsätze 4), München 1971 (BevTh 53), S. 162-94.
Botermann, Helga. „Paulus und das Urchristentum in der antiken Welt: Besprechung von Jürgen Becker, Paulus." *ThR* 56 (1991) S. 296-305.
Bowersock, G.W. *Augustus and the Greek World*. Oxford 1965.
Brandenburger, Egon. „Art. Gericht III: NT." *TRE* 12 (1984) S. 469-83.
Briscoe, John. „Rez. zu H.Benner, Die Politik des P.Clodius Pulcher." *Gn.* 60 (1988) S. 659-61.
Brooten, Bernadette. *Women Leaders in the Ancient Synagogue*. Atlanta 1982 (BJSt 36).
Bultmann, Rudolf. *Das Urchristentum im Rahmen der antiken Religionen*. Stuttgart 1954. ⁵1986. Neuauflage 1992 (dtv-Wissenschaft 4580).
———. *Der Stil der paulinischen Predigt und die kynisch-stoische Diatribe*. Göttingen 1910, Neudruck 1984 (FRLANT 13).
———. *Der zweite Brief an die Korinther*. Hg.v. Erich Dinkler, Göttingen 1976 (KEK Sonderband).
Bund, Elmar. „Art. Patronus." *KP* 4 (1972) Sp. 559f.
Burkert, Walter. *Antike Mysterien: Funktionen und Gehalt*. München ²1991.
Capper, Brian J. „Paul's Dispute with Philippi: Understanding Paul's Argument in Phil 1-2 from his Thanks in 4.10-20." *ThZ* 49 (1993) S. 193-214.
Charlesworth, M. P. *Trade-Routes and Commerce of the Roman Empire*. London ²1926 = Chicago 1974.
Christ, Karl. *Geschichte der römischen Kaiserzeit von Augustus bis Konstantin*. München 1988.
———. „Grundfragen der römischen Sozialstruktur." *Studien zur antiken Sozialgeschichte*, hg.v. Werner Eck, Hartmut Galsterer und Hartmut Wolff, Köln u. Wien, 1980 (KHAb 28), S. 197-228.
———. *Die Römer: Eine Einführung in ihre Geschichte und Zivilisation*. München ²1984.
———. *Römische Geschichte: Einführung, Quellenkunde, Bibliographie*. Darmstadt ⁴1990.
Classen, Carl Joachim. „Paulus und die antike Rhetorik." *ZNW* 82 (1991) S. 1-33.
Clauss, Manfred. „Art. Heerwesen (Heeresreligion)." *RAC* 13 (1986) Sp. 1078-1113.
Collange, Jean-Francois. *L'Épitre de Saint Paul aux Philippiens*. Neuchatel 1973 (CNT.N Xa).
Collart, Paul. *Philippes, ville de Macédoine, depuis ses origines jusqu'à la fin de l'époque romaine*. Paris 1937 (Travaux et mémoires publiés par les membres étrangers de l'École francaise d'Athènes, fascicule V, 2 volumes, 1937).
———. „Art. Philippes." *DACL* 14 (1939) Sp. 712-41.
——— u. Ducrey, Pierre. *Philippes I: Les reliefs rupestres*. Paris 1975 (BCH Supplément II).
Combet Farnoux, B. „Mercure romain, les 'Mercuriales' et l'institution du culte impérial." *ANRW* II 17,1 (1981) S. 457-501.
Combrink, H.J.Bernard. „Response to W. Schenk, Die Philipperbriefe des Paulus." *Semeia* 48 (1989) S. 135-46.
———. „The Role of the Reader and Other Literary Categories in Philippians." *Scriptura* 20 (1987) S. 33-40.
Conzelmann, Hans. „Art. Gericht Gottes." ³*RGG* 2 (1959) Sp. 1419-21.

Cook, D. „Stephanus Le Moyne and the Dissection of Philippians." *JThS* 32 (1981) S. 138-42.

Cumont, Franz. „Art. Dendrophoroi." *PRE* V,1 (1903) Sp. 216-9.

——. *Die orientalischen Religionen im römischen Heidentum.* Leipzig u. Berlin ³1931.

Dahlheim, Werner. *Geschichte der römischen Kaiserzeit.* München ²1989 (Oldenbourg Grundriss der Geschichte 3).

Dailey, Thomas F. „To Live or Die: Paul's Eschatological Dilemma in Philippians 1:19-26." *Interpretation* 44 (1990) S. 18-28.

Davies, Paul E. „The Macedonian Scene of Paul's Journeys." *The BA* 26 (1963) S. 91-106.

Deininger, Jürgen. *Die Provinziallandtage der römischen Kaiserzeit von Augustus bis zum Ende des dritten Jahrhunderts n. Chr.* München 1965 (Vestigia 6).

Deissmann, Gustav Adolf. *Licht vom Osten: Das Neue Testament und die neuentdeckten Texte der hellenistisch-römischen Welt.* Tübingen ⁴1923.

——. *Bibelstudien.* Marburg 1895 (=Hildesheim 1977).

Delbrück, Hans. *Geschichte der Kriegskunst im Rahmen der politischen Geschichte I: Das Altertum.* Neudruck der 3. Aufl. Berlin 1964.

Delling, Gerhard. „Art. σύζυγος." *ThWNT* 7 (1964) S. 749f.

Dessau, Hermann. *Inscriptiones Latinae selectae.* 3 Bde., Berlin ²1955.

Dibelius, Martin. *An die Thessalonicher I, II. An die Philipper.* Tübingen ²1925 (HNT 11).

Dihle, Albrecht. „Art. C.Velleius Paterculus." *PRE* VIIIA,1 (1955) Sp. 637-59.

Dilke, O.A.W. *Mathematik, Maße und Gewichte in der Antike.* Stuttgart 1991 (Reclams UB 8687).

Domaszewski, Alfred von. „Die Religion des römischen Heeres." Ders., *Aufsätze zur römischen Heeresgeschichte*, Darmstadt 1972, S. 81-209.

Dormeyer, Detlev. „The Implicit and Explicit Readers and the Genre of Philippians 3:2-4:3; 8-9: Response to the Commentary of Wolfgang Schenk." *Semeia* 48 (1989) S. 147-159.

Droge, Arthur J. „MORI LUCRUM: Paul and Ancient Theories of Suicide." *NT* 30 (1988) S. 263-86.

Dunand, Francoise. *Le Culte d'Isis dans le bassin de la Méditerranée, Bd. 2: Le culte d'Isis en Grèce.* Leiden 1973 (EPRO 26).

Ebner, Martin. *Leidenslisten und Apostelbrief: Untersuchungen zu Form, Motivik und Funktion der Peristasenkataloge bei Paulus.* Würzburg 1991 (fzb 66).

Eck, Werner. „Die Präsenz senatorischer Familien in den Städten des Imperium Romanum bis zum späten 3. Jahrhundert." *Studien zur antiken Sozialgeschichte*, hg.v. ders., Hartmut Galsterer und Hartmut Wolff, Köln u. Wien 1980 (KHAb 28), S. 283-322.

Egger, Wilhelm. *Methodenlehre zum Neuen Testament: Einführung in linguistische und historisch-kritische Methoden.* Freiburg/Basel/Wien 1987.

Elliger, Winfried. *Paulus in Griechenland.* Stuttgart 1987.

Epp, Eldon Jay. „New Testament Papyrus Manuscripts and Letter Carrying in Greco-Roman Times." *The Future of Early Christianity: Essays in Honor of Helmut Koester*, hg.v. Birger Albert Pearson, Minneapolis 1991, S. 35-56.

——. „New Testament Textual Ciriticism Past, Present and Future: Reflections on the Alands' Text of the New Testament." *HTR* 82 (1989) S. 213-29.

——. „Textual Criticism." *The New Testament and its Modern Interpreters*, hg.v. ders. und George W. MacRae, Philadelphia/Atlanta 1989, S. 75-126.

Erbse, Hartmut, „Art. Zenodot von Ephesos." *LAW* Sp. 3325.

Erlemann, Kurt. „Der Geist als ἀρραβών (2 Kor 5,5) im Kontext der paulinischen Eschatologie." *ZNW* 83 (1992) S. 202-23.

Étienne, Robert. *Le culte impérial dans la péninsule ibérique d' Auguste à Dioclétien.* Paris 1958 (BEFAR 1, 191).

Ewald, Paul und Wohlenberg, G. *Der Brief des Paulus an die Philipper.* Leipzig ⁴1923.

Exegetisches Wörterbuch zum Neuen Testament (EWNT). 3 Bde., hg.v. Horst Balz u. Gerhard Schneider, Stuttgart u.a.O. ²1992.

Fears, J. Rufus. „The Theology of Victory at Rome: Approaches and Problems." *ANRW* II 17,2 (1981) S. 736-826.

Fechner, Detlef. *Untersuchungen zu Cassius Dios Sicht der Römischen Republik.* Hildesheim 1986 (AWTS 14).

Festugière, Andre Jean. *Le monde gréco-romain au temps de Notre-Seigneur II: 'Le Millieu spirituel'*. Paris 1935.

Fischer, Joseph A. *Die apostolischen Väter*. Darmstadt ⁴1964.

Fishwick, Duncan. *The Imperial Cult in the Latin West: Studies in the Ruler Cult of the Western Provinces of the Roman Empire*. Bd. 1, Leiden 1987 (EPRO 108).

Frede, Hermann Josef. „Einleitung." *Vetus Latina: Die Reste der altlateinischen Bibel 24/2: Epistula ad Colossenses*, Freiburg 1969, S. 262-307.

Freis, Helmut. *Historische Inschriften zur römischen Kaiserzeit von Augustus bis Konstantin*. Darmstadt 1984 (TzF 49).

Friedrich, Gerhard. „Der Brief an die Philipper." *Die Briefe an die Galater, Epheser, Philipper, Kolosser, Thessalonicher und Philemon*. Göttingen 1981 (NTD 8), S. 125-75.

Gaebler, Hugo. „Die erste Colonialprägung in Philippi (Zur Münzkunde Makedoniens. X)." *ZN* 39 (1929) S. 260-69 und Tafel I.

——. *Die antiken Münzen Nordgriechenlands Bd. III: Die antiken Münzen von Makedonia und Paionia*. Hg.v. Theodor Wiegand, Berlin 1935.

Galsterer, Hartmut. „Die Kolonisation der hohen Republik und die römische Feldmeßkunst." *Die römische Feldmeßkunst: Interdisziplinäre Beiträge zu ihrer Bedeutung für die Zivilisationsgeschichte Roms*, hg.v. Okko Behrends und Luigi Capogrossi Colognesi, Göttingen 1992 (AAWG.PH 3. Folge, Nr. 193) S. 412-48.

Gardthausen, Viktor. *Augustus und seine Zeit*. 2 Bände, Leipzig 1891 und 1904.

Garland, David E. „The Composition and Unity of Philippians: Some Neglected Literary Factors." *NT* 27 (1985) S. 141-73.

Garnsey, Peter u. Saller, Richard. *The Early Principate: Augustus to Trajan*. Oxford 1982 (Greece & Rome: New Surveys in the Classics 15).

Georgi, Dieter. „Analyse des Liviusberichtes über den Bakchanalienskandal." *Unterwegs für die Volkskirche: Festschrift für Dieter Stoodt*, hg.v. Wilhelm-Ludwig Federlin u. Edmund Weber, Frankfurt/Bern/New York/Paris 1987, S. 191-207.

——. „Die Aristoteles- und Theophrastausgabe des Andronikus von Rhodos: Ein Beitrag zur Kanonsproblematik." *Konsequente Traditionsgeschichte: Festschrift für Klaus Baltzer zum 65. Geburtstag*, hg.v. Rüdiger Bartelmus, Thomas Krüger und Helmut Utzschneider, Freiburg (CH) 1993 (OBO 126), S.45-78.

——. *Die Gegner des Paulus im Zweiten Korintherbrief. Studien zur religiösen Propaganda in der Spätantike*. Neukirchen 1964 (WMANT 11). Englische Übersetzung mit einem ausführlichen Epilog: *The Opponents of Paul in Second Corinthians*. Philadelphia 1986.

——. *Die Kollekte des Paulus für Jerusalem*. Hamburg 1965 (ThF 38). Englische Übersetzung mit Epilog: *Remembering the Poor: The History of Paul's Collection for Jerusalem*. Nashville 1991.

——. „Reflections of a New Testament Scholar on Plutarchs Tractates: De Alexandri Magni Fortuna aut Virtute." *The Future of Early Christianity: Essays in Honor of Helmut Koester*, hg.v. Birger Albert Pearson, Philadelphia 1991, S. 20-34.

Geyer, Fritz. „Art. Makedonia (Geschichte)." *PRE* XIV,1 (1928) Sp. 697-771.

Giebel, Marion. „Nachwort." Velleius Paterculus, *Historia Romana - Römische Geschichte*, Stuttgart 1989, S. 363-75.

Gnilka, Joachim. *Der Philipperbrief*. Freiburg 1968 (HThK X,3).

Grether, Gertrude. „Livia and the Roman Imperial Cult." *AJP* 47 (1946) S. 222-52.

Griechische Inschriften als Zeugnisse des privaten und öffentlichen Lebens. Hg.v. Gerhard Pfohl, München ²1980.

Grueber, H.A. *Coins of the Roman Republic in the British Museum*. 3 Bde., London 1970.

Hahn, Ferdinand. „Gibt es eine Entwicklung in den Aussagen über die Rechtfertigung bei Paulus?" *EvTh* 53 (1993) S. 342-66.

Hahn, Johannes. *Der Philosoph und die Gesellschaft: Selbstverständnis, öffentliches Auftreten und populäre Erwartungen in der hohen Kaiserzeit*. Heidelberg 1989 (Heidelberger Althistorische Studien und Epigraphische Beiträge 7).

Hainz, Josef. *Ekklesia: Strukturen paulinischer Gemeinde-Theologie und Gemeinde-Ordnung*. Regensburg 1972 (BU 9).

——. „Art. κοινωνία." ²*EWNT* 2 (1992) Sp. 749-55.

——. *Koinonia: „Kirche" als Gemeinschaft bei Paulus*. Regensburg 1982 (BU 16).

——. „KOINΩNIA bei Paulus." *Religious Propaganda and Missionary Competition in the New Testament World: Essays Honoring Dieter Georgi*, hg.v. Lukas Bormann, Kelly Del Tredici und Angela Standhartinger, Leiden 1994 (NT.S 74), S. 375-91.

Halfmann, Helmut. *Die Senatoren aus dem östlichen Teil des Imperium Romanum bis zum Ende des 2. Jahrhunderts n. Chr.* Göttingen 1979 (Hyp. 58).

Harnack, Adolf von. „Als die Zeit erfüllet war." Ders., *Reden und Aufsätze 1*, Gießen 1904, S. 301-6.

Harrison, P[ercy] N[eale]. *Polycarp's two Epistles to the Philippians.* Cambridge 1936.

Hauck, Friedrich. „Art. καρπός." *ThWNT* 3 (1938) S. 617-19.

Heer und Integrationspolitik: Die römischen Militärdiplome als historische Quelle. Hg.v. Werner Eck und Hartmut Wolff, Köln/Wien 1986 (Passauer Historische Forschungen 2).

Heinze, Richard. „Fides." Ders., *Vom Geist des Römertums*, Darmstadt ³1960, S. 59-81.

Hengel, Martin. „Proseuche und Synagoge: Jüdische Gemeinde, Gotteshaus und Gottesdienst in der Diaspora und in Palästina." *Tradition und Glaube: Das frühe Christentum in seiner Umwelt*, hg.v. Gert Jeremias, Heinz-Wolfgang Kuhn und Hartmut Stegemann, Göttingen 1971, S. 157-84.

Henle, P. „Philippi und die Philippergemeinde." *ThQ* LXXV (1893) S. 67-104.

Herrmann, Peter. *Der römische Kaisereid: Untersuchungen zu seiner Herkunft und Entwicklung.* Göttingen 1968 (Hyp. 20).

Herz, Peter. „Bibliographie zum römischen Kaiserkult (1955-1975)." *ANRW* II 16,2 (1978) S. 833-910.

Herzog-Hauser, Gertrud. „Art. Kaiserkult." *PRE Suppl.* IV (1924) Sp. 806-53.

Hirschfeld, Gustav. „Art. Alexandria Troas." *PRE* I,1 (1893) Sp. 1396.

Hübner, Hans. *Das Gesetz bei Paulus: Ein Beitrag zum Werden der paulinischen Theologie.* Göttingen ²1980 (FRLANT 119).

Jegher-Bucher, Verena. *Der Galaterbrief auf dem Hintergrund antiker Epistolographie und Rhetorik: Ein anderes Paulusbild.* Zürich 1991 (AThANT 78).

Jewett, Robert. *Paulus-Chronologie: Ein Versuch.* München 1982.

Jones, Donald L. „Christianity and the Roman Imperial Cult." *ANRW* II 23,2 (1980) S. 1023-54.

Käsemann, Ernst. *An die Römer.* Tübingen 1973 (HNT 8a).

——. „Gottesdienst im Alltag der Welt." Ders., *Exegetische Versuche und Besinnungen 2*, Göttingen 1964, S. 198-204.

Kajatano, Iiro. „Fortuna." *ANRW* II 17,1 (1981) S. 502-58.

Kaser, Max. *Römische Rechtsgeschichte.* Göttingen ²1986.

Keppie, Lawrence. *Colonisation and Veteran Settlement in Italy 47 - 14 B.C.* Rom 1983.

Kittel, Gerhard. „Art. αὐτάρκεια." *ThWNT* 1 (1933) S. 466f.

Kleinknecht, Theodor. *Der leidende Gerechtfertigte.* Tübingen 1984 (WUNT II,13).

Köster, Helmut. „Archäologie und Paulus in Thessalonike." *Religious Propaganda and Missionary Competition in the New Testament World: Essays Honoring Dieter Georgi*, hg.v. Lukas Bormann, Kelly Del Tredici und Angela Standhartinger, Leiden 1994 (NT.S 74), S. 393-404.

——. *Einführung in das Neue Testament im Rahmen der Religionsgeschichte und Kultur geschichte der hellenistischen und römischen Zeit.* New York u. Berlin 1980.

——. „The Purpose of the Polemic of a Pauline Fragment (Philippians III)." *NTS* 8 (1961/2) S. 317-32.

Koperski, Veronica. „Textlinguistics and the Integrity of Philippians: A Critique of Wolfgang Schenk's Arguments for a Compilation Hypothesis." *EThL* 68 (1992) S. 331-67.

Kornemann, Ernst. „Art. Collegium." *PRE* IV,1 (1900) Sp. 380-480.

——. „Art. Coloniae." *PRE* IV,1 (1900) Sp. 510-88.

——. *Der Prinzipat des Tiberius und der 'Genius Senatus'.* München 1947 (SBAW.PH 1947,1).

——. „Zur Geschichte der antiken Herrscherkulte." *Klio* 1 (1901) 51-146.

Koskenniemi, Heikki. *Studien zur Idee und Phraseologie des griechischen Briefes bis 400 n.Chr.* Helsinki 1956 (AASF Ser. B 102,2).

Propyläen Kunstgeschichte 2: Das römische Weltreich. Hg.v. Theodor Kraus, Berlin 1984.

Kromayer, Johannes und Veith, Georg. *Heerwesen und Kriegsführung der Griechen und Römer.* München 1928 (HAW IV 3,2).

Lampe, Peter. *Die stadtrömischen Christen in den ersten beiden Jahrhunderten.* Tübingen ²1989 (WUNT II,18).

Langhammer, Walter. *Die rechtliche und soziale Stellung der magistratus municipales und der decuriones in der Übergangsphase der Städte von sich selbstverwaltenden Gemeinden zu Vollzugsorganen des spätantiken Zwangsstaates (2.-4. Jahrhundert röm. Kaiserzeit).* Wiesbaden 1973.

Latte, Kurt. *Römische Religionsgeschichte.* München ²1976 (HAW V,4).

Lazarides, Dimitrios. Αμφίπολις και Αργιλος. Athen 1972 (Villes antiques de Grèce 13).

——. Οἱ Φίλιπποι. Thessalonike 1956.

——. Φίλιπποι - Ρωμαϊκή ἀποικία. Athen 1973 (Villes antiques de Grèce 20).

——. „Art. Philippi (Krenides)." *The Princeton Encyclopedia of Classical Sites*, hg.v. Richard Stillwell, Princeton ²1979, Sp. 704f.

Leglay, Marcel. „Art. Viktoria (Siegesgöttin)." *PRE* VIIIA,2 (1958) Sp. 2501-42.

Lemerle, Paul. *Philippes et la Macédoine orientale à l'epoque chrétienne et byzantine.* 2 Bde., Paris 1945 (BEFAR 158).

Lenk, Brunhilde. „Art. Thrake 8: Thrakien: Geschichte." *PRE* VIA,1 (1936) Sp. 414-52.

Leonhard, Rudolf. „Art. Beneficium." *PRE* III,1 (1897) Sp. 272f.

Levick, Barbara. *Roman Colonies in Southern Asia Minor.* Oxford 1967.

Liebenam, Willy. *Städteverwaltung im Römischen Kaiserreiche.* Leipzig 1900 = Amsterdam 1967.

Lietzmann, Hans. *An die Römer.* Tübingen ³1928 (HNT 8).

Lindemann, Andreas. *Paulus im ältesten Christentum: Das Bild des Apostels und die Rezeption der paulinischen Theologie in der frühchristlichen Literatur bis Marcion.* Tübingen 1979 (BHTh 58).

Lohmeyer, Ernst. *Die Briefe an die Philipper, an die Kolosser und an Philemon.* Göttingen 1954 (KEK IX).

Luck, Georg. „Einführung." Lukan, *Der Bürgerkrieg*, hg.v. ders., Berlin ²1989, S. 13-71.

Lüdemann, Gerd. *Das frühe Christentum nach den Traditionen der Apostelgeschichte.* Göttingen 1987.

——. *Paulus, der Heidenapostel I: Studien zur Chronologie.* Göttingen 1980 (FRLANT 123).

MacMullen, Ramsay. *Roman Social Relations 50 B.C. to A.D. 284.* New Haven u. London 1974.

Malherbe, Abraham J. „Hellenistic Moralists and the New Testament." *ANRW* II 26/1 (1992) S. 267-333.

——. *Moral Exhortation: A Greco-Roman Sourcebook.* Philadelphia 1986 (Library of Early Christianity 4).

——. *Paul and the Popular Philosophers.* Minneapolis 1989.

——. „'Seneca' on Paul as Letter Writer." *The Future of Early Christianity: Essays in Honor of Helmut Koester*, hg.v. Birger Albert Pearson, Minneapolis, 1991, S. 35-56.

——. *Social Aspects of Early Christianity.* Philadelphia ²1983.

Manigk, Alfred. „Art. Societas." *PRE* IIIA,1 (1927) Sp. 774-84.

Marshall, Peter. *Enmity at Corinth: Social Conventions in Paul's Relations with the Corinthians.* Tübingen 1987 (WUNT II,23).

Marxsen, Willi. *Einleitung in das Neue Testament.* Gütersloh ⁴1978.

Mayer, Bernhard. „Paulus als Vermittler zwischen Epaphroditus und der Gemeinde von Philippi: Bemerkungen zu Phil 2,25-30." *BZ* 31 (1987) S. 176-88.

Meade, David G. *Pseudonymity and Canon: An Investigation into the Relationship of Authorship and Authority in Jewish and Earliest Christian Tradition.* Tübingen 1986 (WUNT 39).

Medicus, Dieter. „Art. Coloniae." *KP* 1 (1964) Sp. 1248-50.

Meeks, Wayne A. *The First Urban Christians: The Social World of the Apostle Paul.* New Haven u. London 1983. [jetzt auch ins Deutsche übersetzt: ders., *Urchristentum und Stadtkultur: Die soziale Welt der paulinischen Gemeinden*, Gütersloh 1993.]

Meier, Christian. *Caesar.* Berlin 1982.

Meinhold, Peter. „Art. Polykarpos." *PRE* XXI,2 (1952) Sp. 1662-93.

Mengel, Berthold. *Studien zum Philipperbrief.* Tübingen 1982 (WUNT II,8).

Merk, Otto. „Art. Literarkritik II. Neues Testament." *TRE* 21 (1991) S. 222-33.

——. *Handeln aus Glauben*. Marburg 1968.

Mommsen, Theodor. „Die Rechtsverhältnisse des Apostels Paulus." *ZNW* 2 (1901) S. 81-96.

——. „Lex Coloniae Genetivae Juliae Ursonensis (Text und Kommentar)." Ders., *Juristische Schriften 1*, Berlin 1905, S. 194-264.

——. *Römisches Staatsrecht*. 3 Bde., Darmstadt 1963 (Nachdruck der 3.Aufl.).

——. „Schauspielerinschrift von Philippi." *Hermes* 3 (1869) S. 461-65.

——. „Schauspielerinschrift von Philippi." *Hermes* 17 (1882) S. 495ff.

Müller, Peter. *Anfänge der Paulusschule: Dargestellt am zweiten Thessalonicherbrief und am Kolosserbrief*. Zürich 1988 (AThANT 74).

Müller, Ulrich B. *Der Brief des Paulus an die Philipper*. Leipzig 1993 (ThHK 11/I).

Müller-Bardorff, Johannes. „Zur Frage der literarischen Einheit des Philipperbriefes." *WZ(J).GS* 7 (1957/1958) S. 591-604.

Muth, Robert. *Einführung in die griechische und römische Religion*. Darmstadt 1988.

Neumann, Karl Johannes. „Art. Augustales." *PRE* II,2 (1896) Sp. 2349-61.

Neutestamentliche Apokryphen. 2 Bde., hg.v. Wilhelm Schneemelcher, Tübingen ⁶1990 und ⁵1989.

Nörr, Dieter. „Zur Herrschaftsstruktur des römischen Reiches: Die Städte des Ostens und das Imperium." *ANRW* II 7,1 (1979) S. 3-20.

——. *Imperium und Polis in der hohen Prinzipatszeit*. München ²1969 (MBPF 50).

Oberhummer, Eugen. „Art. Egnatia via." *PRE* V,2 (1905) Sp. 1988-93.

O'Brien, Peter T. *Commentary on Philippians*. Grand Rapids 1991 (New International Greek Testament Commentary).

Ollrog, Wolf-Henning. „Die Abfassungsverhältnisse von Röm 16." *Kirche: Festschrift für Günter Bornkamm*, hg.v. Dieter Lührmann u. Georg Strecker, Tübingen 1980, S. 221-44.

——. *Paulus und seine Mitarbeiter: Untersuchungen zu Theorie und Praxis der paulinischen Mission*. Neukirchen 1979 (WMANT 50).

Oster, Richard E. „Supposed Anachronism in Luke-Acts' Use of συναγωγή." *NTS* 39 (1993) S. 178-208.

Papazoglou, Fanoula. „Quelques aspects de l'histoire de la province de Macédoine." *ANRW* II 7,1 (1979) S. 302-69.

——. „Le territoire de la colonie de Philippes." *BCH* 106 (1982) S. 89-106.

——. *Les villes de Macédoine a l'époque romaine*. Paris 1988 (BCH Supplément XVI).

Paulsen, Henning. *Die Briefe des Ignatius von Antiochien und der Brief des Polykarp von Smyrna*. Tübingen ²1985 (HNT 18).

Pelekanidis, St. „Excavations in Philippi." *Balkan Studies* 8 (1967) S. 123-26.

Perkins, Pheme. „Philippians: Theology for the Heavenly Politeuma." *Pauline Theology I: Thessalonians, Philippians, Galatians, Philemon*, hg.v. Jouette M. Bassler, Minneapolis 1991, S. 89-104

Petermann, Gerald W. „'Thankless Thanks': The Epistolary Social Convention in Philippians 4:10-20." *TynB* 42 (1991) S. 261-70.

Petzke, Gerd. *Die Traditionen über Apollonius von Tyana und das Neue Testament*. Leiden 1970 (SCHNT 1).

Pfeiffer, Rudolf. *Geschichte der Klassischen Philologie: Von den Anfängen bis zum Ende des Hellenismus*. München ²1978. (Übersetzung des englischen Originals, *The History of Classical Scholarship*. Oxford 1968).

Philipp, Hans. „Art. Sacerdos." *PRE* IA,2 (1920) Sp. 1631-1653.

——. „Art. Sena 1." *PRE* II A,2 (1923) Sp. 1450f.

Picard, Charles. „Les dieux de la colonie de Philippes vers le 1er siecle de notre ere, d'apres les ex-voto rupestres." *RHR* LXXXVI (1922) S. 117-201.

Piganiol, André. *Les documents cadastraux de la colonie romaine d'Orange*. Paris 1962 (Gallia.S 16).

Pilhofer, Peter. *Philippi: Die erste christliche Gemeinde Europas. Mit einem Katalog der Inschriften von Philippi*. Habil. Münster 1993/94.

Plümacher, Eckhard. „Acta-Forschung 1974-1982." *ThRNF* 48 (1983) S. 1-56; 49 (1984) S. 105-69.

Pohlenz, Max. „Eine politische Tendenzschrift aus Caesars Zeit." *Hermes* 59 (1924) S. 157-89.

Portefaix, Lilian. *Sisters Rejoice: Paul's Letter to the Philippians and Luke-Acts as Seen by First-century Philippian Women*. Uppsala 1988 (CB.NT 20).

Preisigke, Friedrich. *Namenbuch*. Amsterdam 1967 (=Marburg 1922).

——. *Wörterbuch der griechischen Papyruskunde*. 3 Bde., Berlin 1925-31.

Premerstein, Anton von. „Art. Clientes." *PRE* VI,1 (1900) Sp. 23-55.

Pretorius, E.A.C. „A Key to the Literature on Philippians." *Neotestamentica* 23 (1989) S. 125-53

Price, S. R. F. *Rituals and Power: The Roman Imperial Cult in Asia Minor*. Cambridge 1984.

Princeton Encyclopedia of Classical Sites. Hg.v. Richard Stillwell, Princeton ²1979.

Prümm, Karl. *Religionsgeschichtliches Handbuch*. Rom 1954.

Radke, Gerhard. „Art. Egnatia via." *KP* 2 (1967) Sp. 204.

——. „Art. Praeneste." *KP* 4 (1972) Sp. 1110f.

——. „Quirinius: Eine kritische Überprüfung der Überlieferung und ein Versuch." *ANRW* II 17,1 (1981) S. 276-99.

Ramsay, W.M. „The Philippians and Their Magistrates." *JThS* 1 (1899) S. 114-16.

Rathjen, Bruce Donald. „The Three Letters of Paul to the Philippians." *NTS* 6 (1959/60) S. 167-73.

Religion und Gesellschaft in der römischen Kaiserzeit: Kolloquium zu Ehren von F. Vittinghoff. Hg.v. Werner Eck, Köln 1989 (KHAb 35).

Reumann, John. „Contributions of the Philippian Community to Paul and to earliest Christianity." *NTS* 39 (1993) S. 438-57.

Richter Reimer, Ivoni. *Frauen in der Apostelgeschichte des Lukas*. Gütersloh 1992.

Riesner, Rainer. *Die Frühzeit des Apostels: Studien zur Chronologie, Missionsstrategie und Theologie*. Tübingen 1994 (WUNT 71).

Robertson, Anne S. *Roman Imperial Coins in the Hunter Coin Cabinet. Vol. I: Augustus to Nerva*. London/Glasgow/New York 1962.

Die römische Feldmeßkunst: Interdisziplinäre Beiträge zu ihrer Bedeutung für die Zivilisationsgeschichte Roms. Hg.v. Okko Behrends und Luigi Capogrossi Colognesi, Göttingen 1992 (AAWG.PH 3. Folge, Nr. 193).

Römische Inschriften. Hg.v. Leonhard Schumacher, Stuttgart 1988 (Reclams UB 8512).

Römischer Kaiserkult. Hg.v. Antonie Wlosok, Darmstadt 1978 (WdF 372).

Roloff, Jürgen. „Neutestamentliche Einleitungswissenschaft." *ThR* 55 (1990) S. 385-423.

Roman Provincial Coinage I: From the death of Caesar to the death of Vitellius (44 BC - AD 69). Hg.v. Andrew Burnett, Michael Amandry und Pere Pau Ripollès, London und Paris 1992.

Ruge, Walter. „Art. Ikonion." *PRE* IX,1 (1914) Sp. 990f.

——. „Art. Sinope." *PRE* IIIA,1 (1927) Sp. 252-55.

Sachers, Erich. „Art. Tabulae patronatus, hospitii." *PRE* IVA (1932) Sp. 1955-57.

Salditt-Trappmann, Regina. *Tempel der ägyptischen Götter in Griechenland und an der Westküste Kleinasiens*. Leiden 1970 (EPRO 28).

Sampley, J. Paul. *Pauline Partnership in Christ*. Philadelphia 1980.

——. „Societas Christi: Roman Law and Paul's Conception of the Christian Community." *God's Christ and His People: Studies in Honour of N.A.Dahl*, hg.v. Wayne Meeks and J. Jervell, Oslo 1977, S. 158-74.

Samsaris, Dimitrios. „Une inscription latine inédite trouvée près des frontières du territoire de la colonie de Philippes." *Klio* 67 (1985) S. 458-65.

Samter, Ernst. „Art. Flamines." *PRE* VI,2 (1909) Sp. 2484-92.

Schelkle, Karl Hermann. *Paulus: Leben-Briefe-Theologie*. Darmstadt 1981 (EdF 152).

Schenk, Wolfgang. „Der Philipperbrief in der neueren Forschung (1945-85)." *ANRW* II 25,4 (1987) S. 3280-3313.

——. *Der Philipperbrief des Paulus: Ein Kommentar*. Stuttgart 1984.

Schenke, Hans-Martin und Fischer, Karl Martin. *Einleitung in die Schriften des Neuen Testamentes 1: Die Briefe des Paulus und die Schriften des Paulinismus*. Gütersloh 1978.

Sellew, Philip. *Laodiceans and the Philippians Fragments Hypothesis. Paper read at SBL International Meeting, Münster, 28 July 1993*.

Schieffer Ferrari, Markus. *Die Sprache des Leides in den paulinischen Peristasenkatalogen*. Stuttgart 1991 (SBB 23).

Schillinger, Karl. *Untersuchungen zur Entwicklung des Magna Mater-Kultes im Westen des römischen Kaiserreiches.* Konstanz 1979 (Diss. Konstanz).

Schlier, Heinrich. „Art. θλίβω, θλῖψις." *ThWNT* 3 (1938) S. 139-48.

Schmeller, Thomas. *Paulus und die „Diatribe": Eine vergleichende Stilinterpretation.* Münster 1987 (NTA NF 19).

Schmidt, Ernst Günther. „Art. L. Annaeus Seneca, der Politiker." *KP* 5 (1975) Sp.113.

Schmidt, Johanna. „Art. Philippoi." *PRE* XIX,2 (1938) Sp. 2206-44.

Schmithals, Walter. *Die Briefe des Paulus in ihrer ursprünglichen Form.* Gütersloh 1984.

——. „Die Irrlehrer des Philipperbriefes." *ZThK* 54 (1957) 297-341.

——. „Paulus als Heidenmissionar und das Problem seiner theologischen Entwicklung." *Jesu Rede von Gott und ihre Nachgeschichte im frühen Christentum: Festschrift für Willi Marxsen zum 70,* hg.v. D.A.Koch u.a., Gütersloh 1989, S.235-51.

——. „Zur Abfassung und ältesten Sammlung der paulinischen Hauptbriefe." *ZNW* 51 (1960) S. 225-45.

Schneider, Hans Christian. *Das Problem der Veteranenversorgung in der späteren römischen Republik.* Bonn 1977.

Schnelle, Udo. *Wandlungen im paulinischen Denken.* Stuttgart 1989 (SBS 137).

Sherk, Robert K. *Roman Documents From the Greek East: Senatus Consulta and Epistulae to the Age of Augustus.* Baltimore 1969.

Schoon-Janßen, Johannes. *Umstrittene 'Apologien' in den Paulusbriefen: Studien zur rhetorischen Situation des 1. Thess, des Gal und des Phil.* Göttingen 1991 (GTA 45).

Schultze, Joachim. *Neugriechenland: Eine Landeskunde Ost-Makedoniens und West-Thrakiens mit besonderer Berücksichtigung der Geomorphologie, Kolonistensiedlung und Wirtschaftsgeographie.* Gotha 1937 (Petermanns Mitteilungen, Ergänzungsheft 233).

Schulz, Siegfried. *Neutestamentliche Ethik.* Zürich 1987 (Zürcher Grundrisse zur Bibel).

Schwartz, Eduard. „Art. Cassius Dio Cocceianus." *PRE* III,2 (1899) Sp. 1684-1722.

——. „Art. Dionysios von Halikarnassos I. Die römische Archäologie." *PRE* V,1 (1903) Sp. 934-61.

Schwier, Helmut. *Tempel und Tempelzerstörung: Untersuchungen zu den theologischen und ideologischen Faktoren im ersten jüdisch-römischen Krieg (66-74 n.Chr.).* Freiburg und Göttingen 1989 (NTOA 11).

Scroggs, Robin. „Rez. zu A.C. Wire, The Corinthian Women Prophets." *JBL* 111 (1992) S. 546-48.

Sevenster, Jan Nicolas. *Paul and Seneca.* Leiden 1961 (NT.S 4).

Spahn, Peter. *Mittelschicht und Polisbildung.* Frankfurt 1977 (EHS Reihe 3. Geschichte und ihre Hilfswissenschaften. 100).

Speidel, Michael. „The Captor of Decebalus: A New Inscription from Philippi." *JRS* 60 (1970) S. 142-53.

Speyer, Wolfgang. „Das Verhältnis des Augustus zur Religion." *ANRW* II 16,3 (1986) S. 1777-1805.

Stählin, Gustav. „Art. φιλέω." *ThWNT* 9 (1973) S. 112-69.

Stahl, Michael. *Imperiale Herrschaft und provinziale Stadt. Strukturprobleme der römischen Reichsorganisation im 1.-3. Jahrhundert der Kaiserzeit.* Göttingen 1978 (Hyp. 52).

Stegemann, Wolfgang. „Rez. zu E. Schüssler Fiorenza, Zu ihrem Gedächtnis...." *EvTh* 51 (1991) S. 383-95.

——. „Zwei sozialgeschichtliche Anfragen an unser Paulusbild." *EvErz* 37 (1985) S. 480-90.

Steinwenter, Artur. „Art. ius iurandum." *PRE* X,1 (1918) Sp. 1253-60.

Stengel, Paul. „Art. Antiocheia Pisidiae." *PRE* I,2 (1894) Sp. 2446.

Stern, Menahem. „The Jewish Diaspora." *The Jewish People in the First Century 1.* Assen 1974, S. 117-83.

Stiewe, Klaus. „Art. Cassius Dio Cocceianus." *KP* I (1964) Sp. 1076f.

Stowers, Stanley K. „Friends and Enemies in the Politics of Heaven: Reading Theology in Philippians." *Pauline Theology I: Thessalonians, Philippians, Galatians, Philemon,* hg.v. Jouette M. Bassler, Minneapolis 1991, S. 105-121.

——. *Letter Writing in Greco-Roman Antiquity.* Philadelphia: Westminster 1986.

——. „Social Status, Public Speaking and Private Teaching: The Circumstances of Paul's Preaching Activity." *NT* 26 (1984) S. 59-82.

Strecker, Georg. „Art. εὐαγγέλιον." ²EWNT 2 (1992) Sp. 176-86.

Studien zur antiken Sozialgeschichte: Festschrift für Friedrich Vittinghoff. Hg.v. Werner Eck, Hartmut Galsterer u. Hartmut Wolff, Köln 1980 (KHAb 28).

Suhl, Alfred. Paulus und seine Briefe: Ein Beitrag zur paulinischen Chronologie. Gütersloh 1975 (StNT 11).

Sydenham, Edward A. The Coinage of the Roman Republic. London 1952.

Taatz, Irene. Frühjüdische Briefe: Die paulinischen Briefe im Rahmen der offiziellen religiösen Briefe des Frühjudentums. Freiburg und Göttingen 1991 (NTOA 16).

Taeger, Fritz. Charisma: Studien zur Geschichte des antiken Herrscherkultes. 2 Bde., Stuttgart 1957 und 1960.

Taylor, Justin. „The Making of Acts: A New Account." RB 1990 (97) S. 504-24.

Theißen, Gerd. „Die soziologische Auswertung religiöser Überlieferungen." Ders., Studien zur Soziologie der Jesusbewegung, Tübingen ²1983 (WUNT 19), S. 35-54.

Till, Rudolf. „Einleitung." Sueton, Caesarenleben, Stuttgart 1957, S. XI-XXXV.

Trobisch, David. Die Entstehung der Paulusbriefsammlung: Studien zu den Anfängen christlicher Publizistik. Freiburg und Göttingen 1989 (NTOA 10).

van Unnik, W.C. „Die Anklage gegen die Apostel in Philippi (Apostelgeschichte 16,20ff)." Mullus: Festschrift für Theodor Klauser, hg.v. Alfred Stuiber u. Alfred Hermann, Münster 1964 (JAC.E 1), S. 366-73.

Vermaseren, Maarten Jozef. Cybele and Attis: Their Myth and Their Cult. London 1977.

Vidmann, Ladislav. Isis und Sarapis bei den Griechen und Römern. Berlin 1970 (RVV 29).

——. Sylloge inscriptionum religionis Isiacae et Sarapiacae (SIRIS). Berlin 1969 (RVV 28).

Vielhauer, Philipp. Geschichte der urchristlichen Literatur: Einleitung in das Neue Testament, die Apokryphen und die Apostolischen Väter. Berlin u. New York 1975.

Vittinghoff, Friedrich. Römische Kolonisation und Bürgerrechtspolitik unter Caesar und Augustus. Mainz 1951 (AAWLM.G 1951 Nr.14).

Voelz, James W. „Some Things Old, Some Things New: A Response to Wolfgang Schenk, Die Philipperbriefe des Paulus." Semeia 48 (1989) S. 161-69.

Vogt, Joseph. „Die Geschichtschreibung des Tacitus, ihr Platz im römischen Geschichtsdenken und ihr Verständnis in der modernen Forschung." Tacitus, Annalen, Stuttgart 1964, S. XV-XLII.

Walser, Gerold. Römische Inschrift-Kunst. Stuttgart 1988.

Watson, Duane F. „A Rhetorical Analysis of Philippians and its Implication for the Unity Question." NT 30 (1988) S. 57-88.

——. „Art. Rhetorik." EKL 3 (1992) Sp. 1650-54.

Weber, Ekkehard. „Einführung." Augustus, Meine Taten - Res Gestae Divi Augusti. Zürich u. München ⁵1989 (Tusculum), S. 46-53.

Weber, Max. Wirtschaft und Gesellschaft: Grundriß der verstehenden Soziologie. Tübingen ⁵1980.

Wegner, Michael. Untersuchungen zu den lateinischen Begriffen socius und societas. Göttingen 1969 (Hyp. 21).

Wenschkewitz, Hans. Die Spiritualisierung der Kultusbegriffe: Tempel, Priester und Opfer im Neuen Testament. Leipzig 1932 (Angelos.B 4).

White, John Lee. The Form and Function of the Body of the Greek Letter. Missoula ²1972 (SBL Diss. Ser. 2).

——. Light from Ancient Letters. Philadelphia 1986 (Foundations and Facets: New Testament, hg.v. Robert W. Funk).

White, L. Michael. „Morality between Two Worlds: A Paradigm of Friendship in Philippians." Greeks, Romans and Christians: Essays in Honor of Abraham J. Malherbe, hg.v. Daniel L. Balch, Everett Ferguson und Wayne A. Meeks, Philadelphia 1990, S. 201-15.

Wild, Robert A. „The Known Isis-Sarapis Sanctuaries from the Roman Period." ANRW II 17,4 (1984) S. 1739-1851.

Will, Wolfgang. Der römische Mob: Soziale Konflikte in der späten Republik. Darmstadt 1991.

Windisch, Hans. Der zweite Korintherbrief. Göttingen 1924 (KEK 6).

Wire, Antoinette Clark. „Rez. zu J.P.Sampley, Pauline Partnership." JBL 101 (1982) S. 468f.

Wissowa, Georg. Religion und Kultus der Römer. München ²1912 (HAW V,4).

Wolff, Christian. „Rez. zu L. Aejmelaus, Streit und Versöhnung." ThLZ 116 (1991) Sp. 31-3.

Wolff, Hartmut. „Zum Erkenntniswert von Namensstatistiken für die römische Bürgerrechts-politik der Kaiserzeit." *Studien zur antiken Sozialgeschichte*, hg.v. Werner Eck, Hartmut Galsterer u. Hartmut Wolff, Köln 1980 (KHAb 28), S. 229-55.

Zanker, Paul. *Augustus und die Macht der Bilder*. München ²1990.

Zimmermann, Heinrich. *Neutestamentliche Methodenlehre: Darstellung der historisch-kriti-schen Methode*. Neubearbeitet von Klaus Kliesch, Stuttgart ⁷1982.

2. QUELLEN

Achilles Tatius Alexandrinus. *Leukippe und Kleitophon*. Eingel., übers. und erl. von Karl Plepelits, Stuttgart 1980 (BGrL 11: Abt. Klass. Philologie).

Appian. *Roman History*. Griechisch - englisch, übers. v. Horace White, 4 Bde., London u. Cambridge 1913 (LCL).

——. *Römische Geschichte*. Übers. v. Otto Veh, 2 Bde., Stuttgart 1987 u. 1989.

Apuleius. *Der goldene Esel: Metamorphosen*. Lateinisch-deutsch, hg.v. Edwardt Brandt, München 1958.

Aristoteles. *The Eudemian Ethics*. Griechisch - englisch, übers. v. H. Rackham, London u. Cambridge 1952 (LCL).

——. *The Nicomachean Ethics*. Griechisch - englisch, übers. v. H. Rackham, London u. Cambridge 1957 (LCL).

——. *Die Nikomachische Ethik*. Übers. u. hg.v. Olof Gigon, München 1972.

Augustus. *Meine Taten. Res gestae divi Augusti nach dem Monumentum Ancyranum, Apollo-niense und Antiochenum*. Lateinisch - griechisch - deutsch, hg.v. Ekkehard Weber, Zürich u. München ⁵1989 (Tusculum).

Caius Julius Caesar. *Der Bürgerkrieg (De bello civili)*. Lateinisch - deutsch, hg.v. Otto Schönberger, Zürich u. München 1984 (Tusculum).

Cicero. *De re publica*. Lateinisch - deutsch, hg.v. Karl Büchner, Stuttgart 1993.

——. *Gespräche in Tusculum*. Lateinisch - deutsch, hg.v. Olof Gigon, München ⁴1979.

——. *Laelius de amicitia*. Lateinisch - deutsch, hg.v. Hans Färber und Max Faltner, München 1961 (Tusculum).

——. *De Officiis*. Lateinisch - englisch, übers. v. Walter Müller, London u. Cambridge 1956 (LCL).

——. *Vom Rechten Handeln*. Übers. v. Karl Büchner, Zürich 1953.

Dio Cassius Cocceianus. *Roman History*. Griechisch - englisch, übers. v. Earnest Cary, 9 Bde., London u. Cambridge 1914-1927 (LCL).

——. *Römische Geschichte*. Übers. v. Otto Veh, 5 Bde., Zürich und München, Bd. 4 (1986), Bd. 5 (1987) (Bibliothek der Alten Welt).

Dionysius Halicarnassus. *Antiquitates Romanae - The Roman Antiquities*. Griechisch - englisch, übers. v. Earnest Cary, 7 Bde., Cambridge 1948-50 (LCL).

Epiktet. *The Discourses as Reported by Arrian, the Manual and Fragments*. Griechisch - englisch, übers. v. W.A. Oldfather, 2 Bde., London u. Cambridge 1956 u. 1952 (LCL).

——. *Teles und Musonius: Wege zum Glück*. Übers. v. Rainer Nickel, Darmstadt 1987.

Homer. *Odyssee*. Griechisch - deutsch, übers. und hg.v. Anton Weiher, München ²1961.

Horaz. *Oden und Epoden*. Lateinisch - deutsch, übers. und hg.v. Bernhard Kytzler, Stuttgart ⁵1990 (Reclams UB 9905).

——. *Sermones - Satiren*. Lateinisch - deutsch, übertragen und hg.v. Karl Büchner, Stuttgart 1972 (Reclams UB 431-33).

Hyginus Gromaticus. „De constitutio limitum." *Corpus Agrimensorum Romanorum I,1*, hg.v. Karl Thulin, Stuttgart 1913 = 1971 mit Nachträgen, S. 131-171 und Fig. 66-88.

Flavius Josephus. *Opera*. Hg.v. Benedictus Niese, 7 Bde., Berlin ²1955.

——. *De bello Judaico - der jüdische Krieg*. Griechisch - deutsch, hg.v. Otto Michel u. Otto Bauernfeind, 3 Bde., Bd. 1: München ²1962; Bd. 2,1: München 1963; Bd. 2,2 u. 3: Darmstadt 1969.

Juvenal. *Satiren*. Lateinisch - deutsch, hg., übers. u. mit Anmerkungen versehen v. Joachim Adamietz, München 1993.

Lex coloniae Juliae Genetivae Urbanorum sive Ursoniensis. *CIL* II 5439. Zitiert nach: Theodor Mommsen. „Lex Coloniae Genetivae Juliae Ursonensis." Ders. *Juristische Schriften Bd. 1*. Berlin 1905, S.194-205 u. 240-5. Übersetzung von Helmut Freis. *Historische Inschriften zur römischen Kaiserzeit von Augustus bis Konstantin*. Darmstadt 1984 (TzF 49), S.85-101.

Livius. *Ab urbe condita*. Lateinisch - englisch, übers. v. B.O. Foster u.a., 14 Bde., London u. Cambridge 1940-59 (LCL).

——. *Römische Geschichte (ab urbe condita)*. Lateinisch - deutsch, Bd. 7-9 (Buch XXXI-XLI), hg.v. Hans Jürgen Hillen, Darmstadt 1983 (Bd 9), ²1991 (Bd. 8) u. ³1991 (Bd. 7).

Lukan. *Der Bürgerkrieg*. Lateinisch - deutsch, hg.v. Georg Luck, Berlin ²1989.

Lukian. *Die Hauptwerke des Lukian*. Griechisch - deutsch, hg. u. übers. v. Karl Mras, München ²1980.

——. *Das Hohelied der Freundschaft (Toxaris)*. Hg. u. übertragen v. Erwin Steindl, Zürich 1962.

——. *Opera*. Hg.v. Matthew Donald Macleod, 4 Bde., Oxford 1972-87.

——. *Werke*. Griechisch - englisch, übers. von A.M. Harmon, 8 Bde., London u. Cambridge 1953-67 (LCL).

M. Valerius Martialis. *Epigrammata*. Hg.v. W.M. Lindsay, Oxford 1969 (=²1929).

——. *Epigramme*. Ausgewählt, übers. u. erläutert v. Harry C. Schnur, Stuttgart 1966 (Reclams UB 1611/2).

Petronius. *Satyrica - Schelmenszenen*. Lateinisch - deutsch, hg.v. Konrad Müller und Wilhelm Ehlers, München u. Zürich ³1983 (Tusculum).

Philo. Griechisch - englisch, hg.v. F.H. Colson u.a., 12 Bde., Cambridge 1929-63.

Flavius Philostratus. *Das Leben des Apollonios von Tyana*. Griechisch - deutsch, hg., übers. u. erläutert v. Vroni Mumprecht, München u. Zürich 1983.

Plato. *Werke in acht Bänden. Bd. 4: ΠΟΛΙΤΕΙΑ - Der Staat*. Griechisch - deutsch, hg.v. Gunther Eigler, Darmstadt 1971.

Plinius. *Natural History*. Lateinisch - englisch, hg. u. übers. v. D.E.Eichholz, Cambridge 1962 (LCL).

Plinius Secundus. *Epistulae - Briefe*. Lateinisch - deutsch, hg.v. H. Kasten, Zürich u. München ³1976 (Tusculum).

——. *Panegyricus*. Hg., übers. u. erläutert v. Werner Kühn, Darmstadt 1985 (TzF 51).

Plutarch. *Große Griechen und Römer*. 5 Bde., eingeleitet u. übersetzt von Konrat Ziegler, Zürich u. Stuttgart 1954-60.

——. *Plutarch's Moralia*. Griechisch - englisch, übers. v. Frank Cole Babitt, 15 Bde., London u. Cambridge 1947-67 (LCL).

——. *Moralia*. Übersetzt u. hg.v. Wilhelm Ax, Leipzig 1950 (Sammlung Dietrich, Bd. 47).

Polybius. *The Histories*. Griechisch - englisch, übers. v. W.R. Paton, 6 Bde., Cambridge 1954 (LCL).

Lucius Annaeus Seneca. *Apocolocyntosis divi Claudii*. Einführung, Text und Kommentar v. Otto Schönberger, Würzburg 1990.

——. *Philosophische Schriften 5: De Clementia, De Beneficiis*. Lateinisch - deutsch, hg.v. Manfred Rosenbach, Darmstadt 1989.

Strabo. *The Geography of Strabo*. Griechisch - englisch, übers. v. Horace Leonard Jones, 8 Bde., Cambridge 1954 (LCL).

Sueton. *Kaiserbiographien*. Lateinisch - deutsch, hg.v. Otto Wittstock, Berlin 1993 (Schriften und Quellen der Alten Welt 39).

——. *De Vita Caesarum Liber II (Augustus)*. Lateinisch - deutsch, übers. u. hg.v. Dietmar Schmitz, Stuttgart 1988 (Reclams UB 6693).

——. *De Vita Caesarum Liber VI (Nero)*. Lateinisch - deutsch, übers. u. hg.v. Marion Giebel, Stuttgart 1986 (Reclams UB 6692).

——. *De Vita Caesarum Liber VIII (Vespasian, Titus, Domitian)*. Lateinisch - deutsch, übers. u. hg.v. Hans Martinet, Stuttgart 1991 (Reclams UB 6694).

——. *Cäsarenleben*. Hg.v. Max Heinemann, Stuttgart 1957.

Tacitus. *Libri ab excessu divi Augustii (Annales)*. Hg.v. Carl Hoffmann, Heimeran Verlag o.J.

——. *Annalen*. Übers. v. August Horneffer mit Einleitung von Joseph Vogt und Anmerkungen von Werner Schur, Stuttgart 1964.

——. *Historien.* Lateinisch - deutsch, hg.v. Joseph Borst unter Mitarbeit von Helmut Hross u. Helmut Borst, München ³1977.

——. *Historien.* Lateinisch - deutsch, übers. u. hg.v. Helmuth Vretska, Stuttgart 1989 (Reclam UB 2721).

Tertullian. *Apologeticum.* Lateinisch - deutsch, hg., übers. u. erläutert v. Carl Becker, München ²1961.

Velleius Paterculus. *Historia Romana - Römische Geschichte.* Lateinisch - deutsch, hg.v. Marion Giebel, Stuttgart 1989.

Vergil. *Aeneis.* Lateinisch-deutsch, hg.v. Johannes und Maria Götte, München u. Zürich ⁷1988 (Tusculum).

——. *Landleben (Catephon - Bucolica - Georgica).* Lateinisch - deutsch, hg.v. Johannes und Maria Götte, Zürich u. München ⁵1987 (Tusculum).

REGISTER

1. STELLENREGISTER

a) Altes Testament und Neues Testament

Genesis
8,21   157

Jesus Sirach
50,10   138

Apostelgeschichte
11,28   118
13,7   118
13,13-52   40
14   40
16   4-6, 67, 120, 211, 220
16,8   40
16,8-10   6
16,9f   6
16,10ff   219f
16,11ff   6
16,11-40   84
16,12   5, 220
16,13   5, 211
16,13ff   65
16,15   211
16,16-19   184
16,20f   211, 220
16,21   84
16,22-24   220
16,32   211
16,38-40   120
17,1-10   6
17,6   220
17,6-8   214
17,10-15   162
17,16f   5
17,23   5
17,34   5
18,2   118
18,12   118
18,14   214
19,23-40   5
20,3   125
20,3-6   125
20,5-12   40
20,28   129, 210
21,27-40   5
24,5   220

Römer
1,13   155
2,5   136
2,5-11   136
6,21f   155
12,1   157
12,1f   158
12,2   158
12,13   163
14-16   90f
15   121
15,25-28   152
15,26   123
15,27   120, 158
15,28   153, 155
15,29-33   125
15,31   121
16   87f, 90, 119

Erster Korinther
2,1-5   142, 145
3,8-15   136
4,9-13   140, 145
4,11-13   144
5+6   185
9   152, 162, 187
9,1-12   120, 137
9,7   154
9,11   151
9,11ff   158
10,18   157
16,5   123
16,8   124

Zweiter Korinther
1-9   88
1,3-2,11   129
1,8-11   121
1,16f   123
2,12f   40, 129, 135, 216
2,13   121, 123
2,14f   157
2,14-7,3   129
4,7-10   145
4,8-10   140
6,3-10   140f, 145
6,6-10   141

Zweiter Korinther (Forts.)
7,4-9,15	129
7,5	121, 123, 135, 216
7,5f	217
7,5-7	123, 125
8	123, 125
8+9	96, 153f
8	113
8,1	122, 216
8,1f	162
8,3f	216
8,3-6	186
8,4	216
8,16-23	113
8,18f	122
9	125
9,2	122
9,4	122, 216
9,12-15	160
10,1f	152
10,1-13,10	129
10,10	152
10-13	88, 141
11,5	152
11,7-9	120
11,9	122, 152, 209
11,20	152
11,23-33	140-143, 145
11,24f	141
11,28	141
11,32f	141
12,1-10	140, 142f
12,7	125
12,10	140, 142
12,13	120
13,11-13	116

Galater
1,13-2,14	183
1,20	183
2,9f	182, 185, 223
2,11-21	107
3,28	170
4,13f	125
6,16	116f
6,16-18	116
6,17	116

Epheser
Eph 4,26	134

Philipper
1,1	210f, 219
1,1-26	110
1+2	186f
1,1-2,30	104, 110, 166
1,1-3,1a	109, 113f

1,1-3,1	104, 109, 112, 114f, 117-119, 169
1,5	101, 123
1,11	136, 154
1,12f	214
1,12-14	186, 218
1,12-17	211
1,13	117
1,14-17	214
1,16	214, 216, 219
1,18	112
1,19-24	125
1,20	217
1,21-26	214, 219
1,22	155
1,24-26	214
1,26	112, 214f
1,27	118, 217-219
1,27-30	217
1,27-2,16	110
1,28	218
1,30	186, 218
2+3	104
2,2	118
2,3	168
2,5-11	125, 223
2,6-11	100f, 219
2,8	168
2,10f	218f
2,15	219
2,16	116
2,17	111, 157
2,17f	110
2,18	112
2,19	135, 215
2,19-24	125
2,19-30	110
2,23	215
2,24	123, 214-217
2,24-29	125
2,25	124, 163, 219
2,25-30	112-114, 125, 128f, 187, 212f, 216
2,28f	112
2,29f	111
2,30	104, 125, 213, 215f
3	108, 121, 129, 167, 217
3,1a	108-112, 116
3,1b	109-112
3,1b-4,20	109
3,1	104, 111, 117, 169
3,2	108-111
3,2ff	109, 117, 134
3,2-21	110, 116
3,2-4,1	110, 117-119
3,2-4,3	114f
3,2-4,9	115

Philipper (Forts.)
3,10	168
3,10f	117
3,12-14	117
3,13	117
3,17	117
3,18-21	219
3,20	217, 223
3,20f	117, 218f
3,21	168, 218
4	154, 169
4,1	115, 117f
4,1-3	110, 116-118
4,1-9	110, 115
4,2	118
4,2f	110f, 115-118
4,2-7	118
4,2-23	166
4,3	118, 122, 216
4,4	101, 111, 117f
4,4f	111, 117, 134
4,4-7	110, 115-118
4,4-9	115
4,7	101, 116f
4,8	117
4,8f	110, 115-118
4,9	116
4,9b	117
4,10	104, 121, 127, 137f, 143, 150, 152, 159, 162, 176f, 186, 208f
4,10-13	105, 135
4,10-17	158, 209
4,10-20	96, 99, 104f, 109f, 112-119, 127-129, 134-137, 147, 150, 152, 160, 162-164, 168f, 173, 175f, 179f, 186f, 206f, 212
4,10-23	114
4,11	180, 208f
4,11-13	137-151, 159, 169, 177f, 206-209
4,12	140
4,13	144f, 150
4,14	137f, 143, 150f, 159, 177, 209
4,14-16	135, 137
4,14-17	127
4,14-20	105, 159, 177
4,15	119, 122, 127, 152f, 161, 163, 163, 179, 208-210
4,15f	187, 208, 217
4,15-18	152, 154, 177, 208
4,15-19	165
4,16	119, 127, 177, 215
4,17	137, 153-155, 162, 179, 208

4,17f	135
4,17-20	137
4,18	121f, 155-158, 163, 177, 206, 210, 216
4,19	101, 135, 159, 162f, 180
4,19f	137, 180, 208, 215
4,20	181
4,21-23	104, 109f, 115-118, 123f
4,22	117, 190, 199, 211, 213

Kolosser
Kol 4,16	91, 130

Erster Thessalonicher
1,6	209
1,7f	122
1,9f	136, 218
2,2	120, 187, 211, 217
2,7-9	120
2,9	120, 122, 209
3,1	121
3,3f	209
4,10	122
5,9	218

Philemon	99

Jakobus
4,4	165

b) Apostolische Väter

Didache
4,12	158
14	157

Briefe des Ignatius
Magnesier
2	211
6,1	211
13,1	211

Philadelphier
7,1	211

Polykarp
prsc.	211
6,1	211

Smyrnäer
8,1	211

Trallianer
2,1-3	211
3,1	211
7,2	211

Polykarpbrief
1,2	136
3,1f	136
3,2	133f
5,2-6,1	211
5,3	211
11,3	134, 136
12,1	134, 136

c) Antike Autoren (Schreibweise nach LAW)

Appianus
Bella civilia
IV 87	6, 80
IV 87f	64
IV 88	13
IV 89	12
IV 90-98	81
IV 103f	64
IV 105	20, 80
IV 106	6, 80
IV 108	13, 64
IV 115	22
IV 117f	81
IV 118	13
IV 119f	81
IV 120	13
IV 126	13
IV 129	64
IV 133	81
IV 134	80f
IV 135	13
IV 136	64
IV 138	80
V 5	13
V12	17
V 12-19	14
V 127-29	17
V 137	18

Apuleius
Metamorphoseis
III 29	62
VIII 28f	149
IX 8	149
XI 8-17	47
XI 15,4	32
XI 21,9	144
XI 23,7	144
XI 25	62
XI 28	58
XI 32,2	144

Aristoteles
Ethica Eudemia
7.1245b	167

Ethica Nicomachea
8	165, 171
8.1158b29-a5	167
8.1162b31-63b	166
8.1163a2	166
8.1163b13-15	166
9	165, 171
9.1164a33-b5	168
9.1169a	167
9.1169a25f	167
9.1169b13-15	168
9.1171a21-24	168

Augustus
Res gestae
1	69
2	34, 69f
3	18
6	16
15	12, 19
16	70
16f	12
18	12
19	37, 55
21	37
25	48, 70
28	18, 21
34	16
34f	69
35,2	55

Iulius Caesar
De bello civili
I 3	18

Tullius Cicero
Laelius de amicitia
11f	167, 215, 219
58	166
63	168
69	167
74	167

De officiis
1, 11,35	194

De republica
VI 13	219
VI 15f	215

Tusculanae disputationes
I	167, 215
I 76	215
I 109	215

Dio Cassius
Historia Romana
44, 1f 83
47, 7f 83
47, 13 83
47, 18,1 83
47, 19,2 76
47, 20 82
47, 20,4 83
47, 22,2 83
47, 25,3 35, 83
47, 32,2 83
47, 38,3 83
47, 39 13, 82
48, 1,1 83
48, 2 13
48, 6,3 13
48, 6-9 14
48, 8,1f 14
50, 6,6 48
50, 18,3 15
51 82
51, 2,1 18
51, 3f 17
51, 3,1 18
51, 4 17
51, 4,6 18, 22
51, 20,6-8 37
52, 2-13 82
52, 14-40 82
53, 2,4 56

Dionysios v. Halikarnaß
Antiquitates Romanae
II 7-29 200f
II 9-11 200-205
II 9,1 202f
II 9,2 202f
II 9,3 203
II 10,1 204
II 10,2 204, 214
II 10,3 204, 212
II 10,4 202, 204, 216
II 11,2 205
II 11,2f 202

Epiktetos
Disputatae
I 6,37 145
I 18,22 141
III 22 145, 148
III 22,9-12 148
III 22,10 149
III 22,23 148
III 22,52 149
III 22,62-66 149
III 22,62-72 144

Homeros
Odysseia
ψ 296 92

Horatius Flaccus
Carmina
1, 21 53
3, 5 53
4, 2 53
4, 5 53
4, 14 32

Saturae sive sermones
2,7 146

Hyginus Gromaticus
De constitutio limitum
16, 69

Iosephus
Antiquitates Iudaicae
XIV 301 79
XIV 306-13 79
XIV 310 79
XVIII 79f 56
XVIII 65-78 56

Bellum Iudaicum
I 218-46 78
I 225 78
I 242 78f

Iuvenalis
Saturae
5 194

Livius
Ab urbe condita
XXXII 29,3f 11
XXXIV 53,1f 1
XXXV 40,5 11
XXXIX 8-19 221
XXXIX 15f 221

Lucanus
De bello civili
I 33-45a 72
I 41-66 223
I 45b-66 72
I 225-27 32
I 592-604 47
I 642-72 73
I 678-94 74
II 286-323 73
IV 393f 73
VI 579-84 74

De bello civili (Forts.)

VI 581-83	74
VII 578-85	75
VII 586-96	74
VII 597f	75
VII 640	73
VII 843-72	75
VII 853f	75
VII 872	75
IX 271	74f

Lukianos
De morte Peregrini

13	149
16	149

Toxaris

12-34	170
27	168
27-34	145
29-34	167
34	168
36	168

Martialis
Epigrammata

I 107	193
II 51	194
III 36	194
III 46	194
III 60	194

Petronius
Satirae

30	47

Philo
De opificio mundi

143f	218

Flavius Philostratus
Vita Apollonii

I 18	149
I 19	149

Platon
De re publica (Politeia)

605c-607a	93

Plinius d.J.
Epistulae

I 17	76
IV 1	194, 214
X 52f	49
X 96,9	131
X 102f	49

Panegyricus

68,4	49

Plutarchus
Alexandros

1	79

Antonius

22	79
23	13, 15
69	79

Brutus

24	79f
28	79
29	79
36	35, 80
37	80
36-38	79
39	80
46	13, 17
48	35, 80
55	80
56	79
58	79

Caesar

69	35, 79f

Cato minor

73	79

Fabius Maximus

3	218

Moralia

181E	147
326-333C	146
331E	147
331F-332A	147
333B	146
333D-345B	146

Sulla

23	79

Polybios
Historiae

II 19,12f	11
VI 55	215

Annaeus Seneca d.J.
De beneficiis

I, I 9	174
I, II 3	179
I, IV	173

De beneficiis (Forts.)

II, XVIII	173
II, XVIII 5	171, 174
II, XIX 1	174
II, XXII-XXXV	174
II, XXII 1	174
II, XXIII	174
II, XXIV-XXX	178, 180
II, XXIV 3	178
II, XXIV 4	178
II, XXVI	174
III, XVII	173
III, XVIII 1	171, 176
III, XIX 1	174, 176
III, XVIII-XX	173
IV, I 3	172
Iv, IV	180
IV, V 1	177, 181
IV, XI 1	176
IV, XI 3	179f, 208
IV, XXIX 2	177
IV, XXIX 2f	174
VI, XXXIIIf	171
VI, XXXIV	172
VI, XXXIV-XLI	172
VI, XLI 1	174
VI, XLI 2	172
VI, XLIII 1	179
VI, XLIII 3	179

Strabon
Geographika

VII 41	19

Suetonius Tranquillus
Divus Augustus

2	71
4	71
7	71
9	78
10	78
13	14, 78
16	71
17	18
17,2	48, 189, 196
22	78
27	17
29	78
52	37
63	71
68	71
69	71
85	78
91	78
96	35, 78
98	52

Divus Iulius

20	190
88	219

Otho

10	78

Tiberius

2	190
5	78
6,2	189
14	27, 36, 47, 78
26	193
36	6
61	77f
67	193
69	32

Cornelius Tacitus
Annales

I 2	18
I 7	48
I 8-10	17
I 10	18, 37
I 17	12
I 35	193
I 52	193
II 22	193
II 64	26
III 76	76
IV 32f	76
IV 34f	76
IV 37f	51
IV 45-51	26
XIV 17	222
XIV 27	21
XIV 31	20

Historiae

I 50	62, 76, 78
I 55	49
II 38	62, 76, 78
II 55	48
II 73f	48
II 79	48

Tertullianus
Apologeticum

6,7f	57, 221
35,1-4	46

Velleius Paterculus
Historia Romana

I 15,5	12
II 52	71
II 56,4	71

Historia Romana (Forts.)		*I* 289f	219
II 62f	71	II 695-96	219
II 65	71	III 158	219
II 66,1f	71	V 755-57	31
II 66,3f	71	VI 788-90	75
II 72,2	72	VII 611	35, 219
II 73	71	VIII 698	56
II 86,1	72		
II 86,2	71	*Eclogae*	
II 89-91,1	72	I 70f	14
II 126	72	IX	14

Vergilius Maro		Xenophon	
Aeneis		*Memorabilia*	
I 259	219	II 2	170
I 286-88	75	II 6,23	168

2. INSCHRIFTEN

Corpus inscriptionum Latinarum		*AE* 1934, Nr. 63	28
CIL I F IV 711	47	*AE* 1934, Nr. 65	28
CIL I² 581	221	*AE* 1935, Nr. 49	52
CIL III 386	43	*AE* 1935, Nr. 50	51
CIL III 639	55	*AE* 1935, Nr. 53	55
CIL III 644	28	*AE* 1938, Nr. 50	28
CIL III 645	28	*AE* 1938, Nr. 56	28
CIL III 647	28	*AE* 1938, Nr. 87	28
CIL III 651	43	*AE* 1948, Nr. 20	29
CIL III 650	43	*AE* 1948, Nr. 21	43f
CIL III 655	45	*AE* 1962, Nr. 248	48
CIL III 657	45	*AE* 1968, Nr. 466	28
CIL III 660	44	*AE* 1969/1970, Nr. 583	29
CIL III 7340	43, 196		
CIL III 7341	45	*Bulletin de correspondance hellénique*	
CIL III 7344	45	*BCH* 47 (1923) 73f, Nr. 30	45
CIL III 14206[14]	28	*BCH* 47 (1923) 79, Nr. 41	46
CIL III 14206[16]	45	*BCH* 47 (1923) 87, Nr. 5	20
CIL VIII 1026	28	*BCH* 53 (1929) S. 83-87, Nr. 7	59
CIL IX 3303	46	*BCH* 56 (1932) 192-200, Nr. 1	28, 59
CIL IX 3805	46	*BCH* 56 (1932) 213-20, Nr. 8	23, 28, 53
CIL XI 1421	195f	*BCH* 56 (1932) 220-22, Nr. 9	28, 33, 53
		BCH 56 (1932) 228-30, Nr. 20	198
Lex Coloniae Genetivae (CIL II 5439)		*BCH* 57 (1933) 316, Nr. 2	59
64	61	*BCH* 57 (1933) 321-26, Nr. 4	28
64-68	63	*BCH* 57 (1933) 341f, Nr. 11	29
66	11, 24, 46	*BCH* 57 (1933) 341-45, Nr. 11	29
128	61, 63	*BCH* 57 (1933) 341-45, Nr. 12	29
131	195	*BCH* 57 (1933) 347, Nr. 13	43
		BCH 57 (1933) 354, Nr. 19	28
L'année épigraphique		*BCH* 57 (1933) 354-60, Nr. 20	28
AE 1932, Nr. 27	28	*BCH* 57 (1933) 360, Nr. 21	42
AE 1933, Nr. 87	28	*BCH* 57 (1933) 370, Nr. 27	44
AE 1933, Nr. 88	33, 53	*BCH* 57 (1933) 377, Nr. 34	28
AE 1934, Nr. 50	28	*BCH* 58 (1934) 449-52, Nr. 1	198
AE 1934, Nr. 61	28	*BCH* 58 (1934) 457-61, Nr. 3	33, 52

BCH 58 (1934) 461-63, Nr. 4 33, 51
BCH 58 (1934) 463f, Nr. 5 32, 52
BCH 58 (1934) 464f, Nr. 6 46
BCH 58 (1934) 466-71, Nr. 7 55, 198
BCH 58 (1934) 477, Nr. 17 198
BCH 59 (1935) 140, Nr. 40 60
BCH 59 (1935) 141, Nr. 41 60
BCH 59 (1935) 148-51, Nr. 42 65
BCH 61 (1937) 412, Nr. 3 45f
BCH 61 (1937) 415f, Nr. 9 198
BCH 61 (1937) 417, Nr. 11 28
BCH 61 (1937) 417, Nr. 12 28
BCH 62 (1938) 412-14, Nr. 4 54
BCH 62 (1938) 428, Nr. 9 43

BCH 62 (1938) 428-31, Nr. 10 60
BCH 84 (1960) 274 48
BCH 112 (1988) 468 44
BCH 112 (1988) 470 42, 44
BCH 112 (1988) 477-79 41

Sylloge inscriptionum religionis Isiacae et Sarapiacae
SIRIS 115-126 57
SIRIS 121 59
SIRIS 122 60
SIRIS 123 60
SIRIS 124 60
SIRIS 124 58

3. Moderne Autoren

Abrahamsen 3, 4, 41, 57, 58, 61, 64-66, 225
Aejmelaeus 88, 225
Aland 5, 88-91, 130, 132, 225
Alexander 103-105, 109, 225
Alföldy 167, 189, 193, 194, 213, 225
Bachmann 97, 106, 225
Badian 187, 189, 194, 225
Banti 43, 44, 198, 225
Barth 109, 110, 112, 115, 138, 139, 150, 225
Bauer 120, 138, 144, 151, 157, 225
Beare 66, 67, 109, 110, 115, 118, 225
Becker 88, 110, 113, 115-119, 121, 129, 225, 226
Behm 157, 225
Bengtson 12, 16, 27, 225
Benner 188, 189, 191, 192, 199, 202, 222, 225, 226
Berger 102, 103, 107, 108, 141, 225
Betz 88, 94, 96, 144, 225
Bieler 77, 226
Bleicken 81, 82, 188, 189, 193, 194, 226
Boismard 5, 226
Bornkamm 87, 88, 90, 94-96, 98, 109, 110, 113, 115, 117, 119, 121, 129, 132, 133-135, 226, 231
Botermann 18, 25, 226
Bowersock 40, 226
Brandenburger 136, 226
Briscoe 191, 192, 226
Brooten 5, 226
Bultmann 38, 140-145, 150, 226
Burkert 55, 58, 144, 149, 226
Capper 127, 185-187, 226
Charlesworth 27, 226
Christ 12, 25-27, 29, 54, 81, 192, 193, 213, 226

Classen 97, 226
Clauss 22, 23, 226
Collange 66, 109, 110, 112, 115, 118, 226
Collart 1, 3, 4, 15, 18-29, 33, 35, 41, 42, 45, 46, 51, 52, 55-57, 59, 61, 63, 64, 65-67, 223, 225, 226
Combet Farnoux 51, 226
Combrink 99-101, 109, 226
Conzelmann 136, 226
Cook 109, 227
Cumont 38, 56, 227
Dahlheim 15-17, 19, 20, 54, 62, 63, 227
Dailey 215, 227
Deininger 38, 63, 227
Deissmann 102, 105, 106, 108, 112, 113, 124, 162, 227
Delling 216, 227
Dibelius 210, 213, 227
Dihle 71, 227
Dilke 52, 227
Domaszewski 62, 227
Dormeyer 99, 227
Droge 215, 227
Ducrey 3, 64, 66, 225, 226
Dunand 57-60, 65, 66, 227
Ebner 140, 145, 227
Eck 29, 226, 227, 229, 232, 234, 235
Egger 98, 106, 227
Epp 91, 124, 227
Erbse XV, 92, 227
Erlemann 88, 227
Étienne 39, 227
Fears 36, 227
Fechner 82, 83, 227
Festugière 61, 64, 66, 228
Fischer, J.A. 87, 228
Fischer, K.M. 88, 112, 232

Fishwick 36, 37, 39, 52, 228
Frede 130, 228
Friedrich 109-111, 114, 115, 129, 228
Gaebler 21, 31, 33, 35, 228
Galsterer 12, 23, 226-228, 234, 235
Gardthausen 18, 19, 228
Georgi XIII, 88, 89, 93, 94, 96, 109,
  119, 121, 122, 132, 140, 146, 151,
  152, 154, 156, 162, 216, 221, 223,
  228, 229
Geyer 63, 228
Giebel 12, 71, 72, 228, 236, 237
Gnilka 88, 109-113, 115, 117, 118, 128,
  129, 133, 134, 136, 138, 139, 145,
  147, 150, 153-156, 162, 228
Grether 42, 228
Grueber 35, 228
Hahn, F. 88, 228
Hahn, J. 147, 148, 228
Hainz XIII, 151, 228
Halfmann 29, 229
Harnack 222, 229
Harrison 87, 229
Hauck 154, 155, 229
Heinze 189, 229
Hengel 5, 218, 229
Herrmann 48, 49, 193, 229
Herz 38, 229
Herzog-Hauser 37, 229
Hirschfeld 40, 229
Hübner 88, 229
Jegher-Bucher 97, 107, 229
Jewett 89, 119, 121, 229
Käsemann 155, 158, 229
Kaser 229
Keppie 13, 17, 22-24, 28, 229
Kittel 144, 229
Kleinknecht 109, 229
Kliesch 98, 106, 235
Koperski 99, 101, 229
Kornemann 11, 12, 15, 21, 30, 193, 222,
  229
Koskenniemi 104, 229
Köster 89, 91, 109, 110, 112, 115, 129,
  229
Kromayer 13, 229
Lamouille 5, 226
Lampe 88, 230
Latte 47, 55, 76, 230
Lazarides 3, 4, 28, 230
Leglay 34, 35, 230
Lemerle 3, 52, 55, 56, 58, 60, 225, 230
Lenk 20, 230
Leonhard 174, 230
Levick 20, 28, 29, 40, 230
Liebenam 20, 230
Lietzmann 130, 230

Lohmeyer 135, 137-139, 147, 150, 153,
  154, 156, 157, 162, 180, 230
Luck 72-75, 230, 236
Lüdemann 4, 5, 89, 97, 119, 121, 230
Malherbe 140, 141, 149, 170, 175, 181,
  213, 222, 230, 234
Manigk 184, 230
Marshall 163-167, 171, 179, 230
Marxsen 110, 112, 115, 134, 230, 233
Mayer 213, 230
Meade 92-95, 230
Medicus 197, 230
Meeks 199, 230, 232, 234
Meier 16, 230
Meinhold 87, 230
Mengel 88, 109, 136, 230
Merk 89, 90, 150, 230
Müller, P. 91, 231
Müller, U.B. 97, 109, 110, 113,114,
  117, 128, 138, 139, 144, 150, 153,
  154, 231
Müller-Bardorff 109, 110, 115, 116, 231
Muth 32, 231
Neumann 45, 231
O'Brien 66, 67, 231
Oberhummer 27, 120, 231
Ollrog 88, 91, 124, 176, 231
Oster 5, 231
Papazoglou 1, 3, 13, 18, 20, 27, 30, 223,
  231
Paulsen 87, 231
Pelekanidis 3, 231
Petermann 137, 231
Petzke 144, 231
Pfeiffer 92, 231
Philipp 42, 231
Picard 57, 59, 61, 65-67, 231
Piganiol 20, 231
Pilhofer XIII, 4, 231
Plümacher 5, 231
Pohlenz 200, 201, 231
Portefaix 3, 20, 22, 57, 58, 61, 232
Preisigke 112, 113, 232
Premerstein 188-190, 194, 232
Pretorius 109, 232
Price 38-40, 45, 47, 50, 232
Prümm 7, 232
Radke 27, 30, 32, 232
Ramsay 223, 232
Rathjen 109, 110, 115, 232
Reumann 103, 108, 127, 162, 164, 187,
  210, 211, 216, 232
Richter Reimer 5, 232
Riesner 89, 119, 232
Robertson 29, 232
Roloff 92, 232
Ruge 40, 232

Salditt-Trappmann 57, 232
Sampley 97, 181-185, 206, 207, 210,
    232, 234
Samsaris 198, 232
Schelkle 87, 232
Schenk 96, 98-100, 106, 109-112, 115,
    117, 129, 137-139, 144, 145, 150, 153,
    154, 156, 166, 180, 226, 227, 229,
    232, 234
Schenke 88, 110, 112, 115, 232
Schieffer Ferrari 140, 232
Schillinger 55, 56, 233
Schlier 209, 233
Schmidt, E.G. 171, 233
Schmidt, J. 13, 15, 23, 34, 73, 74, 233
Schmithals 88, 91, 98, 109, 110, 115,
    117, 130, 132, 133, 233
Schnelle 21, 88, 89, 109, 119, 233
Schoon-Janßen 87, 88, 96, 97, 109, 112,
    114, 127, 128, 233
Schulz 88, 233
Schwartz 82, 83, 200, 233
Scroggs 183, 233
Sellew 114, 130, 232
Sève 3, 25, 225
Sevenster 175, 233
Sherk 222, 233
Speidel 29, 233
Speyer 53, 233
Stählin 165, 233
Stegemann 148, 233
Steinwenter 48, 233
Stengel 40, 233
Stiewe 81, 233

Stowers 102, 103, 107, 148, 233
Strecker 222, 231, 234
Suhl 88, 89, 110-112, 114, 115, 119,
    129, 234
Sydenham 35, 234
Taatz 103, 107, 108, 234
Taylor 5, 234
Theißen 169, 234
Till 77, 234
Trobisch 89-91, 94, 119, 128-131, 234
van Unnik 6, 220, 234
Vermaseren 55, 234
Vidmann 56-60, 234
Vielhauer 87-89, 106, 109, 110, 112,
    113, 115, 117, 121, 234
Vittinghoff 11, 12, 17, 19, 20, 22, 31,
    69, 196, 232, 234
Voelz 99, 234
Vogt 76, 77, 234, 236
Watson 96, 97, 109, 234
Weber, E. 16, 34, 48, 69, 70, 234
Weber, M. 161, 234
Wegner 183-185, 234
Wenschkewitz 156, 234
White 102-105, 107, 124, 134, 166-169,
    171, 234, 235
Wild 57, 66, 234
Will 12, 234
Windisch 88, 122, 217, 234
Wire 97, 183, 233, 234
Wolff, C. 88, 234
Wolff, H. 226, 227, 229, 234, 235
Zanker 54, 235
Zimmermann 98, 106, 235

SUPPLEMENTS TO NOVUM TESTAMENTUM

ISSN 0167-9732

60. MILLER, E.L. *Salvation-History in the Prologue of John*. The Significance of John 1: 3-4. 1989. ISBN 90 04 08692 7
61. THIELMAN, F. *From Plight to Solution*. A Jewish Framework for Understanding Paul's View of the Law in Galatians and Romans. 1989. ISBN 90 04 09176 9
64. STERLING, G.E. *Historiography and Self-Definition*. Josephos, Luke-Acts and Apologetic Historiography. 1992. ISBN 90 04 09501 2
65. BOTHA, J.E. *Jesus and the Samaritan Woman*. A Speech Act Reading of John 4:1-42. 1991. ISBN 90 04 09505 5
66. KUCK, D.W. *Judgment and Community Conflict*. Paul's Use of Apologetic Judgment Language in 1 Corinthians 3:5-4:5. 1992. ISBN 90 04 09510 1
67. SCHNEIDER, G. *Jesusüberlieferung und Christologie*. Neutestamentliche Aufsätze 1970-1990. 1992. ISBN 90 04 09555 1
68. SEIFRID, M.A. *Justification by Faith*. The Origin and Development of a Central Pauline Theme. 1992. ISBN 90 04 09521 7
69. NEWMAN, C.C. *Paul's Glory-Christology*. Tradition and Rhetoric. 1992. ISBN 90 04 09463 6
70. IRELAND, D.J. *Stewardship and the Kingdom of God*. An Historical, Exegetical, and Contextual Study of the Parable of the Unjust Steward in Luke 16: 1-13. 1992. ISBN 90 04 09600 0
71. ELLIOTT, J.K. *The Language and Style of the Gospel of Mark*. An Edition of C.H. Turner's "Notes on Marcan Usage" together with other comparable studies. 1993. ISBN 90 04 09767 8
72. CHILTON, B. *A Feast of Meanings*. Eucharistic Theologies from Jesus through Johannine Circles. 1994. ISBN 90 04 09949 2
73. GUTHRIE, G.H. *The Structure of Hebrews*. A Text-Linguistic Analysis. 1994. ISBN 90 04 09866 6
74. BORMANN, L., K. DEL TREDICI & A. STANDHARTINGER (eds.) *Religious Propaganda and Missionary Competition in the New Testament World*. Essays Honoring Dieter Georgi. 1994. ISBN 90 04 10049 0
75. PIPER, R.A. (ed.) *The Gospel Behind the Gospels*. Current Studies on Q. 1995. ISBN 90 04 09737 6
76. PEDERSEN, S. (ed.) *New Directions in Biblical Theology*. Papers of the Aarhus Conference, 16-19 September 1992. 1994. ISBN 90 04 10120 9
77. JEFFORD, C.N. (ed.) *The* Didache *in Context*. Essays on Its Text, History and Transmission. 1995. ISBN 90 04 10045 8
78. BORMANN, L. *Philippi – Stadt und Christengemeinde zur Zeit des Paulus*. 1995. ISBN 90 04 10232 9

DATE DUE

			Printed in USA